Filosofia Francesa

C986f   Cusset, François
        Filosofia francesa : a influência de Foucault, Derrida, Deleuze & cia / François Cusset ; tradução Fátima Murad. – Porto Alegre : Artmed, 2008.

   312 p. ; 23 cm.

   ISBN 978-85-363-1240-8

   1. Filosofia. I. Título.

   CDU 101(44)

Catalogação na publicação: Juliana Lagôas Coelho – 10/1798

FRANÇOIS CUSSET

Filosofia Francesa
A INFLUÊNCIA DE FOUCAULT, DERRIDA, DELEUZE & CIA.

Tradução:
Fátima Murad

Consultoria, supervisão e revisão técnica desta edição:
Maria Carolina dos Santos Rocha
Professora e Doutora em
Filosofia Contemporânea pela ESA/Paris e UFRGS/Brasil.
Mestre em Sociologia pela Escola de Altos Estudos
em Ciências Sociais (EHESS)/Paris.

2008

Obra originalmente publicada sob o título French Theory: Foucault, Derrida, Deleuze & Cie et les mutations de la vie intellectuelle aux États-Unis
© Éditions la Découverte, Paris, France, 2003, 2005
ISBN 978-2-7071-4673-1

Capa: *Paola Manica*

Preparação do original: *Elisângela Rosa dos Santos*

Leitura final: *Luciane Corrêa Siqueira*

Supervisão editorial: *Mônica Ballejo Canto*

Editoração eletrônica: *Luciane Delani*

Reservados todos os direitos de publicação, em língua portuguesa, à
ARTMED® EDITORA S.A.
Av. Jerônimo de Ornelas, 670 – Santana
90040-340 Porto Alegre RS
Fone (51) 3027 7000   Fax (51) 3027 7070

É proibida a duplicação ou reprodução deste volume, no todo ou em parte, sob quaisquer formas ou por quaisquer meios (eletrônico, mecânico, gravação, fotocópia, distribuição na Web e outros), sem permissão expressa da Editora.

SÃO PAULO
Av. Angélica, 1091 - Higienópolis
01227-100 São Paulo SP
Fone (11) 3665 1100   Fax (11) 3667 1333

SAC   0800 703-3444

IMPRESSO NO BRASIL
PRINTED IN BRAZIL

"A própria teoria é uma prática, tanto quanto seu objeto. Ela não é mais abstrata que seu objeto. É uma prática de conceitos, e é preciso julgá-la em função de outras práticas nas quais interfere."
Gilles DELEUZE, *Cinéma 1.*
L'image-mouvement

Para C.
A. L. e Y.

Agradecimentos

Este livro não teria sido possível sem a disponibilidade, as intuições pessoais e a palavra generosa de todos os atores e observadores dessa história da *French Theory* que concordaram em me dar sua versão sobre ela, concedendo-me gentilmente uma ou várias entrevistas na França ou nos Estados Unidos. Expresso aqui toda minha gratidão a eles:

Jean Baudrillard, Richard Bernstein, Leo Bersani, Sara Bershtel, Tom Bishop, George Borchardt, Peter Brooks, Fulvia Carnevale, Mary-Ann Caws, Sande Cohen, Antoine Compagnon, Régis Debray, Michel Delorme, Michael Denneny, Jacques Derrida, Joël des Rosiers, Élie During, Éric Fassin, Michel Feher, Stanley Fish, Jim Fleming, Todd Gitlin, Stephen Greenblatt, Peter Halley, Jeanine Herman, Denis Hollier, Dick Howard, Laurent Jeanpierre, John Kelsey, Fram Kitagawa, Chris Kraus, Lawrence Kritzman, Sanford Kwinter, Michèle Lamont, Knight Landesman, Bruno Latour, Jean-Jacques Lebel, Sylvère Lotringer, Masuda Matsuie, Jeffrey Mehlman, Nancy Miller, J. Hillis Miller, Paul Miller *alias* DJ Spooky, Claire Parnet, John Rajchman, Willis Regier, Carlin Romano, Edward Said, Marc Saint Upéry, André Schiffrin, Eve Kosofsky Sedgwick, Richard Sieburth, Thomas Spear, Gayatri Chakravorty Spivak, Allucquere Rosanne Stone, Enzo Traverso, Bernard Tschumi, Jorge Volpi, Moriaki Watanabe, Lindsay Waters.

Meus agradecimentos calorosos vão igualmente para Hughes Jallon, cujo olhar penetrante e cuja leitura inteligente permitiram-me elaborar o texto definitivo.

Sumário

Introdução. O efeito Sokal / 13

I. A INVENÇÃO DE UM *CORPUS*

1. Pré-histórias / 27

Do exílio à exportação / 27
Antecedentes transatlânticos / 31
A invenção do pós-estruturalismo (1966) / 35

2. O enclave universitário / 41

Mundos à parte / 42
Gentlemen e cultos / 45
A excelência e o mercado / 49
New Criticism e modernismo literário / 52

3. A virada dos *"seventies"* / 59

Da militância à existência / 59
Revistofagia eclética / 63
Contracultura: um encontro fracassado? / 68
A aventura de Semiotext(e) / 72

4. Literatura e teoria / 79

Conflito de faculdades: a vitória da narrativa / 80
Citar distorcendo / 87
Resistências: da história à filosofia / 92
Theory, uma educação crítica / 97

5. Os canteiros da desconstrução / 107

Leitura, o desafio derridiano / 108
O quarteto de Yale / 112
Escapadas e estratagemas / 116
Suplemento: o efeito Derrida / 119

II. OS USOS DA TEORIA

6. Políticas identitárias / 129

O triunfo dos *cult studs* / 130
Etnicidade, pós-colonialidade, subalternidade / 134
Questões de gênero / 140
Política teórica, aliança difícil / 147
New Historicism: os limites de um compromisso / 153

7. A contra-ofensiva ideológica / 159

A querela do cânone / 159
Os equívocos do PC / 163
Um debate nacional / 166
A cruzada neoconservadora / 170
Rumo a uma esquerda pós-política? / 175

8. *Stars* de *campus* / 181

Judith Butler e a *performance* / 183
Gayatri Spivak e a intotalidade / 185
Stanley Fish e a instituição / 188
Edward Said e a crítica / 190
Richard Rorty e a conversação / 192
Fredric Jameson e a questão pós-moderna / 195

9. Estudantes e usuários / 201

Os jogos da parataxe / 202
Bildungstheorie contra leitura legítima / 205
Aumento do mundo e privatização dos saberes / 207

10. Práticas artísticas / 211

Entre a obra e o mercado / 212
O qüiproquó simulacionista / 215
Arquiteturas imateriais / 219

11. Maquinações teóricas / 225

Zona de autonomia temporária / 226
Cyborgs, discos, objetos encontrados / 229
Pop: circulação aleatória / 233

III. IDAS E VINDAS

12. A teoria-norma: uma influência prolongada / 239

Ritournelle do declínio / 241
A persistência culturalista / 244
De Foucault a Barthes: o leque de paradoxos / 248

13. A teoria-mundo: uma herança planetária / 257

A América e seus outros / 258
Impactos longínquos, efeitos diretos / 264
As fontes alemãs / 269

14. E enquanto isso na França... / 275

O humanismo isolado ou o ressurgimento dos grandes conceitos / 276
O lento retorno do recalcado / 280
Ciência pura e razão de Estado / 285

CONCLUSÃO. DIFERENÇA E AFIRMAÇÃO / 291

POSFÁCIO / 299

ÍNDICE ONOMÁSTICO / 303

Introdução
O efeito Sokal

Nas últimas três décadas do século XX, alguns nomes de pensadores franceses adquiriram uma aura nos Estados Unidos que até então era reservada apenas aos heróis da mitologia americana ou às estrelas do *show business*. Poderíamos até fazer o exercício de projetar o mundo intelectual americano no universo do *western* hollywoodiano: esses pensadores franceses, em geral marginalizados no Hexágono*, com certeza teriam ali os papéis principais. Jacques Derrida poderia ser Clint Eastwood, por seus papéis de pioneiro solitário, sua autoridade incontestée e sua cabeleira de sedutor. Jean Baudrillard passaria um pouco por Gregory Peck, mistura de bonomia e de uma soturna indiferença, acrescentando a propensão de ambos a jamais estarem onde são esperados. Jacques Lacan interpretaria um Robert Mitchum irascível, por seu gosto comum pelo tiro mortal e pela ironia indecifrável. Gilles Deleuze e Félix Guattari, mais que os *westerns spaghetti* de Terence Hill e Bud Spencer, evocariam a dupla desgrenhada, combalida, porém sublime, de Paul Newman e Robert Redford em *Butch Cassidy*. E por que Michel Foucault não poderia ser um Steve McQueen imprevisível, por seu conhecimento da prisão, seu riso inquietante e sua independência de franco-atirador, figurando, à frente de tal elenco, a coqueluche do público? Sem esquecer Jean-François Lyotard como Jack Palance, por seu espírito enérgico, e Louis Althusser como James Stewart, pelo ar melancólico. Do lado das mulheres, Julia Kristeva como Meryl Streep, mãe coragem ou irmã de exílio, e Hélène Cixous como Faye Dunaway, feminilidade independente de qualquer modelo. *Western* improvável, em que os cenários se tornariam personagens, em que a astúcia dos índios os faria vitoriosos e em que a enfadonha cavalaria nunca chegaria.

É que, de fato, da música eletrônica às comunidades de internautas, da arte conceitual aos filmes de grande bilheteria, justamente, e sobretudo da arena universitária ao debate político, esses autores franceses atingiram um patamar de notoriedade oficial e de influência subterrânea nos Estados Unidos, na virada dos anos de 1980, que jamais conseguiram em casa. Seus nomes, mesmo não sendo os de ídolos do cinema, não são menos difundidos, pouco a pouco americanizados, bastante *desfrancesados*; nomes que se tornaram obrigatórios além-Atlântico sem que seu país de origem jamais

---

* N. de T. Referência à França, assim conhecida pelo formato hexágono de seu território.

tenha avaliado a dimensão do fenômeno. A não ser em um outono recente, por acaso, em uma controvérsia de estação.

Nesse início de outubro de 1997, a França encontra-se decididamente sob os refletores da mídia internacional. Poucas semanas antes, uma princesa idolatrada morrera ali em um acidente de trânsito. Alguns meses mais tarde, o país sediaria a última copa do mundo de futebol do século, já devidamente preparada. Nesse meio-tempo, um desses debates de idéias que de tempos em tempos opõem os editorialistas ocupa agora, uma após outra, as primeiras páginas dos jornais, traçando no centro da arena midiático-intelectual uma linha divisória móvel, um pouco obsoleta, cujos limites já estavam quase esquecidos. O motivo é um livro, *Imposturas intelectuais*, publicado pela Editora Odile Jacob e assinado por dois físicos, o americano Alan Sokal e o belga Jean Bricmont.[1] Nele, os dois autores dissecam o que chamam de "jargão" e de "charlatanismo", de "verdadeira intoxicação verbal" e de "desprezo pelos fatos e pela lógica" por parte de uma corrente intelectual que eles apresentam, "para simplificar", como o "pós-modernismo". Este se caracteriza pela "rejeição mais ou menos explícita da tradição racionalista das Luzes" e por "um relativismo cognitivo e cultural que trata as ciências como 'narrativas' ou construções sociais". Seus inspiradores, principalmente franceses, são "Gilles Deleuze, Jacques Derrida, Félix Guattari, Luce Irigaray, Jacques Lacan, Bruno Latour, Jean-François Lyotard, Michel Serres e Paul Virilio",[2] aos quais se acrescentarão, ao longo das páginas, os nomes de Jean Baudrillard, Julia Kristeva e Michel Foucault. Sokal e Bricmont denunciam "a ausência manifesta de *pertinência* da terminologia científica" que esses autores empregariam na ocasião e que os levaria não apenas às "confusões intelectuais", mas "ao irracionalismo e [ao] niilismo". Eles pretendem, portanto, com a mediação de um parêntese abandonado um pouco rapidamente, "defender os cânones da racionalidade e da honestidade intelectual que são (*ou deveriam ser*) comuns às ciências exatas e às ciências humanas".[3] Seguros de suas idéias, eles desejam demonstrar, conforme uma expressão recorrente, que "o rei está nu": desde a "nova religião" da matemática lacaniana até o "hiperespaço de refração múltipla" segundo Baudrillard, Sokal e Bricmont pensam simplesmente desses autores que "se eles parecem incompreensíveis, é pela simples razão de que não querem dizer nada".[4]

Preconizadores e jornais importantes reagem partindo para o confronto. No *Le Monde*, Marion Van Renterghem estigmatiza a "velha ladainha" de uma tal "operação cientista", seguida por Julia Kristeva, para quem essa "investida intelectual antifrancesa" denunciaria a "francofobia" que suscita além-Atlântico a "aura" de pensadores condenados.[5] Roger-Pol Droit, por sua vez, ridiculariza o "cientificamente correto", ao passo que Robert Maggiori, no *Libération*, prefere convocar os surrealistas, preocupado em saber se em breve não se começará a "indagar se é cientificamente legítimo dizer que a Terra é azulada como uma laranja".[6] De sua parte, Jean-François Kahn coloca lado a lado a "presunção científica" e uma "logorréia intelectualista que dissimula sob um jargão científico um vazio absoluto", exigindo da "ideologia pré e pós-sessenta e oito" (na qual situa os pensadores em questão) que ela aceite "fazer [seu] exame de consciência".[7] Enquanto Jean-Marie Rouart enaltece essa "revigorante corrente de ar fresco" contra a "retórica da verborragia",[8] Angelo Rinaldi zomba, com sua verve costumeira, desses "médicos de Molière" que seriam nossos pensadores tão invejados "surpreendidos [aqui] em flagrante delito de furto".[9] Já Jean-François Revel despeja um fel menos habitual para atacar, com mais virulência do que poderiam ter imaginado Sokal e Bricmont, a "arrogância pós-moderna" revelada por essa "besteira da *French Theory*", dos "reacionários [que] erigiram a má-fé em sistema": suprimir as diferenças "entre o verdadeiro e o falso, o bem e o mal", como Revel acusa Derrida ou Deleuze de fazer, significaria nada menos que "retroceder às concepções nazistas [...] e virar as costas a todas as conquistas da verdadeira esquerda há um século"[10] — ou seja, a mesma injúria que permite a um Jean-Jacques Salomon comparar imediatamente as teses de Bruno Latour e de Mussolini no *Le Monde*. O tom é mais moderado por parte do *Nouvel Observateur*, em que cada um aproveita o "caso" para fazer sua escolha, defender sua panelinha: Pascal Bruckner enaltece o ensaísmo à francesa, tal como o encarnaria Baudrillard, contra os "jargonistas do estruturalismo", enquanto Didier Éribon, elegendo Foucault contra alguns de seus seguidores, pede que não se confunda o "construcionismo" herdado desses pensamentos e seu desvio "irracionalista".[11] Em meio ao tumulto, dois tipos de observações passam despercebidos. No tom satírico que lhe é peculiar, está a sugestão do *Canard enchaîné* de que os autores perseguidos por Sokal e Bricmont, nos Estados Unidos, seriam "o equivalente em filosofia aos Post-it em papelaria: parece que eles são colados por toda parte",[12] rara alusão a um grande aparato americano da citação em voga e do cruzamento de textos. E mais significativo ainda, mas de maneira quase tão anódina, há o reconhecimento aqui e ali de que as obras em questão estariam mortas e enterradas na França. *Marianne* anuncia que "já acabaram os grandes debates do pós-guerra *(sic)*",[13] ao passo que o *Le Monde* se pergunta "por que publicar na França [...] um livro condenando desvios filosóficos que já não acontecem ali".[14]

Mais que os destinos além-mar de um certo pensamento francês, que nossas revistas reportam de tempos em tempos sobre o tema redutor do "*French intello** [como] gênero exportável",[15] o que a polêmica revela de imediato é, portanto, um duplo descompasso franco-americano. O primeiro é um descompasso de história intelectual, que faz com que as batalhas teóricas francesas dos anos de 1970, encerradas há muito tempo no Hexágono (em nome do novo "humanismo antitotalitário" que saiu vencedor), inflamem ainda hoje, e depois de mais de vinte anos, as universidades americanas. Aparece então, em conseqüência do primeiro, outro descompasso, desta vez entre dois campos de saber, o que explica que tantos observadores franceses,

---

*N. de T. Forma abreviada de *intellectuel* (intelectual). Expressão familiar e pejorativa.

através do velho prisma transatlântico, tenham interpretado erroneamente a atitude de Sokal e Bricmont como declaração de guerra aos nossos grandes pensadores, por não conseguirem identificar aí os debates intelectuais americanos dos últimos vinte anos: pois Sokal e Bricmont visavam, em última análise, não tanto os pensadores franceses, mas sim os acadêmicos americanos que, invocando-os em seu favor, teriam promovido, segundo eles, uma dupla "regressão" comunitarista e relativista na universidade, como analisa o canadense Michel Pierssens.[16] Assim, por trás do "caso", perfilam termos que só chegaram aos leitores franceses, quando muito, como ecos indiretos, ou superficiais, e disputas que eles não conseguiriam decifrar em toda a sua amplitude: *Cultural Studies*, construcionismo, pós-humanismo, multiculturalismo, querela do cânone, desconstrução, "politicamente correto". Essas palavras, para além de suas ressonâncias falsamente familiares, estão fortemente associadas às profundas mudanças ocorridas há trinta anos não apenas no campo das humanidades, mas em toda a universidade americana. Recuando mais ainda, elas remetem à articulação problemática que se estabeleceu, pouco a pouco, após uma crise e muita polêmica, entre o campo intelectual e a arena política, entre discurso e subversão, mas também entre nação e identidades. De tal evolução dependem hoje, para o bem e para o mal, as linhas de força do debate intelectual mundial; e ela explica, indiretamente, tanto o novo dado imperialista e neoconservador do pós-11 de setembro de 2001 quanto a impotência de uma força de esquerda transversal que se lhe oponha. É isto que está em jogo nessa curiosa categoria de *French Theory* e, portanto, neste livro: explorar a genealogia, política e intelectual, e os efeitos, que chegaram até nós e permaneceram até hoje, de um mal-entendido criador entre textos franceses e leitores americanos, um mal-entendido propriamente estrutural – no sentido de que não remete a um erro de interpretação, mas às diferenças de organização interna entre os campos intelectuais francês e americano. Assim, evitaremos julgá-lo a partir de uma "verdade" de textos, preferindo a essa noção suspeita a fecundidade das confusões e as surpresas da leitura diagonal, ou aquilo que, em um contexto cultural totalmente diferente, os japoneses classificam sob a rubrica de uma "beleza do uso" (*Yoo-no-bi*). Porém, para compreender essas divergências de campos, e seu papel criativo, é preciso lembrar primeiro que antes do caso Sokal, que expôs mais claramente suas disputas políticas americanas, tivemos a "farsa" do mesmo nome – com muito menos eco na França.

De fato, em 1996, o próprio Alan Sokal havia submetido ao conselho editorial da célebre revista de *"Cultural Studies"*[17], *Social Text* um longo artigo, intitulado "Transgredir as fronteiras: por uma hermenêutica transformativa da gravitação quântica". Reunindo fórmulas pseudocientíficas e citações reais de autores (principalmente franceses também, de Derrida a Kristeva), que ele chama de "pós-modernismo", o artigo é uma paródia de questionamento da realidade física e de postulados da ciência. Contudo, uma paródia que se esconde por trás de um argumento de autoridade, uma paródia tanto mais perturbadora na medida em que se apóia em autores e conceitos célebres de longa data nos Estados Unidos, e que a revista, incapaz de descobrir ali as contraverdades científicas das quais Sokal abarrotou o artigo, aceita-o imediatamente para publicá-lo em seu número especial sobre "a guerra das ciências".[18] Para demonstrar os estragos, segundo ele, do "relativismo cognitivo" herdado da "teoria francesa", Sokal força as comparações, colocando no mesmo plano a "igualdade" na teoria dos conjuntos e no feminismo radical, o "deslocamento" no inconsciente lacaniano e na física quântica, ou ainda a "relatividade geral" em Einstein e em Derrida – sem que os leitores de *Social Text*, em primeiro lugar seu diretor Andrew Ross, fizessem qualquer objeção. Um mês após o lançamento do artigo, Sokal revelaria a farsa na revista *Lingua Franca*: seu texto era apenas um pastiche destinado a flagrar "a arrogância intelectual da Teoria – da teoria *literária* pós-moderna, naturalmente", e a desmascarar uma "idiotice que se proclama de esquerda".[19] A polêmica ganhou rapidamente a imprensa generalista, em um país onde ela não costuma tratar dos debates intelectuais e com mais forte razão de querelas acadêmicas. O *New York Times* dedicou-lhe um artigo de primeira página, citando bizarramente como exemplos do jargão pós-moderno visado por Sokal "palavras como *hegemonia* e *epistemológico*",[20] antes que uma batelada de artigos de cunho populista e fortemente antiintelectualistas, do *Boston Globe* ao *Los Angeles Times*, ataquem por sua vez a "verborragia" e o "relativismo" de uma "falsa esquerda" acadêmica "impregnada" de referências francesas.[21] Tablóides mais conservadores, a exemplo do *New York Post*, investiram contra as "modas afrocentrista" e feminista que perverteriam os estudantes e os fariam perder "seus preciosos anos de graduação".[22]

Dois aspectos especificamente americanos desse *efeito* Sokal são bastante reveladores. De um lado, as reações dos acadêmicos americanos visados foram raras, como se a tradução desse debate na língua vulgar da imprensa generalista os constrangesse; exceção foi a intervenção provocadora do célebre teórico literário Stanley Fish, comparando "as leis da ciência" e "as regras do baseball"[23] no *New York Times*. De outro lado, intelectuais e revistas marxistas demonstraram uma virulência singular, defendendo o *pedigree* político de Sokal, ao lembrar que ele tinha lecionado matemática na Nicarágua sob os sandinistas, e negando aos chantres dos *Cultural Studies* ou da desconstrução o direito de se considerarem de extrema esquerda (*leftists*) – como são rotulados pela direita, bem mais do que eles próprios se reivindicam. Do Brasil à Itália e do Japão às colunas do *Le Monde*, a grande imprensa mundial logo reproduziu os termos do caso. De maneira geral, denunciou o "cientismo" de Sokal, ao mesmo tempo criticando os excessos de uma "claque" acadêmica que encontra equivalentes locais em quase todos esses países – com exceção da França, por ter importado os *Cultural Studies* ou o "construcionismo" americano. Bruno Latour, por sua vez, em uma parábola que se tornou célebre, evocou a visão sokaliana da França como uma "outra Colômbia" com seus "pequenos traficantes de drogas pesadas" ("*derridium* e *lacanium*"), ameaçando os acadêmicos americanos de uma dependência pior que a do *crack*, até fazê-los esquecer as "alegrias" da vida do *campus* e a "dose diária de filosofia analítica" que ingeriam antes.[24]

Portanto, o que para muitos, na França, foi uma descoberta – não só a de uma tal impregnação do tecido intelectual americano por autores franceses, mas também a de tamanha batalha pelo monopólio simbólico do termo "esquerda" – nos Estados Unidos, um ano antes, foi apenas mais um episódio, só um pouco mais difundido pela mídia, do conflito que opõe, há um quarto de século, "humanistas" e "mestres da suspeita", ou "conservadores" e "multiculturalistas", na universidade e em certos setores da sociedade americana. Em uma palavra, um epifenômeno em relação a uma polaridade ideológica já enraizada nos costumes intelectuais americanos – porém ausente da cena francesa. Fazer a genealogia de tal polaridade exige passar em revista certos modos de leitura americanos dos autores franceses em questão que permitiram descontextualizá-los, apropriar-se deles, fazê-los desempenhar um papel quase sempre crucial nos debates sociais e políticos da América contemporânea. Assim, pode-se tentar entender as "operações de seleção e de marcação", para usar os termos de Bourdieu,[25] mediante as quais certos acadêmicos americanos – não sem intenção carreirista – conseguiram extrair as novas palavras de ordem dos anos de 1980 para então mobilizar suas tropas, infantaria de leitores prestes a investir contra o inimigo: o "texto" como produto de um "autor" e contendo um "sentido", a falsa neutralidade de uma Razão "imperialista", o "universalismo" como arma do Ocidente ou, ainda, o "*corpus* canônico" como forma de colonialismo literário. Essas palavras de ordem marcaram uma radicalização política dos discursos acadêmicos, uma conduta na qual os autores franceses, para os que puderam testemunhar isso, não se reconhecem verdadeiramente. Portanto, foram necessárias várias operações para produzir, a partir de textos franceses, um novo discurso político. A primeira dessas operações, uma das mais difíceis de captar empiricamente, é a que permite reunir pouco a pouco em uma mesma entidade homogênea – verdadeiro *corpus* naturalizado, operador de conivência entre seus usuários – a variedade de autores envolvidos. Não resta senão chamar o *package* final "*French Theory*", conforme a denominação que surgiu na segunda metade dos anos de 1970, de "pós-estruturalismo" em termos de história intelectual,[26] ou mesmo de "pós-modernismo francês", conforme a expressão que é mais empregada por seus detratores. É interessante observar também que, na França, o culto efêmero dos "grandes papas da universidade francesa"[27] (bastante próximos, em um sentido, para serem agrupados em uma mesma rubrica) e depois seu rápido eclipse não permitiram reuni-los em uma única categoria. Somente uma atitude de rejeição, ou de oposição frontal, permite aplicar-lhes um rótulo unificante – seja a famosa "hermenêutica da suspeita" a que se referia Paul Ricoeur no início de *Freud e a filosofia*, seja o mito de um "pensamento 68" homogêneo e localizável, popularizado de uma maneira mais polêmica por Luc Ferry e Alain Renaut, que classificaram os autores em questão nesses termos, denunciando seu "anti-humanismo" e seu "irracionalismo", embora os militantes de maio se reportassem muito mais a Marcuse, Henri Lefebvre ou mesmo Guy Debord do que a Deleuze, Foucault ou Derrida.[28]

Pois essa dezena de autores, mais ou menos contemporâneos, que seus seguidores americanos e seus opositores franceses gostam de tratar como uma escola de pensamento, como um movimento unificado, não pode ser associada a esse ponto, a não ser à custa de aproximações contestáveis. Alguns refrãos de época permitem formar entre eles uma comunidade exclusivamente negativa: a tripla crítica do sujeito, da representação e da continuidade histórica, uma tripla releitura de Freud, Nietzsche e Heidegger, e a própria crítica da "crítica", pois todos indagam à sua maneira essa tradição filosófica alemã. Assim, não se poderia aproximar espontaneamente a "microfísica do poder" foucaultiana, a "disseminação" de traços em Derrida, os "fluxos" e "conexões" nos planos de imanência deleuzianos e o "espaço hiper-real" da simulação braudrillardiana a não ser por omissão – porque não se encontra aí nenhuma das filiações, kantiana, dialética ou fenomenológica, reivindicadas por seus predecessores. Sem contar que inúmeras divergências, intelectuais e políticas, os separaram ao longo dos anos. Basta citar o debate entre Derrida e Foucault sobre loucura e razão em Descartes, em que, no final, o primeiro denunciava o "totalitarismo estruturalista", enquanto o segundo reprovava sua "pequena pedagogia [da] textualização".[29] Do mesmo modo, em oposição ao "textualismo" tão criticado na desconstrução derridiana, Deleuze afirmava: "Um texto, para mim, é apenas uma pequena engrenagem de uma máquina extratextual".[30] Podemos citar ainda o apelo de Baudrillard a *Esquecer Foucault* em 1977, a que o interessado retrucava que seu "problema seria mais [se] lembrar de Baudrillard".[31] Ou mencionar as estocadas deste último, que zombava da idéia de Lyotard segundo a qual "apenas o capital usufrui" (ao passo que Lyotard denunciava vigorosamente suas teses sobre o "fim do social") e depois criticava de igual modo a "aterradora versatilidade do desejo em Deleuze".[32]

A abordagem adotada para relatar essa aventura americana da teoria francesa, em vez de forçar a "caixa preta" dos textos, prefere a circulação social dos signos, o uso político das citações, a produção cultural de conceitos. Não é menos verdade que tal categoria, para existir, supõe uma certa violência taxonômica em detrimento da singularidade das obras, como também de suas divergências explícitas. Assim, o uso que se fará do termo teoria francesa, sem aspas, refere-se menos à eventual validade intelectual de tal agrupamento do que à mera onipresença dessas duas palavras na universidade americana a partir do final dos anos de 1970 – sigla de classificação, marca de uma filiação, objeto discursivo mal-identificado, mas repetido em coro por milhares de comentadores. É antes de tudo uma maneira de legitimá-la.

Após o gesto de arregimentação, vêm as operações de marcação, de reorganização de conceitos, de redistribuição no campo das práticas. É importante que também essas operações sejam examinadas em sua audácia e em toda a sua engenhosidade. Foram elas que deram a esses textos um valor de uso político especificamente americano, que – ao sabor de releituras críticas ou de paralogismos produtivos – reinventaram obras cristalizadas na França em seu filão editorial. Elas organizaram em terra americana um espaço de acolhimento original para obras que nada predispunha a serem mais lidas ali do que na França. Mas foram. A ponto de deixar suas marcas nos recônditos menos previsíveis da indústria cultural dominante, da música eletrônica à ficção cientifica hollywoodiana, da *pop art* ao romance *cyberpunk*. E de salpicar de alusões às suas teses ou aos seus autores as referências subjetivas e os códigos conversacionais próprios a certos meios, de disseminá-los pouco a pouco nos entremeios de uma cultura instável, processual, inteiramente voltada às leis do mercado.

A análise de um fenômeno de transferência intelectual, principalmente universitária, nas condições de isolamento da universidade nos Estados Unidos, não impede, de fato, que ela vá buscar seus curiosos avatares junto aos galeristas nova-iorquinos ou aos roteiristas californianos, nos *romans a clé** ou mesmo no uso impróprio, no todo-poderoso Michael Crichton, de uma vaga referência a Baudrillard e a Virilio para denunciar a "dissolução mental" e a "tecnologia que nos desumaniza".[33] Para além do pitoresco, a questão é saber como textos tão incisivos, e às vezes de difícil acesso, conseguiram inserir-se tão profundamente na indústria cultural e intelectual americana – a ponto de induzir um jornalista a comparar essa "invasão francesa" com a "invasão da música *pop* inglesa dez anos antes".[34] A resposta conduz a alguns temas que, mesmo sendo pouco conhecidos na França, não são menos determinantes no contexto político e cultural mundial relativamente agitado deste início de milênio: a história e as crises recentes da universidade nos Estados Unidos; a indústria cultural americana, com seus domínios *e* seus limites identitários; a inventividade de uma *pragmática* dos textos (sua aptidão ao uso, à operação, como é o caso de todos os produtos culturais) que um certo elitismo francês julgou com desprezo por longo tempo; mas também o desenvolvimento, nos interstícios da dominação, e bem longe de Paris, de um novo discurso mundial sobre a resistência micropolítica e a subalternidade, um discurso sem relação direta com a altermundialização com o qual se deleitam nossos humanistas de esquerda, um discurso mais "textualista" e muito raramente militante, porém um discurso do qual talvez se possam colher algumas idéias novas.

Trata-se, no fim das contas, de virtudes da descontextualização, ou daquilo que Bourdieu chamava de "desnacionalização" dos textos. Embora ao se afastarem do seu contexto de origem percam um pouco da força política que motivou sua irrupção, essas "teorias viajantes" (conforme a expressão de Edward Said) também podem adquirir uma força nova na chegada.

---

*N. de T. Literalmente, romance com uma chave. É uma narrativa que descreve eventos da vida real por trás de uma fachada de ficção.

Essa força está ligada aos desbloqueios que autorizam as teorias recompostas, ao enigma de defasagens institucionais fecundas entre o campo de origem e o de acolhimento, que raramente são análogos: que filósofos franceses tenham sido importados por escritores americanos, que a questão da revolução tenha sido entendida ali como a revolução da minoria, que autores publicados pela Gallimard e pela Minuit tenham sido editados nos Estados Unidos pela imprensa universitária ou por pequenas editoras alternativas, tudo isso constitui dissimetrias criadoras. Foi essa mesma força de um desenraizamento do contexto de origem que fez com que outrora, privilegiando em Hegel as dimensões social e histórica em detrimento da lógica e da filosofia da natureza, e em Husserl as questões da emoção e da imaginação (ou da consciência resplandescente em relação às coisas) em detrimento do método da redução transcendental, seus divulgadores franceses (Lévinas, Groethuysen, Wahl, Kojève) dessem vida à fenomenologia e ao existencialismo francês, radicalmente inéditos – e a esses novos "objetos filosóficos" da França do pós-guerra, como o garçom ou o músico de *jazz*. Essa inventividade tem suas singelezas e seus efeitos perversos, mas sua exploração será tanto mais útil, no caso da apropriação americana da teoria francesa, na medida em que nos encontramos aqui bem no centro do quiasma cultural franco-americano. No momento em que Foucault, Lyotard e Derrida tornavam-se indispensáveis no universo americano, seus nomes sofriam um eclipse sistemático na França. Esse descarte ideologicamente motivado, para barrar o caminho do "folclore" comunitário e da "fragmentação" do sujeito, não é estranho ao fato de que, vinte anos mais tarde, nosso belo "universalismo" tenha servido quase sempre apenas para acobertar um certo provincianismo intelectual. Em 1979, um discurso de Bernard-Henri Lévy anunciava claramente o programa do novo anticomunitarismo francês e a triste transmissão de poder prestes a se realizar: "Todas as políticas fundadas no primado da diferença são necessariamente fascistas",[35] vociferava ele citando indiscriminadamente Guy Hocqenghem e o neofeminismo, após ter identificado claramente seus inimigos dois anos antes – "a técnica, o desejo e o socialismo", e daí a necessidade de ir "contra o materialismo, portanto, e apenas contra ele".[36] Alguns meses mais tarde, à frente do primeiro número de *Débat*, Pierre Nora enunciava as novas regras, morais e ideológicas, do "regime de democracia intelectual" que a revista evocava ardorosamente para deixar de ser "escrava de mestres da suspeita".[37] E cinco anos depois, em um ensaio muito controvertido que posteriormente viraria norma, Luc Ferry e Alain Renaut atacavam as "filosofias da diferença", sua conduta "terrorista" e, antecipando os termos sokalianos, o ilegível "contra-senso" desses "filosofistas".[38]

Mudança de época. Uma mudança que essa aventura americana simultânea à teoria francesa permitirá assim reexaminar para talvez extrair daí algumas perspectivas de futuro. O giro por esse falacioso caminho americano, pela modesta história desses divulgadores e tradutores de *campus*, também nos fala *a contrario* dessa "paisagem intelectual francesa" que sociólogos e jornalistas descrevem hoje como um campo de ruínas – enriquecendo cada vez mais seus saciados editores, sem jamais nos explicar essa paisagem lunar. Em suma, os percursos americanos, de carne e osso, desses mediadores obscuros, os microrrelatos de vida desses propagandistas anônimos sem os quais não teriam ocorrido as verdadeiras reviravoltas intelectuais, as traições salutares, poderiam perfeitamente nos remeter a nós mesmos, bem mais que aos rituais universitários ou às ironias da transferência. Poderíamos reaprender com eles a captar essas fulgurâncias de três décadas atrás, rotuladas pela história das idéias, neutralizadas pelo pensamento dominante, ou sabiamente museificadas depois como a última vanguarda de um mundo extinto, enquanto aqueles e aquelas que as emitiram, testemunhas do advento de uma época, já descreviam exatamente o que compõe este presente e suas pérolas inéditas – o poder de vida, as tribos sem causa, o terror sem rosto, a rede imperial e suas maquinações, o sabre reacionário e o aspersório identitário, como também a microrresistência e seus interstícios fora de tela. Assim, algumas lições da *American Experience* talvez possam responder hoje, antes tarde do que nunca, à invenção da *French Theory*.

NOTAS

1 Alan SOKAL e Jean BRICMONT, *Impostures intellectuelles*, Paris, Le Livre de poche, coll. "Biblio essais", 1999 [1997]. O livro, que os autores desejavam reservar primeiramente à França, é lançado no ano seguinte em inglês, pela St. Martin's Press, com o título mais cru de *Fashionable nonsense*.

2 *Ibid.*, p. 38-40, 33 e 36.

3 *Ibid.*, p. 48-49, 40-41, respectivamente.

4 *Ibid.*, p. 74, 65, 204 e 39, respectivamente.

5 Marion VAN RENTERGHEM, "L'Américain Alan Sokal face aux 'imposteurs' de la pensée française", *Le Monde*, 30 setembro 1997.

6 Sokal contre les intellos: la pensée du k.o.", *Libération*, 30 setembro 1997.

7 Jean-François KAHN, "Morgue scientiste contre impostures intellectuelles", *Marianne*, 13-19 outubro 1997.

8 Jean-Marie ROUART, "Fumée", *Le Figaro*, 16 outubro 1997.

9 Angelo RINALDI, "La comédie française vue d'Amérique", *L'Express*, 16 outubro 1997.

10 Jean-François REVEL, "Les faux prophètes", *Le Point*, 11 outubro 1997.

11 "Les intellectuels français sont-ils des imposteurs?", *Le Nouvel Observateur*, 25 setembro-1 outubro 1997.

12 "Les agités du Sokal", *Le Canard enchaîné*, 8 outubro 1997.

13 Philippe PETIT, "Voilà où en est la philosophie au pays d' Astérix", *Marianne, op. cit.*

14 Marion VAN RENTERGHEM, "L' Américain Alan Sokal face aux 'imposteurs' de la pensée française", art. cit.

15 Título de um dossiê especial de *L' Évenement du Jeudi*, 27 março-2 abril 1997.

16 Michel PIERSSENS, "Sciences-en-culture outre-Atlantique", *in* Baudoin JURDANT (dir), *Impostures scientifiques. Les malentendus de l' affaire Sokal*, Paris, La Découverte/Alliage, 1998, p. 106-117.

17 Preferimos não traduzir o termo em francês a fim de assinalar sua especificidade anglo-saxônica – e evitar a confusão com a história ou a sociologia *culturais*.

18 Alan SOKAL, "Transgressing the Boundaries: Toward a Transformative Hermeneutics of Quantum Gravity", *Social Text*, n. 46-47, primavera-erão 1996, p. 217-252.

19 Alan SOKAL, "A Physicist Experiments with Cultural Studies", *Lingua Franca*, maio-junho 1996, p. 82-84.

20 Janny SCOTT, "Postmodern Gravity Deconstructed, Slyly", *New York Times*, 18 maio 1996.

21 Ver o dossiê de imprensa reunido no volume The Sokal Hoax. The Sham that Shook the Academy, coordenado pela redação de Lingua Franca (Lincoln, University of Nebraska Press, 2000).

22 Scott McConnell, "When Pretention Reigns Supreme", *New York Post*, 22 maio 1996.

23 Stanley FISH, "Professor Sokal's Bad Joke", *New York Times*, 21 maio 1996.

24 Bruno LATOUR, "Y a-t-il une science après la guerre froide?, *Le Monde*, 18 janeiro 1997.

25 Pierre BOURDIEU, "Les conditions sociales de la circulation internationale des idées", *Actes de la recherche en sciences sociales*, n. 145, dezembro 2002, p. 3-9.

26 O que os alemães chamam de *Neostrukturalismus* (*Cf.* Manfred FRANK, *Qu'est-ce que le néostructuralisme?*, Paris, Cerf., trad. franc. Christian Berner, 1989).

27 Para retomar o título de uma reportagem célebre de *Nouvel Observateur* (7 abril 1975).

28 Luc FERRY e Alain RENAUT, La Pensée 68. *Essai sur l'antihumanisme contemporain*, Paris, Gallimard, coll. "Folio essais", 1998 [1985].

29 Citado in Didier ÉRIBON, *Michel Foucault*, Paris, Flammarion, coll. "Champs", 1991 [1989], p. 145-146.

30 Gilles, DELEUZE, "Discussion", *in Nietzsche aujourd'hui?*, Colloque de Cerisy, Paris, UGE/10-18, 1973, v. 2, p. 186.

31 Citado in Didier ÉRIBON, *op. cit.*, p. 292.

32 Jean BAUDRILLARD, *Simulacres et Simulation*, Paris, Galilée, 1981, p. 34 e 109.

33 Jared SANDBERG, "PC Forum Attendees Hear Fighting Words on High Technology", *Wall Street Journal*, 26 março 1997.

34 Steven MOORE, "Deconstructing Ralph", Washington Post, 28 novembro 1999.

35 "C'est la guerre" (entrevista com Bernard-Henri Lévy), *Tel Quel*, n. 82, inverno 1979, p. 19-28.

36 Bernard-Henri LÉVY, *La barbarie à visage humain*, Paris, Grasset et Fasquelle, 1977, p. 143 e 217.

37 Pierre NORA, "Que peuvent les intellectuels?", *Le Débat* n. 1, maio 1980, p. 3-19.

38 Luc FERRY e Alain RENAUT, *La Pensée 68, op. cit.* p. 17, 55 e 52, respectivamente.

I. A INVENÇÃO DE UM *CORPUS**

---

*N. de R.T. 1. Coletânea ou conjunto de documentos sobre determinado tema. 2. Repertório ou conjunto da obra científica, técnica e/ou artística de uma pessoa ou a ela atribuída.

Fonte: Houaiss, A.; Villar, M. de S.; Franco, F. M. de M. *Dicionário Houaiss da língua portuguesa*. Rio de Janeiro: Objetiva, 2001.

1
Pré-histórias

> A cultura americana, diferente da nossa tanto quanto a cultura chinesa, é uma invenção pura e simples dos europeus."
> André MALRAUX, *Os Conquistadores*

A aventura americana da teoria francesa finca suas raízes em uma história por si só bastante antiga, caótica e diversificada para que seja possível traçar seus contornos em algumas linhas – ou esgotar todos esses fatores contextuais, da história política à memória dos exílios, com os quais a história intelectual mantém uma curiosa relação, delicada, incerta, distante da causalidade presente em outros capítulos da grande narrativa histórica. Assim, é melhor se contentar aqui em demarcar o terreno, em registrar algumas passagens, desenhando o cenário de uma vaga cena primitiva. E, no caso, considerar alguns exemplos de atritos imediatamente anteriores (dos anos de 1930 aos anos de 1950) entre as tradições intelectuais francesa e americana; duas culturas conquistadoras entre as quais a relação hierárquica está prestes a se inverter em meados do século.

Três histórias devem ser lembradas de forma extremamente sucinta. A primeira é a do exílio artístico e intelectual francês nos Estados Unidos entre 1940 e 1945, cujo estatuto não é tanto de origem, mas sim de prefiguração; a segunda é a dos três grandes produtos intelectuais franceses de exportação do imediato pós-guerra (o surrealismo de escola, o existencialismo sartriano e a história dos *Anais*); e a última é a de uma data inaugural, o simpósio da Universidade Johns Hopkins de outubro de 1966, que se tornou a título retrospectivo um acontecimento fundamental. Esta será a oportunidade de evocar aqui alguns grandes paradigmas americanos em crise nos anos de 1960 para compreender em que aspectos a leitura dos autores franceses pode ter representado uma alternativa providencial, o único meio de reconciliar atitude de oposição e fé no futuro, de reatar com uma certa tradição de liberdade americana – pois, em certo sentido, "o texto pelo qual a pessoa *se apaixona* é aquele no qual continua aprendendo o que já sabia",[1] segundo as palavras de Vincent Descombes.

DO EXÍLIO À EXPORTAÇÃO

Até dezembro de 1941, e o ataque japonês a Pearl Harbour, os Estados Unidos representam a única terra de asilo viável para a Europa dos êxodos e dos golpes de Estado – um antípoda provinciano, sem dúvida, mas um eldorado de paz e prosperidade. Assim, durante os dez anos de ascensão do nazismo, a América torna-se pouco a pouco o refúgio das artes e das letras européias. Os anos de exílio americano, que vão marcar *de facto* o fim do isolacionismo cultural dos Estados Unidos, foram decisivos em muitos sentidos: primeiro, no itinerário dos exilados que, embora raramente evoquem esse período, produziram ali algumas de suas obras fundamentais; depois, no percurso de certos artistas americanos que puderam impregnar-se *in loco* da vanguarda européia; e, finalmente, como um ponto de confluência, pois esse período é também o de uma transferência histórica da hegemonia artística e cultural de Paris para Nova York. Se Nova York "roubou a idéia de arte moderna" edificada na Europa, segundo a tese polêmica de Serge Guilbaut, essa transferência de hegemonia não se deve propriamente a uma estratégia de conjunto deliberada, não obstante o zelo antidecadentista e em breve anticomunista dos críticos Clement Greenberg e Harold Rosenberg, mas é conseqüência de uma promiscuidade histórica sem precedente. E não é só a pintura que está em questão aqui. Em todos os campos, os contatos inevitáveis, mais ou menos felizes, entre os inovadores locais (não raramente, eles próprios vindos da Europa entre as duas guerras) e esses "estrangeiros no paraíso", que eram os exilados, contribuirão para definir a orientação pósguerra de inúmeras tendências importantes da cultura ocidental – por uma mistura de influência subterrânea e de demarcação crítica. São as colaborações efêmeras entre ciências sociais americanas e pesquisadores de Frankfurt no exílio, e as divergências crescentes que se seguem entre a escola funcionalista e depois cibernética americana (de Paul Lazarsfeld e Harold Lasswell) e o paradigma crítico alemão. É a passagem de uma escola de pensamento "positivista-lógica" ainda isolada antes da guerra, e ligada a uma emigração germanófona, a uma nova polaridade que virá perenizar a guerra fria entre filosofia "analítica" e filosofia "continental". É o impacto do expressionismo alemão, e de escritores convertidos em roteiristas para ganhar uns trocados a mais, sobre a produção hollywoodiana dos anos de 1940. E é, obviamente, a influência do surrealismo no exílio sobre a jovem guarda artística americana, negada por ambas as partes. São cruzamentos aos quais não se pode fazer justiça em algumas linhas, mas cuja lembrança viva, mesmo que recalcada, marcará por várias décadas as relações intelectuais transatlânticas.

Da chegada de Hitler ao poder até a ocupação definitiva da zona livre na França, e das primeiras associações de socorro até as façanhas do Emergency Rescue Commitee (e de seu representante em Marselha, o Varian Fry) em 1941, nada menos que 130 mil alemães e 20 mil franceses chegaram aos Estados Unidos na época, apesar das restrições à migração e dos riscos na partida. Contam-se entre eles inúmeras figuras importantes da arte e da cultura européias: Theodor Adorno, Hannah Arendt, Ernst Bloch, Bertolt Brecht, André Breton, Ernst Cassirer, Marc Chagall, Walter Gropius, Max Horkheimer, Fernand Léger, Claude Lévi-Strauss, Maurice Maeterlinck,

Thomas e Heinrich Mann, Jacques Maritain, André Masson, Henri Matisse, Mier van der Rohe, Piet Mondrian, Benjamin Péret, Jules Romain, Denis de Rougemont, Saint-Exupéry, Saint-John Perse, Arnold Schönberg... Além dos padres, os únicos refugiados admitidos além das cotas pela administração americana são os professores universitários. Assim, a partir de meados dos anos de 1930, as instituições de educação superior americanas estabelecerão vínculos duradouros com os círculos intelectuais europeus. A Universidade de Columbia acolhe o Institut für Sozialforschung (a futura escola de Frankfurt). A New School de Alvin Johnson cria uma faculdade de ciências sociais e políticas onde lecionarão os maiores pesquisadores europeus. A Universidade de Chicago subvenciona o trabalho de refugiados da Bauhaus. E o comitê criado pela Fundação Rockfeller, que tem o maior interesse nesse êxodo de cérebros, assina acordos com o Instituto de Etnologia do Museu do Homem e com o Centro de Documentação Social de Paris. Com o apoio de várias universidades, foi fundada em Nova York, em novembro de 1941, por iniciativa de Alexandre Koyré e Louis Rapkine, a École Libre des Hauts Études, única instituição de ensino superior francesa criada nos Estados Unidos. Os cursos de Georges Gurvitch e Claude Lévi-Strauss, as conferências de Baudelaire ou Valéry, assim como o seminário de Denis de Rougemont sobre a "idéia de poder", são acompanhados evidentemente por muitos ouvintes americanos, estudantes eufóricos ou intelectuais de esquerda que aproveitam a oportunidade. A revista da escola, *Renaissance*, reflete a riqueza das pesquisas em curso.

Sabe-se da importância, no itinerário dos filósofos da escola de Frankfurt, da indústria cultural de massa que eles descobriram além-Atlântico. Contudo, é difícil avaliar mais amplamente as conseqüências teóricas e estéticas a longo prazo de um exílio geralmente mal vivido, rico por seus encontros e pela estranheza da cidade americana, mas marcado também pelo fim dos privilégios. A única certeza é a de que todos os exilados tiveram a experiência, mais ou menos violenta, de uma marginalização social, de um desenraizamento cultural, de uma privação normativa cujos vestígios permanecerão em suas obras. Pois essa prova significa "para um intelectual tornar-se disponível como nunca fora antes ao viajante, mais do que ao influente, ao risco e ao efêmero em detrimento do hábito, à inovação e às práticas experimentais contra o *statu quo* imposto",[2] como observa Edward Said. Encontraremos ecos dessa condição de passageiro, desse despovoamento de si, mas também dessa nova escuta, nos intelectuais franceses do pós-guerra, certamente desdramatizados pelo contexto de paz. Enquanto Sartre "em lugar nenhum [se] sentiu mais livre do que entre as massas nova-iorquinas",[3] Foucault exaltará a liberdade "do estrangeiro [que pode] desdenhar todas as obrigações implícitas",[4] e Julia Kristeva, ao atravessar o oceano pela primeira vez em 1973, celebrará a "terapia do exílio".[5] Já os surrealistas que chegaram a Nova York em 1941 não mostram o mesmo entusiasmo. No seu mapa-múndi, os Estados Unidos não existiam até então. Aragon esperava "que a América ao longe desabe com seus edifícios brancos em meio a proibições absurdas" e Breton, fiel a si mesmo antes e depois da guerra, ia da repugnância à execração para descrever seu "pragmatismo vulgar" e seu "desígnio imperialista".[6] Porém, enquanto Breton e Max Ernst interessavam-se mais pelas artes ameríndia e antilhana do que pela América de Charles Sheeler e de Edward Hopper, os jovens sucessores destes últimos, de Arshile Gorki a Robert Motherwell, e depois Jackson Pollock ou Wilhelm de Kooning, tiram desses contatos – mesmo distantes – uma inflexão decisiva de seu trabalho.

Existem de fato ligações entre os surrealistas e os americanos como Calder ou Joseph Cornell, entre Breton e Gorki na época, ou entre os ateliês dos franceses (rua 11) e dos americanos (ruas 8 e 10), onde Roberto Matta inicia os pintores americanos na associação livre e no *cadavre exquis*[*] – rebatizado em inglês de Male & Female. Contudo, ainda que os americanos se aventurem em um efêmero "surrealismo abstrato", este não sobrevive aos atritos quando, instigados por Greenberg e seus colegas, eles investem contra a arrogância francesa, o favoritismo francófilo dos grandes museus da cidade e o formalismo considerado moribundo dos europeus. Faz-se uma triagem entre as diversas facetas do surrealismo, uma triagem que dará origem ao "expressionismo abstrato" da escola de Nova York e que prefigura, com trinta anos de antecedência, as táticas de deslocamento anamórfico, seleção seguida de reorganização, no campo artístico, que permitirão a um punhado de acadêmicos *inventar* a teoria francesa. Então, em 1945, trata-se de separar os "maus pintores" (Dali e Magritte, segundo Greenberg) e os experimentalistas cujas posturas ainda podem ser úteis (Ernst, de Chirico, Man Ray). Trata-se de realizar na tela um trabalho bem mais rigoroso, até conseguir "substituir o automatismo psíquico pelo automatismo plástico", segundo a expressão de Motherwell. Trata-se de apropriar-se de estratégias surrealistas, mas a serviço daquilo que se julga como uma ideologia mais correta, mais jovem, e de uma maior seriedade estética, tal como Greenberg teoriza nos termos viris de um novo "vitalismo americano".[7] Separar o joio do trigo: preservar dos surrealistas sua rica reflexão sobre o mito e a irracionalidade, porém repudiar a depravação lúdica e o desvio comunista. Como resumia Meyer Schapiro, "não foi o automatismo que os americanos aprenderam com os surrealistas, e sim como ser *heróico*". Da exposição nova-iorquina de 1942, "First Papers of Surrealism", à primeira presença notável de americanos na retrospectiva da galeria Maeght (1947), a vanguarda artística resvala de um continente ao outro.

Longe dos atritos franco-americanos, esse período, em Nova York, é também a idade de ouro da célebre revista marxista heterodoxa *Partisan Review*, que rompeu com a URSS em 1937. É a era de uma extrema esquerda urbana de burgueses esclarecidos reunidos sob o rótulo de New York Intellectuals – um dos raros círculos não-acadêmicos de intelectuais críticos que a história

---

[*] N. de T. *Cadáver esquisito*: jogo surrealista que consiste em compor coletivamente uma frase escrevendo uma palavra em um papel e dobrando-o antes de passar ao jogador seguinte, que deve escrever um outro elemento da frase.

americana conheceu, em torno de Dwight McDonald, Mary McCarthy, Lionel Trilling e Edmund Wilson, aos quais logo aderiram os jovens Norman Mailer e William Styron. Essa *intelligentsia* sem partido, normalmente engajada, que alia o virtuosismo literário e a coragem política, instiga um debate permanente na Nova York do pós-guerra e convida os grandes escritores europeus a se manifestarem em suas revistas, de Sartre a Arendt e seu ex-marido Günther Anders. O desaparecimento progressivo dessa preciosa arena, dispersada pelas trajetórias individuais e pelas reviravoltas políticas, que logo culmina com o contragolpe macarthista, deixará um vazio no centro do espaço público americano. Na mesma época, o *boom* demográfico estudantil e o rápido desenvolvimento das grandes universidades de pesquisa, em torno de novos paradigmas do saber americano (legalismo, positivismo, funcionalismo), contribuem para tecnicizar e compartimentar um campo intelectual cada vez mais especializado e agora quase exclusivamente acadêmico. É nesse contexto que três correntes intelectuais em voga na França da reconstrução atravessam o Atlântico.

ANTECEDENTES TRANSATLÂNTICOS

Nada reflete melhor tal evolução do que a forma diferenciada como o surrealismo francês foi recebido nos Estados Unidos antes e depois da guerra. A partir de 1931, data da primeira exposição surrealista, o acolhimento se dá fora das universidades. As primeiras revistas da moda, de *Vogue* a *Harper's Bazaar*, e várias agências de publicidade, alimentadas pelo galerista e empresário Julian Levy, fazem das fantasias "super-realistas" (como as denominam em um primeiro momento) um excelente atrativo de venda. Salvador Dali aposta na quantidade, até ser enviado a Hollywood para pintar o retrato de Harpo Marx e chegar à capa de *Time* em dezembro de 1936. Tudo isso leva o historiador Dickran Tashjian a concluir que o surrealismo é "o primeiro movimento de vanguarda que se tornou objeto de um consumo ávido na mídia de massa americana",[8] a ponto de ter suscitado, como reação, a criação em Nova York de um movimento "surrealista social", e depois em Los Angeles, adotando-se um prefixo que se tornará comum, de uma escola "*pós*-surrealista". Mas, se por um lado o surrealismo passa a ser a mercadoria da última moda, por outro causa escândalo nas ligas da virtude, que prometem fazer de tudo para preservar a devota América. Os racionalistas de esquerda também se opõem, dessa vez contra o obscurantismo de Breton e seus seguidores: a exemplo do crítico Herbert Muller, acusam-nos de estarem "alinhados, na verdade, ao movimento mais reacionário de nossa época" e "[de explorarem] os poderes das trevas para reduzir o homem à escravidão".[9]

A situação é bem outra depois de 1945: esses debates calaram-se, e o campo de acolhimento mudou. À parte a criação em Chicago, em 1965, de um autêntico (mas muito confidencial) movimento surrealista americano, as décadas seguintes são de domesticação acadêmica e de institucionalização universitária do surrealismo. A virulência anticlerical e pró-comunista do movimento é cuidadosamente omitida em detrimento de Guy Ducornet, que achincalha esse surrealismo dos *sixties* "torcido, espanado com desvelo, espetado na cortiça e pedagogicamente programável", situado "sob o rótulo de *French Literature*, em algum lugar entre o simbolismo e o existencialismo".[10] A reapropriação do surrealismo como objeto dócil da história literária inaugura, a partir dos anos 1950, a era dos especialistas. Anna Balakian, biógrafa de Breton, vê aí "um novo misticismo" na literatura francesa. Roger Shattuck, autor de *Surrealismo reavaliado*, amputa-o de suas dimensões cognitiva e política para fazer dele uma "atividade artístico-literária". Mais interessantes, os trabalhos de J. H. Matthews, que estudou Benjamin Péret, e de Mary-Ann Caws, que dirige a revista *Dada/Surrealism*, propõem uma abordagem mais completa e mais audaciosa do movimento.[11] Contudo, esse é o momento em que Breton e seus companheiros, após a publicação de *Surrealismo e sexualidade*, de Xavière Gauthier,[12] tornam-se objeto de um outro debate – a querela feminista. Das deformações grosseiras de Gwen Raaberg, que vilipendia as incursões "proxeneta" e "homófoba" do primeiro surrealismo, às análises mais sutis de Susan Suleiman sobre a objetivação do corpo, a questão surrealista passa a ser agora sobretudo a da exclusão ou não das mulheres do movimento, de seu "sexismo essencialista" ou ainda de sua relação com a prostituição,[13] o que é um sinal dos tempos. Nessa época, com exceção de algumas retrospectivas nos museus do país, o surrealismo desaparece dos Estados Unidos – salvo entre os muros das universidades.

Foi substituído durante um tempo pelo existencialismo, conforme essa sucessão de ondas a que o observador americano costuma reduzir a vida cultural européia: "Sartre está automaticamente na moda hoje para aqueles que acreditaram, em outros tempos, que o surrealismo estava na moda", observa o *New Yorker* no final de 1945.[14] Além disso, nos Estados Unidos, o caso do existencialismo lembra sob vários aspectos o do surrealismo. Trata-se, antes de tudo, do paradoxo de uma elite intelectual entregue à sua fascinação por Jean-Paul Sartre, tanto pelo homem quanto por essa figura tão francesa do "intelectual total" – em nítido contraste com o heroísmo americano da normalidade, essa virtude da humanidade média que fez de todos os "homens simples" dos Estados Unidos, do revolucionário John Adams ao presidente Reagan, os verdadeiros heróis da nação. Paradoxo também na medida em que Sartre jamais escondeu seu antiamericanismo inato, primeiro cultural e depois ideológico, para além de seus entusiasmos *in loco* em 1945. Depois disso, ele se recusará quase sistematicamente a dialogar com os americanos, pois, como conclui Philippe Roger, para Sartre "um verdadeiro *comércio* intelectual com os Estados Unidos é uma impossibilidade *a priori*".[15] Observa-se, em seguida, a mesma defasagem entre um efeito de moda extra-universitário de curta duração, que se apóia no exotismo de Saint-Germain des Prés e na onda de alguns refrãos jornalísticos, e uma impregnação universitária mais gradual e mais profunda, cujos mecanismos são inteiramente endógenos. O campo filosófico americano, embora cada vez mais distante da tradição continental, abre espaço aqui e ali aos estudos sartrianos, lendo o mestre seletivamente para poder americanizar suas proposições – com o risco de explorar justamente as fragilidades dessa disciplina nos Estados Unidos. Assim, lançou-se uma ponte para o deísmo e a questão religiosa, criando uma versão subjetivista-espiritualista do sistema sartriano; uma outra para os estudantes, inserindo no programa certos textos de Simone de Beauvoir, que teve como efeito contribuir para feminilizar os departamentos de filosofia e começar a teorizar a questão feminista; uma outra ainda para o "empirismo global" de um William James, o pai do pragmatismo americano, em nome de sua preocupação comum com a maneira como se constrói a consciência no mundo e como se produz seu sentido; uma última, mais amplamente, para a tradição liberal de um "individualismo radical" mais aceitável além-Atlântico que a combinação sartriana de marxismo e existencialismo alemão.[16] Assim formatado para a universidade americana, onde o interesse dos estudantes por Sartre permite a certos departamentos de filosofia conter a queda das matrículas, o existencialismo se introduz pouco a pouco nos costumes acadêmicos: *O ser e o nada* é traduzido em 1956 e reeditado várias vezes, a American Philosophical Association consagra a Sarte colóquios e conferências, a criação em 1962 da Society for Phenomenology and Existencial Philosophy marca o reconhecimento definitivo do fenômeno. Contudo, mesmo americanizada, a biblioteca existencialista continua sendo um *corpus* de importação, do qual a fortuna americana abre mão a partir dos anos 1970 pressionada por mudanças que estão acima dela – movimentos estudantis, especialização dos saberes, crises da disciplina filosófica e do campo das humanidades.

Quanto à Escola dos Anais, seu impacto nos Estados Unidos está relacionado a dois fatores mais classicamente disciplinares. Assim como na França, o trabalho pioneiro de Marc Bloch e Lucien Febvre, fundadores em 1947 da sexta seção da École Pratique des Hautes Études e da revista *Annales*, permite renovar a disciplina histórica ao mesmo tempo pela extensão horizontal, do lado da história das mentalidades, dos campos do saber ou da longa duração, e pela meta-reflexão vertical, inspirada sobretudo na sociologia alemã. Assim como a história cronológica dos diplomatas era visada na França, a história americana dos patriotas e das datas pioneiras, por sua vez, sofreu um abalo. Entretanto, na medida em que intervém em um período de transformação da historiografia americana, a postura dos Anais não chega a suscitar a criação de uma "escola" equivalente nos Estados Unidos, mas simplesmente participa da renovação da disciplina. Aqui ou ali, serve de inspiração para jovens pesquisadores, como Steven Kaplan, ou como suporte teórico, em um Peter Burke, por exemplo, tornando-se ela própria objeto de uma meta-história, como no trabalho de Georges Iggers, ou se combina mais amplamente com uma nova corrente da história social anglo-americana, cujos representantes mais ilustres eram então E. P. Thompson e Ira Berlin. Trata-se aqui tanto de convergência quanto de influência. Além disso, ao historicizar e desnaturalizar setores inteiros da vida social, dos laços conjugais às instituições médicas, a influência dos Anais preparava o terreno para a grande importação americana da década seguinte – a obra de Michel Foucault.

No fim das contas, um duplo fenômeno caracteriza a recepção sucessiva do surrealismo, do existencialismo e da "nova história" na universidade americana, um processo de dupla distensão que os distingue, por isso mesmo, da *invenção* posterior da teoria francesa. Primeiramente, são transplantados na sua forma original como produtos de importação, em toda estranheza de sua proveniência exótica, uma distância que se imagina inclusive que atraia os estudantes; depois, em contato com as disciplinas em questão, passam por tantos ajustes e adaptações quantas são as convergências entre essas correntes francesas e alguns temas americanos do momento – poesia e misticismo para o surrealismo, indivíduo e pragmatismo com o existencialismo, história social e mentalidades no caso dos Anais. Ao contrário, a teoria francesa constituirá uma criação *ex nihilo* da universidade americana, respondendo a algumas estratégias precisas e, mais amplamente, a uma crise axiológica do campo das humanidades. Ela é composição inédita, mais do que importação adaptada, e por isso seu impacto é mais profundo e mais duradouro. Além disso, essa lógica das convergências desempenhará, por sua vez, um papel precioso nos primeiros sucessos da teoria francesa. Um papel que exigiria que essas convergências fossem por si mesmas objeto de um registro sistemático, mais que de uma evocação fragmentada, simples coleta de traços. Mais de dez anos antes de suas traduções inglesas, no momento em que Foucault e Deleuze redigem suas obras fundamentais, e sem que tivessem conhecimento dele (ou o tenham utilizado), o tema da "pluralização do ego" contra as "políticas da representação" e os controles da psicanálise já estava presente na obra de Norman Brown;[17] as questões da terapia alternativa e da resistência à instituição manicomial mobilizavam o movimento antipsiquiátrico de David Cooper e Ronald Laing;[18] e os trabalhos pioneiros de Gregory Bateson e Frieda Fromm-Reichmann lançavam uma definição ampliada da esquizofrenia como "modo de vida" que atravessa *"plataformas* de intensidade" sem limites.[19] Existem, sem dúvida, ligações efetivas entre essas obras quase contemporâneas: Deleuze e Guattari referem-se a Bateson, enquanto Laing e Cooper, sob a bandeira da antipsiquiatria, asseguram a Foucault sua primeira recepção anglo-saxônica. Mas o importante não é isso. Para além das facilidades do motivo da convergência, o que está em questão nesses autores é a mesma busca de ferramentas teóricas, contra os impasses políticos e os bloqueios disciplinares de campos intelectuais muito diferentes, porém ambos confrontados, seja em Berkeley ou em Paris, com a urgência de um mundo prestes a eclodir, de certezas que desmoronam, de reflexos políticos logo obsoletos. Nesse sentido, a diferença entre a infiltração surrealista ou existencialista dos anos de 1950 e a emergência da *French Theory* vinte anos mais tarde é antes de tudo histórica, está ligada aos enigmas de um presente eletrizante.

Foi uma crise manifesta dos regimes democráticos capitalistas do "bloco ocidental", por volta de finais dos anos de 1960, tantas vezes narrada, que inspirou, dos dois lados do oceano, essa floração simultânea de obras radicalmente novas, como se fossem sismógrafos instalados em um sistema de valores desestabilizado. Do lado americano, essa crise de paradigmas, na medida em que não é abafada, canalizada pelas instituições políticas de oposição de que dispõe a França de De Gaulle, talvez seja ainda mais tangível. Crise do funcionalismo, o dos sociólogos e dos estudos de mercado, acusado de quantificar o *socius* e de aumentar as desigualdades. Crise do legalismo, invalidado pelas marchas por direitos civis que obtêm aquilo que ele não pôde garantir e pelos belicistas do Vietnã que impõem a mera lei do mais forte. Crise da legitimidade tecnocrática, que a nova geração de profissões liberais e técnicas imagina sem piloto, submetida à máquina, privada de qualquer autonomia de decisão. Crise do utopismo pioneiro, à medida que as ladainhas do messianismo liberal e dos Papas fundadores não convencem mais as jovens gerações. Crise da razão administrativa, em face da corrupção latente de equipes de direção inchadas. Crise política, enfim, diante da inanição da classe política – o presidente Nixon à frente – revelada pelo caso Watergate. Mais do que um contexto, os elementos desenvolvidos aqui fazem parte de um cenário sobrecarregado, de um quadro à beira da desagregação, no interior do qual a universidade renuncia aos seus princípios humanistas e opta pela fuga adiante – especialização, competição, adaptação às novas exigências do mercado de trabalho. Foi nessa paisagem política e intelectual agitada, no início dessa década pivô, que se realizou sem grande repercussão um desses colóquios internacionais que dão prestígio ao *campus* que os acolhe e que se considerará posteriormente, em parte com razão, como a data de nascimento *antes da hora* da teoria francesa.

A INVENÇÃO DO PÓS-ESTRUTURALISMO (1966)

Se os estudantes de Nanterre e de Columbia falam um mesmo esperanto antiimperialista, os campos intelectuais francês e americano aparentemente nunca estiveram tão distantes como nesse ano de 1966. Na França, é o "ano-luz" do estruturalismo, segundo a expressão de François Dosse:[20] aparecem textos fundamentais de Barthes (*Crítica e verdade*) e de Lacan (*Escritos*), enquanto *As palavras e as coisas,* de Foucault, lançado na primavera, obtém um sucesso de público inesperado, até mesmo nas praias de férias, e os *slogans* "morte do homem" e "mudança de paradigma" ganham as primeiras páginas dos jornais de grande circulação. Se a imagem de uma escola coerente, de um movimento estruturalista organizado, pôde ser amplamente difundida, foi exatamente nesse ano. E se, da lingüística à história e à psicanálise, as diversas tentativas de *descentramento* da questão do sentido, ou de *dessemantização*, operadas nas ciências humanas mostraram-se solidárias umas com as outras durante um tempo, foi bem nessa época. Como Deleuze resumiu muito bem três anos mais tarde, "os autores que o costume recente denominou de estruturalistas talvez só tenham um ponto comum [...]: o sentido, não tanto como aparência, mas como efeito de superfície e de posição, produzido pela circulação da casa vazia nas séries da estrutura".[21] Salvo que essa casa vazia, que até então obsediava apenas os geômetras de superfícies muito abstratas, subitamente adquire as cores mais românticas do fogo político, da emoção estética, do *pathos*. Há um "furor experimental", como reconhece o próprio Derrida, nessa louca "paixão estruturalista".²²

Na mesma época, nos Estados Unidos, persistem as divisões entre a contestação estudantil, o conteúdo erudito dos cursos e a contemporização perplexa da sociedade civil. Os primeiros lêem Marcuse ou Norman Brown, os segundos ensinam ritualmente os positivistas lógicos (em filosofia) ou os formalistas russos (em literatura), ao passo que a América dos *comic books* e dos livrecos não conhece nenhum *best-seller* claramente subversivo. Embora tenha ocorrido ali o encontro decisivo de Lévi-Strauss e Jakobson, a onda estruturalista não encontra espaço nos Estados Unidos, nem nas bibliotecas nem nas universidades. As principais traduções de filosofia e de ciências humanas do francês, nesse final dos anos de 1960, são ensaios de Émile Bréhier, Paul Ricœur, Merleau-Ponty e do sempre muito estudado Pierre Teilhard de Chardin. O lançamento em 1966 da tradução de *O pensamento selvagem*, de Lévi-Strauss, e de um número especial da revista *Yale French Studies*, consagrada ao estruturalismo, é feito na mais completa indiferença. Seu coordenador, Jacques Herman, que leciona literatura francesa em Yale, é inclusive o único professor americano a propor um curso de introdução ao estruturalismo. Foi justamente para suprir esse atraso que os professores Richard Macksey e Eugenio Donato, da Universidade Johns Hopkins, tiveram a idéia de organizar um colóquio reunindo alguns grandes nomes franceses. Com o apoio da Fundação Ford, esse *campus* de Baltimore promove, então, de 18 a 21 de outubro de 1966, um encontro internacional intitulado "The Language of Criticism and the Sciences of Man" – adotando uma expressão tão pouco familiar aos americanos que revela, por trás da noção de "ciências humanas", um objeto ainda intraduzível nos Estados Unidos. Entre uma centena de intervenções programadas, as mais esperadas são as dos dez convidados de honra franceses: Barthes, Derrida, Lacan, René Girard, Jean Hyppolite, Lucien Goldmann, Charles Morazé, Georges Poulet, Tzvetan Todorov e Jean-Pierre Vernant. Três convidados não puderam viajar, Roman Jakobson, Gérard Genette e Gilles Deleuze, mas tiveram o cuidado de enviar um texto ou uma carta que os organizadores participaram às centenas de ouvintes.

O que ocorreu durante o colóquio não é imediatamente decifrável para os ouvintes e os expositores americanos, a começar pelos vínculos que se estabelecem à margem dos debates: Derrida encontra ali pela primeira vez Jacques Lacan e, sobretudo, o crítico Paul de Man, futuro arauto da desconstrução americana que se dedica no momento, como seu cadete* Derrida (e é isso que os aproxima então), ao estudo de *Ensaio sobre a origem das línguas*, de Rousseau. Em um primeiro gesto americano de agrupamento de autores

---

* N. de R. Filho não-primogênito de uma família nobre ou considerada de boa estirpe. Por extensão, segundo filho em geral.

franceses, os dois organizadores, em seu discurso de abertura, associam-nos em sua diversidade a uma filiação nietzschiana francesa: "Nietzsche passou a ocupar a posição central que desde os anos de 1930 era do Hegel francês", tanto que "nas obras recentes de Foucault, Derrida, Deleuze [...], *tudo*, incluídas as sombras, a 'genealogia', os espaços vazios, pertence a Nietzsche".[23] Porém, de forma significativa, eles aguardarão a segunda edição das atas do colóquio para antepor ao título a expressão "a controvérsia estruturalista" e acrescentar, em um prefácio atualizado, que o nome escola é "mais operacional" para os seus detratores do que para os seus seguidores e que o evento de 1966 constituiria, na realidade, onde se esperava sua apresentação didática, o primeiro "questionamento teórico" e público.[24] De fato, os debates que se seguiram a cada intervenção revelaram diferenças imprevistas, tanto entre oradores e ouvintes (entre os quais se encontram J. Hillis Miller, outro futuro grande "derridiano" americano, e Serge Doubrovsky) quanto entre os próprios convidados franceses. Assim, Georges Poulet defende ali o imaginário literário contra a análise estrutural barthesiana; Lucien Goldmann toma suas distâncias de Derrida em nome da "socialização" dos textos; e mesmo Jean Hyppolite, que iniciou sua intervenção com uma pergunta que se tornou célebre ("Será que hoje não é tarde demais para falar de Hegel?"), indaga a Derrida se é coerente falar de "centro" de uma estrutura. Como se esse deslocamento para um terreno neutro liberasse nos franceses um discurso reprimido na França em razão da grande notoriedade do estruturalismo, o colóquio testemunha uma dupla translação: dos hegelianos e dos marxistas para um reconhecimento mais aberto da questão da estrutura, e dos dois expositores mais associados ao estruturalismo (Barthes e Derrida) para uma primeira distância crítica em relação a ele. Além da conferência da Barthes sobre *escrever* como verbo intransitivo, a intervenção de Derrida, que ele diz ter sido escrita em dez dias, marcará época, sendo lembrada como o grande acontecimento do colóquio e permanecendo até hoje um dos textos mais lidos da *French Theory*.

Derrida constata primeiramente a "ruptura" ou "disrupção" contemporânea da "estrutura centrada"; depois, para esclarecer, remete à tripla crítica da "cumplicidade metafísica", ou da "determinação do ser como presença", proposta por Nietzsche, Freud e Heidegger.[25] Segue-se uma leitura crítica de Lévi-Strauss, que a seu ver separava "o *método* da *verdade*" e usava sistematicamente esse "empirismo" que infirma sua teoria. Contra a "ética da presença" e a "nostalgia da origem" que ainda impregnariam o estruturalismo, Derrida introduz então os conceitos decisivos de "suplemento" e de "jogo"[26] – ou *freeplay*, como é traduzido este último termo, numa tentativa de captar a dupla dimensão de ironia e margem de manobra. A crítica derridiana da semiologia triunfante dos anos de 1960 começa ali: o signo é apenas uma "adição flutuante" que vem "suprir uma falta do lado do significado" e não pode substituir o centro ausente, contentando-se em "[preservar] seu lugar". Daí essa *"superabundância* do significante, seu caráter *suplementar"*, que abre caminho à desconstrução como abordagem dos textos *aquém* do significado na ausência de qualquer referente.²⁷ Essas expressões logo se tornarão canônicas nos Estados Unidos. Derrida propõe que se ultrapasse a "temática estruturalista da imediaticidade rompida", face "negativa, nostálgica, culpada [...] do pensamento do jogo", por sua face "alegre" e "nietzschiana", simples "afirmação de um mundo de signos sem erro, sem verdade, sem origem": entre as "duas interpretações da interpretação", Derrida conclui em um tom programático que é urgente trocar aquela que "deseja decifrar uma verdade [...] escapando do jogo" por aquela que, ao contrário, "afirma o jogo e tenta ir além do homem e do humanismo".²⁸ Eis como a coisa é entendida: esse estruturalismo altivo com suas velhas questões, do qual a universidade americana conhece apenas a vertente narratológica (Genette e Todorov), deveria de fato ser ultrapassado por um *pós*-estruturalismo mais regozijante. A expressão só aparecerá no início dos anos de 1970, mas todos os americanos presentes na Johns Hopkins em 1966 imaginaram ter assistido, ao vivo, seu nascimento público.

Assim, o colóquio que deveria apresentar o estruturalismo aos americanos serviu na verdade para inventar, com alguns anos de intervalo, seu sucessor aberto, mais maleável, que apresenta a dupla vantagem de permitir uma definição mais flexível, e portanto mais acolhedora, e de não existir como categoria homogênea no Velho Continente – onde o grupo de pensadores reunidos durante algum tempo se dispersou rapidamente. Isso levará um crítico americano a concluir, de forma um pouco precipitada, pelo caráter de miragem, ou de ectoplasma, do estruturalismo, por sua autodissolução imediata na história das idéias: "Ninguém pode ser um estruturalista sem que com isso deixe de sê-lo", diz Hashem Foda.²⁹ Contudo, salvo algumas traduções ainda confidenciais (como do outro texto decisivo de Derrida sobre os "fins do homem") e a discreta agitação de alguns departamentos de francês, será preciso esperar mais de dez anos para que as pistas teóricas e práticas fornecidas por esse encontro, e anunciadas por Derrida, sejam efetivamente exploradas. Esse encontro, que todos lerão mais tarde como a cena liminar, o momento fundador, teve como únicos efeitos imediatos conseqüências menos animadoras. No plano institucional, reforçará proveitosamente os vínculos entre universidades francesas e americanas, graças a acordos de intercâmbio de estudantes e de visitas de professores, assinados a partir desse outono não apenas com a Johns Hopkins, mas também com Cornell e Yale, futuro "triângulo de ouro" da desconstrução americana. No plano ideológico, não poderia escapar à condenação da extrema esquerda que, lamentando a ausência de expositores marxistas ("com exceção talvez de Lucien Goldmann"), estigmatiza a "ideologia anti-humana" e o "idealismo burguês" desses "jogos de linguagem espetaculares" dos intelectuais franceses.³⁰ Pois foi por intermédio de um baluarte marxista ainda sólido na universidade americana que ocorreu então, particularmente com Fredric Jameson, a única abertura ao estruturalismo francês, uma abertura crítica que denuncia o "textualismo" de uma luta de classes "puramente verbal".³¹

No entanto, os distúrbios que agitam a universidade americana na época – contestação seguida de repressão, crise orçamentária e moral, pressão demográfica –

logo mudarão a situação, dando uma segunda chance, decisiva, a algumas "idéias" francesas apresentadas pela primeira vez, fora de contexto, em Baltimore, em outubro de 1966.

NOTAS

1 Vincent DESCOMBES, *Le Même et l'Autre. Quarante-cinq ans de philosophie française (1933-1978)*, Paris, Minuit, 1979, p. 14.

2 Edward SAID, "Intellectual Exile: Expatriates and Marginals", *in* Moustafa BAYOUMI e Andrew RUBIN (dir.), *The Edward Said Reader*, New York, Vintage, 2000, p. 369.

3 Jean-Paul SARTRE, "New York, ville coloniale", *in Situations III*, Paris, Gallimard, 1949, p. 121.

4 "An interview with Stephen Riggins", *Ethos*, v. 1, n. 2, outono 1983, p. 5.

5 Julia KRISTEVA, *Étrangers à nous-mêmes*, Paris, Fayard, 1988, p. 113-138.

6 Citado *in* Philippe ROGER, *L'Ennemi américain. Généalogie de l'antiaméricanisme français*, Paris, Seuil, 2002, p. 526-527.

7 *Cf.* Martica SAWIN, *Surrealism in Exile and the Beginning of the New York School*, Cambridge, MIT Press, 1995.

8 *Cf.* Dickran TASHJIAN, *A Boatload of Madmen: Surrealism and the American Avant-Garde*, Londres, Thames & Hudson, 1996.

9 Citado *in* Guy DUCORNET, *Le Punching-Ball et la Vache à lait. La critique universitaire nord-américaine face au surréalisme*, Angers, Actual/Deleatur, 1992, p. 9.

10 *Ibid.*, p. 18 e 29.

11 *Ibid.*, p. 34-47.

12 Segundo a qual "os surrealistas se serviam da mulher [...] para resolver sua rebelião contra o Pai" (citado *in ibid.*, p. 108).

13 *Ibid.*, p. 68-102.

14 Janet FLANNER, "Paris Journal", *New Yorker*, 15 dezembro 1945.

15 Philippe ROGER, *L'Ennemi américain, op. cit.*, p. 570.

16 *Cf.* Ann FULTON, *Apostles of Sartre: Existencialism in America 1945-1963*, Evanston, Northwestern University Press, 1999, principalmente o capítulo 1, "Importing a Philosophy".

17 Norman BROWN, *Love's Body*, New York, Random House, 1966, p. 130-142.

18 *Cf.* Ronald LAING, *Soi et les autres*, Paris, Gallimard, 1972.

19 *Cf.* Gregory BATESON, *Vers une écologie de l'esprit*, tomo 1, Paris, Seuil, 1977.

20 François DOSSE, *Histoire du structuralisme*, tomo 1, Paris, La Découverte, 1992, p. 384.

21 Gilles DELEUZE, *Logique du sens*, Paris, Minuit, 1969, p. 88.

22 Jacques DERRIDA, *L'Écriture et la différence*, Paris, Points/Seuil, 1979 [1967], p. 14.

23 Richard MACKSEY e Eugenio DONATO (dir.), *The Structuralist Controversy: The Language of Criticism and the Sciences of Man*, Baltimore, Johns Hopkins University Press, 1972 [1970], p. XII.

24 *Ibid.*, p. VIII-IX.

25 Jacques DERRIDA, "La structure, le signe et le jeu dans le discours des sciences humaines", *in L'Écriture et la différence, op. cit.*, p. 411-412.

26 *Ibid.*, p. 417-423.

27 *Ibid.*, p. 423-425.

28 *Ibid.*, p. 427.

29 Hashem FODA, "The Structuralist Dream", *SubStance*, n. 20, inverno 1978, p. 133.

30 Richard MOSS, "Review", *Telos*, n. 6, inverno 1971, p. 354-359.

31 *Cf.* Fredric JAMESON, *The Prison-House of Language*, Princeton, Princeton University Press, 1972.

2
O enclave universitário

> "Duas correntes aparentemente opostas, igualmente nefastas em seus efeitos, reunidas enfim em seus resultados, dominam atualmente nossos estabelecimentos de ensino: a tendência à *extensão*, ao *alargamento* máximo da cultura, e a tendência à *redução*, ao *enfraquecimento* da própria cultura."
> Friedrich Nietzsche
> Sobre o futuro de nossos estabelecimentos de ensino

A indústria social americana deve muito ao extremo isolamento espaço-temporal da vida estudantil. De um lado, estão a célula familiar e uma infância também definida como um mundo à parte; de outro, as responsabilidades do adulto e as exigências do mercado de trabalho. Entre o dispêndio fantasioso da infância e a ética do trabalho que se seguirá, os *college years* (quatro primeiros anos do ensino superior) constituem uma zona de pausa, destinada ao mesmo tempo ao reforço de normas e à possibilidade, em condições claramente delimitadas, de sua subversão. Tudo concorre para fazer desse espaço de transição, verdadeira moratória entre a indolência do *teenager* (o adolescente) e a luta do *grown-up* (o adulto) pela sobrevivência, um universo muito mais demarcado que nas sociedades européias: a distância geográfica dos *campi* e a ruptura mais forte com o casulo familiar que isso implica, a instauração para essa fase particular da vida (*studentry*) de regras comunitárias e morais em parte derrogatórias e a impregnação em cada universidade de rituais ancestrais. É por esse isolamento que se mede a distância que existe nos Estados Unidos entre um campo intelectual quase inteiramente limitado à instituição universitária e uma sociedade civil habituada a ver nesses anos de iniciação uma simples passagem, etapa técnica, feliz parêntese. Essa relativa autonomia do falanstério universitário explica também a violência absolutamente retórica dos debates acadêmicos: seus termos são tanto mais incisivos na medida em que raramente ultrapassam os portões do *campus*. Injúrias exageradas, em um tom mais polêmico do que na Sorbonne, o debate intelectual confia a uma cena secular a arte de sua dramatização, em um teatro que se procura manter resguardado dos furores da rua. Porém, essas "tempestades em uma chaleira" não se limitarão para sempre a esse espaço, pois não se pode esquecer o papel político fundamental que desempenha o ensino superior em um país de imigração, onde esses anos são também a oportunidade de socializar – portanto de americanizar – os novos calouros.

MUNDOS À PARTE

Dos primeiros ciclos humanistas e polivalentes (dos *liberal arts colleges*) às academias dos televangelizadores do sul, e dos grandes *campi* públicos (de Berkeley à City University de Nova York) às célebres universidades privadas da Ivy League, contam-se quase 4 mil instituições de ensino superior nos Estados Unidos. Contudo, aquelas que são integradas aos centros das cidades, e em que a vida estudantil mistura-se com a cultura urbana local, contam-se nos dedos da mão – e são talvez bem mais famosas: a New York University avança alegremente sobre Greenwich Village, a UCLA tem como prolongamento cultural o ex-bairro *hippie* de Venice e o *campus* de Berkeley confunde-se com a vida fervilhante da Telegraph Avenue. Mas a norma, no caso, é o *campus* na orla da floresta, em conformidade com a mitologia agrária do século XIX americano segundo a qual um ambiente bucólico afastado dos vícios da rua garantirá probidade, força de caráter e excelência escolar. Cada um desses *campi* tem seu prédio de ciências (*science center*) mais ou menos novo e seus dormitórios em estilo gótico, seu pequeno vale colorido por folhagens de outono e seus rituais inacessíveis ao estrangeiro. As sociedades estudantis, *fraternities* para os meninos e *sororities* para as meninas, exibem com orgulho as letras gregas de seu nome (Kappa Alpha, Sigma Phi) e os rígidos regulamentos internos herdados dos primeiros salões literários de *campi* dos anos de 1820. Na primavera, as cerimônias de entrega de diplomas seguem códigos imutáveis, becas e barretes bordados com a efígie do *campus* e o discreto camafeu das disciplinas (faixa azul marinho para a filosofia, azul claro para as ciências da educação, etc.). Oriundo também da influência inglesa, o internato quase absoluto, com seus dormitórios antes estritamente vigiados, deve assegurar a emulação escolar e a comunidade ética entre os estudantes. Uma promiscuidade à qual os *campi* devem também a tradição das reivindicações estudantis pela melhoria das condições de vida, conforme o modelo da chamada "rebelião da manteiga rançosa" (*Bad Butter Rebellion*) que eclodiu em Harvard já em 1766.

O *college* tradicional multiplicou os particularismos. Eles constituem os elementos de uma formação extra-escolar – até os mínimos prazeres da cultura estudantil (*collegiate culture*) –, os meios de uma autodefinição do estudante à medida que se apropria de códigos desconhecidos fora do *campus*. Tudo, inclusive a transgressão, tem um papel ali: "Um traje distintivo particularizava o estudante; o hedonismo era a ocasião de novas experiências; a contestação permanente dos modos de ensino autorizava uma forma sublimada de rebelião adolescente; e, para alguns, a concorrência entre colegas criava novas oportunidades",[1] resume Helen Horowitz. Pois o *college* americano é mais lúdico que stakhanovista. Para além de sua influência inglesa e depois alemã, as dimensões de jogo, de indolência, de camaradagem estão no centro de sua justificativa histórica. O interlúdio existencial que ele constitui deve ser antes de tudo um momento prazeroso que prolongue a infância, que afaste as inconveniências da vida real, sem obrigação de resultados e nem mesmo de assiduidade em classe – a tal ponto, como revela Christopher Lucas, que "certos alunos chegavam às vezes a não comprar sequer um manual escolar durante todo o seu primeiro ciclo".[2] Se os *colleges* contemporâneos, a começar pelos mais prestigiados (Vassar, Wellesley, Smith, etc.), são um pouco mais estudiosos, o estudante jamais é obrigado a estudar. Isso explica, entre outros fatores, a taxa muito elevada de alunos que não concluem o primeiro ciclo (*college dropouts*): de um total de 80% de alunos do ensino médio que ingressam no *college*, apenas 30% saem com o diploma de licenciatura (*bachelor's degree*). Além disso, essa autonomia de funcionamento, que geralmente confina à autarquia, favorece a constituição de bandos, panelinhas intelectuais, escolas de pensamentos grupusculares fortalecidas por laços de solidariedade e marcas de identidade características de um universo demarcado. Assim, podem conviver pacificamente em um *campus*, partilhando essa vida isolada e seus códigos iniciáticos, "administradores de empresas e marxistas terceiro-mundistas, livre-cambistas e livres escultores, sinólogos e dançarinos pós-modernos, treinadores de futebol e feministas desconstrutivistas", para citar o inventário *à la* Prévert proposto por Gerald Graff.[3]

Mais grave ainda, o isolamento do sistema universitário explica igualmente a ausência nos Estados Unidos dessa figura transversal do intelectual versátil, sempre presente, do colóquio universitário ao debate geral, esse "especialista do universal", invenção do campo literário francês do século XIX.[4] Simone de Beauvoir, em sua primeira visita ao país, em 1948, emocionou-se ao lamentar "o divórcio muito claro entre o mundo universitário e o mundo intelectual vivo" e esse "pessimismo" dos escritores que, de sua parte, não têm "a possibilidade de tocar profundamente a opinião pública".[5] No entanto, ela poderia ter citado como exemplo um ofício que, sob certos aspectos, como *ethos* literário e intervenções ideológicas na mídia de massa, aproxima-se da função do intelectual tal como existe na França, ou pelo menos *aproximava-se* até cinquenta anos atrás: o ofício de presidente de universidade, à imagem dos projetos humanistas de Clark Kerr (Califórnia), das opiniões sobre seu tempo de James Conant (Harvard) ou das inspirações líricas de Robert Maynard Hutchins (Chicago). Para além do monopólio que a instituição universitária exerce nesse domínio, a ausência de um campo intelectual público também tem sua origem, sem dúvida, na história política americana. Ela diz respeito à imbricação da referência religiosa e dos princípios democráticos, que proíbe que seja sacralizada, como na França, a função generalista do intelectual laico. Remete ainda à celebração do homem comum como herói político, que torna suspeitos o virtuosismo excessivamente distintivo ou a prolixidade intelectual, e à diversidade étnica de uma nação de migrantes, aos quais não se impõe nenhuma outra normal cultural a não ser as liberdades de culto e de expressão, liberdades formais aptas a manter unido um país-mosaico, bem mais que um improvável debate público *coletivo*. Sem esquecer os fatores recentes que serão abordados mais adiante: a partir dos anos 1950, especialização universitária e nova polarização do campo intelectual americano o afastam de vez do modelo ocidental de *espaço público de idéias*, transversal e unificado.

Quaisquer que sejam os fatores, este é o resultado: nos Estados Unidos, o debate intelectual, qualificado também de "teórico" – sem querer com isso prejulgar a amplitude de suas questões –, é apenas uma dessas atividades especializadas que constituem a razão de ser da universidade. A última geração de intelectuais públicos americanos foi a de Jack London (1876-1916) e de Edmund Wilson (1895-1972): a invenção pelo primeiro de um jornalismo engajado e de uma literatura a serviço da causa operária, assim como a inigualável vocação de polígrafo do segundo, da revista *Vanity Fair* ao *New Yorker*, e do romance histórico ao comentário de Freud e Marx, fizeram das três primeiras décadas do século XX o último período em que foi possível, nos Estados Unidos, um debate intelectual acessível a todos e favorecido por (quase) todos. Os grandes nomes do pós-guerra, ao contrário, serão sobretudo acadêmicos, os quais só terão um reconhecimento mais amplo, à parte as estratégias de seus editores (como no caso do cientista Carl Sagan), graças às ressonâncias políticas das polêmicas que eclodem *primeiro* nos *campi*: contra a segregação racial (Henry Louis Gates ou Leonard Jeffries), contra os impasses do feminismo (Gayle Rubin ou Catherine McKinnon), contra a cultura oficial (Susan Sontag), contra a história de visão estreita (Randall Kennedy e Arthur Schlesinger), contra a propaganda midiática (Noam Chomsky), contra os clichês orientalistas (Edward Said) ou contra o intelectualismo estrangeiro (Camille Paglia) – mas sempre a partir de uma posição *universitária*, em ligação com o debate *universitário*, a título de uma legitimidade *universitária*. Porém, ao lado desses raros nomes conhecidos fora dos *campi*, quantas *stars* intelectuais, quantas *divas* de *campus* não ficaram limitadas apenas ao reconhecimento de seus pares, por mais reverente que seja, devido ao funcionamento microscópico da universidade americana, distante da sociedade civil? Stanley Fish, ele próprio uma figura notável confinada na Universidade de Duke, costuma zombar: "Qualquer que seja a resposta à questão de saber como se torna um intelectual público, já se sabe que não será ingressando na universidade", ironiza ele, sugerindo aos *campi* que contratem lobistas para que suas estrelas tenham uma chance de chegar à mídia de massa.[6] Tal distância, objetiva *e* subjetiva, do campo universitário em relação ao espaço público americano, e às indústrias cultural e midiática que estão no centro dele, tem sua vertente no setor editorial.

Assim, ao lado de editoras generalistas (*trade houses*), filiais de grandes grupos ou raramente independentes, as imprensas universitárias americanas são os últimos editores dedicados à publicação de ensaios teóricos ou de ciências humanas (*serious non-fiction*) e à tradução de seus equivalentes estrangeiros – no contexto de uma queda geral das traduções: a taxa nos Estados

Unidos caiu de 8,6% dos novos títulos anuais em 1960 para 4,95% em 1975 e para menos de 3% hoje, contra 15 a 20% em todos os países da Europa continental. As cerca de 120 imprensas universitárias americanas (além das filiais de duas grandes imprensas britânicas, as de Oxford e de Cambridge) têm formas de financiamento diferentes, ligadas à pesquisa e aos *campi* que as acolhem, e geralmente circuitos de distribuição paralelos, com livrarias em bibliotecas universitárias. Assim, elas garantem a circulação de inovações intelectuais, porém nitidamente à parte do sistema geral, o das *megastores* e das tiragens milionárias. Além disso, o desinteresse gradual das universidades e o número crescente de teses a publicar (para que seu autor-professor tenha uma chance de se tornar titular) vêm submetendo as imprensas universitárias a uma pressão financeira inédita nos últimos vinte anos. Desde então, elas foram obrigadas a explorar alternativas do lado das publicações regionais (literatura ou história de seu estado) ou até mais comerciais (*semi-trade books*), quase sempre em detrimento das ciências humanas, as primeiras a serem sacrificadas.

Em suma, o separatismo característico da instituição universitária americana opera em todos os níveis: geograficamente, pelo isolamento dos *campi*; demograficamente, ao subtrair 80% de uma geração (por dois a quatro anos seguidos) das estruturas sociais; sociologicamente, ao submeter os estudantes a normas em parte derrogatórias; intelectualmente, ao reservar apenas ao campo acadêmico a tarefa de estimular o debate de idéias; nos planos editorial e da comunicação, ao criar, fora do grande mercado cultural americano, as instâncias de disseminação das produções intelectuais – inclusive nas redes numéricas das universidades, utilizadas graças à implantação da internet há vinte anos. Contudo, tal isolamento não impede que a universidade constitua uma questão nacional nos Estados Unidos e que seja a caixa de ressonância, ou o retransmissor dramatizante, dos temas mais apaixonantes que agitam a sociedade americana. Para retomar a distinção de Gramsci, poderíamos dizer inclusive que o fato de estar distante da *sociedade civil* não impede que a universidade mantenha uma ligação muito mais estreita com a *sociedade política* americana, devido ao seu papel de confluência ideológica e de formação de elites. Isso explica a grande repercussão, bem além desses *campi* cercados por vales, das polêmicas ali geradas pela teoria francesa.

GENTLEMEN E CULTOS

Uma ambigüidade histórica está estabelecida no cerne do sistema universitário americano: a hesitação que o caracteriza, desde duas origens, entre abordagens universalista e profissionalizante, generalista e técnica, ou ainda – nos termos da pedagogia americana – entre "humanismo" e "vocacionalismo". Para ver como opera essa dupla postulação, e compreender o lugar que poderão ocupar no debate certos autores franceses, é preciso debruçar-se brevemente sobre a história da universidade americana. Do Harvard College (fundado em 1636) ao Dartmouth College (em 1769), a

América colonial instala, antes de 1776, as nove primeiras instituições calcadas no modelo britânico, cujas funções de moral cívica e de utilidade pública são consideradas ainda mais valiosas nessa terra de pioneiros. Tendo em seus bancos *quakers*, batistas e católicos, elas têm como princípios básicos tolerar a diversidade religiosa e transmitir conhecimentos de erudição clássica – latim, grego, retórica, lógica, astronomia – para unificar essas comunidades. O período revolucionário que se segue marca também uma breve influência francesa. Antes do retorno à estrita ortodoxia religiosa do século XIX, o deísmo, o racionalismo e os ideais da Luzes florescem por alguns anos nos *campi*, onde a aliança contra a Inglaterra favorece o ensino do francês (que começa em Columbia em 1779) e o impacto sobre os programas de alguns fisiocratas expatriados, como Quesnay de Beaurepaire.[7] De 1776 a 1860, o número de *colleges* passa de 9 para 250, mas sem que a qualidade do ensino avance no mesmo ritmo. Em 1828, o *Yale Report* dá o sinal de alarme e recomenda a adoção de um currículo generalista: "Nosso objetivo não é ensinar aquilo que é específico de cada profissão, mas expor os fundamentos que são comuns a todas",[8] conclui o relatório. Mas a balança oscila novamente no outro sentido. Os educadores da metade do século, que exigem que o *college* seja útil antes de tudo "ao produtor industrial, ao comerciante, ao explorador de ouro", perguntam, em tom polêmico, se os "grandes progressos [recentes] da civilização" devem ficar por conta "da literatura ou da ciência".[9] Já o período de reconstrução após a guerra de secessão assiste à passagem do *college* tradicional à universidade moderna, por pressão da industrialização e da urbanização do país, dos progressos da ciência, de uma demografia que provoca o afluxo dos filhos da burguesia e, propagando-se até mesmo além-mar, do grande modelo universitário alemão.

A evolução, aqui também, é dupla. É científica e industrial ao mesmo tempo: no sentido da universidade como pólo de pesquisa, a ponto de levar o filósofo Charles Sanders Pierce a dizer em 1891 que ela "não tem nada a ver com a instrução", e no sentido de um saber "pertinente" (*relevant*), aliando a "escola da experiência" e "o conhecimento exclusivamente necessário para os êxitos subseqüentes" dos futuros capitães da indústria, nas palavras de Andrew Carnegie.[10] É nessa época que se desenvolvem não apenas os colégios agrícolas (*land-grant colleges*) e as universidades municipais, como também as instituições reservadas exclusivamente aos estudantes negros (*Black colleges*) e às meninas (*Women's colleges*). Estas últimas são na verdade "poupadas" pelos educadores, que temem que, ao submetê-las ao mesmo ensino que os meninos, só lhes causarão crises de nervos e corrupção do espírito. Do lado das grandes universidades, depois que seus presidentes visitam as de Berlim e de Tübingen, prevalece o exemplo alemão: adoção dos princípios da polivalência do currículo (o *Lernfreiheit* ou liberdade de instrução) e da prioridade da pesquisa na carreira de docente (o *Lehrfreiheit* ou liberdade de ensinar), desenvolvimento do doutorado (o primeiro Ph.D. é atribuído a Yale em 1860) e de estudos graduados (as *graduate schools*, posteriores ao *college*), financiamento privado de institutos de pesquisa fundamental nos *campi* e mesmo a divisão em departamentos e em disciplinas – que a Universidade Johns Hopkins é a primeira a organizar de modo concorrencial, visando atrair para si os melhores professores e alunos. Com a passagem do *college* paternalista, mas pouco estudioso, onde se impõem as línguas mortas e os saberes clássicos, à grande universidade de pesquisa, liberal e impessoal, concebida não apenas para transmitir, mas também *produzir* o saber, a educação americana não é mais a mesma.

O início do século XX é a era não só dos grandes presidentes de universidade, chamados por Thorstein Veblen de "capitães da erudição",[11] mas também de uma primeira apropriação importante do sistema universitário pelos dirigentes industriais. Em parte, eles já tinham feito valer seus direitos no período anterior, emprestando seus nomes às novas universidades que financiavam, como Johns Hopkins em Baltimore, James Duke na Carolina do Norte e Leland Stanford nos arredores de San Francisco. Agora, as novas fundações filantrópicas, de Rockefeller ou de Carnegie, intervêm no conteúdo dos programas e na gestão dos *campi*, contribuindo para burocratizá-los, e opõem-se a tudo o que possa prejudicar seus interesses industriais – a ponto de exigirem a demissão de professores de esquerda, como Scott Nearing, de Chicago, que em 1915 ousara denunciar publicamente o trabalho de crianças nas minas de carvão. O controle dos grandes trustes não cederá mais, e eles são responsáveis pelo favorecimento orçamentário de certas disciplinas em detrimento de outras consideradas menos úteis, pela orientação da pesquisa científica, pelas tentativas de padronização dos procedimentos universitários e, muitas vezes, até mesmo pela contratação de diretores. A nova ideologia empresarial (*corporate culture*) impregnará a universidade, impondo a ela sua moral utilitária e seus objetivos de especialização, assegurando-se dos bons e leais serviços do pedagogo profissional: "Lá onde o filósofo disse um dia que a vida toda nada mais é do que uma preparação para a morte, [o pedagogo] supõe agora que a vida toda é uma preparação para os negócios", conclui em tom amargo o sociólogo Benjamin Barber.[12] As duas guerras mundiais e a crise dos anos de 1930 somarão a esse poder dos empresários a apropriação inédita por parte do Estado federal, impensável no século anterior. Os professores pacifistas serão chamados à ordem por Washington em 1917, enquanto o New Deal de Roosevelt obriga os professores a declararem oficialmente sua lealdade ao governo e ao presidente. Mas é a Segunda Guerra Mundial que se revela decisiva. A mobilização dos centros de pesquisa, para investigar dos radiotransmissores à física nuclear, e dos cursos gerais, para explicar os povos europeus aos seus futuros libertadores, produz aquilo que o historiador Clyde Barrow chama de "construção de um complexo militar-acadêmico".[13] Embora só em 1973 seja instituído o primeiro sistema de ajudas federais para o pagamento de taxas de matrícula (*tuitions*), a lei sobre o retorno dos soldados, a famosa *G. I. Bill of Rights* de 1944 (que assegura aos heróis da vitória aliada proteção social, vantagens fiscais e gratuidade dos estudos), subvenciona já nessa época sua reintegração no sistema universitário. A coorte de militares desmobilizados associa-se, assim, ao *baby-boom* e ao prolongamento da duração dos estudos para provocar uma explosão demográfica nos *campi* depois de 1945: a população estudantil mais do que dobra entre 1950 e 1970, com sua participação na população total passando de 15,1% para 32,5% (ao passo que na França, no mesmo período, passa de 4% para 10%), e há um aumento do tamanho médio dos estabelecimentos.[14] A caça às bruxas macarthista marca os anos de 1950, quando "vermelhos" e "rosas" são perseguidos, as bibliotecas são despojadas de títulos "subversivos" e a própria "liberdade universitária" é apresentada como "a linha do Partido Comunista americano em matéria de educação superior"[15] – em outras palavras, como um perigoso desvio soviético que é preciso deter. Porém, o macarthismo não interfere em nada nessas mudanças essenciais. A universidade americana moderna, às vésperas dos movimentos estudantis dos anos de 1960, pretende ser uma preparação igualitária para a vida empresarial e para os deveres do cidadão, dividida entre suas duas vocações históricas antagônicas, a moralização e a especialização. Testemunho disso são os debates dos anos 1961-1963 entre as prioridades tecnológicas da administração Kennedy, que pretende formar especialistas e ganhar a corrida espacial contra a URSS, e os apelos contrários para "reforçar [mais] os conhecimentos gerais" lançados por alguns grandes nomes, a exemplo de Daniel Bell em seu manifesto *The Reforming of General Education*.

Esse conflito ancestral concentrou-se nos Estados Unidos em questões significativas. Em 1869, o presidente de Harvard, Charles Eliot, desencadeou uma acalorada polêmica ao instaurar um sistema de escolhas individuais entre as diferentes disciplinas (*elective curriculum*), suprimindo com isso as matérias principais impostas (*core curriculum*). A idéia de um corpo de conhecimentos fixo, absoluto e anti-histórico é substituída pouco a pouco pelo princípio único do "igualitarismo curricular". Os cânones imutáveis da cultura liberal, que produzia o "homem honesto", dão lugar às milhares de combinações de uma cultura personalizada. Os humanistas clássicos opuseram-se a isso, menos em nome da cultura geral em si mesma do que da *pertinência* prática de seu ensino. "Mesmo nesses tempos utilitários, disseminar de forma um pouco mais ampla os textos dos teóricos, dos eruditos e mesmo dos pretenciosos não pode fazer mal ao nosso país", dizia com desdém o presidente de Middlebury College, C. B. Hulbert, em 1890. O compromisso que se generaliza na virada do século XX, de associar uma ou várias disciplinas de aprofundamento (*majors*) e outras matérias dispersas (*minors*), não satisfaz nenhuma das duas partes. Para o filósofo John Dewey, a unidade dos conhecimentos, que está no centro do debate, deve ser ao mesmo tempo referencial e metodológica. Assim, ele propõe em 1902 uma síntese histórica e lógica chamada de *educação geral* – em forma de cursos inovadores, orientados pela metodologia, mas que permanecem experimentais.[16] Erudição e habilidade parecem decididamente inconciliáveis. No pós-guerra, o florescimento da pesquisa aplicada, graças aos fundos federais dos anos 1942-1945, e os paradigmas funcionalista e quantitativo nas ciências sociais reforçarão o pólo da especialização. Contudo, no país da universidade-empresa e do saber-utilidade, dois fatores históricos mais antigos constituem os últimos redutos contra a profissionalização triunfante.

Em primeiro lugar, e embora Harvard tenha ousado trocar o *"Christo et Ecclesiae"* de sua insígnia oficial apenas pela palavra *"Veritas"* em 1936, a religião ainda representa nos Estados Unidos, sem aula obrigatória nem sermão explícito, o papel representado na França e na Alemanha pela Razão ou *Wissenschaft*, pedra angular da doutrina educacional. Em um país em que a relação com o Estado como instância de referência não substituiu a relação com a Igreja, a verdade não é essencialmente científica, mas teológica. E a única matéria que nunca tinha tido a função de uma disciplina transversal nos Estados Unidos era a de filosofia moral, decalque pouco laicizado do dogma protestante. Como observa surpreso o crítico inglês Jonathan Culler, nos departamentos de literatura americanos, no caldeirão ideológico em que se transformaram, como se verá, a pessoa pode ser marxista, lacaniana ou lésbica radical, mas "é muito raro que alguém critique seriamente a religião".[17] O espectro religioso encontra-se, finalmente, tanto na obsessão dos teóricos literários pela questão da interpretação de textos quanto na desconfiança contrária dos humanistas tradicionais em relação à onda "teorista",[18] dessa vez na tradição do antiintelectualismo evangélico dos primeiros pastores. Em suma, na ausência de um saber transversal que pudesse dar conta de todas as competências particulares, o regime dos fins últimos continua sendo a única oposição válida à especialização sem limite.

Mas há um outro entrave que permanece. É a tarefa confiada à universidade, desde o advento do modelo de Estado-nação nos países europeus, de inculcar, definir e preservar uma consciência nacional e uma identidade cultural especificamente *americanas*. Dado que a filosofia não constituía como na Alemanha (nem a história como na França) *a* tradição nacional, essa missão de "reflexão sobre a identidade cultural" foi confiada "pelo Estado-nação americano", na virada do século XX, à disciplina literária. desde então, resume Bill Readings, "a cultura se tornaria literária".[19] Em nome das virtudes cívicas e éticas da literatura, o grande crítico Matthew Arnold defendeu com fervor tal orientação. Mas logo ela se tornaria problemática – porque a literatura (ao contrário da filosofia) está em conflito axiológico com a ciência e, apesar disso, evoluirá como disciplina para um ideal técnico e científico; porque nos Estados Unidos o cânone literário remete a clássicos britânicos, e não americanos; e, de maneira mais geral, porque o declínio do Estado-nação, e conseqüentemente dessa tarefa de unificação cultural, mergulhará o campo literário em um certo vazio normativo e em uma crise latente, logo revelada, de suas tradições.

A EXCELÊNCIA E O MERCADO

Após os anos de contestação estudantil, a universidade americana, que inicia em 1970 a década do retorno à ordem e das recessões econômicas, é vista cada vez mais como simples porta de entrada no mercado de trabalho. Dos 8,5 milhões de estudantes matriculados (15 milhões atualmente), distribuídos em 2.550 instituições, a maioria são mulheres. Os cursos de graduação cresceram, por sua vez, a um ritmo mais sustentado que o conjunto dos estudos superiores. E os detentores de Ph.D nem sempre têm a garantia de conseguir um emprego. Os estabelecimentos que se apresentam como o modelo da nova "economia de serviço" devem garantir aos seus (ou às suas) "clientes" as melhores oportunidades de emprego, tratar o saber que oferecem como uma mercadoria cujas qualidades têm de ser otimizadas (e cujos formatos e embalagens são medidos em unidades de valor, em notas, em semestres) e aplicar à sua própria gestão os princípios vigentes na grande empresa: rentabilidade, aumentando o rendimento dessas "fábricas de conhecimento"; produtividade, ensinando cada vez mais rápido; redução dos prazos, assegurando uma perspectiva profissional mais imediata, e tratamento de cortes (*downsizing*) se necessário, recorrendo às demissões para conter a elevação dos custos. Acima de tudo, cada universidade vive ao ritmo de uma concorrência desenfreada. É preciso ter os melhores alunos, obter as subvenções federais, contratar os melhores professores, conseguir a melhor classificação para sua equipe de basquete ou futebol, colocar todos os seus departamentos na lista dos melhores do ano e os seus centros de pesquisa entre os parceiros preferidos das grandes empresas locais. Duas palavras resumem essa evolução: "*Learn to earn!*" (aprenda a ganhar dinheiro), lema informal do estudante dos anos de 1970, e o neologismo "*multiuniversity*" para designar uma instituição compartimentada que já não tem muito a ver com os preceitos de *unidade* e de *universalidade* da universidade tradicional. É o surgimento, segundo o termo em voga na época entre os primeiros gurus da gestão, da "universidade da *excelência*".

"A atividade intelectual e a cultura que ela alimentava são substituídas pela busca da excelência e de indicadores de desempenho",[20] observa Bill Readings para resumir o advento dessa "universidade pós-histórica" sem referente – já que a própria excelência, nessa lógica, é uma noção sem conteúdo. Daí sua porosidade aquém das normas, seu poder de integração, sua capacidade nova de absorção daquilo que outrora teria ameaçado seus "valores": a universidade da excelência é aquela que logo desenvolverá os estudos feministas para atrair as estudantes, assim como as pesquisas sobre as minorias étnicas ou sexuais para ganhar pontos junto a essas novas faixas da clientela estudantil; é também a que incorporará de modo mais amplo em seus programas a crítica da ideologia e os novos discursos de oposição, à medida que declina sua própria função tradicional de vigilância ideológica, pois é preciso desenvolver os produtos mais vendáveis. A absorção do inimigo para canalizar a energia dele em seu proveito é um tema discutido na época, mas em um contexto bem diferente, pelas teorias do poder de Deleuze e Foucault. Esse motivo de excelência, que Bill Readings chama também de "desreferencialização",[21] desempenha assim, por sua elasticidade, o papel funcional que era atribuído à filosofia na universidade alemã do século XIX, único elemento de transversalidade capaz de agrupar os diferentes saberes específicos que são ensinados. A diferença é que essa transversalidade era também a garantia de uma certa independência do saber universitário em relação ao mercado social, ao passo que na sociedade americana, apesar de seu separatismo, ela se transforma na ferramenta de uma aliança sem precedente entre transmissão do saber e ordem econômica.

Como observa Alain Touraine ao analisar o sistema universitário americano às vésperas dos anos de 1970, sua função sociológica parece ter dado lugar a um papel diretamente econômico: "O sistema econômico assegura menos [agora] a reprodução da ordem social e participa de forma muito mais direta de sua produção".[22] Tal evolução, embora esteja ligada também a fatores conjunturais (o endurecimento do mercado de trabalho) e claramente ideológicos (a reação contra-revolucionária às desordens dos "*sixties*"), comporta três conseqüências importantes para a instituição universitária que serão determinantes para a transferência iminente do "pós-estruturalismo" francês.

O primeiro efeito desse modelo da excelência é que, paradoxalmente, o isolamento social da universidade é reforçado, quando era de se supor que o novo realismo econômico e profissional levasse a uma evolução inversa. De fato, a ênfase dada às funções de pesquisa e de profissionalização, portanto de divisão disciplinar, em detrimento das funções cívica e política transversais da universidade, afasta-a um pouco mais da sociedade civil. Em segundo lugar, essa *excelência* sem referente significa também a inflação dos métodos pedagógicos e dos discursos metaeducativos *em lugar* dos saberes a transmitir: sob a influência da psicologia e do pragmatismo behaviorista em voga entre os "*experts*", como observava Hannah Arendt em seu diagnóstico sobre a crise da educação nos Estados Unidos, "a pedagogia tornou-se uma ciência do ensino em geral, a ponto de se emancipar completamente da matéria a ensinar".[23] O ensino torna-se uma técnica sem objeto, mais do que o domínio e a transmissão de um conteúdo. Os próprios programas, como será o caso da leitura dos filósofos franceses em aulas de literatura, transformam-se na arena de uma reflexão sobre a pedagogia; apóiam-se em textos sem relação com o tema da educação para reforçar os princípios de uma educação que tampouco tem um objeto predefinido. Finalmente, nesse cenário ultraconcorrencial, o campo de humanidades e, dentro dele, o campo de estudos literários sofrem muito mais duramente essas novas condições do que as ciências exatas, a administração, o direito ou as ciências sociais. A educação dita generalista, associada tradicionalmente ao campo de humanidades, tornou-se inclusive "uma zona da universidade em plena catástrofe", segundo as conclusões do relatório do Carnegie Council em 1977".[24] Do mesmo modo, todas as sondagens dos anos de 1970 constatam que os *colleges* generalistas (*liberal arts*) assistem a uma queda do número de matrículas em proveito dos *colleges* especializados, que os cursos de filosofia, de história e de literatura são cada vez menos procurados, a não ser que "tecnicizem" seu programa, e que as ajudas financeiras públicas e privadas têm uma redução drástica nessas disciplinas, o que conduz à precarização dos professores e ao fechamento dos institutos de pesquisa.²⁵ Embora o relatório Carnegie não explicite o que entende por "tecnicização" dos estudos literários, a crise que eles atravessam na época está ligada à sua dupla orientação contraditória no sentido de uma "ciência dos textos" com definições variáveis e de uma reflexão político-cultural mais geral. Questões que exigem retroceder a meados do século – e examinar de perto a corrente especificamente americana do *New Criticism*,*²⁶ cujas contribuições foram decisivas para a futura *French Theory*.

NEW CRITICISM E MODERNISMO LITERÁRIO

No início do século XX, o campo dos estudos literários revela, em proporções reduzidas, a mesma tensão que a universidade americana em seu conjunto entre uma tradição liberal inglesa, que lhe legou os valores humanistas e a abordagem pelo estilo e os temas, e uma tradição alemã mais pontual. Ela se manifesta tanto por um questionamento identitário, quando se trata de isolar uma literatura *americana* do *corpus* inglês geral, quanto por uma conduta mais teórica que a "explicação do texto" francesa da mesma época. Na essência do discurso sustentado pela universidade americana sobre a literatura, encontra-se, de fato, desde a segunda metade do século XIX, uma indagação sistemática dos procedimentos de leitura e de interpretação das obras. Uma indagação que tende a se depurar. Além disso, antes mesmo que o nazismo faça convergir para os *campi* americanos filólogos e teóricos literários europeus, o cenário da crítica e da teoria literária nos Estados Unidos chama a atenção por sua riqueza e diversidade. A tal ponto que, comparativamente, a França de Sainte-Beuve e de Gustave Lanson passa por um país que não *indaga* a literatura. Após a Primeira Guerra Mundial, discursos críticos e novas escolas florescem nos *campi*, onde se debate tanto a tradição crítica quanto o futuro da literatura.

Os arroubos polêmicos já antigos de Matthew Arnold sobre a função moral da literatura, contra os estragos da técnica e da indústria, ainda são objeto de ásperos debates, assim como os comentários anteriores de John Henry Newman, em *The Idea of a University*, sobre a literatura como mãe de todas as disciplinas. Na mesma época, sua função política está no centro da reflexão de Edmund Wilson, e sua função epistemológica ampliada (a de explorar *todos* os saberes) se faz presente nos ensaios de Kenneth Burke, enquanto o papel da erudição clássica como fundamento da vida coletiva é defendido ardorosamente por T. S. Eliot e F. R. Leavis, mais "arnoldianos"

---

* N. de R.T. Corrente do criticismo literário inglês e americano entre os anos de 1920 e início de 1960, que defende uma leitura atenta, cuidadosa com os próprios textos. Esse estilo dá bastante ênfase ao individual sobre o mais geral, prestando grande atenção às palavras, à sintaxe e à ordem nas quais as frases ou idéias se explicitam quando lidas, perscrutando com zelo a imagética, a metáfora, o ritmo etc.

nesse aspecto do que seu predecessor. Todos concordam em atribuir à obra de Shakespeare, referência permanente, um papel tão importante na formação do Ocidente quanto à filosofia grega e ao direito romano. Menos normativa, a escola do "novo aristotelismo", fundada por Ronald Crane na Universidade de Chicago, trata das questões dos gêneros literários e de sua historicidade, da composição e da narração, mas também da leitura como construção do sentido. Do mesmo modo, a idéia de *apreciação* literária, proposta no século XVII pelo inglês John Dryden, é adaptada ao gosto do momento para a compreensão do papel da leitura na construção estética da obra. Assim, dos anos de 1920 a 1950, todas as pistas são exploradas: socioleitura e psicoleitura em Lionel Trilling, a formação literária da *americanidade* em F. O. Matthiessen e Alfred Kazin, um primeiro estruturalismo literário com o registro de invariantes formais e de esquemas narrativos feito no pós-guerra por Northrop Frye, e mesmo as questões mais teóricas da representação estética e do realismo literário que estão na essência da obra-prima *Mimese* (1946) de outro grande refugiado, Erich Auerbach. Essas diferentes orientações, apesar das divergências ideológicas de seus defensores, coexistem pacificamente no seio do campo literário universitário. Este funciona já então como uma *ágora* de discursos críticos, acumulando as inovações, coletando as pistas inéditas, em vez de privilegiar uma escola sobre as outras. É nesse rico contexto intelectual que surge, no final dos anos de 1930, o *New Criticism*. Era o elemento que faltava para conferir à crítica literária um lugar central e um prestígio inigualável no mundo intelectual americano.

Sua orientação foi formulada inicialmente por Cleanth Brooks e Robert Penn Warren em seu clássico *Understanding Poetry*, de 1938, e depois sistematizada por René Wellek e Austin Warren em seu manual de terceiro ciclo,* intitulado *The Theory of Literature*, em 1942. Os outros dois títulos de referência são o breve ensaio didático *The New Criticism*, publicado por John Crowe Ransom em 1941, e a ambiciosa retrospectiva de Wellek, *History of Modern Criticism*. A grande idéia do *New Criticism* é a de uma crítica "intrínseca": seu método é uma leitura fechada da obra (*close reading*) e sua meta é a descoberta do estatuto ontológico do texto (de acordo com o lema "uma poesia não deve significar, mas *ser*") e do horizonte intransitivo da linguagem (contra as teorias nascentes da comunicação). Contudo, para ter acesso à obra como sistema fechado e estável, é necessário antes se desvencilhar de três "heresias" da crítica extrínseca, que W. K. Wimsatt e Monroe Beardsley perseguem em três célebres ensaios que levam o nome de cada uma delas: a falácia intencional (*intentional fallacy*), que consiste em ler o texto como produto direto do projeto de um autor; a falácia afetiva (*affective fallacy*), que limita o texto a uma série de emoções subjetivas – e a crítica, conseqüentemente, a ser apenas sua trêmula paráfrase; e a falácia pessoal (*personal fallacy*),

---

* N. de T. No ensino superior francês, o terceiro ciclo corresponde ao doutorado e ao magistério.

que acrescenta às duas primeiras os desvios biografista e historicista da crítica tradicional. O que os *New Critics* denunciam aqui não é tanto a idéia de uma subjetividade do autor, que eles não negam, mas o psicologismo dos determinantes biográficos e o simplismo de uma "intenção" plenamente realizada no texto. De maneira mais ampla, substituem por uma "história interna" e autônoma dos textos o recurso habitual a uma história geral, reduzida em seus ensaios a "um caso de mingau e de roupas" (o que o autor comia ou vestia) e, portanto, apenas a uma "questão de notas de rodapé para esclarecer algumas alusões locais", como sintetiza Gerald Graff.[27] Dão mais ênfase a uma irredutível polissemia como critério de literalidade e à estruturação dos grandes textos a partir de suas próprias ambigüidades, das tensões e contradições que os atravessam – e falam inclusive, trinta anos antes de Derrida, de uma "ironia" estrutural da obra literária. No plano disciplinar, coloca-se um triplo desafio: profissionalização da crítica literária acadêmica, respeito aos grandes textos críticos, o mesmo respeito que se deve às obras do *corpus*, e integração das funções mais nobres da crítica no departamento de inglês, esse farol da universidade moderna. Em nome da onipotência dos textos, a aula de literatura deve prevalecer sobre a aula de história, que os condenam a ser apenas um reflexo dela, e de filosofia, que fala deles como de um simples "conteúdo", narrativo ou lingüístico. A Universidade de Yale, berço do *New Criticism*, torna-se o modelo dessa universidade *literária*.

A influência do *New Criticism* só declinará a partir dos anos de 1960, especialmente porque, ao privilegiar o *corpus* clássico e moderno reconhecido (até Proust e Virginia Woolf), ele se manteve insensível às inovações literárias da contracultura *beat* e do novo formalismo. E também não poderia ter-se apropriado do antiacademicismo dos *sixties*, de uma cultura que desceu de sua torre de marfim para se submeter – inclusive no plano teórico – aos impulsos coletivos e àquilo que Susan Sontag chamará de "erotismo da arte". Pressentindo seu eclipse, o crítico de esquerda Irving Howe presta uma calorosa homenagem ao movimento em 1958, já nostálgico de uma idade de ouro: "O momento mais intenso na história da crítica moderna, o momento que teve os mais fortes efeitos na imaginação dos jovens sérios, esse momento provavelmente já deixamos para trás".[28] Contudo, não foi propriamente o *New Criticism* como procedimento crítico que desapareceu há quarenta anos da universidade americana, onde alguns de seus livros permaneceram como manuais de referência e onde a desconstrução prolongará algumas de suas proposições, mas sim o *ethos* mais amplo do "alto-modernismo" intelectual americano. Esse *ethos* liberal elitista, encarnado admiravelmente pelos líderes do *New Criticism*, foi suplantado então por um misto de ironia e de especialização, as duas abordagens privilegiadas da cultura de massa e da vida "pós-moderna". De fato, os americanos designam por "modernismo" seus poucos grandes escritores da metade do século, dos arnoldianos de direita aos New York Intellectuals de esquerda, que dedicaram um culto tão trágico quanto estético à alta cultura como esfera autônoma, considerada por eles a última resistência aos conformismos em pleno florescimento da sociedade industrial. Desse ponto de vista, o *New Criticism* não existe mais.

Enquanto isso, no *day after* da vitória aliada, a nova corrente representa uma virada histórica para os estudos literários nos Estados Unidos. A ruptura que ela consagra com as tradições européias da filologia e da história literária, em proveito de uma retórica e de uma poética nascentes, corresponde a uma profunda redefinição do campo literário. Trata-se de substituir sua função política nacional (a de forjar uma identidade literária) por uma função cognitiva geral mais ambiciosa e de opor à dicotomia tradicional entre primeiro e segundo texto o princípio de uma comunidade inédita entre a obra e sua crítica, entre literatura e teoria. Este último termo está no centro do projeto dos *New Critics*: "A teoria literária, e seu *organon* de métodos, é do que a pesquisa em literatura mais necessita hoje", afirmam Wellek e Warren em 1949.[29] Essa exigência teórica contribuirá inclusive para familiarizar os estudantes de literatura desses anos, futuros professores titulares dos anos de 1980, com alguns conceitos-chave da filosofia continental. No entanto, a obstinação dos *New Critics* sobre a existência de mecanismos autônomos na crítica e na literatura, sobre sua irredutibilidade à história e às estruturas sociais, refletiu-se também na ambivalência de sua relação com o campo político. O anti-referencialismo de uma beleza sem objeto, que persegue a modernidade desde o projeto flaubertiano do "livro sobre nada", anuncia ali como que por antecipação os exageros americanos da palavra de ordem derridiana de 1967, "não existe extratexto".[30] O que se trama aqui é uma retirada da literatura para longe das questões do mundo, a recusa de uma geração intelectual de contaminar o Texto misturando-o demais com o espírito de seu tempo – ainda que ela deseje sinceramente uma grande literatura para todos.

Esse projeto de uma metodologia crítica universal procede também de um princípio democrático. O único conhecimento exigido é o da linguagem e do seu funcionamento, mais acessível às classes desfavorecidas, na opinião dos *New Critics*, do que a história literária, as alusões culturais, os conhecimentos biográficos, todos elitistas. Quando os soldados que retornam do *front* europeu afluem aos *campi*, depois da aprovação da *G. I. Bill of Rights*, os *New Critics* louvam a eficácia dessa proximidade para a transmissão a todos dos valores literários.[31] Contudo, eles assistirão passivamente à depuração macarthista dos *campi*, transformando seus departamentos em refúgios formalistas distantes das lutas políticas. Um escândalo ilustra bem essa atitude. Em 1949, um júri formado por T. S. Eliot e dois célebres *New Critics* concede o prestigiado Prêmio Bollingen à coletânea *Pisan Cantos,* de Ezra Pound, cujas tendências anti-semitas e mussolinianas já são conhecidas na época. Isso provoca a ira de toda a esquerda intelectual, e os jurados respondem, a título de justificativa, que "considerar qualquer outra coisa que não seja a estrita qualidade da obra poética" seria uma grave ameaça "contra a sociedade civilizada"[32] – limite, quando muito, do desengajamento político pregado pelos *New Critics*. A emergência de novas formas literárias e políticas nos *campi*, durante os anos de 1960, acaba de desestabilizar o *New Criticism*, assinalando sua insustentável indiferença à *política* dos textos. Velhos adeptos e jovens discípulos do *New Criticism*, de Welleck a Paul de Man, preferem então explorar algumas alternativas disponíveis. Alguns optarão pela militância tardia, outros pela vida acadêmica européia, e a maioria, lendo os estruturalistas franceses e fundando os primeiros departamentos de literatura comparada, por uma crítica política das Luzes e da linguagem ordinária *a partir* da teoria. Uma maneira de prolongar o estudo das "ambigüidades" e das "tensões" do texto por meio daquela, mais legítima politicamente, dos "deslocamentos" e dos "deslizamentos" da escrita. A teoria francesa, que ainda não é chamada assim, representará, para os jovens seguidores do *New Criticism*, a terceira via entre os impasses do formalismo crítico e os bloqueios políticos de uma instituição universitária submetida tanto ao Estado quanto ao mercado – e que caiu na armadilha de um velho sonho thelêmico* prestes a se tornar pesadelo.

Contudo, para além das continuidades entre uma "revolução" e outra no campo literário americano, prevalecem as diferenças entre o *New Criticism* dos anos de 1940 e a desconstrução depois triunfante dos anos de 1980. Ao contrário de seus sucessores derridianos, os *New Critics* tinham uma preocupação permanente de não misturar a literatura com a vulgar "história das idéias". E o exagero formalista, ao analisar, por exemplo, o funcionamento de um artigo de jornal como se analisa um soneto de Shakespeare, conduziria, segundo eles, ao relativismo textual e ao desaparecimento do cânone, comprometendo o universalismo estético anti-histórico que defendem com tanto carinho. Mais do que isso, eles jamais lançaram as bases dessa *crítica da razão crítica* que será desenvolvida logo depois por Derrida e seus seguidores americanos para desvendar as ilusões racionalistas da leitura ordinária – sobre o *todo* do texto, sua autonomia, sua articulação semântica. Paul de Man os criticará inclusive por terem "confundido sua própria projeção da totalização como característica do procedimento interpretativo e uma propriedade do texto em si, que deveria ser visto desde então como uma unidade", conforme sintetiza Wlad Godzich.[33] Se o texto pode ser totalizado, é porque sua coerência predomina necessariamente, reconstruída sobre as ruínas do sentido primeiro. Ao contrário, concentrando-se nas aporias do texto e em suas incoerências inapeláveis, os desconstrucionistas considerarão que eles procedem a uma leitura "mais fechada" ainda (*closer reading*), mais próxima do texto em sua opacidade.

No fim das contas, assim como a evolução de toda a universidade americana depois da guerra, a experiência do *New Criticism* revela por suas ambivalências a mesma tensão inextrincável entre mestria e pertinência geral,

---

* N. de T. Termo derivado de Thelema (Télêma), palavra de origem grega que significa vontade ou intenção. É também o nome de uma seita espiritual que surgiu há mais de um século. O clássico *Gargantua e Pantagruel*, de François Rabelais, escrito em 1532, relata a fundação da Abadia de Thelema, uma instituição voltada para o cultivo das virtudes humanas.

ciência pura e engajamento histórico, cultura e política. Esses antagonismos, embora estejam na essência do projeto universitário desde suas origens, foram reforçados no caso americano pelo isolamento dos estabelecimentos de ensino superior e por sua corrida desarvorada, mesmo em literatura e em filosofia, rumo à especialização como horizonte progressista do país-modelo – empenhado em conquistar a paz depois de ter libertado o mundo. Uma série de contradições que serão reveladas abertamente, de forma explosiva, pelos movimentos estudantis dos anos de 1960 e depois pela curiosa década ao mesmo tempo estudiosa e libertária de 1970 – que transforma a universidade americana, e o discurso que ela insiste em manter sobre si mesma, em uma dessas "espirais de saber-poder", instáveis e alucinadas, descritas por Foucault.

NOTAS

1 Helen Lefkowitz HOROWITZ, *Campus Life: Undergraduate Culture from the End of the Nineteenth Century to the Present*, New York, Alfred Knopf, 1987, p. 271.

2 Christopher J. LUCAS, *American Higher Education: a History*, New York, St. Martin's Press, 1994, p. 200.

3 Gerald GRAFF, *Beyond the Culture Wars*, New York, W. W. Norton, 1992, p. 8.

4 Pierre BOURDIEU, *Les Règles de l'art. Genèse et structure du champ littéraire*, Paris, Seuil, 1992, p. 295.

5 Simone de BEAUVOIR, *L'Amérique au jour le jour*, Paris, Paul Morihien, 1948, p. 312 e 348.

6 Stanley FISH, *Professional Correctness: Literary Studies and Political Change*, New York e Londres, Oxford University Press, 1995, p. 118 e 126.

7 W. H. COWLEY e Don WILLIAMS, *International and Historical Roots of American Higher Education*, New York, Garland, 1991, p. 101-103.

8 Citado *in* Christopher J. LUCAS, *American Higher Education: A History*, op. cit., p. 133.

9 *Ibid.*, p. 135-136.

10 *Ibid.*, p. 144-145.

11 *Ibid.*, p. 188.

12 Benjamin BARBER, *An Aristocracy of Everyone: The Politics of Education and the Future of America*, New York, Ballantine, 1992, p. 205.

13 Clyde BARROW, *Universities and the Capitalism State*, Madison, University of Wisconsin Press, 1990, p. 124.

14 *Cf.* M. DEVÈZE., *Histoire contemporaine de l'université*, Paris, SEDES, 1976, p. 439-440.

15 Christopher J. LUCAS, *American Higher Education: A History*, op. cit., p. 226.

16 *Ibid.*, p. 212-214.

17 Jonathan CULLER, *Framing the Sign*, Norman, University of Oklahoma, 1988, p. 78.

18 Esse termo será empregado, como é costume em inglês (*theorist*), para designar certos desvios retóricos no uso da teoria nos departamentos de literatura americanos – desvios que os conservadores consideram literalmente *terroristas*.

19 Bill READINGS, *The University in Ruins*, Cambridge, Harvard University Press, 1996, p. 70-71.

20 *Ibid.*, p. 55.
21 *Ibid.*, p. 166.
22 Alain TOURAINE, *Université et societé aux États-Unis*, Paris, Seuil, 1972, p. 121.
23 Hannah ARENDT, *La Crise de la culture*, Paris, Gallimard, coll. "Folio-Essais", 1989 [1972], p. 234.
24 Citado *in* Christopher J. LUCAS, *American Higher Education: a History*, *op. cit.*, p. 268.
25 Stanley ARONOWITZ e Henry GIROUX, *Education Under Siege*, Boston, Bergin & Garvey, 1985, p. 171-175.
26 O termo inglês será mantido para assinalar a especificidade americana dessa escola, que não atravessou o oceano, e evitar qualquer confusão com nossa mais recente "nova crítica".
27 Gerald GRAFF, *Professing Literature. An Institutional History*, Chicago, University of Chicago Press, 1987, p. 188-189.
28 Citado *in* Jonathan ARAC *et al.* (dir.), *The Yale Critics: Deconstruction in America*, Minneapolis, University of Minnesota Press, 1983, p. 177.
29 Citado *in ibid.*, p. 247.
30 Jacques DERRIDA, *De la grammatologie*, Paris, Minuit, 1967, p. 227.
31 Wlad GODZICH, *The Culture of Literacy*, Cambridge, Harvard University Press, 1994, p. 16-17.
32 *Cf.* Lazare BITOUN, "Intellectuels et écrivains du Village à Harlem", *in* André KASPI (dir.), *New York 1940-1950*, Paris, Autrement, série "Mémoires", 1995, p. 118-120.
33 Wlad GODZICH, "The Domestication of Derrida", *in* Jonathan ARAC *et al.* (dir.), *The Yale Critics: Deconstruction in America*, *op. cit.*, p. 24.

3
A virada dos "seventies"

> "Que historiador se convencerá de que uma moda, um entusiasmo, um encantamento, e mesmo os exageros, não revelam, em dado momento, a existência de um foco fecundo em uma cultura?"
> Michel FOUCAULT, texto inédito

Dos *campi* aos *ashrams**, do partido ao escritório, da revolução à contra-revolução, divididos entre uma nova inquietação e seus antídotos existenciais, os "*wild seventies*" constituem decididamente uma década paradoxal. Inclusive para a teoria francesa, que faz sua primeira aparição nos Estados Unidos nessa época, sem dispor ainda de um território específico. É a década de suas tentações contraculturais, de seu florescimento anárquico entre revistas alternativas e concertos de *rock*, mas também a década dos primeiros usos acadêmicos da teoria francesa, ainda que como instrumento de uma subversão totalmente discursiva da instituição universitária. Mas o que se estabelecerá ali, de errância em reviravolta, vai subverter completamente o campo intelectual americano desse fim de século.

DA MILITÂNCIA À EXISTÊNCIA

Em dez anos de ativismo, das primeiras marchas pelos direitos civis em 1962 aos *sleep-ins* libertários do início dos anos de 1970, o vasto movimento estudantil americano evoluiu pouco a pouco de uma oposição política organizada a uma conduta espontânea com uma visão sobretudo existencial – do anticapitalismo militante a uma celebração mística dos corpos "livres" e das drogas alucinógenas. A exemplo das músicas de Bob Dylan, que na mesma época passam do *folk* antiimperialista ao espiritualismo psicodélico. Essa metamorfose da rebelião estudantil, aplacada também pelas repressões brutais de 1970, é um dos fatores sociológicos determinantes da recepção e da posterior reviravolta da teoria francesa. Mas apenas indiretamente: pelo deslocamento das lutas para o terreno dos discursos, pela nostalgia oposicionista que os anos de 1960 deixaram, pelo romantismo das formas de vida libertárias, em suma, pela grande abertura ideológica no interior da universidade, que permite a aparente calmaria dos anos de 1970. Essa mudança de ótica representa antes de tudo a primeira etapa de uma

---
* N. de T. Comunidades onde se mora, estuda e pratica ioga.

aventura intelectual inédita, que conduzirá às políticas identitárias e ao multiculturalismo radical dos anos de 1980. Das últimas agitações dos anos de 1960 até a eleição de Ronald Reagan em novembro de 1980, a questão é compreender como a América social passou da contestação estudantil ao comunitarismo radicalizado, ou de um combate transversal mais esporádico a lutas permanentes, porém agora segmentadas. Nessa perspectiva, é preciso voltar um pouco atrás para compreender, em sua história, as dimensões humanista e existencial constitutivas do movimento estudantil americano – as quais favorecerão igualmente seu florescimento comunitário.

Em fevereiro de 1960, o protesto contra a expulsão de quatro estudantes negros de uma lanchonete branca de Greensboro, na Carolina do Norte, dá origem ao movimento pelos direitos civis na universidade. Em 1961 e 1962, os primeiros "rebeldes culturais" mobilizam os *campi*. Eles são inspirados tanto na nebulosa *beat* quanto nos textos de Paul Goodman, que na época compara a sociedade americana a uma corrida de ratos em um compartimento sem janela,[1] e do sociólogo C. Wright Mills, que denuncia o poder das elites sob o disfarce democrático. Ainda estamos longe das 350 greves estudantis e das 9.500 manifestações do período 1969-1970 (cerca de 30% dos 8 milhões de estudantes declaram nesse ano que participaram de uma delas).[2] O ano de 1962 assiste à criação em Michigan do sindicato da esquerda estudantil SDS (Students for a Democratic Society), cujas posições políticas são então explicitadas por um jovem dirigente de 22 anos, Tom Hayden, na declaração de Port Huron: além de um apelo à "democracia participativa" e às comunidades igualitárias em pequena escala, trata-se de substituir "o poder ancorado na propriedade, nos privilégios e nas circunstâncias por um poder e uma singularidade ancorados no amor, na reflexão, na razão e na criatividade".[3] Hayden tem em mente as teses de C. Wright Mills, falecido nesse mesmo ano, sobre a missão política da *intelligentsia* de esquerda, quando alerta para a necessidade de reduzir a distância entre "nossos conceitos técnicos [que] são altamente esotéricos e nossos conceitos morais [que] são bastante simplistas". Em outubro de 1964, dois mil estudantes rechaçam uma viatura de polícia que vinha prender um militante, projetando o *campus* de Berkeley ao primeiro plano. Por iniciativa de jovens líderes como Mario Sávio, criou-se a coalizão do Free Speech Movement e, posteriormente, em 1965, a Free University de Berkeley, que oferece não só cursos improvisados de "política radical", mas também de "desenvolvimento pessoal" e de "*self-help*".[4] À medida que se confirma o envolvimento americano no Vietnã, o movimento estudantil adota uma retórica pacifista e patriótica para que o grande "humanismo americano" não ceda diante do "anticomunismo liberal e o espírito empresarial", nas palavras do jovem Carl Oglesby.[5] A exemplo desses filhos de professores democratas que se tornaram militantes aplicados, as referências à história de vida prevalecem sobre a ideologia, o engajamento pessoal sobre as idéias abstratas.

A partir de 1965, cava-se um fosso cada vez maior entre uma minoria de estudantes radicalizados, ligados aos ativistas negros do Black Power (que logo excluirão os brancos) e que conclamam a não participar da "universidade capitalista", e uma maioria de estudantes composta de militantes bastante ocasionais, interessados principalmente nas novas formas de vida alternativas e nos meios mais seguros de escapar ao alistamento militar. O ano de 1968 é marcado por uma dupla cisão. O Black Power e o SDS encerram sua cooperação e, dentro do SDS, ocorre uma ruptura entre reformistas passivos e extremistas partidários da ação direta. No mesmo ano, o *Strawberry Statement* do jovem James Simon Kunen é um grande sucesso, sintoma do desejo de prolongar a festa em vez de pegar em armas: nele o estudante reivindica sobretudo o direito a ter cabelos longos e a acordar tarde, sob o pretexto de que "[seu] fervor revolucionário leva cerca de meia hora a mais para despertar que o resto de [sua] pessoa", e tranqüiliza seus leitores, caso necessário – "pois a Primeira República dos Estados Unidos tem 192 anos, enquanto eu só tenho 19 e estou disposto a lhe dar mais uma chance".[6] Mas, em abril, a ocupação de um prédio de Columbia por estudantes negros e a intervenção violenta da polícia jogam lenha na fogueira. Aos gritos de "dois, três, mil Columbia!", a agitação irrompe em centenas de *campi*. Na Casa Branca, Nixon continua chamando os manifestantes de "vagabundos" (*bums*), ao passo que seu vice-presidente fala de "esnobes desavergonhados". Em maio de 1970, enquanto ocorrem marchas espontâneas contra os bombardeios americanos no Camboja em sessenta universidades, a Guarda Nacional atira com balas de verdade nos manifestantes não-violentos das universidades de Kent State e Jackson State, matando seis deles e ferindo dezenas de outros. Apesar da comoção nacional, essa resposta militar fria e determinada sinaliza o fim de uma época. Provoca o rápido declínio do movimento, com a volta às aulas em outubro de 1970 ocorrendo em uma calma surpreendente, e acaba por isolar a minoria radical. Essa súbita demonstração de força soma-se às outras violências políticas da época, marcada pelos assassinatos sucessivos de Malcolm X, Robert Kennedy e depois Martin Luther King. Fim do recreio: acusado de provocar o banho de sangue – segundo o velho paradoxo que exige dos não-violentos que "se desarmem", se é que possível dizer isso, culpando-os pela brutalidade da repressão –, o ímpeto político dos anos de 1960 rompe-se de vez.

Porém, o entusiasmo existencial que era sua força motriz conseguirá prolongar-se de outras maneiras. Às lutas contra o imperialismo e o mercantilismo sucedem-se as reivindicações da liberdade sexual e das drogas psicodélicas, ligadas à defesa tanto de um individualismo radical quanto de formas experimentais de dessubjetivação – morrer psiquicamente para renascer em regiões inexploradas do cosmo, em uma versão deformada e reformatada do budismo xamanista. A droga, que alguns suspeitavam de ter sido introduzida nos *campi* pela CIA para ajudar a neutralizar o movimento estudantil, pode ser consumida livremente na universidade "contra-revolucionária" dos anos de 1970: baseados ou ácidos não implicam nenhuma sanção para os seus consumidores, sendo que metade dos estudantes de

1979 é favorável à descriminalização da maconha.⁷ Por sua vez, as *"Protest songs"* e as táticas de ocupação dão lugar às sessões de expressão espontânea e às noitadas liberadas dos fins de semana. O velho conflito entre estudantes de humanas e de ciências ou esportes, que por alguns anos se transferiu para o terreno ideológico (os primeiros esposando geralmente as posições de protesto, contra o conservadorismo dos segundos), retorna ao espaço disciplinar onde sempre se desenvolveu, a golpes de ironias recíprocas e de concorrências orçamentárias. A atenção da mídia não diminui, mas a vida dos *campi* passa a ocupar apenas as páginas de "sociedade" e de "cultura" dos grandes jornais. Se essas questões de estilos de vida prolongam as utopias políticas da década anterior, como pensam os estudantes, a imprensa, de sua parte, não se engana – o perigo passou. É que o movimento estudantil está menos ligado ao conflito do que à *alternância* de gerações. Em 1965, assim como em 1975, trata-se sobretudo de "realizar os ideais de seus pais", famílias urbanas da classe média que, como mostraram as pesquisas sociológicas, também cobiçam esses valores de saúde, de liberdade moral e de progresso pessoal.⁸ Para isso, ninguém precisa subverter a ordem social. De forma significativa, os únicos motivos de ação comum nos *campi* cada vez mais divididos em comunidades afins (étnicas ou sexuais) serão, durante os anos de 1970, um terceiro-mundismo muito vago e o apelo mais impreciso ainda a "generalizar" Woodstock (*Woodstock Nation*) – fora algumas reivindicações sérias em favor de bibliotecas abertas até mais tarde, de professores assistentes mais preparados e de taxas de matrícula mais baratas.⁹

Assim, os elementos de continuidade prevalecem de uma década para outra, tanto para o *ethos* contestatório que, como já observava Alain Touraine em 1969, "[evoca] mais a monarquia oriental ou o joaquimismo* do que lutas políticas",¹⁰ quanto no plano dos próprios temas da contestação – alienação das relações humanas, destruição dos recursos naturais, manipulação dos imaginários pela mídia. Desse "comunicado do morango" de James Kunen, em 1968, aos fanzines contemporâneos, a própria arte da provocação benigna e da dissidência lúdica virou tradição, até a minoria de estudantes de *college* que hoje optam por uma vida boemia, uma residência comunitária e os sinais exteriores de uma "recusa" altamente despolitizada – tranças *reggae* (*dreadlocks*), *piercing*, tatuagens ou as roupas rasgadas do desertor social. Mas provocação não é política. Seus precursores dos anos de 1970, ao lado dos trajes *hippies* e dos estados delirantes, também sonhavam principalmente com o progresso profissional, esse compromisso ético entre o arrivismo mesquinho dos mais liberais e o anticapitalismo considerado obsoleto de seus predecessores. Ou então, contra o novo espectro do desemprego, buscavam simplesmente conse-

---

* N. de R.T. Joachim de Flore (1145-1202), monge cisterciano e teólogo católico. Promotor de um messianismo monástico hostil às novas forças intelectuais entre os laicos que buscavam fazer um lugar na sociedade de seu tempo. Joachim renovou a léxica escatológica ocidental, revestido do papel de intérprete dos mistérios da Escritura.

guir um emprego decente e se sair melhor que o irmão mais velho, sobrevivendo no momento de bicos e de subvenções sociais por ter "desperdiçado" seus preciosos anos de estudo no ativismo de seus vinte anos.

Observa-se, em última análise, um descompasso entre as imposições da ordem econômica e as liberdades de costumes do *campus*, ou entre as missões de educação geral e de preparação profissional da universidade. Em geral, ele é regulado, bem ou mal, pela instituição universitária. Mas pode também, em certas circunstâncias, ou em certos alunos, evoluir para o antagonismo conflituoso, para zonas fora da norma, pontos mortos da grande máquina conformista americana: crítica política radical ainda que as urgências nacionais (direitos civis) e internacionais (Vietnã) só permitam quando muito cristalizar um descontentamento difuso; exageros libertários (a "fuga" psicodélica) ou mesmo comunitários (violências sexuais contra as meninas nas *fraternities*, ou vidas inteiramente separadas de certos grupos); e, de maneira mais genérica, sob Nixon ou George W. Bush, essa curiosa forma de rebelião passiva, sem objetivo, na maioria das vezes solitária (pelo *piercing* ou pela ociosidade mais do que pela mobilização), essa recusa menos política do que emudecida e anômica da ordem social que caracteriza o *college kid* americano mais do que o seu homólogo europeu. Alain Touraine previra isso ao analisar o impasse desses "jovens burgueses que [...] se recusam a jogar o jogo [mas] que não conseguem escapar à sua própria condição", ou a "alienação" desses "rebeldes virtuais" divididos entre seus comportamentos "marginais" e a tradição que eles não poderiam quebrar do "*non-commitment*".[11] Essa anomia estudantil, conseqüência do separatismo da universidade e de seus sobressaltos políticos, explica também a receptividade particular dos estudantes a todas as representações do contramundo, músicas rebeldes ou pensadores esquizóides, uma receptividade mais patética do que política, mais pessoal do que ideológica. É sobretudo para tornar habitável o universo contraditório da América em 1975, libertária *e* repressiva, escolar *e* desertora, que eles lerão William Burroughs, Allen Ginsberg, Kathy Acker ou Foucault e Deleuze – estes últimos graças às revistas alternativas que na época fazem sucesso nos departamentos de literatura.

REVISTOFAGIA ECLÉTICA

Nesses anos de retorno à calmaria, é entre as páginas de algumas revistas parauniversitárias, inicialmente simples manuscritos mimeografados, que se infiltra além-Atlântico o novo "vírus" teórico – sob a forma de um primeiro contingente de textos franceses traduzidos. A mística da teoria francesa começa ali, com esses textos grampeados e datilografados, em geral mal traduzidos, passados de mão em mão em sala de aula ou em festas. Começa pelo trabalho subterrâneo, artesanal e apaixonado de alguns jovens universitários que reúnem essas vozes estrangeiras e que traduzem, apresentam ou editam os primeiros textos – Allan Bass, Tom Conley, James Creech, Janet Horn, John Rajchman, Mark Seem e muitos outros. Começa com essas amostras de textos franceses, fragmentos importantes ou simples entrevistas de imprensa, que se recolhem meio ao acaso, sem solicitar seus direitos, e que se tentará ensinar paralelamente à sua primeira publicação em inglês – porém ainda apenas nos departamentos de francês, onde atua a maioria desses passadores. O caráter amador que tinham no início essas revistas, hoje amplamente consagradas no campo literário, distingue-as da revistofagia francesa da década anterior, a do estruturalismo triunfante. Mais estabelecidas, revistas como *Communications* (criada em 1961), *Langages* (em 1966), *Poétique* (em 1970), *Littérature* (em 1971) e sobretudo *Tel Quel* (em 1960) eram, na França, os lugares privilegiados para articular os novos conceitos da "ciência" dos textos, ou das estruturas sociais, e os imperativos da revolta. "No jargão da época, queríamos juntar teoria e prática", lembra Jean-Claude Chevalier, fundador de *Langue française*.[12] Essas revistas, encabeçadas por *Tel Quel*, justificarão o "endurecimento" maoísta dos anos 1970-1974, argumentando que a "revolução da escrita" é apenas uma "preliminar para a realização da revolução".[13] Ao contrário, suas caçulas americanas, nascidas em *campi* desmobilizados, porém mais festivos, explorarão, de Derrida a Deleuze, as pistas de um pensamento que elas costumam conceber como "pós-político", alternativa intelectual à herança marxista mais do que sua continuidade intensiva. Mas nem todas as revistas da época partilham esse ponto de vista. Assim, de sua parte, as revistas da esquerda americana, *Partisan Review* e sobretudo *Telos*, mais parecidas com *Lettres françaises* ou com *La nouvelle critique* do que com *Tel Quel*, apresentarão esses novos nomes de autores como sendo de marxistas franceses particularmente heterodoxos, continuadores dissidentes do projeto crítico marxista: elas descreverão Baudrillard como herdeiro iconoclasta da escola de Frankfurt, entrevistarão Foucault sobre a prisão de Attica (que ele visitou) e sobre a crise do sistema carcerário americano e apresentarão Lyotard como um crítico "libidinal" de Adorno.[14]

Contudo, o que inspira esses novos *intellozines** de *campus* não é tanto o modelo político de *Partisan Review*, e sim a tradição literária experimental das revistas alternativas dos anos de 1950, que gravitam em torno do movimento *beat* de San Francisco ou da escola poética de Nova York. Eles visam menos a tribuna de debates, o periódico intelectual engajado na sua forma clássica, do que essas revistas de poesia formal ou de textos brutos que nas duas décadas anteriores inventaram uma nova língua literária, uma tipografia inédita, uma revistofagia propriamente criadora: sua nostalgia tenderia mais para o lado de *Semina*, de *Beatitude* ou da revista *Black Mountain*, do poeta Robert Creeley, essas máquinas autônomas de expressão literária postas em funcionamento pelos marginais da cena literária e artística americana, do grupo experimental L=A=N=G=U=A=G=E aos adeptos da "poesia concreta". Com uma dupla diferença apenas, mas relevante, de um novo culto do texto *teórico* e, apesar de tudo, de uma base universitária: essas revistas são criadas por iniciativa de jovens professores, mantidas por seus departamentos,

---

* N. de T. O autor compõe aqui um neologismo com *intello* (intelectual) e *zine* (fanzine).

produzidas graças à boa vontade de um pequeno grupo de estudantes dedicados à causa e, embora difundidos da maneira improvisada, meio clandestina, do *samizdat* de campus, plenamente integradas à universidade.

Além dos primeiros textos sobre a desconstrução ou a micropolítica, elas importam da Europa uma outra inovação significativa: a forma do ensaio-resenha, com base no modelo da revista francesa *Critique*, longos artigos elaborados *a partir* do livro que apresentam. Como sugere o historiador Dominick LaCapra, a adoção desse gênero de texto revela uma "concepção da pesquisa como diálogo com o passado" e um "reconhecimento de que o discurso crítico é de natureza dialógica, de que ele procura tratar ao mesmo tempo de problemas [...] e das palavras de outros sobre esses problemas".[15] Por isso mesmo, ela supõe uma ética mais acadêmica do que rebelde da discussão, uma fidelidade menos anarquista do que democrática à forma-debate, que também foi bastante privilegiada nessas revistas. É que os leitores, dispersos, despolitizados, em geral raros, longe de formar um bando organizado, fazem parte dessa comunidade invisível descrita por Bataille, a dos que não têm comunidade e que apenas à sua revelia têm nas mãos uma mesma capa de livro ou de revista. Em suma, é preciso sair à caça desses leitores.

Em uma década, são lançadas nos Estados Unidos cerca de dezesseis revistas, ao total, de *Glyph* a *Diaspora*, *Semiotext(e)* ou *Boundary 2*, tendo como objetivo assumido, em geral já na página do título, introduzir além-Atlântico os novos paradigmas vindos da Europa. Todos os textos apresentados, na escolha dos trechos traduzidos ou ao longo de seus comentários, remetem à crítica do sujeito sob modalidades variadas: "fim do homem" e "deslocamento" da escrita em torno de Derrida, morte do autor e sociedades de controle em Foucault, dispositivos pulsionais que englobam as individualidades com Lyotard, primeiras celebrações das "linhas de fuga" e dos sujeitos "esquizofrênicos" em torno de Deleuze e Guattari. Contudo, a comunidade dessas revistas é menos temática do que enunciativa, e mesmo tonal. Acrônimos em jogos de palavras, uma relação lúdica com conceitos traduzidos reduz sua distância cultural. Uma mesma relação alusiva ou paródica à sua própria erudição assinala uma autocrítica dos procedimentos acadêmicos. E um discurso mais impositivo do que descritivo – ainda que apenas para "reportar" a imposição do autor citado – responde à exigência de um *outro* registro, distante do objetivismo acadêmico tanto quanto das ingenuidades da narração. Além do caso de *Semiotext(e)*, que tem o papel de arregimentação, como se verá, as duas revistas pioneiras na introdução da teoria francesa nascem em um departamento de francês – *Diacritics* em Cornell e *SubStance* na Universidade de Wisconsin.

Diacritics foi criada em 1971 pelos professores David Grossvogel e Robert Matthews. Torna-se conhecida desde os primeiros números graças à troca de farpas entre Foucault e George Steiner a que ela abre espaço, dando seqüência ao artigo do *New York Times* em que este último descreveu o autor de *História da loucura* (lançado na época em inglês) como "o mandarim da hora".[16] Mas publica também os futuros arautos da desconstrução, Harold Bloom ou Paul de Man, artigos sobre Artaud ou Lacan, uma resenha da *Gramatologia* de Derrida, assim como de *Sade Fourier Loyola* de Barthes... ou mesmo da série completa dos quadrinhos do *Superman*. A exemplo de outras revistas, e dos próprios professores que as dirigem, *Diacritics* evolui pouco a pouco de uma posição lacano-derridiana, que autorizava todos os jogos apenas sobre o *texto*, para uma postura deleuzo-lyotardiana de subversão *extratexto*, comparando seu *Anti-Édipo* ao *Anticristo* de Nietzsche (em 1974), publicando de Martin Jay um balanço das análises comparadas de Marx da escola de Frankfurt e do pós-estruturalismo (em 1976), ou retornando a Derrida, mas para uma resenha do obscuro *Glas* (em 1977) – sobre o qual se diz já na primeira frase que deve ser "lido como um rito ancestral". Sinal de uma relação afetiva, mais jocosa do que argumentativa, com esse novo *corpus*, a revista publica em uma quarta capa, em 1973, o seguinte poema paródico de um professor de Boston: "Antes de deixar que esse paciente entre/ Diga-nos Doutor Lacan se lhe agradam/ Os últimos excitantes/ De Lévi-Strauss Derrida ou de Man/ [...] É possível ainda estruturar os referentes dialéticos após Hegel?/ As concreções nominais subsumirão o bagel*? ô merda*, Lacan, seu paciente se suicidou...".[17]

SubStance, criada igualmente em 1971, proclama-se na página 2 como um "veículo do pensamento francês de vanguarda". De fato, nota-se a mesma inflexão, porém ainda mais nítida, de um primeiro período marcado por inéditos de Saussure, Kristeva ou Derrida, e por artigos ainda em francês sobre o estruturalismo (em 1971-1973), para números que apresentam experiências tipográficas de poetas e discutem as teses deleuzo-guattarianas sobre a esquizoanálise ou a Terra "edipianizada" (em 1974-1976). Perfilam-se em seguida motivos ainda menos textualistas: crítica de Freud (em 1976), retorno a Artaud (em 1977), ou essa "ênfase [dada] às margens" em um número sobre Deleuze e Foucault (em 1978) – do qual se chegou inclusive a publicar o primeiro trecho em inglês de *A vontade de saber*. Um pouco mais convencional, a revista *Glyph*, criada em 1976 na Johns Hopkins por Samuel Weber e Henry Sussman, é apresentada na página do título como um lugar de "[questionamento] da representação e da textualidade" e de "confrontação das ciências críticas americanas e continentais". Mais discretamente, ela passa de artigos sobre Derrida (em 1976-1977) a textos mais descontraídos que "aplicam" a desconstrução aos romances de Melville ou de Goethe (em 1978-1979). *Social Text*, futuro alvo da farsa de Sokal, foi criada em 1979 em Duke por Stanley Aronowitz e Fredric Jameson. Dotada de melhores recursos, assumindo mais abertamente seu vínculo cultural com a esquerda, a revista publicará alguns dos grandes textos da teoria francesa e do pensamento minoritário, de Michel de Certeau a Edward Said, Foucault ou Cornel West.

---

* N. de T. Pão judaico.

Em seguida, vêm todas as revistas, mais acadêmicas ou mais demarcadas politicamente que, embora tendo mantido uma distância maior em face dessa primeira onda, foram suportes cruciais de debate e de difusão para a teoria francesa. É o caso da revista *Critical Inquiry*, criada em 1974 na Universidade de Chicago. Ela publicou textos pioneiros de Stanley Fish ou Paul de Man, desencadeou o debate sobre Foucault ou sobre a própria questão da teoria, porém sempre preservou uma ótica mais dialógica, mais historicista, menos engajada – tratando indistintamente de Camus, de Borges ou do feminismo na arte. Há muitas outras revistas que dão conta dessa renovação francesa da "teoria", mesmo sem esposar diretamente suas idéias: pode-se mencionar *Raritan*, *Representations*, *Public Culture*, *Signs* no campo feminista (que publica, entre 1975 e 1980, os primeiros textos traduzidos de Luce Irigaray e Hélène Cixous) ou ainda *Contention*. Um caso à parte é o de *October*, criada em 1976 por Rosalind Krauss e Annette Michelson, que justifica seu título com uma homenagem logo no prefácio a "esse momento de nosso século em que a prática revolucionária, a pesquisa teórica e a inovação artística associaram-se de maneira exemplar". A revista cruza teoria estética e filosofia política, cobre as grandes experiências artísticas de seu tempo (de Trisha Brown a Richard Serra ou Laurie Anderson), reivindica mais à vontade a filiação a Georg Lukàcs ou Walter Benjamin do que a Foucault ou Derrida e está ligada ao grupo de *Tel Quel* e depois de *L'Infini* – particularmente pela intervenção de Denis Hollier. No entanto, *October* será a única revista a explorar seriamente os desafios da teoria francesa para a arte e as práticas artísticas, desde Lyotard sobre Daniel Buren a Derrida sobre a pintura e Hubert Damisch sobre a fotografia. Finalmente, as revista de esquerda não-universitárias completam essa paisagem, da qual elas formam o quadro mais antigo, a valiosa intersecção com o espaço público. *Partisan Review*, *New Left Review*, *Dissent*, *Public Interest* ou *The Nation* entram em consonância com a nova onda intelectual, lembrando muito a propósito as façanhas políticas no contexto francês, mas podendo também achincalhar, em um tom mais ideológico, o "textualismo pequeno-burguês".

Tanto nas páginas dessas revistas de prestígio como nas de *Diacritics* ou *October*, os anos de 1970 trazem para a teoria francesa um novo objeto discursivo, eletrizante, pouco testado. Em torno dele, experimentam-se variações gráficas ou poéticas, cruzamentos mais ou menos felizes que se imagina serem os únicos que se adaptam à sua radical novidade. Utiliza-se a revista pelo que ela é, ou deveria ser – tecnologia cultural, laboratório conceitual. Mas essa revistofagia evoluirá, também se acomodará. Sinal dos tempos, o maior sucesso de livraria para uma revista ligada à teoria francesa será, quinze anos mais tarde, a elegantíssima *Zone* (12 mil a 14 mil exemplares vendidos por número), criada por Michel Feher e diagramada pelo designer Brice Mau: essa revista de grande fôlego encaixa referências a Foucault e homenagens discretas a Deleuze em uma narrativa da história intelectual mais sustentada, e também mais didática, sobre a história dos corpos ou as teorias da cidade. Bem diferente do manuscrito amplamente difundido de 1975, de seus códigos de iniciados e do lirismo opaco dos primeiros *french-theoristes*. É que, nesse meio-tempo, a teoria francesa penetrou nos costumes – e nas salas de aula.

CONTRACULTURA: UM ENCONTRO FRACASSADO?

Se existe um *outro* na universidade, é justamente esse conceito problemático de "contracultura". Palavra falaciosa, cujo prefixo adversativo dissimula a enorme aptidão da indústria cultural americana a sempre integrar suas margens, a intensificar a raiva delas para celebrar em benefício próprio o belo igualitarismo americano. É verdade também que na metade do século XX, no momento em que Burroughs, Kerouack e Ginsberg encontram-se nos bancos de Columbia, e em que romancistas judeus (Norman Mailer) e negros (Richard Wright) modificam de uma hora para outra o contexto literário, ocorre um deslocamento irreversível: a inovação cultural americana, sua vanguarda de exportação, passa pouco a pouco da tradição agrária e jeffersoniana dos romancistas do sul e da Nova Inglaterra para uma subcultura urbana de párias e contraventores – cuja criatividade, do *jazz* à poesia, logo se transformará em modelo. Em seguida, os anos de 1960 inventam a rebelião "cultural" (*rock'n roll* e poesia *beat* contra a ordem estabelecida) e favorecem a formação, em Nova York e em San Francisco, de uma rede contracultural cerrada de periódicos selvagens em lugares alternativos. Posteriormente, denunciando alguns deles em proveito de uma cultura jovem mais inofensiva, a contra-revolução dos anos de 1970 os empurra para uma semiclandestinidade – é a emergência do *underground*. Porém, de modo geral, as revistas alternativas nascidas nos *campi* e os primeiros importadores de textos franceses, pela idade e pelo modo de vida, estão bem no cruzamento da instituição universitária com esses circuitos paralelos, que também sobrevivem principalmente da clientela estudantil. Assim, a difusão daquilo que ainda não é conhecido como teoria francesa ocorre no limiar do espaço contracultural, na linha demarcatória ainda tênue que separa os *campi* dos lugares de dissidência.

Para promover a leitura das novas revistas, editam-se folhetos cheios de *slogans* teóricos que são distribuídos nos *squats** de artistas, nas salas de concerto ou nas reuniões de militantes de esquerda. Colabora-se sucessivamente com editores anarquistas, como Black & Red Press de Detroit ou Something Else Press de Nova York. As redes pessoais de cada um autorizam conexões pontuais com alguns representantes da contracultura, do cineasta John Waters à musicista Laurie Anderson. Em Nova York, um exemplar amarrotado desse tipo de revista é uma senha de entrada nos lugares freqüentados pelos jovens intelectuais de Columbia, nas galerias de arte improvisadas nos fundos de lojas de East Village ou nos clubes da moda de Manhattan, onde emergem

---

* N. de T. Prédios abandonados e ocupados ilegalmente.

as novas correntes musicais, *punk* ou *new wave* – Max Kansas City, Danceteria, Mudd Club, Beat Lounge ou o legendário CBGB's. Quer se mencione Foucault ou Deleuze no fundo de uma sala de concerto ou nas últimas páginas de revistas alternativas (*Bomb*, *Impulse* ou *East Village Eye*), a teoria francesa, difusa e ainda indefinida, circula assim nas margens da margem, às vezes invisível aos próprios invisíveis. Alguns cronistas desse cenário contracultural, ou porque são fanáticos por um autor ou porque foram estimulados por um amigo professor, abrem espaço a essas novas idéias nas colunas de jornais generalistas onde trabalham, como é o caso dos críticos musicais do *New York Times*, Adam Shatz, e do *Village Voice*, o "sessenta-oitista" convicto Richard Goldstein. Mas, além desses circuitos paralelos, os anos de 1970 marcam sobretudo a possibilidade do encontro *direto* entre autores franceses e americanos.

Sabe-se do enorme interesse de Foucault e Deleuze pela contracultura americana. Embora Foucault só faça alusão a ela em entrevista, Deleuze evoca Ginsberg, apenas citado, para elogiar a "psicopatologia" do poeta[18] e confessa mais de uma vez sua paixão pela música repetitiva de John Cage e Steve Reich. Existem muitos pontos comuns, além da amizade fiel que uniu esses dois homens até o fim,[19] entre o *panopticon* de Foucault e os "Nova" de Burroughs, "aparelhos de desconfiança total e circulante", representações de um controle frio, pós-totalitário. Richard Goldstein insistia nessa comunidade de espírito, lançando uma ponte entre filosofia e ficção-científica política: o autor de *Junkie*, segundo ele próprio, "compartilha" com a juventude européia e suas cabeças pensantes, tendo à frente Foucault, "o [mesmo] desejo de romper com as forças do controle do pensamento, com o Estado, com o passado e com o último fetiche da semiótica dos anos de 1970 – o sujeito integrado".[20] É preciso dizer que uma certa vanguarda intelectual francesa trabalha já há muito tempo (desde a passagem por Paris dos escritores *beat* em 1958) para ligar esses dois pólos, tornando mais conhecidas na França as ousadias políticas e artísticas dos *beatniks* e do novo formalismo. Basta citar *Tel Quel*, que em 1974 dialoga com Ginsberg, em 1976 apresenta os "*cut up*" de Brian Gysin ou as anotações de cena de Richard Foreman e em 1977, em sua edição americana, opõe o "pós-modernismo" de Burroughs, Brautigan e William Gass ao "modernismo" mais narrativo de Flaubert e Joyce.[21] Contudo, os encontros efetivos foram mais raros que o entrelaçamento de textos. Foucault cruza com John Cage, a artista Kathy Acker encontra Félix Guattari, que, por sua vez, receberá Ginsberg em Paris para algumas sessões de análise, e Baudrillard, depois de um encontro na Califórnia, entabulará uma correspondência com o romancista J. C. Ballard. Mas nada de duradouro – a exemplo dos dois grandes eventos contraculturais da época que incluíam a teoria francesa, por iniciativa de um jovem professor de Columbia, Sylvère Lotringer.

Para preparar a edição de sua revista *Semiotext(e)* sobre o tema, Lotringer organiza em novembro de 1975 a conferência "Esquizocultura", que atrai para o gigantesco anfiteatro do Teacher's College centenas de espectadores de todos os horizontes, bem além dos *campi*. Deleuze, que nunca tinha viajado antes para além do Atlântico, é interrompido em seu debate com Ronald Laing por uma militante feminista de extrema esquerda, Ti-Grace Atkinson, que abre caminho entre a multidão para vir insultá-los, a Guattari e a ele, chamando-os de "falocratas" e impedindo-os de prosseguir. Foucault, por sua vez, foi interrompido no meio da exposição sobre "as novas formas de fascismo" por um membro do comitê sindicalista-revolucionário Larouche, que o acusa de estar a soldo da CIA – e que ouve como resposta que ele próprio deve trabalhar para a KGB. Contrariados, furiosos com Lotringer, os três pensadores franceses, arrebanhados por Lyotard, refugiam-se no Chelsea Hotel, onde estão hospedados, e recusam-se a continuar participando do "último acontecimento contracultural dos anos de 1960",[22] segundo a expressão irada de Foucault. Quem se encarrega deles depois disso é o artista e agitador Jean-Jacques Lebel (que divulgou na França o *happening* e a poesia *beat*), bem relacionado nos meios alternativos nova-iorquinos. Ele os leva à casa de Ginsberg na rua 10 e depois a um concerto em Massachusetts, onde Deleuze e Guattari encontram *backstage* Bob Dylan e Joan Baez – porém estes não leram *O Anti-Édipo* e aqueles não estão muito habituados à maconha. Lebel estende a viagem a San Francisco, onde Deleuze e Guattari encontram-se com Lawrence Ferlinghetti e vão ouvir Patti Smith, e depois a Los Angeles, onde visitam o bairro negro de Watts, reúnem-se com os Black Panther e comparam suas respectivas experiências da "defesa ativa" e da "resistência de bairro". Contudo, os quatro franceses recusam o convite de Lotringer quando, três anos mais tarde, ele organiza a Nova Convention a fim de confrontar a teoria francesa e o trabalho de Burroughs. Com isso, vários astros da música *pop*, recrutados pelo poeta John Giorno, juntam-se ao evento, como Patti Smith, Frank Zappa e os B-52's. São anunciados também Sid Vicious, os Sex Pistols e Keith Richards, dos Rolling Stones. Nessa primeira semana de dezembro de 1978, seus concertos improvisados atraem ao Irving Plaza, para onde foi transferido o encontro, uma multidão de jovens que escapa ao controle dos organizadores e ofusca quase inteiramente o pretexto teórico e o diálogo político que motivavam o projeto original de Lotringer.[23]

Mesmo assim, dá para imaginar os encontros que poderiam ter ocorrido ali entre Foucault, Lyotard ou Deleuze e os americanos presentes, entre os quais o guru dos alucinógenos e professor em Harvard, Timothy Leary, e o músico Philip Glass. Mais inútil ainda seria conceber os diálogos que não ocorreram com representantes tão singulares da criação americana, como o cineasta David Lynch, o romancista Thomas Pynchon ou o diretor de teatro Robert Wilson. E os músicos do grupo de *rock* californiano Anti-Édipo com certeza adorariam encontrar os autores do livro. É preciso lembrar também que, na época, as obras dos autores franceses abordam de leve o cenário contracultural, sem se deter muito nele – mas bastam algumas faíscas para incendiar rapidamente esse namoro. É que a universidade está sempre por perto, à espreita. Se na época os(as) *dominatrix* nova-iorquinos(as) (animadores de clubes sadomasoquistas), de Terence Sellars à Miss Vitória, estão interessados(as) em alguns textos franceses, e chegam a se reunir para ler trechos da tradução de *Apresentação de Sacher-Masoch* de Deleuze, é pela intermediação, e sem dúvida pelo mero prazer, de alguns acadêmicos francófilos. E se Julia Kristeva descobriu esse lugar de *underground* e pôde relatar mais tarde "a impressão [que ela teve] de estar nas catacumbas dos primeiros cristãos",²⁴ foi porque passou quase um semestre no *campus* de Columbia. No limite, a experiência mais próxima da febre contracultural dos anos de 1970 foi seguramente a dos vários franceses – Lyotard, Baudrillard, Derrida, Bruno Latour, Louis Marin ou Michel de Certeau – que vieram lecionar no mítico *campus* de La Jolla da Universidade da Califórnia, em uma ilha da baía de San Diego. Entre a figura tutelar de Herbert Marcuse, as escaramuças com os militantes marxistas ou *gays*, a onipresença da praia e das fogueiras e as boates alternativas em voga (o jesuíta de Certeau teria ido "como antropólogo" à famosa Barbaricos²⁵), o *campus* de La Jolla era então um lugar privilegiado da contestação política e das formas de vida libertárias. Mas não deixava de ser um *campus*, bem isolado do mundo.

Contudo, não se trata aqui de opor termo a termo a vida "autêntica" da contracultura e a cantilena dos ricos da universidade. Mesmo porque estudantes e até professores, para além de seus percursos, são apenas os *locatários* de um saber que pegam emprestado, seja para torná-lo insosso, seja para eletrizá-lo, lá onde alguns marginais espertos fizeram-se proprietários dessa marca de fábrica – *a* margem –, "de onde não sai nada", nas palavras de Deleuze, "a não ser o discurso microfascista de sua dependência e de sua vertigem: 'somos a vanguarda', 'somos os marginais'...".²⁶ E, na época, os dois mundos não são totalmente impermeáveis um ao outro, ao contrário. A teoria francesa intervém exatamente na fronteira que separa a contracultura da universidade, lá onde suas proposições tornam-se indiscerníveis e onde seus mediadores são quase sempre os mesmos, professores inconformistas ou poetas-libertinos que ainda freqüentam os anfiteatros dos *campi*. Ela delimita uma zona na qual experimentações artísticas e cursos de teoria inovadores entram em consonância. E, sobretudo, surge em um campo cultural americano onde na época se confrontam a austeridade elitista do "modernismo", acusado de cristalizar a vida nos museus e nas bibliotecas, e as experiências libertadoras daquilo que ainda não é chamado de "pós-modernismo", uma cultura fundamentalmente experimental que não tem nem território próprio nem barreiras disciplinares. É a cultura inovadora e espontaneamente política de um John Cage ou de um William Burroughs, cultura já *pós-cultural* de algum modo, irredutível às hierarquias culturais estabelecidas, uma cultura em que se reconhece tanto a escória quanto os agitados da universidade, de um lado a outro do território do *campus* – e na qual os autores franceses desempenham então o papel de contrapartidas teóricas no "eixo Duchamp-Cage-Warhol",²⁷ vanguarda oficial.

Ao mesmo tempo, esses anos 1974-1978 assistiram a um idílio compulsivo, tão precioso quanto de curta duração, entre o mundo da errância libertária, dos trajetos desviantes ou encruzilhadas, e o do pensamento intensivo. Assim, em alguns percursos de vida, entremeiam-se a leitura teórica e a experiência do corpo, o efeito do LSD e de Foucault, a lembrança de Jimmy Hendrix e das frases de Deleuze – proximidade singular de nomes próprios em cada itinerário, cruzamentos bio/bibliográficos que formam o *scrap book* de cada um, caixa de lembranças e repertório de existência. Contudo, não se pode inferir daí as conclusões um pouco genéricas que um Greil Markus, de sua parte, tira do casamento (improvável) entre música *punk* e refrãos situacionistas.[28] Só mesmo esse período estranho, ainda tão recente, no fim das contas, mas que os historiadores da cultura têm dificuldade de retratar, poderia trazer à luz uma revista tão audaciosa, tão radiante dentro de seus próprios limites, quanto o número que *Semiotext(e)* consagra a Nietzsche em 1978. Sua justificativa é clara: "Decidimos que *Fred* deve reassumir o papel de clarim da contracultura." Há toda uma trama para fazer do filósofo alemão aquele que anuncia, celebra, torna possível os anos de 1970: seus bigodes ilustram todas as páginas, enquanto John Cage e Merce Cunningham explicam a "prática" que adotam ali, seus textos flutuantes abrem para um "certo direito à má interpretação", artigos tomados de Foucault, Lyotard e Derrida explicitam seu valor político *hoje* e uma história em quadrinhos final confirma o super-herói de um mundo a libertar que existe nele.[29]

A AVENTURA DE SEMIOTEXT(E)

Posicionados nesse ponto de transição entre universidade e redes contraculturais, o coletivo, a revista e posteriormente a editora Semiotext(e) desempenharão um papel pioneiro na difusão inicial da teoria francesa. Aliás, seus criadores foram os primeiros a utilizar a expressão, e sua aventura jamais deixou de explorar a ambigüidade dela, de expor deliberadamente todos os paradoxos americanos, tanto por galhofa quanto por provocação. Primeiro paradoxo: esse rótulo nacional descrevia erroneamente o produto. De fato, Sylvère Lotringer vai repetindo – uma intuição decisiva – que o nome teoria francesa, enquanto "invenção americana [...] ligada à permanente receptividade americana a todo tipo de importados europeus", aplicava-se mais a uma *prática* americana de artistas e de ativistas sem espaço próprio, pintores e militantes, músicos e poetas, que voltaram a ser esses "negros brancos da terra", segundo a expressão de Rimbaud retomada pela cantora Patti Smith, decididos a sacudir *de dentro* as neuroses e convenções americanas intensificando-as a título experimental – John Cage desmembrando música e melodia, Merce Cunnigham inventando potentes coreografias, quase telúricas, a escritora Kathy Acker improvisando uma autoficção polifônica, mistura de plágio e errância em torno de um sujeito literário esquizofrênico, potencializado, um "eu" mais polêmico do que egocêntrico. Nesse sentido, como afirma Lotringer, "o primeiro livro de teoria francesa publicado nos Estados Unidos é um livro de John Cage",[30] que de algum modo fazia teoria francesa sem o saber, ou sem lhe atribuir esse nome francês, que é posterior.

Essa anterioridade da *experiência* da teoria à sua fixação textual está na essência do itinerário de Lotringer. Após concluir seus estudos na Sorbonne, durante os quais trabalha na editora literária de Olivier Burgelin e em *Lettres françaises*, onde conhece Barthes, Solers e Robbe-Grillet, ele desembarca nos Estados Unidos em 1970 e em 1972 torna-se titular do Departamento de Francês de Columbia, dirigido por Michel Riffatterre. Como responsável pela Reid Hall, escola de verão parisiense de Columbia, convida para lá e relaciona-se particularmente com Guattari, Genette e Lacan. Os diálogos com eles e a ociosidade do expatriado o incitam a organizar, em 1973, a revista *Semiotext(e)*, com seus colegas ou alunos Wlad Godzich, Denis Hollier, Peter Caws e John Rajchman. Ele cria a revista em Columbia, mas para ridicularizar a instituição universitária. Do mesmo modo, ele a dedica inicialmente ao trabalho de Saussure, porém mostrando com seus obscuros "anagramas" (um manuscrito exumado por Lotringer da Biblioteca de Genebra) que existiriam na realidade "dois Saussure": o mestre da linguagem e esse jogador que nos exorta a "considerar como suspeito o signo lingüístico". Tal descoberta anunciaria, para o crítico Jean Starobinski, "a segunda revolução saussuriana".[31] Ele a chama de *Semiotext(e)* para melhor subverter ou maquinar a semiologia, alternando com o apelo de Lyotard a uma "de-semiologia"[*] ou publicando um texto sobre o "en-signamento da semiótica" de Guattari – graças ao qual ele consegue também a colaboração do CERFI[**] e de sua revista *Recherches*.

Após uma edição sobre Bataille em 1976 – que retoma o artigo de *L'Arc* no qual Derrida diz acerca de Hegel "que uma certa gargalhada [de Bataille] ultrapassa-o e destrói-lhe o sentido"[32] – os números dedicados ao *Anti-Édipo* (1977), a Nietzsche e depois à esquizocultura (1978) marcam uma virada deleuzo-guattariana mais conseqüente, e mais alegremente subversiva, que a das revistas *Diacritics* e *SubStance*. São traduzidos os textos programáticos de Deleuze (sobre a nomadologia) e Lyotard (*Dispositivos pulsionais*), lançados na época pela coleção 10/18. Logo aparecem textos de terapeutas alternativos, como François Péraldi, e ainda de artistas ativistas (da banda de *rock* The Ramones ao grupo Mabou Mines), como também de esquizofrênicos criadores (Louis Wolfson ou Jean-Jacques Abrahams) e de terroristas famosos (Ulrike Meinhof). O uso do estilo direto invalida de fato o argumento escolástico; humor e defasagem substituem a velha distância crítica, ao mesmo tempo em que se generalizam, em forma de desvios, as táticas da "pilhagem" de textos e da inversão de símbolos. As páginas são invadidas por falsas publicidades, pelos tranqüilizantes, pela excisão ou pela cadeira elétrica e por um engenhoso arsenal icônico (fotos fora de foco ou histórias em quadrinhos enviesadas) que decorre da confusão visual às vezes deliberada – senão desse "princípio da maculatura" na página visada

---

[*] N. de R.T. Em francês no original, dé-sémiologie e l'ensignement.

[**] N. de T. Sigla de Centre d'Etudes, de Recherches et de Formation Institutionelles (Centro de Estudos, de Pesquisas e de Formação Institucionais).

outrora por Mallarmé, "superfície onde todos os níveis de linguagem se chocam, se atravessam e se misturam".³³ O número sobre o autonomismo italiano marca uma pausa nessa evolução: o enunciado é mais diretamente político, mesmo para definir a autonomia como "o corpo sem órgãos da política",³⁴ e o conjunto é mais austero, mais elegante, testemunho histórico no presente. Porém, em função de seus prazos técnicos, o número de 1980 é lançado após a repressão brutal do movimento, e sem a participação dos marxistas acadêmicos (particularmente a revista *Telos*), convidados sem êxito por Lotringer. Depois desse fracasso político, um certo desvio lúdico ganha mais força: do jornal em formato grande, tão ousado quanto risível, dedicado à "amizade homem-menino" (*Loving Boys*, 1980) aos números sobre a polissexualidade (1981), a Alemanha (1982) e mais tarde os Estados Unidos (1987), evolui-se para o regime da intervenção pontual, para o ecletismo de um periódico publicado por um grupo diferente a cada vez, que escapa aos seus fundadores. Essa mesma lógica da perda de controle, ou mesmo da destituição, opera, como vimos, nos dois eventos organizados na época por Lotringer e seu grupo, Esquizocultura e Nova Convention – às quais, num desafio nostálgico, virá se juntar, em 1995, "Chance", simpósio sobre o acaso reunindo poetas, *disc-jockeys* e cambistas em um cassino do deserto, um "*rave* teórico" no qual os participantes puderam ver um Baudrillard "lânguido" encenar seus textos vestindo o traje em *strass* do verdadeiro "sultão da dissimulação".³⁵

O ano de 1983 representa uma virada. Tirando as lições da revistofagia e de sua instabilidade no tempo, Lotringer diversifica-se na edição. Associado ao editor esquerdista Jim Fleming e à sua estrutura de difusão Autonomedia, ele propõe, sob o rótulo de "agente do exterior" e com o mesmo formato dos "*little black books*" do editor berlinense Merve Verlag (um pioneiro alemão em matéria de teoria francesa), três títulos iniciais que terão um sucesso de livraria inesperado – *Simulations*, extraído de *Simulacros e Simulação*, de Baudrillard (mais de 20 mil exemplares vendidos), *Pure War*, longa entrevista com Paul Virilio, e *On the Line*, compilação de extratos de Deleuze e Guattari. Seguem-se títulos de Lyotard, Guattari, Pierre Clastres e Toni Negri, trechos de Foucault organizados livremente (*Remarks on Marx* e *Foucault Live* e, em 2000, até mesmo sua conferência mítica de Berkeley sobre a *parrhésia**, inédita em francês), como também as anotações de prisão de três militantes negros (entre os quais Mumia Abu-Jamal, que logo se tornaria célebre) ou ainda, na coleção "Native Agents", dirigida pela companheira de Lotringer, Chris Kraus, autoficções políticas ou coletâneas de romances lésbicos. Do mesmo modo que a revista era descrita como "uma publicação séria que atrai tanto os *punks* e os ativistas quanto as cabeças pensantes",³⁶ esses volumes baratos atingem leitores variados, e a editora tenta infiltrar a produção de

---

* N. de R.T. Termo grego que significa "dizer tudo" e, por extensão, "falar livremente" e " falar com audácia".

um gênero novo entre os dois meios ao alcance dela, a edição grande público e a universidade. É graças a esses pequenos livros de teoria "transportável", pelo formato anticonformista e pelo tom jocosamente dessacralizante, que um grande número de jovens americanos se familiarizará com a teoria francesa – sem ler ali, e em nenhum outro lugar, os textos em primeira mão. Contudo, os limites da ação de *Semiotext(e)*, mais uma vez políticos, decorrem justamente desse não-lugar fugaz, dessa escolha dos interstícios, ou desse estar entre-dois-mundos, contra o enraizamento social da leitura. Isso explica o fracasso final da aliança entre Semiotext(e) e o grupo Autonomedia, editor local (*grassroots*) ligado à rede sindical e militante do bairro do Brooklyn, onde tem sua base. Prevista desde que começou a briga entre Fleming e Lotringer, e depois oficializada em 2000 pela decisão deste último de confiar a reimpressão de seu acervo à gráfica do MIT, essa ruptura assinala a incompatibilidade de uma lógica política da ancoragem e do princípio mais teórico da disseminação aleatória e do golpe "pontual", tão caro a Lotringer.

Além disso, os afastamentos sucessivos dos primeiros colaboradores fazem da rede ampliada de Lotringer uma anticomunidade, um coletivo em estado de desfiliação permanente, condenado aos desentendimentos políticos e às traições entre amigos. Desprezem os textos, afrouxe os laços, desprenda-se de si – eis os três *slogans* desse coletivo sem sujeito, sua justificativa foucaultiano-deleuziana. A fonte do interesse de Lotringer pelo tema braudrillardiano de um "desaparecimento da teoria na produção de seus efeitos",[37] como também dessa supressão de si, própria do trabalho do mediador, é seu próprio itinerário pessoal, de um artista da fuga, de um experimentador no exílio: judeu escondido em Paris durante a Ocupação, ele foi condenado pela história a um longo silêncio sobre a Shoah;* esteve ausente de maio de 1968 (encontrava-se na Austrália), mas desde então só pensava no enigma da autodissolução das vanguardas; exilado voluntário em uma outra língua, tornou-se ventríloquo para permitir aos americanos falarem a linguagem da *French Theory*; escritor por vocação, deixou para trás obras inéditas, na medida em que só se dedicava a difundir as de seus autores fetiches. Paradoxos de uma coerência.

Sylvère Lotringer encarna assim, talvez mais do que qualquer outro, a figura radicalmente singular, sempre ameaçada de invisibilidade, desses divulgadores da teoria francesa divididos entre adesão e ironia, contornando nas duas bordas o rolo compressor da institucionalização – de um lado, no sentido do mundo vivido de um rico percurso americano, onde motivos teóricos e experiências de vida estão sempre em consonância; de outro lado, no sentido da leveza do jogador, a intuição furtiva que haveria ali como uma forte promessa. Nada resume melhor o desafio contraditório dessa categoria de teoria francesa do que a ambivalência de Lotringer em face da universidade, um jogo duplo que nele se tornou uma verdadeira moral da

---

* N. de T. Denominação dada ao processo de perseguição e de extermínio sofrido pelo povo judeu durante a Segunda Guerra Mundial.

ubiqüidade. Ele leciona ali e mantém vários colóquios, porém continua a achincalhar seus "homens ressentidos". Entre 1973 e 1978, passa dos trajes do professor convencional ao modo do vestir do *punk* nova-iorquino, mas mesmo assim não abandona Columbia. É o primeiro a difundir ali os textos franceses, mas logo condena esse "extermínio de idéias por saturação do comentário".[38] Embora tenha trabalhado incansavelmente para lançar pontes entre arte e teoria, percepções e conceitos, teve antes do que qualquer outro a certeza mesclada de melancolia: a teoria francesa será acadêmica, ou não será.

NOTAS

1 *Cf.* Paul GOODMAN, *Growing Up Absurd: Problems of Youth in the Organized System*, New York, Random House, 1983 [1960].

2 Helen Lefkowitz HOROWITZ, *Campus Life, op. cit.*, p. 223.

3 Citado *in ibid.*, p. 229.

4 *Ibid.*, p. 231.

5 Citado *in* Todd GITLIN, *The Twilight of Common Dreams*, Nova York, Henry Holt, 1995, p. 69.

6 Citado em Helen Lefkowitz HOROWITZ, *Campus Life, op. cit.*, p. 238-239.

7 *Ibid.*, p. 249-250.

8 *Ibid.*, p. 236.

9 *Ibid.*, p. 258.

10 Alain TOURAINE, *Université et societé aux États-Unis, op. cit.*, p. 197.

11 *Ibid.*, p. 247.

12 Citado *in* François DOSSE, *Histoire du structuralisme, op. cit.*, p. 199.

13 *Ibid.*, p. 201-203.

14 Mark POSTER, "Review", *Telos*, n. 18, inverno 1974, p. 171-178; Jean-François LYOTARD, "Adorno as the Devil" e "Michel Foucault on Attica: An Interview", *Telos*, n. 19, primavera 1974, p. 128-137 e 154-161.

15 Dominick LACAPRA, *Rethinking Intellectual History*, Ithaca, Cornell University Press, 1983, p. 20-21.

16 George STEINER, "The Mandarin of the Hour", *New York Times Book Review*, 28 fevereiro 1971, seguido de Michel FOUCAULT, "Monstrosities in Criticism" e George STEINER, "Steiner Responds to Foucault", *Diacritics*, v. 1, n. 1 e 2, respectivamente, 1971.

17 Texto de Vera LEE, *Diacritics*, v. 3, n. 2, verão 1973.

18 Gilles DELEUZE, *Logique du sens, op. cit.*, p. 179.

19 A última festa que Foucault deu em sua casa, em abril de 1984, foi organizada em homenagem a Burroughs.

20 Richard GOLDSTEIN, "Nietzsche in Alphaville", *Village Voice*, 11 dezembro 1978.

21 Harry BLAKE, "Le post-modernisme américain", *Tel Quel*, n. 71-73, 1977, p. 171 *ss.*

22 Citado em Sylvère LOTRINGER, "Doing Theory", *in* Sande COHEN e Sylvère LOTRINGER (dir.), *French Theory in America*, Nova York, Routledge, 2001, p. 140.

23 Cf. "Avant-garde Unites Over Burroughs", *New York Times*, 4 dezembro 1978.
24 Julia KRISTEVA, Marcelin PLEYNET, Philippe SOLLERS, "Pourquoi les États-Unis?", *Tel Quel, op. cit.*, p. 4.
25 Segundo François DOSSE, *Michel de Certeau. Le marcheur blessé*, Paris, La Découverte, 2002, p. 412.
26 Gilles DELEUZE, Claire PARNET, *Dialogues*, Paris, Flammarion, col. "Champs", 1996 [1977], p. 167-168.
27 A expressão é de Andreas HUYSSEN, "Mapping the Postmodern", *New German Critique*, n. 33, outono 1984, p. 16.
28 Cf. Greil MARKUS, *Lipstick Traces*, Paris, Allia, 1998.
29 *Semiotext(e)*, v. 3, n. 1, 1978, "Nietzsche's Return".
30 Sande COHEN e Sylvère LOTRINGER (dir.), *French Theory in America, op. cit.*, p. 1 e 126, respectivamente. Por uma outra ironia, o livro de Cage, *Para os pássaros*, foi publicado na França antes de sair em inglês.
31 Jean STAROBINSKI, "Introduction", *Semiotext(e)*, v. 1, n. 2, 1974, "The Two Saussure", p. 10.
32 Jacques DERRIDA, "De l'économie restreinte à l'économie générale. Un hégelianisme sans reserve", *in L'écriture et la diffeence, op. cit.*, p. 371.
33 Sylvie MERZEAU, "La voix du Livre", *Littérales*, outono 1986, p. 55.
34 Sylvère LOTRINGER, "The Return of Politics", *Semiotext(e)*, v. 3, n. 3, 1980, "Autonomia", p. 8.
35 M. CORRIGAN, "Vive Las Vegas", *Village Voice*, 12 novembro 1995.
36 "Schizo-Culture", *Soho Weekly News*, 7 dezembro 1978.
37 Sylvère LOTRINGER, "La découverte de l'Amérique" (entrevista), *Artpress*, abril 1999.
38 "Agent de l'étranger" (entrevista), *in* Rainer GANAHI (dir.), *Imported: A Reading Seminar*, New York, Semiotext(e), 1988, p. 216.

4
Literatura e teoria

> "Minha opinião é que as próprias teorias são narrativas, mas dissimuladas; que não se deve deixar abusar por sua pretensão à onitemporalidade."
> Jean-François LYOTARD, *Instructions païennes*

A descontextualização é antes de tudo uma questão de territórios disciplinares: a teoria francesa entra nos Estados Unidos pelos departamentos de literatura. Com certeza, os autores em questão também foram lidos na França, nos cursos de teoria literária. Entretanto, passada a onda dos anos de 1970, logo se "enquadrou [e] espera os alunos no horário marcado", contida em seus efeitos por tradições "solidamente implantadas na Educação nacional", como a explicação de texto ou a dissertação[1] – enquanto nos Estados Unidos domina até hoje o campo de humanidades. Além disso, Derrida, Foucault, Deleuze e Lyotard não apenas são filósofos por formação, como também se mobilizaram em defesa da filosofia como disciplina. Prova disso é sua oposição ferrenha à reforma Haby de 1975, assim como seu papel na criação do GREPH[*] e do Colégio Internacional de Filosofia. Já do outro lado do Atlântico, seus escritos, agrupados sob o rótulo de teoria francesa, serão sobretudo *literalizados*, passarão pela peneira literária. No plano estatístico, a virada ocorre entre 1975 e 1980. Comparando os textos de e sobre Derrida publicados na França e nos Estados Unidos em um período de quinze anos, a socióloga Michèle Lamont datou de 1975 a nítida inversão das curvas: decolagem de Derrida nos Estados Unidos no campo literário e queda geral das menções a ele na França.[2] E, limitando-se ao quarteto Barthes-Lacan-Foucault-Althusser, ela demonstrou que a partir de 1980, época de sua "fixação" disciplinar definitiva, mais de 50% dos artigos consagrados a eles nos Estados Unidos são publicados em revistas do campo literário.[3] Os textos de todos os autores em questão são pouco a pouco traduzidos, comentados, incluídos no programa dos cursos de literatura, primeiro francesa e depois inglesa e comparada. Para muitos, eles dão a impressão de uma reviravolta sem precedente: "Que libertação representava para nós uma tábula rasa epistemológica tão audaciosa...", lembra Edward Said.[4]

---

[*] N. de T. Sigla de Groupe de Recherche en Épistémologie Politique et Historique (Grupo de Pesquisa em Epistemologia Política e Histórica).

O sucesso logo fará da teoria francesa um grande desafio ideológico e institucional. E, no contexto de uma concorrência acirrada entre *campi*, envolvendo colóquios e estrelas convidadas, ela será objeto de uma disputa sem precedente entre universidades. A batalha do *showcasing*, para "exibir" Derrida ou Foucault em conferência nos seus territórios, opõe, por exemplo, Berkeley, Buffalo e a New York University (para Foucault), ou Yale, Cornell e Irvine (para Derrida). Mesmo alguns *campi* menos conhecidos ganham renome como importantes redutos de interpretação dos franceses – por exemplo, a Oxford University, em Miami (Ohio), onde lecionam as feministas francófilas Jane Gallup e Peggy Kamuf. Como no caso dos esportes coletivos, cada universidade forja uma especialidade para se impor no mercado nacional: desconstrucionistas de Yale contra epistemólogos literários de Cornell, psicocríticos de Harvard contra pós-coloniais da City University, neo-historicistas de Berkeley contra derridianos de Irvine, neo-artistotélicos de Chicago contra moralistas de Stanford, etc. Mas, para chegar lá, foi preciso que a teoria francesa, importada e depois reinventada, projetasse pouco a pouco departamentos de literatura descomplexados, e às vezes até galvanizados, ao ápice do velho campo de humanidades.

CONFLITO DE FACULDADES: A VITÓRIA DA NARRATIVA

Ausência de uma disciplina dominante, crise de paradigmas, manobra protecionista de certas disciplinas, concorrência orçamentária acirrada entre programas de estudo, profissionalização e êxodo de estudantes para as ciências e os negócios: todos os ingredientes estão reunidos, em meados dos anos de 1970, para que se desencadeie na universidade americana essa luta ideológica entre campos de saber, esse *conflito de faculdades* estrutural (segundo a expressão utilizada por Kant em 1798 para designar as relações entre a filosofia e as outras disciplinas) que tinha sido aplacado nos Estados Unidos pelo entusiasmo do pós-guerra. Brandindo alguns conceitos operatórios e alguns nomes de autores recém-traduzidos, o campo literário sairá vencedor desse conflito. Sua arma: o relativismo narrativo (mais do que normativo) que permite reler os discursos filosófico, romanesco, sociológico ou histórico como *relatos*, inseridos em uma vasta estrutura narrativa. Sua tática: o uso de tal suspeita para modificar a cartografia dos saberes, estender seu poder disciplinar a campos contíguos e, de maneira mais geral, ceder à "tentação dos conflitos *fronteiriços*" e "transformar as *fronteiras* em sujeitos" de debate – pois é teorizando a fronteira, como mostrou o sociólogo Randall Collins, que uma corrente intelectual "mantém-se viva".[5] Três fenômenos contribuíram para assegurar essa vitória: uma interpretação literária de textos franceses, uma ofensiva institucional para impor esse discurso e, fator-chave, a extensão do novo paradigma narrativo a subcampos mais ou menos vinculados ao campo literário – é o caso dos cursos de cinema, da análise crítica do direito e, o que não deixa de ser paradoxal, da teologia.

Tudo começa, portanto, nos departamentos de francês que, apesar disso, permaneceram bastante convencionais, e assim continuarão. Pois a teoria francesa modificou apenas marginalmente as abordagens estabelecidas pela história literária e o contexto cultural. O que ocorreu foi simplesmente que um punhado de professores de francês norte-americanos, eles próprios de horizontes muito variados (Fredric Jameson, Michel Pierssens, Jeffrey Mehlman, Leo Bersani, Mark Poster, para citar apenas alguns), fez a mesma coisa nessa época, em plena crise do campo literário, que seus predecessores tinham feito com o surrealismo ou o existencialismo: promover além-Atlântico o que é debatido em Paris e difundir os produtos franceses mais atrativos do momento. Quando aparecem as primeiras traduções, esses textos emigram rapidamente para o mais nobre departamento de inglês. Depois, passam a integrar os recentíssimos departamentos de literatura comparada (o primeiro foi aberto em Yale em 1973): sucessores dos antigos departamentos de "literatura universal" (*Weltliteratur*), eles se distinguem por uma postura mais auto-reflexiva, questionando a literatura e o seu relativismo cultural, e por isso mais transversal – razão pela qual serão territórios de acolhimento naturais para os primeiros programas interdepartamentais, em estudos étnicos ou em psicanálise. À medida que se afastam dos departamentos de francês, os primeiros textos lidos de Foucault, Derrida, Deleuze e Lacan são submetidos a um reagrupamento disciplinar que consiste em *atraí-los* para o campo literário, em oferecer prioritariamente suas análises do *texto* (ou da textualidade) e mesmo em *literalizar* suas proposições filosóficas.

O caso de Foucault é particularmente esclarecedor. Após um recurso limitado ao exemplo literário, concebido como "o repouso, a parada, o brasão", ele dizia ter "passado da expectativa (situar a literatura onde ela se encontrava, sem indicar suas relações com o resto) para uma posição claramente negativa, tentando restituir positivamente todos os discursos não-literários ou paraliterários (...) e excluindo a literatura": ele não procurava "discursos interiores na literatura [e sim] discursos exteriores na filosofia".[6] Contudo, o uso americano de Foucault é cada vez mais literário. Sua conferência "O que é um autor?", de 1969, publicada pela primeira vez em inglês em 1979, é um dos textos mais difundidos – particularmente sua frase famosa "o que importa quem fala?". Citam-se também seus textos de juventude, desconhecidos na França, sobre Maurice Blanchot e o crítico Jean-Pierre Richard.[7] Comparam-se, como duas figuras exemplares do gênero da narrativa, a cavalaria segundo Dom Quixote e a loucura segundo Foucault.[8] Relê-se Virginia Woolf a partir de conceitos foucaultianos, como exemplo típico dos dispositivos sexuais analisados por Foucault.[9] O estudo de D. A. Miller, *The Novel and the Police*, um dos ensaios mais famosos do novo campo literário americano – porque consegue *sexualizar* e *politizar* um objeto da história literária, o gênero romanesco – pretende inclusive ser uma aplicação direta do conceito de "sociedade disciplinar" a essa outra grande instituição do século XIX que é o romance.[10] Porém, uma certa ilusão textualista opera aqui, por trás dessa continuidade postulada, e questionada, da prisão ou do hospital no texto romanesco. Há uma infinidade de artigos e obras que propõem aos estudantes um balanço das relações entre Foucault e a literatura, ou uma lista dos conceitos foucaultianos mais operatórios na crítica literária – a exemplo do estudo clássico de Simon During.[11] Lyotard e depois Deleuze e Guattari têm a mesma sorte.

Por ter distinguido entre pequenas e grandes narrativas, jogos paralógicos e mitos totalizantes, Jean-François Lyotard permitiu, no campo literário, generalizar a noção de pós-modernidade e aproximar os gêneros teórico e literário. Todo discurso, inclusive sobre a narrativa, retorna ao próprio estatuto da narrativa: "É preciso apelar ao discurso narratológico", que vê narrativas por toda parte, propõe Bill Readings, para submeter o campo literário ao seu próprio poder, "que também é uma narrativa".[12] Desde então, não escaparia mais nada. Reconhecidos mais tardiamente no campo literário, Deleuze e Guattari, por sua vez, serviram inicialmente de caução ao novo discurso americanista sobre as literaturas "minoritárias". Trata-se de uma passagem do conceito de literatura *menor*, introduzido no importante ensaio sobre Kafka,[13] para o de *corpus minoritário*, no qual os autores de *O Anti-Édipo* teriam visto claramente o ressurgimento de um regionalismo mais edipiano. Um colóquio sobre "natureza e contexto dos discursos minoritários", organizado em Berkeley por dois americanistas, Abdul Jan-Mohamed e David Lloyd, inaugura em 1986 uma corrente crítica consagrada às literaturas minoritárias em terra americana – a afro-americana, a irlandesa, a ameríndia. Analisando "estilística" minoritária e escrita "oposicional", alguns se inspiram nela, como o especialista francófono do século XIX Ross Chambers e o crítico Louis Renza, mas a serviço de um procedimento muito pouco deleuzoguattariano: este último, a partir de um único romance da escritora bostoniana Sarah Orne Jewett, apela a "uma crítica *menor* da literatura menor", porém se arvora como único juiz dessas categorias (ao mesmo tempo em que adverte que alguns tomarão sua "crítica menor" por uma "sobreleitura inflacionária"), enquanto o primeiro aplica as ferramentas conceituais da narratologia para demarcar as audácias políticas na literatura do século XIX.[14] Quanto aos autores que na França eram principalmente associados ao campo literário, de Barthes a Kristeva, eles próprios são objeto de um superinvestimento literário pela leitura "tonal" ou estilística que se propõe ali. Em um ensaio sobre o pensamento pós-moderno, o crítico Allan Megill chega inclusive a questionar em Derrida (como ele o faz em Heidegger) as "figuras de estilo", o motivo da "nostalgia" ou as alusões a Edgar Allan Poe, para pôr em cena um "radicalismo" mais estético, ou apocalíptico, do que político.[15] A própria referência a Nietzsche, que está no centro do estudo de Allan Megill, costuma ser tratada de um modo literário, e a figura fantasmagórica do autor de *Crepúsculo dos ídolos* fornece às teorias pós-estruturalistas, nas palavras de seus comentadores, a tonalidade, o campo léxico e o *motivo*, no sentido pictórico do termo.

Se a filosofia é *literalizada* dessa maneira, a literatura, por sua vez, torna-se uma simples região da teoria. Essas táticas *literalizantes* arrimam o texto literário ao discurso teórico, que o enquadra e parece justificá-lo: por uma "inversão da hierarquia", a literatura, a partir de agora, "encontra sua legitimação na crítica e na teoria",[16] como lamenta Antoine Compagnon. Contudo, para impor as novas referências francesas e fazer valer as ambições políticas inéditas do campo literário, esse lento processo de indistinção dos corpos literário e filosófico não seria suficiente; é necessário um braço armado institucional. Esse papel foi assumido pelos primeiros institutos de pesquisa interdepartamentais ou pelos agrupamentos entre *campi*, como a influente "school of criticism and theory": baseado em Irvine e depois em Cornell, esse areópago de teóricos literários organiza todo verão seminários de iniciação às novas teorias, chamados de *"theory camps"* em referência aos *"summer camps"* da juventude americana. Porém, nesse momento, trata-se apenas de fazer pregação aos (quase) convertidos. Para elevar ao primeiro plano um campo literário em plena transformação, o papel institucional mais importante caberá à venerável Modern Language Association (MLA), fundada em 1883. Uma espécie de ordem dos literatos é o principal organismo oficial de representação de professores e pesquisadores dos Estados Unidos ligados a essa área, dos quais 30 mil em 50 mil são filiados à MLA. Até os anos de 1960, a associação representava o bastião do conservadorismo. Mas, já na época, sua convenção anual, sempre muito concorrida, fazia e desfazia polêmicas e reputações: em 1948, o discurso inaugural do presidente da MLA, um tal Douglas Bush, causou grande prejuízo ao *New Criticism* ao denunciar seu "intelectualismo vago", a "rejeição de valores morais" e o comentário como "um fim em si mesmo".[17] Ainda em 1980, nada parece anunciar a tempestade, e sua presidente Helen Vendler valoriza, como no século XIX, "esse gosto pela língua [...] de um estilo individual" e essa "primeira atitude de inteira receptividade e inocência diante do texto", contra os desvios "interdisciplinares" da literatura.[18]

Porém, em poucos anos, a MLA se tornará o caldeirão das inovações mais audaciosas (e mais estapafúrdias) do campo literário e o alvo dos reacionários irritados com suas provocações políticas — homenagem a Ginsberg, honras ao castrismo, ou convite a delegações de professores do bloco soviético. Nada sintetiza melhor a evolução do campo, entre 1980 e 1990, do que a escolha dos temas de cerca de 2 mil painéis e mesas-redondas organizadas a cada convenção da MLA. Às discussões convencionais de quinhentistas e hispanizantes sobre a poesia barroca ou o teatro de Calderón se somarão pouco a pouco, para citar apenas alguns selecionados ao acaso, temas tão impensáveis antes de 1980 como "desconstrução e morte de Deus", "ginecologia e doenças venéreas no século XVIII" e "o futuro do feminismo marxista" em 1983; "imaginário clitoridiano e masturbação em Emily Dickinson" ou "sair do armário como mulher obesa" (em referência ao "armário" da homossexualidade escondida, de onde "sai" aquele que a assume) em 1989; e ainda "o turista sodomita" e "roupas de baixo vitorianas e representações do corpo feminino" na edição de 1990. Desde então, anualmente, entre o Natal e o Ano Novo, esse ajuntamento excêntrico de acadêmicos vestidos com apuro causa grande burburinho. É por meio desse curioso barômetro do campo literário, e das críticas pouco elogiosas da imprensa, que o grande público descobrirá as novas orientações – desconstrução, estudos *gay* e depois *queer*, marxistas e pós-marxistas, *black* ou chicano. Essa evolução da MLA deve ser atribuída tanto à dos próprios filiados, que ela representa fielmente, quanto à influência dos sucessivos presidentes, como o derridiano J. Hillis Miller, a feminista Catharine Stimpson, a historiadora do surrealismo Mary-Ann Caws e o afro-americano Houston Baker.

A leitura literária dos filósofos e a provocação institucional com data marcada decorrem também de estratégias disciplinares. Para além, toda a *epistemé* literária da universidade vem subverter mais profundamente a suspeita instilada pela teoria francesa – ou por sua leitura americana. Essa suspeita pode ser *pan-textualista*, quando se propõe explicar de dentro *todos* os fenômenos culturais graças às meras (dis)funções da linguagem. Ou então *pan-narrativa*, quando nivela todas as formas de discurso, da ciência à psicanálise, como tantas narrativas. O resultado é uma ampliação *ad infinitum* da própria categoria de literatura, que permaneceu deliberadamente imprecisa, tornando-se apenas sinônimo dessa suspeita sem limite. Essa indefinição garantiu sua porosidade a todos os campos vizinhos e, mais taticamente, o êxito de suas veleidades de avançar sobre eles. Em outras palavras, se tudo é literatura, quem poderia resistir a ela? É uma outra diferença em relação à França. Se lá essa "era da suspeita" provocou durante alguns anos um movimento centrífugo de auto-reflexão, de ensimesmamento sobre o tema da definição – é a obsessão de época pelos "critérios de literalidade" e os limites do "espaço literário" –, o mesmo influxo teórico suscita nos Estados Unidos um movimento centrípeto de expansão territorial, por absorção ou contaminação, deixando em aberto a definição da literatura (ou da narrativa) como que para incluir melhor seus *outros* disciplinares. Suspeita metódica, científica de um lado, para prender em suas armadilhas um objeto que escapa; suspeita política, pragmática, de outro, para que um campo de estudos em crise saia fortalecido. Vale lembrar aqui, sem cair em uma psicologia de vendeta, do complexo de inferioridade de literatos na universidade americana tradicional, apesar de Matthew Arnold e apesar do *New Criticism*: olhados de cima por seus colegas dos campos vizinhos, eles ainda tinham a imagem de colegas simpáticos, mas bem distantes das verdadeiras questões, o que rende a qualificação condescendente de "beletrista" (*bellelettristic*). Dessa vez, ao contrário, é deles que parte a questão séria, ou pelo menos aquela que perturba. Suspeitando do logocentrismo (cânone literário com segundas intenções coloniais) da filosofia, do imperialismo cultural das ciências sociais e até do autismo das intocáveis ciências exatas (por sua legitimação puramente interna[19]), os literatos tornam-se os campeões da subversão. E sua disciplina, a arma *crítica* mais afiada do momento. Dessa nova Roma que era o departamento de inglês partiriam conquistas prodigiosas, cruzadas para evangelizar os territórios longínquos – como ilustram três exemplos de subcampos literários inusitados: *film studies, legal studies* e *theological studies.*

Os *film studies* americanos têm dupla particularidade: uma anexação antiga ao campo das humanidades, em nome de uma distinção entre escolas de cinema (*film schools*) e discurso *sobre* o cinema, e uma forte influência francesa anterior a 1970, como testemunha o êxito do trabalho de Jean Mitry e dos escritos da *nouvelle vague*. No entanto, o uso dos novos textos franceses vai transformar esses cursos até então empíricos (sobre a adaptação de romances ou as regras da *Poética,* de Aristóteles) em verdadeiros laboratórios teóricos. Além disso, desde 1975-1976, a fortuna americana dos escritos de Lacan e, sobretudo, do lacaniano Christian Metz sobre a percepção visual ou o onirismo fílmico assegura aos *film studies* uma certa identidade disciplinar dentro do campo literário. Em artigos freudo-marxistas de inspiração francesa – aos quais se acrescentam os dos britânicos da revista *Screen* – enfatizam-se as "maquinações" do produtor, "a ideologia inconsciente" do espectador e a "função autoral" do realizador.[20] De fato, nessa época, *film studies* e cursos de literatura falam a mesma linguagem. As novas revistas em voga publicam cada vez mais artigos sobre o cinema, de *Diacritics* a *October*, e a expressão mais utilizada por esses teóricos do cinema é "leitura" dos filmes, título do material de referência publicado em 1977, *How to Read a Film* – onde em compensação não se diz nada sobre a nova era que está começando no cinema americano, com *Tubarão* (1975) e *Rocky, o Lutador* (1976). Ao contrário, uma segunda fase assiste a uma evolução dos *film studies*, a exemplo dos *Cultural Studies* no campo literário, no sentido das problemáticas identitárias (étnicas ou feministas) e da questão da cultura de massa e das relações interculturais, uma virada brusca que, para Dudley Andrew, explica-se apenas pelo imperativo de inovação universitária: "Se o edifício semiótico, marxista e psicanalítico dos estudos de cinema não foi mexido enquanto a argamassa ainda estava fresca, [...] a explicação disso deve ser buscada sobretudo em um sistema que encoraja os pesquisadores a criar novas subdivisões em vez de restaurar ou reforçar o centro do campo".[21] Finalmente, em um último período, alguns anos depois, os *film studies* afastam-se do campo literário denunciando, em nome de uma era "pós-teórica", a redução teórica do objeto fílmico, reação antiintelectualista tão excessiva quanto o lacanismo "duro" de 1975.[22] Três fases durante as quais os estudos de cinema na universidade francesa, por sua vez, permaneceram praticamente inalterados, em torno de uma dupla abordagem histórica e estética tão distante de Lacan quanto de Deleuze: história do cinema e de seus realizadores, estética da imagem e técnicas de planos e de decupagem, e a "formação cinematográfica" completa, do cenário à distribuição. No máximo, questiona-se superficialmente a validade da abordagem semiológica, ou a utilidade das teorias do *gênero* literário para delimitar improváveis *gêneros* fílmicos.

Mais significativas ainda são as incursões de teóricos literários no terreno do direito, ou melhor – longe dos programas metódicos das Law Schools –, no terreno dos comentários a propósito do direito, evidentemente sem efeito sobre este último. O crítico Peter Brooks explora assim o papel da confissão na cultura ocidental a partir de uma dupla leitura dos clássicos literários e da jurisprudência – em um livro que os romancistas recomendam aos advogados e vice-versa.[23] Mais corrosivo, o trabalho de Stanley Fish, que leciona no departamento de inglês *e* na escola de direito, consiste em submeter os princípios jurídicos ao duplo teste da coerência lógica e retórica. Por sua vez, Gayatri Spivak, teórico pós-colonial e especialista em Derrida, chegou a criticar o "fonocentrismo" do direito que, do interrogatório ao testemunho, postula que uma palavra pontual, fragmentada, geralmente arrancada, seria a expressão plena e integral do sujeito.[24] O impacto da obra de Derrida, em particular de *Força de lei*, sobre essa crítica "literária" dos fundamentos do direito valerá ao interessado, em contrapartida, uma colaboração com a Cardozo Law School de Nova York, onde ele faz uma série de conferências em 1989 sobre "desconstrução e possibilidade da justiça". Na confluência dessa desconstrução lógica e de uma crítica política do direito americano, situa-se a corrente crítica dos *"critical legal studies"*, desenvolvida entre 1978 e 1985 em torno dos trabalhos de Richard Delgado e Roberto Ungar (em Harvard). Ela reforça tanto a crítica feita por John Dewey, no início do século, à abstração jurídica e à sua "objetividade" quanto o chamado movimento do *"legal realism"* dos anos de 1930, segundo o qual o vocabulário jurídico exclui indevidamente de seu campo de ação algumas realidades humanas (paixão, conflito, acontecimento). Acrescenta os conceitos mais recentes da teoria literária para melhor combater as pretensões do direito à justiça "universal" e criticar particularmente sua falaciosa "ideologia da neutralidade" em matéria racial.[25]

Finalmente, o caso da teologia oferece um exemplo ainda mais comprobatório das capacidades de circulação transdisciplinar do novo discurso teórico, inclusive de infecção viral, por assim dizer, tamanha é sua inadequação. Com exceção de Michel de Certeau, nenhum dos autores do *corpus* encara os temas da prática e do discurso religioso – nem o trabalho de Derrida sobre Lévinas nem, *a fortiori*, os arroubos de Lyotard sobre Jesus como "prostituta calculista" acomodam-se bem a esse contexto. Contudo, em face do desinteresse dos estudantes e da angústia de religiosos confrontados com o seu tempo (marcado pela despolitização e pelas novas tecnologias), os estudos acadêmicos de teologia, por sua vez, apropriaram-se da teoria francesa para explorar ali os caminhos de uma "cristandade pós-moderna". Tendo à frente Mark Taylor, os "cristãos derridianos" propuseram inicialmente uma "teologia desconstrutiva" ligada à doutrina da "errância" e às virtudes da dúvida.[26] Depois, nos anos de 1990, uma releitura sistemática da Bíblia à luz do "anti-racionalismo" francês permitiu revalorizar as dimensões "contra-ideológica" e "antitotalizante", contra a ética abstrata e o cientificismo "objetivante".[27] Seguem-se diversas inovações, promovidas pelas novas coleções "pós-evangélicas" de alguns editores confessionais (como Intervarsity

Press), como também alguns escândalos, quando os professores afastam-se demais do dogma.[28] Se os conceitos desbancados pela teoria francesa, que desmontou sua falsa evidência – razão, identidade, ciência, indivíduo –, são os mesmo usados pelos teólogos para explicar o declínio da fé, a comunidade-alvo não é menos indireta: a crítica da razão feita pela teoria francesa não visava efetivamente uma última Revelação. A pós-modernidade bíblica não conseguirá conter o declínio das matrículas, nem das vocações; será apenas um último recurso para estimulá-las.

No fim das contas, a virada teórica francesa permitiu essa dupla tentativa: situar no centro do campo literário os desafios políticos ou filosóficos mais apaixonantes da época e justificar a caça (que os literatos logo começaram a fazer) das elipses, das analepses e das metonímias ocultas por trás da linguagem supostamente "neutra" da filosofia e das ciências sociais. A vitória da literatura, e de seu novo arsenal teórico, não é somente a da suspeita, mas sim a de um método crítico geral, tão gratificante quanto elástico.

CITAR DISTORCENDO

Antes de examinar quais as fortalezas que resistiram às conquistas da narrativa, é preciso rever os procedimentos editoriais (a organização dos textos) e lexicais (a instauração de uma linguagem comum) sem os quais a *invenção* de um tal discurso teórico não teria ocorrido. Esses procedimentos devem cumprir uma dupla tarefa de *desenraizamento* e de *agregação*. Para se apropriar dos textos estrangeiros, é preciso deslocar os temas e os predicados, separá-los de sua memória e do contexto que eles veiculam, visto que toda "arte de fazer é também uma arte de esquecer", nas palavras de Michel de Certeau.[29] E para agregar em torno desses textos desatados uma nova sociedade de discurso, segunda etapa da *invenção* em questão, é necessário desenvolver os elementos de uma comunidade de linguagem inédita, de um verdadeiro *modus loquendi* que devolva aos leitores que os cruzam a iniciativa do enunciado. O caráter fortemente *codificado* do novo discurso intervém ali – não como estratégia de carreira, ou de exclusão, mas como uma maneira de organizar a repetição, de tornar uma linguagem apropriável, escriturável, de combinar *topoi* para que eles estabeleçam uma relação entre seus usuários. E é difícil distinguir, nesses diversos procedimentos, o que resulta de táticas deliberadas e do destino aleatório dos textos.

Os procedimentos editoriais, ao aproximarem textos ou autores pela publicação na mesma coletânea ou na mesma coleção, têm como efeito criar uma impressão de promiscuidade intelectual – representação deformada, porém eficazmente unificante, de um espaço intertextual subitamente compactado. É ali que se encontra inicialmente a teoria francesa, na promiscuidade do sumário de um volume coletivo ou dos catálogos de editores. A compactação pode implicar a amputação, como ocorreu quando a Pantheon Books, por razões comerciais, optou por lançar em 1967 uma edição muito reduzida de *História da loucura,* de Foucault, ou quando a editora de Columbia publica em 1984 *A revolução da linguagem poética,* de Julia Kristeva, como tratado de teoria literária, suprimindo a última parte sobre Mallarmé, Lautréamont e a revolução. Mas significa, sobretudo, a invenção de um rótulo, criação *sui generis* de uma família intelectual, que promove circulação e abertura entre os nomes, como fizeram as mais famosas coleções consagradas, totalmente ou em parte, à teoria francesa: "Theory and History of Literature", da editora de Minnesota, "Post-Contemporary Interventions", da editora de Duke, "Foreign Agent", obviamente de Semiotext(e) e, em menor medida, "European Perspectives", da editora de Columbia, e "French Modernist Library", da editora de Nebraska. Os diretores também podem reforçar esse efeito de promiscuidade publicando volumes de dupla face, Janos* editoriais. A Zone, por exemplo, publicou juntos o artigo de Foucault já citado sobre Blanchot e o texto deste último intitulado *Michel Foucault tal como o imagino*[30] – pondo em cena, assim, um diálogo entre dois autores dos quais se encontram ali, entre uma profusão de textos, as únicas referências que tinham feito um ao outro. E quando Deleuze e Guattari, solidários a Foucault, ameaçam romper com Semiotext(e) se Lotringer publicar a tradução do texto de Baudrillard, *Esquecer Foucault,* o editor tem a idéia de juntar a ele, começando no verso, uma longa entrevista que faz com Baudrillard e que intitula *Esquecer Baudrillard.*[31] De modo mais geral, editores e mediadores privilegiam os textos escritos em colaboração, os artigos recíprocos, os pontos de vista cruzados, mais eficazes que todos os artefatos editoriais na produção da imagem de um *corpus* comum. Assim, para tomar apenas o exemplo de Deleuze e Foucault, os textos que eles escreveram juntos ou consagraram um ao outro, inúmeras vezes republicados nos Estados Unidos, estão entre os mais conhecidos. É o caso de "Theatrum philosophicum", análise feita por Foucault para a revista *Critique* sobre *Lógica do sentido* e *Diferença e repetição*; do artigo "Um novo cartógrafo", resenha de *Vigiar e punir* feita por Deleuze para a mesma revista; como também de *Foucault,* de Deleuze, publicado anteriormente em Londres e, para seus textos comuns, do prefácio inovador às *Obras completas* de Nietzsche publicado pela Gallimard que eles redigiram juntos e, naturalmente, da entrevista para *L'Arc* que os reuniu em 1972 sobre "os intelectuais e o poder".[32] Esse texto foi publicado primeiro em inglês por *Telos*, depois por *Semiotext(e)* e finalmente em resenha. Logo foi criticado por Gayatri Spivak devido à sua obstinação em "provar que o trabalho intelectual é como o trabalho manual' e à sua maneira de "reintroduzir no discurso sobre o poder, em nome do desejo, um sujeito indiviso.[33] Continuou sendo, além-Atlântico, o texto de referência sobre a questão dos *usos* da teoria, pela definição proposta por Deleuze e Foucault

---

* N. de T. Referência a Jano, deus romano que tinha duas caras, simbolizando o conhecimento do passado e do futuro, protetor de todo assunto concreto e abstrato: das portas das casas, do começo do dia, do mês, do ano.

da teoria como simples "caixa de ferramentas", uma *toolbox* política destinada a um futuro agitado nos Estados Unidos.

Em uma outra ordem de idéias, os *Readers* sugeridos aos estudantes produzem esse mesmo efeito de naturalização de um *corpus* pela promiscuidade de nomes. Trata-se de volumes didáticos e antológicos que cobrem um tema (pós-modernidade ou literatura homossexual) ou a obra de um único pensador – cada um dos autores franceses teve o seu, e Foucault e Derrida dispõem inclusive de muitos *Readers*, variando os ângulos de ataque. Soma-se a isso, na maioria das vezes, o argumento mais comercial de uma miniaturização do pensamento: a coleção "Great Philosophers" de Routledge orgulha-se de possibilitar a descoberta do itinerário de Derrida ou Foucault em 64 páginas, enquanto "Postmodern Encounters", da Totem Books, resume uma obra associando a ela um lugar comum da vulgata pós-moderna, como é o caso de "Derrida e o fim da história" ou "Baudrillard e o milênio". Entretanto, a tática editorial é sempre a mesma e consiste em substituir a lógica argumentativa de cada obra pela magia de um cruzamento de nomes ainda mais encantador: "quando nomes célebres são colocados lado a lado, objetos sagrados mas rivais", eles sempre impregnam "seus leitores da confrontação de suas auras",[34] observa Randall Collins sobre trinta séculos de história intelectual. Uma outra forma de produção *editorial* do novo discurso teórico é o acréscimo de um abundante peritexto – prefácio, posfácio, notas, subtítulos e a tradição americana da quarta capa. A menos que se peça justamente a um dos autores um prefácio inédito, o que impregnará a obra traduzida do prestígio do prefaciador. Foi o que ocorreu quando Mark Seem solicitou a Foucault um texto introdutório à tradução que acabara de adquirir de *O Anti-Édipo*, e Foucault, com a grande inteligência dos deslocamentos, optou por um tom programático e pelo modo imperativo para convocar os americanos a fazerem desse "grande livro" um "guia da vida cotidiana".[35] Em última análise, esses procedimentos editoriais decidem, a cada ano, o destino americano dos textos franceses e recompõem sua hierarquia. Situam em pontos nevrálgicos do novo *corpus* de textos cruzados trechos que respondem uns aos outros e algumas frases-fetiches extraídas de seu contexto que os diversos comentadores declinarão sucessivamente. Assim, foi por ter sido retomada, parafraseada, evocada alusivamente, citada como caução em prefácio ou mesmo transformada em *slogan* em um *banner* da editora que a famosa declaração de Foucault sobre Deleuze, apesar do duplo sentido, tornou-se um dos refrães mais entoados da teoria francesa nos Estados Unidos: "Um dia, talvez, o século venha a ser deleuziano".[36]

Procedimentos lexicais e sintáticos são, por sua vez, os operadores de uma cumplicidade entre leitores. De um lado, eles teatralizam o texto, primeiro ou segundo, desenvolvendo aquilo que Michel de Certeau chamava de uma "dramática da alocução".[37] De outro lado, do tom das notas de rodapé à recorrência de certos motivos obrigatórios, eles servem de índices de classificação que permitem distinguir num instante entre textos comuns ou textos inovadores, sendo que estes últimos poderiam ser chamados de *teorimorfos* – no sentido de que certos critérios os designariam ao primeiro olhar como pertencentes ao novo discurso teórico. O cúmulo na matéria, que talvez explique uma preocupação bastante manifesta de originalidade, é o recurso ao regime do ilegível, a um jargão sexualizado que confunde mais o autor que os leitores: "O ânus-pênis funciona(m) em uma continuidade metonímica desvalorizada", escreve, por exemplo, um tal Calvin Thomas em seu ensaio *Male Matters* (1995), "enquanto a noção de excremento falomórfico funciona no campo da substituição metafórica".[38] Mais corrente, o uso do neologismo substitui a paráfrase submetida à iniciativa do criador de conceitos, que pode inclusive cruzar dois autores em uma palavra-valise, como faz Ian Douglas misturando o biopoder foucaultiano e as teses de Virilio sobre a velocidade em uma "bio/dromologia".[39] A flexibilidade do inglês autoriza, com mais freqüência ainda, abreviações e acrônimos cuja dimensão de oralidade e cujos acentos lúdicos contribuem para dessacralizar os textos franceses, o que permite compartilhá-los no modo informal da conversa ou mesmo do *slogan*: "descon" para "desconstruction", "Deridoodle"* para seu inspirador, "DWEM" para o cânone literário vilipendiado (ou seja, os autores *dead*-mortos, *white*-brancos, *european*-europeus e *males*-machos), "we-men" para assinalar toda a ambivalência da reivindicação feminista, ou ainda "pomo lingo" para o jargão pós-moderno, etc. Enfim, e mais amplamente, por ser ela própria transferência e desapropriação, a tradução participa por sua vez – e talvez com mais força que os outros procedimentos – desses modos de produção do discurso teórico. É, na verdade, a etapa preliminar.

A primeira razão para isso é que as dificuldades incessantes de tradução (para verter "aveu" ou "dispositif" em Foucault, "jeu" ou "hors-texte" em Derrida e "jouissance" ou "objet partiel" em Lacan*) impõem ao tradutor um metadiscurso de justificação, autocrítico ou preteritivo, que o coloca de imediato além de suas prerrogativas – de adaptador da língua, ele se torna hermeneuta. E, apontando a lacuna, convida os leitores a superar uma perda. Assim, a constelação de significados ocultos no monossílabo "Sa", em *Glas,* de Derrida, impõe à sua tradutora uma interessante divagação explicativa para ligar o Saber absoluto hegeliano, a abreviatura de significante, o "ça" lacaniano e o adjetivo possessivo feminino*; do mesmo modo, as implicações terapêuticas do "panser" no verbo "penser"*, com as quais o mesmo Derrida faz um jogo de sentido, permitem uma útil digressão".[40] Procurando soluções viáveis para contornar o intraduzível, os tradutores fazem esse primeiro gesto graças ao qual os leitores poderão, por sua vez, *habitar o intervalo,* repetir na fase da leitura uma bricolagem feita antes

---

* N. de T. Junção de Derrida com *doodle* (desenho sem sentido, rabiscos, garatuja).

* N. de T. Respectivamente, "confissão", "dispositivo", "jogo", "extratexto", "gozo" e "objeto parcial".

* N. de T. O "*ça*" ("id") e o pronome possessivo "sa" (sua).

* N. de T. *Panser* (tratar de, curar) e *penser* (pensar) pronunciam-se da mesma maneira.

deles, entre duas línguas-culturas, pelo tradutor. É exatamente a "bricolagem dos ajustes contextuais", segundo as palavras de Jean-René Ladmiral, que está em jogo nessas táticas de contornamento: "paraphrase synonymique", "calque", "théorème du contresens minimal", preocupação de "resocializer les connotations"*⁴¹ – assumindo a inevitável mudança de registro, os efeitos do ensurdecimento de uma palavra amputada de suas alusões. O tradutor experimenta sempre um limite, e uma negatividade inicial, da linguagem. A astúcia que deve demonstrar é também uma maneira de substituir a impossível neutralidade de uma simples passagem semântica pelo gesto mais voluntário, mais afirmativo, de uma apropriação. Em suma, é preciso *falar*, em vez de simplesmente reportar. Como fazem mais livremente os exegetas americanos do *corpus* francês quando, em vez de tentarem chegar ao equilíbrio dos argumentos em uma obra, operam uma triagem e apreendem um único motivo, uma fórmula, um tema inteiro – a morte do sujeito, a fábula do mapa e do território, a disseminação do poder, o desejo como fluxo: eles os subtraem e os desdobram, distorcem-nos em seu proveito, jogando com eles até que evoluam de símbolos a índices, agora isoláveis, manipuláveis, criticáveis, em uma palavra, *habitáveis*.

O trabalho de citação está na essência desses procedimentos. Ela age como microcosmo, suficiente para transmitir um argumento complexo, uma obra inteira, e chega literalmente a *apresentá-las*: não resumi-las, reapresentá-las, mas torná-las presentes – ou a convocar pelo menos seus fantasmas. A citação constitui, no fim das contas, a matéria-prima desse emaranhado intelectual chamado de teoria francesa, que também cabe inteira em um punhado delas. Pode ser a falsa epígrafe de *Eclesiastes*, "o simulacro é verdadeiro", que Baudrillard coloca no início de *Simulacros e Simulações* e que os leitores americanos já nem sabem mais se é autêntica; pode ser essa cápsula de Lyotard reduzindo a pós-modernidade a uma "incredulidade em relação às metanarrativas"; pode ser a asserção de Derrida, traduzida de muitas maneiras, e repetida muitas vezes fora de seu texto, segundo a qual "não existe extratexto". Mesmo a frase de Deleuze sugerindo "fazer um filho pelas costas" da história da filosofia, e a de Foucault, no final de *As palavras e as coisas*, sobre o homem desvanecendo "como um rosto de areia na beira do mar" também foram retomadas e deformadas com tanta freqüência que é como se a letra de origem tivesse desaparecido. A citação entra assim em um espaço de flutuação, em uma zona transdiscursiva atravessada por nomes próprios e conceitos voláteis, onde pode escapar tanto ao citado como ao citante, onde o empréstimo francês e o acréscimo americano tornam-se indistintos. Ela possibilita não tanto uma "posse" da referência teórica, que suporia "cercamento" e enraizamento, porém uma apropriação mais furtiva, um "rapto": visto que "expressa de forma diferente o discurso do outro" e que depois é brandida "em nome da pessoa", a citação, como assinalava Antoine Compagnon, permite menos "tomar posse de outro que de si".⁴² Cria-se ainda aí esse "distanciamento do nome"

---

* N. de T. Em português, "paráfrase sinonímica", "decalque", "teorema do contrasenso mínimo" e "ressocializar as conotações".

que Bourdieu analisava em um outro contexto,[43] quando, por força de ser citado, o "indivíduo empírico", que é sujeito de seu discurso *hic et nunc*, cede o lugar pouco a pouco ao "indivíduo dóxico", nome de uma obra que arbitra opiniões, e em seguida ao "indivíduo epistêmico" mais abstrato, sem rosto e sem nome, índice de classificação de saberes e fonte quase anônima de uma cadeia de inovação conceitual.

Contudo, *inventar* a teoria francesa não significa nada mais que conseguir fazer de Foucault ou Derrida, mediante o circunlóquio retórico até a astúcia lexical, menos referência do que nomes comuns, uma forma de respiração do discurso. As citações são os materiais sempre reutilizáveis de uma construção transitória, montável e desmontável. O estudante de graduação que cruzou rapidamente com elas em um único curso, o professor humanista que as ataca em nome da Literatura pura e mesmo o jovem mundano que, por sua vez, as assimila para complementar sua cultura geral com um toque "radical chic",[44] todos tiveram contato com esses fragmentos da *French Theory*, unidades destacáveis de um discurso de geometria variável. A ordem interna de tal discurso resulta mais da cadência que do argumento linear, mais do carisma de um *nome-do-conceito* que de sua explicação. É nisso que a análise sintática, apenas esboçada, da teoria francesa é indissociável de sua descrição sociológica como novo etos universitário – cujas principais características são a conduta lúdica, a lógica do injustificável, o imperativo de originalidade, a heterodoxia produtiva, mas também a conformidade estratégica a certas fidelidades comunitárias. E, naturalmente, distância máxima, garantia da surpresa, entre um personagem liso, professor sem histórias, e seu discurso afiado. São todos esses aspectos que contribuem em boa medida para unir filosofia e ciências sociais contra a *French Theory*.

RESISTÊNCIAS: DA HISTÓRIA À FILOSOFIA

A insolente vitalidade do campo literário suscitou, de fato, tanto em seu interior quanto em seus vizinhos, uma forte resistência não só à teoria francesa, como também a toda essa nova região do saber que seria delimitada pelo termo *theory*. Paul de Man, em um paradoxo célebre, chegou a dizer que tal resistência pertence propriamente à teoria, porque ela é "resistência ao uso da linguagem a propósito até mesmo da linguagem" e "fala [portanto] a linguagem da resistência a si", ou porque se incumbe de conteúdos de saber que preexistem a ela, submetendo-os, de algum modo contra a sua vontade, à suspeita de um funcionamento autônomo da linguagem.[45] Mas, de sua parte, os principais *resistentes* no campo das humanidades, historiadores, sociólogos e sobretudo filósofos, não gostariam de ser vinculados à teoria francesa, nem mesmo a título de sua resistência a ela – o tipo de paradoxo que os deixa furiosos.

A história como disciplina, já abalada pelo impacto da Escola dos Anais, vinte anos antes, desenvolveu relações ambivalentes com o novo influxo de teoria francesa. O impulso da história social e da história intelectual favoreceu os empréstimos aos autores franceses, sobretudo Foucault e de Certeau. Depois, a "releitura da história intelectual a partir da relação problemática entre texto e contexto levantou a questão da linguagem",[46] como resumiu Dominique LaCapra: a virada lingüística não preservou, portanto, nem a velha história das idéias, que é interpelada sobre seus métodos e o estatuto dos textos cuja emergência ela descreve e logo questionada *à luz* da teoria francesa, como testemunha o colóquio sobre "história e *linguistic turn*", organizado em Cornell em 1980 por Steven Kaplan. De maneira mais ampla, a crise epistemológica que a história atravessa desde o fim dos anos de 1960 mergulhou-a em uma fase de autoreflexão mais ou menos bem-sucedida, enquanto a historiografia conservadora rejeita o debate durante o qual se elevavam em direção oposta algumas vozes respeitadas – como a de Hayden White, no sentido de "abrir" o procedimento histórico, e depois a de Peter Novick, que coloca sem rodeios a questão da "objetividade" em história.[47] Contudo, o limite desse diálogo entre história e pós-estruturalismo literário depende justamente do estatuto dos textos. Pois, no momento em que os teóricos literários não permitem que a história seja em seu campo mais que um contexto distante, ideologicamente suspeito, os historiadores não têm a ver com os equívocos ou não-ditos do texto, *des*leituras a que ele daria margem – preocupados sobretudo com a substituição de documentos confiáveis por aqueles que já não o seriam. Além disso, questionar nos mesmos termos as duas disciplinas implica admitir uma certa *continuidade* entre textos e fatos históricos. Porém, constatou-se que tal continuidade não era tão natural assim (quando a prisão e o romance são colocados no mesmo plano), e a historiadora Lynn Hunt mostrou inclusive que ela geralmente redundava nas casualidades simplistas – segundo ela, em detrimento tanto da "complexidade" dos determinantes literários quando da dimensão de "escândalo" do *acontecimento* histórico puro.[48] De fato, se, por um lado, os historiadores desconfiam dos textualistas e dos chantres da desconstrução, por outro, eles entabularão um diálogo mais aberto, mas não menos problemático, como a outra "área" do campo literário, os defensores das políticas identitárias – que, por sua vez, não podem ignorar a história, nem que seja para propor uma crítica política.

A própria diversidade das ciências sociais torna seu caso mais complexo. De um lado, a teoria francesa está na origem de uma dupla reviravolta decisiva: na antropologia cultural, sob a influência de Foucault e Lévi-Strauss, completada pelo trabalho de Clifford Geertz e sua teoria da cultura como "mobilidade de significações", e na sociologia das ciências, em torno das pesquisas de Bruno Latour, precedidas da "revolução" epistemológica de Thomas Kuhn. Mas, de outro lado, a sociologia funcionalista e a etnologia de campo permanecem logicamente bastante fechadas a ela. Um pensamento que leva a considerar a "sociedade" como ficção política e a trocar o "ator" por uma crítica do *sujeito* da ação não poderia beneficiar-se de uma acolhida calorosa nos Estados Unidos, onde a tradição em ciências sociais é a da abordagem indutiva, dos dados quantitativos, das histórias de vida e das aplicações sociais da pesquisa – desde que foi aberto em 1892, na Universidade de Chicago, o primeiro departamento de sociologia americano. Contudo, a influência que tiveram inicialmente sobre a sociologia americana, no começo do século XX, as antropologias qualitativas de Gabriel Tarde e Georg Simmel, precursores na sua época do interacionismo cultural, poderia ter favorecido o diálogo; como também deveria ter facilitado as coisas o que ocorreu efetivamente entre certos filósofos franceses dos anos de 1960 e os pesquisadores da escola interacionista de Talcott Parsons, e depois os do "colégio invisível" de Palo Alto (onde o trabalho de Gregory Bateson, por exemplo, interessa de perto a Foucault e Deleuze). No entanto, as repartições disciplinares desempenharam, também aqui, seu papel de postos de triagem, fechando a maior parte dessas disciplinas às contribuições francesas, vistas como ameaças ou generalizações sem provas. A herança positivista nas ciências sociais exerce uma fortíssima pressão na universidade americana, o que justifica que Peter Gay e mesmo Clifford Geertz tenham condenado a falta de pesquisa empírica e as afirmações "evasivas" em Foucault: no momento de seu triunfo americano, "eles não medem esforços para represar a onda foucaultiana".[49]

Ao *différand** epistemológico acrescenta-se uma desconfiança ética e mesmo uma rejeição política. O ponto de vista da socióloga Janet Wolff resume bem o da maioria de seus colegas: "O procedimento pós-estruturalista, e suas teorias do discurso, ao mostrarem a natureza discursiva do social, fornecem também uma justificativa para *negar* o social".[50] No entanto, à sua maneira, C. Wright Mills, ao politizar a sociologia, e Clifford Geertz, cujo clássico de 1973 (*The Interpretation of Cultures*) impunha uma virada "cultural" nas ciências sociais, preparavam o terreno para um debate frutífero com a teoria francesa. Contudo, foi justamente em nome da sociologia *engajada* que ambos encarnam, e que seus seguidores oporão ao suposto "relativismo" teórico dos franceses, que esse debate jamais acontecerá. Em algumas ocasiões, e também em termos um pouco caricaturais, Foucault e Derrida poderão ser aplicados à sociologia da cultura ou da saúde.[51] Mas, fora isso, o impacto da teoria francesa nas ciências sociais se limitará a empréstimos parciais: tal conceito operatório ou tal perspectiva final, sem com isso jamais abandonar os métodos do arquivista e do estatístico, e com a condição "de atenuar os aspectos mais *desencarnados* da teoria francesa",[52] como assinalam Michèle Lamont e Marsha Witten.

O caso da filosofia é mais crucial. Deleuze, que teimava em se definir como filósofo no sentido clássico do termo, recebeu vários apelos para "deixar a filosofia, [a] dar um jeito de produzi-la de fora".[53] O mínimo que se pode dizer é que os cérberos** do reino filosófico americano, desejosos de um terri-

---

* N. de R.T. O uso desse conceito pelo autor sugere que nos reportemos à problemática trazida, especialmente por J. F. Lyotard, no que diz respeito a um novo enquadramento epistemológico dado, a *différend*. Para Lyotard, o termo traduz o aspecto irredutível e irrepresentável do que se passa (ou não) entre suas pessoas ou dois julgamentos.

** N. de R. *Cérbero* é o nome do cão que guardava os infernos na mitologia grega.

tório estritamente delimitado, não concordavam com ele. Há, evidentemente, uma exceção notável à resistência tenaz da filosofia: a dos raros departamentos que ensinam a filosofia "continental" em Northwestern (Chicago), em Stony Brook (Long Island), na New School de Nova York ou ainda nas universidades católicas (Loyola, Notre-Dame University). Porém, de resto, nada – a começar pela ausência da filosofia no ensino médio – predispunha os filósofos americanos a dirigirem mais que um olhar irônico, ou uma expressão irritada, diante do entusiasmo de seus colegas literatos. Não que exista um fosso intransponível entre a filosofia analítica americana, a dos positivistas-lógicos e dos especialistas da "linguagem comum" (em torno de Morton White e de John Austin), e a metafísica continental, que é "nossa" história da filosofia: trata-se menos de uma brecha também filosófica entre duas concepções incompatíveis da atividade de pensamento, como queriam fazer crer certos extremistas dos dois campos, que de um fenômeno histórico recente e, na origem, ideologicamente motivado, no caso pelo exílio nos Estados Unidos de membros do Círculo de Viena e seu anticomunismo inato (que os conduziu simultaneamente a um anti-hegelianismo fervoroso), agravado ainda mais pelo ambiente da guerra fria.

Os positivistas lógicos vindos da Europa reavivaram por sua conta, em um contexto histórico e em um quadro ideológico diferentes, a desconfiança semeada no século anterior pela tradição pragmatista americana, a de William James e John Dewey, em relação à ambição moral e política da filosofia européia e aos grandes sistemas explicativos de Kant e de Hegel. Nos anos de 1890, James inaugurou um século de desconfiança em relação ao idealismo continental e às "falsas pistas" hegelianas, virando as costas ao *corpus* filosófico continental e inclusive clamando, como relata uma anedota famosa de Harvard: "Que se dane o Absoluto!" [*Damn the Absolute!*]. Assim, o pragmatismo e depois a filosofia analítica foram vistos pelos departamentos de filosofia americanos como antídotos contra Hegel – contra seu lirismo germânico e sua "violência" totalizante. Cultural e histórica antes de ser *epistêmica*, essa distinção entre tradições americana e continental na filosofia não opõe propriamente duas definições dela, mas sim dois etos, duas práticas da mesma atividade, duas "disposições", segundo a expressão de Pascal Engel:[54] de um lado, os especialistas da pesquisa sobre a verdade, tanto mais austeros na medida em que "para ser profundo, é preciso ser opaco", como dizia Charles Sanders Pierce; de outro lado, generalistas investidos de uma missão que, de Nietzsche a Sartre, sempre deixam espaço entre eles e a verdade à mediação do estilo ou da escrita. Isso favorece as escaramuças entre engenheiros-filósofos, sóbrios técnicos da "linguagem comum", e literatos descomplexados que imediatamente se apoderam do grande gesto filosófico continental. De um lado, está a tradição lógico-matemática de Bertrand Russell e Rudolph Carnap, que herdam o "funcionalismo cognitivo" de Hilary Putnam e depois as novas pistas da neurofilosofia e das teorias da inteligência artificial: das primeiras panelinhas universitárias de lógicos americanos nos anos de 1930 aos austeros colóquios de hoje, a tradição americana defende que as questões filosóficas só poderiam referir-se à natureza e ao conteúdo da *ciência*, que é o modelo e o horizonte de todo trabalho de conhecimento. De outro lado, literatos partidários da teoria francesa e sociólogos atípicos suspeitam de segundas intenções ideológicas e de separatismo disciplinar nesse modelo da cientificidade obrigatória e nesse postulado geral de uma "neutralidade" da linguagem comum dos filósofos. Distingue-se aqui um diálogo de surdos muito antigo entre ciências e letras.

A história da filosofia americana é também a de uma profissionalização do campo filosófico. De fato, ele evolui para aquilo que John Rajchman chama de "uma espécie de especialização legalista generalizada", uma competência específica "em matéria de casos, de proposições, de argumentos" e uma rejeição de todo o pensamento continental desde Kant como "pensamento vago, falso historicismo, irracionalismo".[55] Já os novos *teoristas* do campo literário que aparecem no final dos anos de 1970 não hesitam em intervir no campo filosófico, citando Derrida sobre a impossível univocidade da linguagem filosófica, lembrando com Lyotard que se vive permanentemente sob o efeito de um relato e procedendo eles próprios a uma releitura "narrativa" da história da filosofia, mesmo sendo ela continental. Desde o seu primeiro livro, a teórica literária Judith Butler, por exemplo, aborda a filosofia como "uma narração" dotada de "seus tropos", cujo "grande relato" seria *A fenomenologia do espírito,* de Hegel, que ela compara a um *Bildungsroman* ou mesmo a uma versão alemã do *Mágico de Oz*.[56] Os filósofos reagem com diversos argumentos a essa nova agitação do campo literário. O mais freqüente é o da clareza ou da racionalidade: os textos franceses, assim como os que se inspiram neles, não teriam "clareza", não disporiam de argumentos e infringiriam a regra de ouro segundo a qual só se pode dizer o que se pode dizer com clareza.

É comum também a idéia, menos simplista, de que uma pesquisa *horizontal* sobre a verdade (tarefa dos literatos), a partir dos textos e de seus cruzamentos, e uma pesquisa *vertical*, questionando a relação da linguagem com o real, não poderiam ser verdadeiramente compatíveis. Pois a atitude dos filósofos nem sempre é de rejeição pura e simples daquilo que seria *apenas literatura*, ou esse "nevoeiro francês" (*French Fog*), denunciado incansavelmente por gerações de cientistas americanos. Eles podem, por exemplo, expressar sua perplexidade diante de "uma concepção da própria filosofia como escrita, como um tipo de literatura".[57] Com certeza, a maioria se opõe sem contemplação ao "anti-referencialismo" da teoria francesa, ou seja, à idéia, inaceitável para os lógicos, de que os textos ou os discursos se refeririam apenas a outros textos ou a outros discursos, e não ao mundo real. Mesmo assim, o burburinho anormal produzido pela onda teórica nos limites de seu território disciplinar deixou marcas no campo filosófico – agravando uma crise interna ligada ao problema do papel social da filosofia, encorajando os questionamentos ético e estético, introduzidos na mesma época pelos trabalhos de John Rawls sobre a teoria da justiça e de Nelson

Goodman sobre a fabricação de mundos (*worldmaking*), e inclusive incitando alguns raros filósofos (como se verá no caso Richard Rorty) a lançar uma ponte entre o pragmatismo americano e a teoria francesa.

THEORY, UMA EDUCAÇÃO CRÍTICA

Finalmente, um grande mistério, mantido habilmente, envolve o próprio termo *theory*, esse novo objeto transdisciplinar elaborado pelos literatos a partir do pós-estruturalismo francês. De todo modo, ele o distingue dos usos anteriores do termo, mais ou menos ligados à ciência: a nova *theory* americana não é nem a *theory* dos pragmáticos, indagação sobre os procedimentos de cognição que deve servir ao bem comum, nem a *Theorie* alemã, como apreensão racional de um objeto na tradição metafísica (de Kant a Husserl), nem a *théorie* como ciência marxista (e desmistificação) da ideologia em Althusser, e nem mesmo a *theory* mais restrita dos precursores da gramática gerativa americana dos anos de 1950, do lingüista Zellig Harris ao seu discípulo Noam Chomsky. Ao contrário dessas definições mais precisas, a nova *theory*, francesa ou simplesmente "literária", que há trinta anos se discute por toda parte nos departamentos de literatura, é misteriosamente intransitiva, sem outro objeto a não ser seu enigma: é, antes de tudo, discurso sobre ela mesma e sobre as condições de sua produção – portanto, sobre a universidade. De algum modo, é o efeito institucional de um desaparecimento da literatura como categoria delimitada, de uma extensão de seu território e, ao mesmo tempo, de sua indefinição. Como resume Gerald Graff: "A teoria é o que ocorre quando as convenções literárias e as definições da crítica que se considerava como adquiridas tornam-se objetos de um debate sistemático".[58] O contexto de sua irrupção na universidade americana teve um papel nessa orientação, remetendo a atividade crítica a uma situação de crise (e, portanto, à sua origem etimológica) e condenando a *theory* a questionar permanentemente sua própria legitimidade: na hora da "excelência", do desemprego crescente e do imperativo de pertinência (*relevance*) dos saberes, a teoria deve justificar junto aos estudantes, assim como ao resto da América, sua utilidade *como atividade intransitiva*. É preciso assim que continue sendo ela mesma, sem objeto, pois, se visasse a uma utilidade mais pontual, ou transitiva, perderia o jogo rapidamente para abordagens menos inovadoras, porém muito mais úteis fora dos *campi*, da semiótica à história literária. Reivindicando a generalidade de uma posição intransitiva, ela se reconcilia também com o valor heurístico atribuído há muito tempo aos cursos de literatura inglesa nos Estados Unidos como indagação sobre a pedagogia, debate sobre o método justo. Já no século XIX, o departamento de inglês era o local privilegiado de todas as discussões pedagógicas: "Os manuais de inglês são abundantes [...], os métodos [de abordagem de textos] são debatidos *ad nauseam* [...], e as opiniões de educadores célebres são recolhidas pelas revistas de educação como a melhor coisa que pode ser feita para o estudo de inglês", conforme descrevia o crítico Hiram Corson em 1895.⁵⁹ A essa tradição o mal-estar dos anos de 1970 acrescenta uma inflação de relatórios, panfletos e ensaios mais teóricos sobre a melhor educação a propor nesses tempos de crise, desde *The Idea of a Modern University* (Sydney Hook, 1974) até o clássico *The Academic Revolution* (David Riesman, 1977). De algum modo, o impacto da teoria vai amplificar esse fenômeno: é justamente por colocar problema à educação superior americana, *a fortiori* na era do utilitarismo, que a teoria francesa se afirmará útil – ou mais estimulante do que inibidora –, que ela se declarará mais capaz de refleti-la, de questioná-la, de lhe oferecer um espelho fiel.

De fato, seu êxito suscitará, a partir de finais dos anos de 1970, uma incrível pletora de colóquios e obras sobre "crise das humanidades" ou "pedagogia e teoria". As ferramentas conceituais da teoria, mesmo utilizadas de maneira parcial, renovarão o debate sobre épocas passadas do ensino superior. Serão questionadas as formas de transmissão dos saberes, o "fonocentrismo" do monólogo professoral, as ilusões "democráticas" do diálogo com o estudante, o "eurocentrismo" dessa cultura antológica vigente no campo literário, ou mesmo o "imperialismo epistêmico" que seria veiculado pelos métodos de avaliação habituais – pois uma *nota* sanciona tanto um saber aprendido quanto as modalidades lógicas de sua apresentação. Debates que lembram, no fim das contas, os que mobilizam a universidade francesa depois de 1968. Mas o contexto americano é bem diferente daquele em que Lyotard e Deleuze escreviam: será preciso então *puxar* os autores franceses para a crise universitária americana, *desviá-los* para um debate pedagógico que eles não conheciam, lê-los obliquamente e tirar orientações praticáveis no campo das humanidades. A leitura mais espantosa dos autores franceses talvez se situe ali: fazer de uma educação livre o principal desafio do conceito foucaultiano de "saber-poder" (quando a única instituição de saber-poder que Foucault *não* discutiu foi sem dúvida a universidade...), ver nas aptidões críticas do estudante o efeito mais precioso da desconstrução derridiana, ou ler Deleuze e Guattari tentando encontrar "instrumentos úteis para intervir na política educacional".⁶⁰

Até mesmo Lyotard é chamado a dar sua contribuição. Assim, Pradeep Dhillon, que leciona ciências da educação, e Paul Standish, que é crítico, reúnem uma dúzia de cabeças pensantes do campo literário para buscar em seu trabalho os fundamentos de uma "educação justa". Eles relêem toda a obra de Lyotard em uma perspectiva pedagógica, ou melhor, contrapedagógica: uma se indaga sobre o papel do "sublime" em uma educação justa, outra faz das "paralogias" os motores de uma nova "política do conhecimento", outra ainda descreve Lyotard como "educador moral", o que não deixa de ser um pouco irônico, e a coletânea, de modo mais geral, extrai de sua obra os primeiros elementos de uma "educação libidinal" ou mesmo de uma "*a*-pedagogia" que conduz ao reconhecimento do Outro.⁶¹ Seus engajamentos efetivos nesse campo, quando ele se opunha às reformas do ministério em Nanterre e depois em Vincennes, são citados em apoio à sua crítica da "mercantilização do saber" e ao seu "monopólio de classe".⁶² O ideal-tipo do "professor lyotardiano" torna-se a figura emblemática "de uma recusa de cooperar, de uma última linha de resistência à hegemonia do capital e das idéias universalistas"; só ele conseguira implantar "a Universidade do sublime", cujo objetivo é nada menos que a "produção de intensidades intelectuais e emocionais".[63] Se *A condição pós-moderna* era originalmente um "relato sobre o saber" universitário, seu autor evidentemente não esperava tanto dela.

Motivado talvez pelo seu enorme sucesso (e, portanto, pelas expectativas que suscita) nos Estados Unidos, Jacques Derrida foi o único autor do *corpus* a desempenhar esse papel de teórico da educação. E o fez a convite de seus anfitriões americanos, do mesmo modo que suas reflexões recentes sobre a aporia "humanista" das humanidades (*"the future of the profession..."*,[64] remanejado em francês com o título *L'Université sans condition*), ou por sua própria iniciativa no meandro de uma conferência – para observar, por exemplo, que a desconstrução é "cada vez mais um discurso e uma prática *a propósito da* instituição acadêmica".[65] Familiarizado com a universidade americana, que freqüenta desde 1956 (quando obtém uma bolsa de intercâmbio entre Harvard e a *rue d'Ulm**), Derrida sabe lidar com as tradições americanas – quer se trate do estado de crise crônica das humanidades que se estende há um século, quer se trate da antiga prática da *teoria* como crítica literária. Parece que, desde o final do século XIX, cada geração de literatos americanos criticou em maior ou menor grau a anterior por *falta* de teoria. Contudo, a teoria francesa, ao questionar o sujeito cognoscente, a autonomia da razão e a lógica da representação, acirra inesperadamente esse debate conhecido, dramatiza-o até em pontos de ruptura. Como uma bomba de efeito retardado, a suspeita lançada por ela insinua-se entre os pólos antagônicos do campo americano das humanidades, distende-os até seu limite crítico, acentuando suas contradições históricas: entre as dimensões moral e cognitiva do ensino de humanidades; entre as modalidades científicas (alemã) e liberal (inglesa) de seu desenvolvimento; entre suas tentações mais contemporâneas pelas políticas minoritárias, de um lado, e pela indeterminação máxima de uma teoria concebida como paradoxo lógico, de outro. A eficácia da *theory*, não só como vírus epistêmico, mas também como "plano de carreira", segundo David Kaufmann, está exatamente em ressaltar essas tensões, em opor antigos e modernos para mostrar toda a riqueza do campo literário e, com isso, assegurar sua própria legitimidade: a função "vital" da teoria, conclui ele, é "servir *simultaneamente* aos demônios da profissionalização árida e aos deuses do valor geral", "militar contra as tendências à especialização e, ao mesmo tempo, ser seu agente",[66] oscilando assim de um extremo a outro porque, na verdade, só ela pode ligá-los.

---

* N. de T. A rue d'Ulm, em Paris, é conhecida por abrigar a École Normale Supérieure. Ex-alunos referem-se a ela para designar a própria escola.

Então, não é de se surpreender que a teoria, apesar (ou talvez *através*) de sua indefinição, torne-se objeto de debates acadêmicos tão impensáveis na França quanto aquele que em 1982-1983 causou furor nas colunas da revista *Critical Inquiry*, com o título "Against Theory". Esse título sem ambigüidade é de um artigo de Steven Knapp e Walter Benn Michaels, dois professores de literatura que acusam a teoria de ser "uma tentativa de submeter as interpretações de textos particulares a uma concepção da interpretação em geral.[67] O debate que se segue opõe, nas palavras de E. D. Hirsch, os partidários de uma "hermenêutica local", manejada caso a caso e ao sabor dos textos (vitória da literatura), e os defensores de uma "hermenêutica geral" e de seus princípios (ou seus contraprincípios) de leitura – neste caso, a superioridade da teoria. Sob o pretexto de arbitrar o debate, Stanley Fish pergunta-se como a teoria pode causar medo, sendo ela, a seu ver, tão "inconseqüente", ligada a um projeto que se sabe impossível e às regras que lhe teriam ditado seu outro, a prática.[68]

O que ilustra esse tipo de discussão tão freqüente nos Estados Unidos, e que contribui para torná-lo possível, é a absorção de opiniões contrárias (empiristas ou humanistas) no próprio campo da teoria, que passa a ser então um espaço de discurso mais do que uma posição nesse espaço. "A polêmica antiteórica tornou-se um dos gêneros característicos do discurso teórico", como admite o próprio editor da revista.[69] No limite, pouco importa a posição que se sustente no momento em que se *ocupa* o espaço em questão. Em suma, a teoria significa para o campo literário americano do fim do século XX o que a mulher significava para a poesia barroca – fonte de inspiração, lugar de invenção de uma língua, permissão de se exprimir. Daí a variedade, a riqueza de formulação de suas definições. Ela é, assim, "perspectiva utópica" de natureza "ótica, espacial e grafocêntrica", que se "situa por sua vez no início ou no fim do pensamento", pois não se sente à vontade "no meio-termo entre história e prática",[70] nas palavras do editor do volume já citado. E torna-se, de um modo mais lírico, "prática da dissidência e eco do grito", situada "no cruzamento do grito e do Sistema",[71] em um Wlad Godzich. Ainda que ela possa ter inspirado tais arroubos, sinceros ou táticos, isso, no fim das contas, é menos problemático do que a simples inflação de seu discurso, seu extravasamento difuso às expensas do texto literário. É nisto que reside o verdadeiro problema *ético* da teoria: graças aos conceitos sem nome que a povoam, dispositivos de controle foucaultianos, minoria deleuziana ou dispersão derridiana de vestígios, ela sempre sabe mais do que o texto que a justificava. Como observa Peter Brooks nos termos da história literária, ela sempre "sabe mais do que as palavras desconexas que nós desmascaramos, mais do que essa pobre velha Renascença, mais do que esse sombrio século XIX neurótico, reprimido, opressivo".[72]

Porém, esse objeto fugidio da *theory* não pode ser reduzido ao folclore das brigas de literatos americanos. Ele envolve questões mais amplas, sobre a apreensão do real, o poder do discurso, questões que perseguem há milênios a tradição filosófica – como a questão pré-cartesiana, reformulada por Heidegger a partir da etimologia de *teoria*, da relação primeira entre o olhar e o que se oferece a ele. Com o risco de uma aproximação que a história intelectual condenaria, seria possível de fato ligar uma à outra – *acima de tudo* a teoria racional da ciência ocidental –, essa *theory* americana concebida como prática do indefinido, embaralhamento de fronteiras, e a teoria pré-socrática celebrada pela filosofia alemã.[73] O *theorein* grego, que junta as palavras designando a visão (*horao*) e a aparência exterior (*thean*), é um olhar pousado sobre aquilo que se apresenta, olhar sobre a unidade em si dessa presença no momento em que ela ocorre, um olhar que não *tem* objeto, mas que simplesmente é solicitado. Antes que sua tradução latina para *contemplari* e depois *meditatio*, desmembrando (*templum*) essa mesma unidade, prenunciasse, segundo Heidegger, o desdobramento moderno da teoria, que pensa o real, nomeia-o, decompõem-no em objetos. Na *theory* americana, seguindo essa comparação, trata-se com certeza somente da presença de um "texto", de sua plenitude antes que os exegetas o desmembrem em significações, da irrupção de sua linguagem contra o improvável "domínio" desta pelos leitores ou pelo autor. "Clareiras" ou "caminhos" não remetem ao suporte ontológico heideggeriano, àquilo que a razão técnica ainda não pensou; apenas ligam frases, pedaços de textos. Porém, a teoria, tal como a celebram esses literatos vanguardistas, comporta uma dimensão ontológica: ela tem menos a ver com uma nostalgia da plena "presença" do mundo (os americanos estão imunizados contra isso por terem lido Derrida) do que com uma retirada pré-racional para o "ser" do texto – retorno ao texto como via autárquica, evento de linguagem, causa de si. Eles são sobretudo, ao menos nesse sentido, os herdeiros dos adoradores do Texto, teólogos exilados e dissidentes religiosos, ou os continuadores de um antimodernismo romântico e do apolitismo dos *New Critics*, e não os discípulos em literatura de Foucault, Deleuze ou mesmo Derrida. Eles estão mais interessados, como Heidegger diante do fogo descrito por Heráclito, em preservar uma capacidade de sideração em face do milagre – que o texto (ou o fogo) *seja*. E, no limite, os verdadeiros fundamentalistas da *teoria* textual vêem como um devotamento a tarefa de circunscrever sua abordagem, de fixar previamente os objetivos, de *produzir* um raciocínio: sociocríticos ou psicocríticos, mitocríticos ou historiadores de letras são acusados de decompor o texto, de reduzi-lo, de enumerá-lo, mais ou menos como Descartes era acusado de ter matematizado a natureza.

Para focar mais de perto o enigma "teoria", é preferível, no fim das contas, substituir o espectro heideggeriano, ao qual esse contexto americano presta-se muito mal, por uma referência mais recente, um tratamento mais político da equação teórica, mas que também respeite sua grande intransitividade – as observações de Roland Barthes em 1970. Em uma entrevista nesse ano, ele evocava o efeito de deslocamento *de* teorias da ciência moderna (abstratas e transitivas) para o singular de um metadiscurso "revolucionário": *teoria* designa, desde então, "um certo descontínuo, uma natureza fragmentária da exposição, muito parecidas com enunciados de tipo aforístico ou poético", portanto um "combate para fender a simbólica ocidental", pois a teoria como "reino do significante dissolve continuamente o significado" e o exclui como "representante da monologia, da origem, da determinação, de tudo o que não dá conta da multiplicidade".[74] Essas poucas frases enfocam um fenômeno de época, que se imaginava ter desaparecido na poeira dos anos de 1970. Contra a ingênua sacralização das obras, e também contra a oposição dialética entre discurso e *práxis*, elas vêem na teoria a possibilidade de um discurso livre da ordem racional: enunciado fragmentado que emerja contra o argumento linear, escrita do mundo que o subtraia às grandes instituições do sentido – *a* verdade, *a* justiça, *o* poder. A teoria é pensada aqui como combate, recurso de oposição, tanto mais operacional na medida em que não seja cristalizada por uma distinção prévia – toda uma tonalidade de época, um pouco esquecida. A hipótese aqui é que essa lógica prevaleceu nos Estados Unidos nos limites do campo literário, entre os muros da universidade, enquanto as infamantes façanhas "protocolares" da mesma *teoria*, a dos marxistas ou dos libertários, logo a baniriam da França. É também porque, no espaço confinado dos discursos universitários, os corpos e as ruas tendem a desaparecer, a nunca terem sido, que essa *theory* de *campus* perderá muitas vezes qualquer relação com o objeto – até o ponto de designar apenas sua própria aptidão à disseminação, apenas seu poder de contaminação. A teoria é tudo isso ao mesmo tempo, modo de circulação de idéias, primeiro impacto diante do texto e, mais trivialmente, critério de promoção da universidade. Como expressa à sua maneira a crítica *antiteorista* Camille Paglia, em frases ferventes de cólera, "Lacan, Derrida e Foucault são os equivalentes acadêmicos de BMW, Rolex e Cuisinart" e "a teoria francesa parece essas receitas em fitas cassete para torná-lo milionário do dia para a noite: adquira poder denunciando o poder! Provoque estragos! Seja um mestre do universo! Chame esse número em Paris *imediatamente*!".[75] A dificuldade consiste em manter juntos, como as duas metades de um mesmo mistério, esse carreirismo teórico – que é um reduto importante da teoria francesa – e as qualidades intrínsecas da postura teórica, retorcida, móvel, corrosiva, inimiga das verdades primeiras e de todos os dualismos. Teoria: mercadoria mais valorizada no mercado ou único procedimento que descompartimentaliza o campo das humanidades; estratégia de recrutamento ou inteligência do texto; marca de uma seita que se ostenta no peito ou potência crítica sem igual; e tudo isso junto.

NOTAS

1 Antoine COMPAGNON, *Le Démon de la théorie. Littérature et sens commun*, Paris, Seuil, 1998, p. 11-12.

2 Michèle LAMONT, "How to Become a Dominant French Philosopher? The Case of Jacques Derrida", *American Journal of Sociology*, v. 93, n. 3, novembro 1987, p. 602-604.

3 Michèle LAMONT e Marsha WITTEN, "Surveying the Continental Drift: The Diffusion of French Theory and Literary Theory in the United States", *French Politics & Society*, v. 6, n. 3, julho 1988, p. 20.

4 Edward SAID, "The Franco-American Dialogue: A Late Twentieth-Century Reassessment", *in* Ieme VAN DER POEL *et. al.* (dir.), *Traveling Theory: France and the United States*, Teaneck, Fairleigh Dickinson University Press, 1999, p. 143.

5 Randall COLLINS, *The Sociology of Philosophies*, Cambridge, Harvard University Press, 1978, p. 783-784.

6 Trechos de uma entrevista inédita publicados *in* Roger POL DROIT, "Foucault, passe-frontières de la philosophie", *Le Monde*, 6 setembro 1986.

7 Michel FOUCAULT, "La pensée du dehors", *Critique*, n. 229, junho 1966 e "Le Mallarmé de J.-P. Richard", *Annales ESC*, n. 5, setembro-outubro 1964.

8 André BRINK, *The Novel: Language and Narrative from Cervantes to Calvino*, New York, New York University Press, 1998, p. 10-28.

9 Peggy KAMUF, "Penelope at Work: Interruptions in *A Room of One's Own*", in *Novel: A Forum on Fiction*, v. 16, n. 1, outono 1982.

10 D. A. MILLER, *The Novel and the Police*, Berkeley, University of California Press, 1988, p. 16-17.

11 Simon DURING, *Foucault and Literature: Towards a Genealogy of Writing*, New York, Routledge, 1992.

12 Bill READINGS, *Introducing Lyotard: Art and Politics*, New York, Routledge, 1991, p. 71.

13 Gilles DELEUZE e Félix GUATTARI, *Kafka, pour une littérature mineure*, Paris, Minuit, 1975.

14 *Cf.* particularmente Ross CHAMBERS, *Room for Manoeuvre : Reading (the) Oppositional (in) Narrative*, Chicago, University of Chicago Press, 1991, e Louis RENZA, *A White Heron and the Question of Minor Literature*, Madison, University of Wisconsin Press, 1988.

15 Allan MEGILL, *Prophets of Extremity*, Berkeley, University of California Press, 1985.

16 Antoine COMPAGNON, "The Diminishing Canon on French Literature in America", *in Stanford French Review*, v. 15, n. 1-2, 1991, p. 106-108.

17 Citado *in* Gerald GRAFF, *Professing Literature, op. cit.*, p. 248.

18 *Ibid.*, p. 254.

19 *Cf.* por exemplo Stanley ARONOWITZ, *Science as Power: Discourse and Ideology in Modern Society*, Minneapolis, University of Minnesota Press, 1988.

20 Dudley ANDREW, "The 'Three Ages' of Cinema Studies and the Age to Come", *PMLA*, v. 115, n. 3, maio 2000, p. 343-344.

21 *Ibid.*, p. 344.

22 *Cf.* David BORDWELL e Noël CARROL (dir.), *Post-Theory: Reconstructing Film Studies*, Madison, University of Wisconsin Press, 1996. Em um acrônimo mais acrimonioso, os editores condenam os efeitos do velho *package* francês "SLAB" (para Saussure-Lacan-Althusser-Barthes).

23 Peter BROOKS, *Troubling Confessions: Speaking Guilt in Law and Literature*, Chicago, University of Chicago Press, 2000.

24 Gayatri Chakravorty SPIVAK, *In Other Words: Essays in Cultural Politics*, New York, Routledge, 1998, p. 213.

25 *Cf.* a recente explicação de Richard DELGADO *et al.* (dir.), *Critical Race Theory: An Introduction*, New York, New York University Press, 2001.

26 Mark TAYLOR, *Deconstructing Theology*, Minneapolis, Crossroad, 1982 e *Erring. A Postmodern A/theology*, Chicago, University of Chicago Press, 1984.

27 J. Richard MIDDLETON e Brian WALSH, *Truth in Stranger Than it Used to Be: Biblical Faith in a Postmodern Age*, Westmont, Intervarsity Press, 1995.
28 *Cf.* Charlotte ALLEN, "The Postmoderno Mission", *Lingua Franca*, dezembro 1999, p. 55-59.
29 Michel de CERTEAU, *La Fable mystique. XVIe-XVIIe siècles*, Paris, Gallimard, 1972, p. 178.
30 *Foucault/Blanchot*, New York, Zone Books, 1988.
31 *Forget Foucault/Forget Braudrillard*, New York, Semiotext(e), Foreign Affaires Series, 1987.
32 Michel FOUCAULT e Gilles DELEUZE, "Les intellectuels et le pouvoir", *L'Arc*, n. 49, 2° trimestre 1972, p. 3-10.
33 Gayatri Chakravorty SPIVAK, "Can the Subaltern Speak?", *in* Lawrence GROSSBERG e Cary NELSON (dir.), *Marxism and the Interpretation of Culture*, Chicago, University Press of Illinois, 1988, p. 274-275.
34 Randall COLLINS, *The Sociology of Philosophies, op. cit.*, p. 74.
35 Michel FOUCAULT, "Preface", *in* Gilles DELEUZE e Félix GUATTARI, *Anti-Œdipus*, Minneapolis, University of Minnesota Press, 1983, p. XI-XIV.
36 Michel FOUCAULT, "Theatrum philosophicum", *Critique*, n. 282, novembro 1970, p. 885.
37 *La Fable mystique, op. cit.*, p. 223.
38 Citado *in The Sokal Hoax, op. cit.* p. 224.
39 Ian R. DOUGLAS, "The Calm Before the Storm: Virilio's Debt to Foucault", artigo *on-line* no endereço www.proxy.arts.uci.edu/ñideffer/_SPEED_/1.4/articles/douglas.html
40 Gayatri Chakravorty SPIVAK, "Translator's Preface", *in Of Grammatology*, Baltimore, Johns Hopkins University Press, 1976, p. XXXVII-XXXVIII e XXXVI.
41 Jean-René LADMIRAL, *Traduire. Théorèmes pour la traduction*, Paris, Payot, 1979, p. 168-169, 19, 246 e 145, respectivamente.
42 Antoine COMPAGNON, *La Seconde Main, ou le travail de la citation*, Paris, Seuil, 1979, p. 351 e 356.
43 *Cf.* sua análise da "construção" universitária de Lévi-Strauss (*in* Pierre BOURDIEU, *Homo academicus*, Paris, Minuit, 1984, p. 34-37).
44 O capítulo "What Was Structuralism?" propõe, não sem ironia, um guia de saber-viver letrado, tal como o de Judy JONES e William WILSON, *An Incomplete Education*, New York, Ballantine, 1987.
45 Paul de MAN, *The Resistence to Theory*, Minneapolis, University of Minnesota Press, 1986, p. 12 e 19-20.
46 Dominick LACAPRA, *Rethinking Intellectual History, op. cit.*, p. 18.
47 Peter NOVICK, *The Noble Dream: The "Objectivity Question" and the American Historical Profession*, Cambridge, Cambridge University Press, 1988.
48 Lynn HUNT, "History as Gesture, or, The Scandal of History", *in* Jonathan ARAC e Barbara JOHNSON (dir.), *Consequences of Theory*, Baltimore, Johns Hopkins University Press, 1991, p. 91-107.
49 Didier ERIBON, *Michel Foucault, op. cit.*, p. 333-334.
50 Citado *in* John RAJCHMAN (dir.), *The Identity in Question*, New York, Routledge, 1995, p. 255.

51 *Cf.* por exemplo Nicholas FOX, *Postmodernism, Sociology and Health*, Toronto, University of Toronto Press, 1994.

52 Michèle LAMONT e Marsha WITTEN, "Surveying the Continental Drift: The Diffusion of French Social and Literary Theory in the United States", art. cit., p. 21.

53 Gilles DELEUZE, Claire PARNET, *Dialogues*, op. cit., p. 89.

54 Pascal ENGEL, "French and American Philosophical Dispositions", *in Stanford French Review*, op. cit., p. 165-181.

55 John RAJCHMAN, "Philosophy in America", *in* John RAJCHMAN e Cornel WEST (dir.), *Post-Analytic Philosophy*, New York, Columbia University Press, 1985, p. XI.

56 Judith BUTLER, *Subjects of Desire. Hegelian Reflections in Twentieth-Century France*, New York, Columbia University Press, 1987, p. 7, 180 e 209.

57 John RAJCHMAN, "Philosophy in America", *op. cit*, p. XIV.

58 Gerald GRAFF, *Professing Literature*, op. cit., p. 252.

59 Hiram CORSON, "The Aims of Literary Study", in Gerald GRAFF e Michel WARNER (dir.), *The Origins of Literary Studies in America*, New York, Routledge, 1989, p. 90.

60 Citado *in* Theo D'HAEN, "América and Deleuze", *in* Ieme VAN DER POEL *et al.* (dir.), *Traveling Theory*, op. cit., p. 45.

61 Pradeep DHILLON e Paul STANDISH (dir.), *Lyotard: Just Education*, New York, Routledge, 2000, p. 110, 54, 97, 215 e 194, respectivamente.

62 *Ibid.*, p. 10.

63 *Ibid.*, p. 20-22.

64 Publicado inicialmente na introdução do volume de Tom COHEN (dir.), *Jacques Derrida and the Humanities: A Critical Reader*, Cambridge, Cambridge University Press, 2001, p. 24-57.

65 Jacques DERRIDA, *Mémories pour Paul de Man*, Paris, Galilée, 1988, p. 40.

66 David KAUFMANN, "The Profession of Theory", *PMLA*, v. 105, n. 3, 1990, p. 527-528.

67 Steven KNAPP e Walter Benn MICHAELIS, "Against Theory", retomado *in* W. J. T. MITCHELL (dir.), *Against Theory: Literary Studies and the New Pragmatism*, Chicago, University of Chicago Press, 1984, p. 11.

68 Stanley FISH, "Consequences", *in ibid.* p. 107-111.

69 W. J. T. MITCHELL, "Introduction", *in ibid.* p. 2.

70 *Ibid.*, p. 7.

71 Wlad GODZICH, *The Culture of Literacy*, op. cit., p. 31.

72 Peter BROOKS, "Aesthetics and Ideology: What Happened to Poetics?", *Critical Inquiry*, n. 20, primavera 1994, p. 521.

73 *Cf.* Martin HEIDEGGER, "Science et méditation", *in Essais et conférences*, Paris, Gallimard, col. "Tel", p. 48-79.

74 Roland BARTHES, "Sur la théorie", *in Œuvres complètes*, v. 2, Paris, Seuil, 1994, p. 1031-1036.

75 Camille PAGLIA, "Junk Bonds and Corporate Raiders: Academe in the Hour of Wolf", *in Sex, Art and American Culture: Essays*, New York, Vintage, 1992, p. 221.

5
Os canteiros da desconstrução

> "[Um professor de religião] deblaterava contra Derrida como se ele fosse um cruzamento de Santo Agostinho e Tomás de Aquino. De repente, ao ouvi-lo, compreendemos o sentido do título dado a essa aula: Deus estava bem morto, e possivelmente também a literatura, e para [esse professor], como para seus colegas, Derrida simplesmente tomara seu lugar."
> Hilton KRAMER, *The New Criterion*

Existe um mistério Derrida. Não tanto o de sua obra, embora a opacidade não esteja ausente dela, mas o de sua canonização americana e depois mundial. Como um pensamento tão pouco demarcável, tão difícil de transmitir quanto o seu, um pensamento que não se saberia onde situar, em algum ponto entre a ontoteologia negativa e a exploração poético-filosófica do inefável, um pensamento que, de todo modo, mantém-se distante, pode ter-se tornado o produto mais rentável que já existira no mercado dos discursos universitários? Como esse obscuro encaminhamento de idéias pode ter sido encampado, co-pacificado, digerido e servido em doses individuais em um campo literário americano que desde então se sentiu encorajado a voar e, não contente de ter embalado esse pensamento exigente em manuais de graduação, transformou-o em um programa de conquista epistemico-política sem precedente? Como se explica que para *um* francês que lê um livro de Derrida, no país da filosofia no ensino médio, *dez* americanos já o tenham feito, apesar de uma formação filosófica precária como a sua? E, para concluir, o que justifica que a palavra "desconstrução", que Derrida tirou de *Ser e tempo* de Heidegger (traduzindo o termo *Destruktion*) para esboçar uma teoria geral do discurso filosófico, tenha sido incorporado a tal ponto na linguagem corrente nos Estados Unidos, que pode ser vista em *slogans* publicitários, na tela dos jornalistas de TV, ou como título de um filme de sucesso de Woody Allen, *Deconstructing Harry* (1977)?[1*] Eis os desafios para o historiador das transferências culturais – e um exemplo típico imaginado para uma "geopolítica da tradução" que ainda está para ser feita.[2]

---

* N. de T. No Brasil, foi mantido o título original: *Desconstruindo Harry*.

LEITURA, O DESAFIO DERRIDIANO

A única certeza é que a resposta a essas questões *não* decorre de uma estratégia pessoal. A América, sem dúvida, está no centro do percurso de Derrida, ela "produz a obra [dele]", segundo seus próprios termos. É lá que, desde a sua primeira estadia, ele se casa e trabalha em sua primeira obra, a tradução comentada de *A origem da geometria,* de Husserl. Ele fez amizades fiéis, que sobreviveram às décadas e, inclusive, reforçaram os vínculos familiares – quando sua prima Annie-Cohen-Solal era conselheira cultural da França nos Estados Unidos. Ele leciona ali todos os anos desde o simpósio de Johns Hopkins de 1966, primeiro em Yale, Cornell e John Hopkins, alternadamente, e por quinze anos nas duas costas, no outono em Nova York e na primavera na Universidade da Califórnia em Irvine – à qual confiou seus arquivos. Desde o final dos anos de 1980, ele já intervém em inglês e manda traduzir suas anotações redigidas originalmente em francês. Os seminários que realizou sobre Platão, Mallarmé ou Rousseau, e os diálogos de grande fôlego com seus interlocutores mais devotos, desempenharam um papel de primeiro plano na evolução de seu trabalho. E o fato de ter recebido ali tantas honras, de ter inspirado tantas novas escolas, de ter suscitado tantas e tantas obras, miméticas ou injuriosas, paráfrases caricaturais ou prolongamentos inovadores, parece ter desenvolvido nele uma dupla relação com a América. Esses dois registros indissociáveis são o da intimidade, de um lado, *campi* familiares e redes de amizade, e, de outro, a estranha distância objetivante dessa "América" que ele nomeia alusivamente no meandro de suas intervenções, personagem conceitual em que se operam seus argumentos e que às vezes se suspeita que ele evoque de forma despropositada para desconcertar ainda mais seus ouvintes. É o caso quando ele propõe, em uma conferência na Universidade de Virginia, *desconstruir* a Declaração da Independência. É o caso sobretudo de sua célebre afirmação de 1985, segundo a qual "a América *é* a desconstrução, [...] seu sobrenome, sua toponímia", que desencadeia ali mesmo uma miríade de comentários, febris ou perplexos, enquanto seu autor abandonava a hipótese quinze linhas adiante, preferindo concluir que "desconstrução não é um nome próprio e [que] a América não é o seu".[3]

Resta dizer que seu sucesso americano – assim como o destino da desconstrução – supera amplamente o quadro biográfico. É preciso retroceder antes de tudo às modalidades de uma primeira *construção* americana de Derrida, também sujeitas a acidentes de percurso. De fato, entre suas primeiras produções americanas fragmentárias, ainda não enquadradas em um discurso local, e a sistematização da desconstrução como modo de leitura na virada dos anos de 1980, em Yale, é a intervenção de uma jovem e brilhante professora indiana emigrada nos Estados Unidos que serve de detonador. Gayatri Spivak, que tem apenas trinta anos, mandou vir da França, em 1973, um livro cujo autor não conhece, mas cuja argumentação desperta sua curiosidade – ela o descobriu em um desses catálogos de livros estrangeiros que assinava para romper com o seu isolamento, acantonada na Universidade de Iowa já há oito anos. Esse livro, *Da Gramatologia*, é uma revelação. Convencida de sua importância, ela mergulha no árduo trabalho de tradução e convence a editora de Johns Hopkins a publicá-lo, em 1976, precedido de um longo prefácio de cem páginas que para ela é um *sine qua non*: essa edição, que apesar de difícil é encomendada até hoje por estudantes e bibliotecas (mais de 80 mil exemplares vendidos até agora), lançará a obra de Derrida nos Estados Unidos. Em primeiro lugar, Spivak define o *signo* como a impossível adequação da palavra à coisa, a "própria estrutura da diferença", o que explica o estatuto de "metáfora" da verdade.[4] Em seguida, esclarece as referências filosóficas do livro, seu duplo horizonte: superar a "metafísica da presença" heideggeriana e realizar a "eliminação das oposições" nietzschiana. Acrescentando, para completar a filiação, a impregnação de Freud, a sombra difusa de Hegel e a questão husserliana da razão, ela apresenta os cinco alemães do livro como "protogramatólogos",[5] primeira etapa de uma inversão fundamental: a partir dali, os americanos já não verão em Derrida o continuador heterodoxo da tradição filosófica, ou mesmo aquele que dissolve seu texto, mas como o seu sublime desfecho, uma forma de empíreo* do pensamento crítico que seus precursores alemães teriam apenas preparado.

Em seu prefácio, Gayatri Spivak concede um lugar à parte ao conceito de desconstrução, para onde conduz, como a uma recompensa, seu longo percurso de prefaciadora, embora ele não fosse a chave do livro de Derrida – mesmo tendo um papel estratégico nele. A primeira aparição da palavra, que é também uma das primeiras ocorrências em língua inglesa, prenuncia seus destinos americanos. Mistura de ironia e de obstinação, "desconstrução" designa aqui, antes de tudo, a insistência com que Derrida questiona a indiferença de Heidegger, em seu comentário de Nietzsche, a propósito de uma curiosa afirmação deste último que ele nem sequer assinalou: "O devir-mulher da Idéia"[6] (*sie wird Weib*). A omissão como chave daquilo que está presente, a inversão do importante e do aparentemente secundário, a sexualização de um significante que se pretende neutro, tanto mais *justamente* na medida em que se pretende neutro – todos os ingredientes já estão presentes. Dando ênfase à "escrita" como "diferença", no sentido simultâneo de lapso e de diferença de si, e à ameaça que ela significaria para a própria possibilidade de uma lei geral,[7] Spivak não apenas esboça os desafios mais importantes da desconstrução, como conclui o trabalho iniciado por Derrida em 1966: se a lei é sempre trabalhada de dentro pela escrita, se a descrição objetiva é apenas um efeito dessa "diferença", se o sujeito do conhecimento não poderia manter-se em sua integridade em face da evidência desses deslocamentos e, finalmente, se a própria estrutura é "simulacro", isso se deve a que o "estruturalismo ordinário" e seu procedimento "unificado-unificante" sobreviveram, e é preciso

---

* N. de T. Na mitologia grega, lugar em que moram os deuses.

desconstruir ele próprio – que será a tarefa do *pós-estruturalismo*. Trata-se de uma tarefa ao mesmo tempo mais ambiciosa, visto que fundamentalmente filosófica, e mais precisa do que a definição literário-institucional muito vaga que se aplicará à desconstrução nos Estados Unidos: "termo que denota um estilo de leitura analítica que considera suspeito o conteúdo manifesto dos textos",[8] como propõe, por exemplo, um dicionário recente do pensamento americano, em termos que limitam a desconstrução à *leitura* de textos, mas incluem todas as leituras que visam a permitir a emergência da polissemia, ou seja, *todas* as leituras críticas.

A partir desse ano de 1976, o que até então é apenas um programa teórico será lido, estudado e logo adotado em certos cursos de literatura para estudantes graduados, sobretudo em Yale e Cornell. Começa-se pouco a pouco a *aplicar* a desconstrução, a extrair dela as modalidades de uma nova "leitura fechada" (*close reading*) de clássicos da literatura, a observar mais de perto os mecanismos pelos quais o referente se dissipa e o conteúdo é sempre diferido pela própria escrita. À imagem do professor francês que, em seus seminários americanos do fim dos anos de 1970, detinha-se longamente na última frase de *Bartleby,* de Melville, ou em uma página de *Em busca do tempo perdido*, em que Proust acumula curiosamente os verbos terminados em *-prendre*. Para ver como funciona na prática essa hipótese de uma construção do texto em torno de seus vazios, vale citar a leitura *desconstrucionista* do final de um poema de Wordsworth, recolhido pelo filósofo Arthur Danto:

Small clouds are sailing   [Pequenas nuvens passando
Blue skies prevailing   Céus azuis se firmando
The rain is over and done   A chuva acabou de vez]

A leitura organiza-se em torno de uma ausência. Esse poema da chegada da primavera se desenvolveria como eliminação do signo "inverno", palavra-chave que está ausente do poema e que lhe serve de trama, vindo habitar cada elemento primaveril – embora Wordsworth não tenha esboçado uma realidade natural, porém inscrito "o negativo de um texto latente, não expresso, falando do contrário da primavera, de seu outro".[9] Ainda que o *grande ausente* em questão não seja uma estação (ou seu signo), mas o ser amado, a palavra esquecida ou – melhor ainda – o conceito recalcado que condicionava todo o argumento, a desconstrução demonstra que nenhum discurso lhe é estranho, que não há por que se limitar à poesia britânica. Ambições inspiradas também pela atmosfera de solenidade e de entusiasmo iniciático que envolve seus primeiros anos, assim como pelo fervor de uma descoberta que tira seus pioneiros da monotonia da história literária – a descoberta de autores e de grandes conceitos da filosofia continental que eles não conheciam. Para quem nunca ouviu falar de Nietzsche ou de Husserl, o proveito simbólico de tal abordagem é inesperado. Mesmo que não tenha resolvido a questão de seu proveito *cognitivo*: os filósofos são citados, distorcidos, desconstruídos, mas não são propriamente *estudados*. Em pleno conflito de faculdades, a desconstrução e o seu conceito de escrita vêm a calhar. Esse procedimento do primeiro Derrida, que consiste em desmontar o pressuposto "fonocentrista" de uma subordinação da escrita à palavra, confere um papel inédito – liminar, maiêutico, fundamental – a essa noção de *escrita*. E, depois de subtraí-la ao poder da palavra, de associá-la à "suplência" como sua origem, a um excesso primeiro do significante, liberta-a agora do império da razão. Contudo, uma escrita fonocêntrica, referencial ou racionalmente possível de ser decomposta remetia sempre à história, à filosofia, às ciências sociais; uma escrita como *diferença*, em suma, desvinculada dessas ordens exógenas, é o apanágio apenas do campo literário. Sem contar que o novo paradigma pode esclarecer a questão da universidade, alimentar, por sua vez, o discurso metaeducativo. Como se disse, os ensaios sobre Derrida e a educação proliferam, e o crítico Robert Young chegou inclusive a afirmar, contra a universidade capitalista e especialista, que ela funcionou mais "como um *suplemento* que a economia não deve incorporar" e que não sendo "nem útil nem simplesmente inútil", ela "desconstruiu" os binarismos que comporta.[10] Uma retórica que, em todo caso, afirma alto e bom som a *utilidade* da desconstrução.

A partir de meados dos anos de 1980, esses desafios são tantos – repensar a universidade, denunciar os dualismos, rediscutir todos os textos, armar os leitores contra a Razão dominante – que levam à inflação editorial da desconstrução, a um florescimento extraordinário como segmento de maior destaque na edição universitária. São incontáveis os livros sobre a desconstrução, não só os primeiros (de Derrida e dos grandes derridianos), mas também os segundos (que aplicam a desconstrução) e os terceiros (que propõem um balanço dela). Porém, em meio a essa pletora, podem-se distinguir dois tipos de desafios – e de obras. O primeiro, que se refere a maioria desses livros, remete a uma regressão sem fim da desconstrução aos seus próprios procedimentos, metadiscurso circular e parafrástico, e às estratégias ofensivas da "descon": contra o pisicologismo ou a sociocrítica, contra colegas ou concorrentes e logo contra o Opressor branco ocidental, quando críticos derridianos e teóricos identitários se unirão em torno de uma causa comum. É nesses ensaios, às vezes inutilmente carregados de jargões, que se manifestam a incultura filosófica e a arrogância intelectual de certos chantres da desconstrução. Menos numerosa, porém menos uniforme, usando uma linguagem mais rigorosa, porém menos codificada, a segunda categoria deixou algumas obras fundamentais no campo intelectual americano. Ela recobre todas as meditações sobre a *leitura* – que é propriamente a inflexão americana do projeto derridiano –, os ensaios que denunciam a ideologia literária da "transparência" e preferem explorar a opacidade intrínseca da escrita. Essa orientação, é preciso que se diga, *reúne* Derrida em vez de prolongá-lo, na medida em que elabora sua importação americana desde antes.

Em Paul de Man ou no primeiro Harold Bloom, a famosa "crítica das Luzes" não opera no terreno superficial da história das idéias, mas no centro desse enigma da leitura. Não remete ainda a uma gesticulação tática contra o racionalismo e o progressismo, mas a uma rejeição minuciosa do pressuposto de *clareza*, do postulado de uma *luz* do sentido, da articulação (garantia da ordem estabelecida) entre um repertório verbal e o mundo que ele evoca – homenagem sobretudo à obscuridade autárquica da linguagem. No país do signo transparente e da ciência transitiva, um punhado de letrados em desespero ousa assim se espojar de forma muito textual, e muito obstinada, nos prazeres sombrios da opacidade.

Esse desconstrucionismo, necessariamente minoritário, não precisa do sufixo escola de pensamento, nem mesmo do prestígio da nova corrente. Ainda impregnado pelo *ethos* trágico e arrogante do alto modernismo literário, o dos *New Critics* e do romance-sobre-nada, ele não procura desestabilizar a ordem do mundo, como fazem retoricamente seus irmãos do meio, mas chegar à desordem do texto, à sua impossibilidade primeira, ao impossível do qual emerge. Ele não precisa tirar um programa de combate dessa nova elasticidade do sentido, apoiar uma desestabilização do mundo nas incoerências do texto – para aplacar a culpa do acadêmico desconectado do "mundo real". Menos numerosos, esses sutis teóricos da leitura não fizeram tanto barulho quanto os estrategistas do descentramento, os menestréis da nova cruzada contra o "logocentrismo", porém deixaram uma marca mais conseqüente na história da crítica. A desconstrução, antes de ser a senha da pós-modernidade americana, designa duas castas de literatos muito distintas, em última análise, nos *campi*: aqueles que, para retomar a décima-primeira tese marxista, tiveram a ingenuidade de acreditar que transformariam o mundo *pela* interpretação, e aqueles que, mais discretamente, com uma exigência mais elevada, tiveram a impudência de querer transformar o próprio mundo da interpretação.

O QUARTETO DE YALE

Entre estes últimos, um quarteto de grandes críticos fará do departamento de inglês de Yale, onde lecionam, a porta de entrada da desconstrução derridiana no final dos anos de 1970, o templo oficial de seu culto americano – a ponto de legitimar, apesar de suas negativas, a idéia de uma verdadeira "escola de Yale". Assim, à medida que o programa crítico derridiano é adquirido, cooptado pelos professores mais brilhantes de sua geração, a palavra "bando dos quatro" já não se refere aos homens que ocupam o poder em Pequim, mas sim aos quatro novos heróis (mais inofensivos) do campo literário: Paul de Man, Harold Bloom, Geoffrey Hartman, J. Hillis Miller – quarteto de ambivalência, antiescola e grupo de amigos, iconoclastas mas apolíticos, materialistas textuais e conservadores culturais. Mal o grupo se revela a seus opositores, e já aparece um crítico, em 1975, para denunciar a "máfia hermenêutica" de Yale.[11] Porém, nesse momento, é inútil tentar fazer sombra a esse departamento de inglês, aninhado no prédio do Linsly-

Chittenden Hall de Yale, que oferece os cursos de teoria e de crítica literária mais inovadores do país – depois reunidos no programa *literature major* destinada aos estudantes graduados. De colóquio em ensaio, o ambiente na época é de experimentação, cada um tentando desaninhar as figuras mais ambíguas e as pérolas metalingüísticas dos clássicos entre os autores canônicos, um após outro, de Dante a Marlowe, Goethe e Shakespeare.

Contudo, os nomes dos quatro pioneiros da desconstrução só foram associados em raras ocasiões: durante alguns anos, em razão do curso semanal muito concorrido que ministraram alternadamente sobre "leitura e estrutura retórica", e no cabeçalho de uma única coletânea, *Deconstruction and Criticism* (1979), que terá para a imprensa o valor de um manifesto – apesar da polifonia evidente do volume, em que de Man e Bloom divergem sobre a leitura de Shelley, enquanto as outras contribuições empregam procedimentos e referências variados. Alguns arroubos de bravura farão a reputação do livro, como a hábil aproximação fonética de *meaning* (sentido) e *moaning* (gemido) com a qual Bloom inicia seu ensaio, a defesa por Hillis Miller da aptidão do crítico à "acolhida" contra sua demonização como "parasita" e a contribuição do próprio Derrida (sobre *Morte suspensa*, de Blanchot), que se distingue por uma única nota de rodapé em cem páginas – a mais célebre *footnote* da teoria francesa.[12] Entretanto, continua difícil reunir sob uma mesma bandeira os quatro franco-atiradores da teoria literária, apesar de referência análogas, de uma amizade comum com Derrida e do mesmo tom de ironia erudita, do humor desencantado que compartilham. J. Hillis Miller, vindo de Johns Hopkins em 1973, foi o único a sugerir a existência de uma escola crítica com o objetivo de criar polêmica. Mas, na realidade, todos os argumentos opõem-se a isso: a evolução precoce de Hartman longe da desconstrução; o itinerário inclassificável do agorafobo Bloom; o percurso solitário de Paul de Man, que sempre preferirá a palavra "leitura *retórica*" em lugar de desconstrução (difundida demais para o seu gosto); o desvelo prosélito mais arrojado que o deles por parte de alguns críticos brilhantes, que exigiria que também fossem incluídos entre os líderes da improvável escola – de Soshana Felman, que na época leciona em Yale, a Barbara Johnson, que discute as hipóteses de seu mestre de Man, ou ainda Neil Hertz, que explora os desafios psicanalíticos da desconstrução, e Cynthia Chase, que rediscute a poesia romântica. É preciso dizer ainda que, em meio a essa floração, a principal obra crítica é a de Paul de Man.

"Era uma vez um mundo em que todos acreditávamos saber ler, até que chegou Paul de Man...".[13] Assim começa o prefácio de Wlad Godzich à primeira coletânea de ensaios do crítico, *Blindness and Insight* (1971), que será seguido de apenas dois títulos enquanto ele é vivo e depois de três coletâneas póstumas. O livro já mostra esses dois traços da abordagem de Paul de Man, que são uma precisão matemática da interpretação e uma melancolia benjaminiana no procedimento. Ele reúne estudos recentes sobre Luckàcs, Blanchot e a leitura derridiana de Rousseau, assim como dois artigos mais antigos sobre os impasses da "crítica formalista" e sobre a exegese heideggeriana de Hölderlin – escritos em francês pelo belga de nascimento (que chegou aos Estados Unidos em 1947) e publicados inicialmente em *Critique*. Seu título, explicado em um ensaio de abertura, remete ao encontro de duas dialéticas paralelas, da visão e da cegueira, uma designando um "ângulo morto" do texto que organizaria seu espaço lingüístico e o distribuiria em zonas visíveis e em zonas cegas, e a outra ligada a cada leitura como modo de exclusão singular de certos aspectos do texto, em que determina a partir daí uma "visão cega". Além disso, de Man decifra ali algumas pistas que estarão no centro do debate literário das décadas seguintes: uma crítica da distinção "racional" entre textos estéticos (literários) e argumentativos (críticos), como que postulando de fato a "superfluidez" dos primeiros, sob o pretexto de privilegiar uma *verdade* literária; a escolha, para descrever o funcionamento da linguagem, do conceito de *alegoria* (que permanecerá como sua marca registrada, graças ao sucesso da coletânea *Allegories of Reading*), como distância irredutível à sua própria origem, contra a do *símbolo* que seria portador da nostalgia de uma coincidência com o eu, de uma identidade; e o esboço de uma teoria da linguagem *figural*, o outro grande conceito de Paul de Man, linguagem formal desdobrando seus limites, relatando o vazio do qual ele surge, às expensas das linguagens *referencial* e *gramatical* da crítica clássica.

Sua releitura do episódio da fita roubada em *Confissões,* de Rousseau, é não apenas figural, mas também "maquínica": tomamos como sentimentos humanos os do autor ou de seus personagens, funções puramente internas do sistema textual, explica de Man, que dissocia assim uma *máquina* lingüística autônoma, circulação incontrolada de tropos e de figuras, do mundo ordinário da intenção e da representação. A autonomia em questão é justamente o que a teoria requer, segundo de Man: ela se tornou o único recurso quando a "referencialidade" (o fato de se referir, de remeter a um referente) deixou de ser uma "intuição", uma atividade humana ligada ao "mundo da lógica e da compreensão", porém se revelou uma "função interna da linguagem" – em outras palavras, quando a lingüística saussuriana foi aplicada aos textos literários, relegando ao segundo plano a questão de seu "sentido".[14] De Man considera que todos os usos da linguagem são performativos, na medida em que todos desencadeiam nela mecanismos endógenos, uma tectônica subterrânea de figuras. O horizonte de seu projeto é um verdadeiro *materialismo* textual ou lingüístico. Ele recomenda uma leitura que chama de "retórica" dos textos literários, a única inclusive capaz de fazer emergir o caráter propriamente inumano da linguagem, sua dimensão *material* no sentido de que ela nos seria tão estranha, alienante, quanto o mundo das coisas – em termos às vezes reminiscentes daqueles de um Sartre, cuja obra teve grande influência sobre o jovem Paul de Man e cujas descrições da "má-fé" lembram as que são feitas por de Man sobre as "ilusões" hermenêuticas deliberadas do crítico tradicional. Todo texto desenvolve-se a partir de um fracasso da expressão, e o papel do crítico é trazer à luz a produtividade dialética de cada "erro", de cada "escapada" da linguagem, como ilustram suas próprias análises da impossível "promessa de verdade" na poesia de Rilke, ou da "disjunção" como tarefa específica do tradutor. No fim das contas, para além da desconfiança obsessiva de Paul de Man em relação à ordem da representação e às facilidades da leitura referencial, permanece aberta a questão colocada por Wlad Godzich de saber se sua versão da desconstrução procurou apenas "domar", "submeter" o procedimento de Derrida, fazendo-o "perder sua virulência", ou se, ao contrário, aprofundou-o, confrontou-o mais rigorosamente com o texto literário.[15] A única certeza é que ela o prolongou no sentido da leitura e contra as falsas evidências desta – para maior proveito da crítica literária.

Igualmente inovadoras em sua abordagem, as obras de três outros críticos do "bando dos quatro" são menos inquietantes, não tão minuciosamente austeras como as de Paul de Man. Enquanto Geoffrey Hartman evoluiu de um uso provocador da desconstrução para uma denúncia virulenta em nome da fenomenologia e da crítica do imaginário (as de um George Polet ou de um Jean Starobinski, às quais ele retornou pouco a pouco), seu colega Hillis Miller acabou firmando-se como o prático mais leal – analisando os impasses textuais do romance vitoriano ou os não-ditos da poesia inglesa e defendendo seus êmulos no âmbito de suas responsabilidades, em Yale e depois em Irvine, e à frente da Modern Language Association. A obra e o itinerário do outro solitário do grupo, Harold Bloom, são mais singulares. Ele se tornou conhecido em 1973 com um livro inclassificável, *The Anxiety of Influence*. Radicalização antes da hora de certas hipóteses da desconstrução, como também as de Genette e Riffatterre sobre o *intertexto*, esse curto ensaio difícil de ler é ainda hoje uma das obras-primas da crítica literária americana.[16] Seu postulado parece classicamente estruturalista: "Não existem poemas, somente relações entre poemas". Mas seu desenvolvimento não lembra nada conhecido. Explorando poemas clássicos e contemporâneos, de Virgílio a Milton, Dante e John Ashbery, e acrescentando às referências de Paul de Man um amplo uso de Freud e Nietzsche, Bloom renova o tema da inovação literária, que ele redefine como "angústia" do texto consagrado, "ruptura forçada" de sua repetição e, mais amplamente, "desleitura criativa" (*creative misreading*). Ela procede pela modificação do texto anterior (e *interior*, sua refração na leitura), segundo sete modalidades retóricas, entre as quais o *clinamen*, a *kenosis* e o *askesis* ou purgação de si, que são táticas para "desembaraçar o espaço imaginário" de suas fontes e de seu recalque.

No entanto, essa teoria da ruptura de influência é tão pouco psicológica, tão precisamente lingüística, que evoca mais a morte do autor ou a materialidade do texto no sentido de Paul de Man do que a obrigação banal do "assassinato dos pais" na literatura. Bloom aproveita para questionar as fronteiras genéricas e chega a declarar que "toda a crítica é poesia em prosa". Sobretudo o funcionamento integralmente textual desses procedimentos de "desprisão [*misprision*] poética" (curioso neologismo reunindo o *desprezo* necessário e a *prisão* da influência) faz de seu livro uma ilustração sem igual das aberturas da linguagem e das manobras autônomas da escrita. Contudo, após um namoro que não teve continuidade com a desconstrução, Bloom evoluirá pouco a pouco para o elitismo irascível de um pessimismo solitário, mais hebraizante do que derridiano, mais emersoniano do que francófilo, criticando Paul de Man por seu "niilismo lingüístico sereno", ferozmente antimarxista, último defensor de um cânone ocidental criticado por toda parte, e vendo nas inovações dos anos de 1980 apenas "a escola do Ressentimento": "cercado por professores de *hip-hop*, clones da teoria galogermânica, ideólogos do gênero e outras persuasões sexuais, [...] percebo que a balcanização dos estudos literários é irreversível"[17] – até publicar em 1999, com sucesso, um espesso *Shakespeare* humanista, que não se debruça nem sobre a língua nem sobre a construção, mas apenas sobre os personagens de seu teatro e a "essência de sua personalidade".[18] A luta contra o "fonocentrismo" nunca lhe disse respeito verdadeiramente: "como rabino, como profeta, ele não se deixará intimidar sob o pretexto de que sua linguagem é a do eu, da presença, da voz", resume o crítico conservador Denis Donoghue, que vê na dimensão de "loucura séria" (*serious folly*, segundo a expressão de Shelley) da desconstrução o que acabou atraindo para ela pensadores como Harold Bloom ou Paul de Man.[19]

ESCAPADAS E ESTRATAGEMAS

Enquanto os trabalhos do quarteto de Yale exploram sobretudo esse caráter de *autofagia* do texto literário, os de centenas de seus epígonos direcionarão o novo dogma para alvos cada vez mais afastados desse contramundo do texto – alvos políticos, históricos, culturais, sem grande relação com o materialismo textual de Paul de Man. Para isso, é preciso explorar o potencial dramático, emocional e mesmo de afinidade da desconstrução. Assim, jovens discípulos, enlevados e ao mesmo tempo oportunistas, universalizarão as hipóteses da "*desleitura* criativa" e do "erro produtivo": afirmarão que *todas* as leituras são *desleituras*, que *todo* texto literário é alegoria de sua ilegibilidade, e logo depois, à medida que se estende sobre o mundo anglo-saxão a longa noite reacionária reagan-thatcheriana, dirão que essas forças ocultas que trabalham cada texto são, antes de tudo, de natureza *política* e que a lógica ocidental da representação é intrinsecamente *imperialista*, à sua revelia, no próprio texto. Porém, substituir a paciente desconstrução filológica de Derrida por esse drama belicista, em que os maus são conceitos armados de maiúscula, suscita também as sínteses do cenógrafo seduzido por seu enredo: "Derrida não estava lá quando Jesus se ergueu entre os mortos", diz, por exemplo, R. V. Young, "mesmo que tenha construído uma carreira começando por matar o Logos e incendiar a casa da Razão".[20] O exagero não é apenas cenográfico, mas filosófico. Para alinhar no banco dos acusados os elementos de um quebra-cabeça bastante abstrato, pouco dominado – dialética, razão, *logos* –, o discurso "antilogocêntrico" deve torcer a seu favor a argumentação mais ponderada, sempre prudente, de seu autor fetiche. Jura-se matar Hegel e sua dialética, lá onde Derrida assinalava a obrigação imposta ao pensamento contemporâneo de "se explicar indefinidamente com Hegel".[21] Promete-se desconstruir a metafísica, embora Derrida tenha defendido sempre a necessária "cumplicidade", sem a qual seria preciso "renunciar simultaneamente ao trabalho crítico que dirigimos contra ela".[22] Perde-se na passagem, ao cristalizar a desconstrução derridiana em um *corpus* de injunções gerais, a sinuosidade estratégica, a maleabilidade do trajeto derridiano, jogo de aporias que também têm como função jamais *ancorar* seu pensamento. A distorção, aqui, é literal e tem como origem a curiosa relação americana com os textos de Derrida: no fim das contas, quase nunca são lidos diretamente ou integralmente; e, entre eles, as obras do primeiro período, assim como sua crítica ontofenomenológica do logocentrismo, são mais operacionais que as dos últimos quinze anos, mais elípticas e mais preocupadas com a ética, a democracia ou a homenagem filosófica (a Blanchot ou Lévinas) – com exceção de três obras desse segundo Derrida que se tornaram clássicos nos Estados Unidos: *Spectres de Marx*, *Force de loi* e *Mal d'archive*.[23]

A questão central, com que nos depararemos com freqüência, é a de uma *utilidade* dessa "hipercrítica", como Derrida chama às vezes a desconstrução. De um lado, no país onde só o que conta "é pôr em prática na educação" para sempre "substituir, tanto quanto possível, a sua aprendizagem" (como observava Hannah Arendt[24]), é preciso que a desconstrução seja manejável, utilizável, suscetível de aplicações múltiplas – tanto para ler um único poema quanto para reler politicamente toda a história das idéias. De resto, o fato de ter resvalado para os discursos identitários tem sua fonte nesse preceito utilitarista mais do que em um programa ideológico que a precederia. E suas aplicações mais pontuais, transitivas e como que mecânicas a aspectos que a desconstrução teria começado por deslocar, por reformular, beiram às vezes o contra-senso, quando não a caricatura. Além dos cursos de administração ou de culinária que ensinam a "desconstruir" a empresa hierárquica ou a refeição com três pratos (*three course meal*), Richard Wagner ou a ecologia também podem passar pelo espremedor derridiano: Mary Cicora explica a "ironia romântica" mediante a qual as óperas wagnerianas "desconstruiriam" suas fontes mitológicas (uma "desconstrução operística" que faz de *Parsifal* uma "redenção da metáfora"[25]), enquanto Robert Mugerauer convida a desconstruir a paisagem e a questionar, por exemplo, a pirâmide (dos egípcios a Las Vegas) como "postura estratégica" e "persistência da presença".[26] Por ter adotado uma temática transversal mais didática, e uma linguagem com menos jargões, o livro de David Wood, *The Deconstruction of Time*, que instiga a pensar o tempo "fora da metafísica" e a filosofia "como puro acontecimento e performance", chegou a ter algum sucesso.[27] Porém, ao lado dessas tentativas, às vezes duvidosas, de *pôr em prática* a desconstrução, seus adeptos mais exigentes defendem ciosamente sua dificuldade intransmissível, seu rigor impartilhável, menos por reflexo elitista do que por fidelidade à preocupação ontológica que o inspira. É preciso dizer que seus elementos recorrentes – aporias, *mises en abyme**, figuras negativas, significantes em excesso – não são prontamente acessíveis como conceito, nem facilmente identificáveis nos textos, literários ou teóricos, que supostamente corroem. É por isso que essa abordagem tão célebre será apenas citada, jamais estudada e menos ainda aplicada, no âmbito dos cursos de graduação (*undergraduate*). E é por isso também que será difícil, nos cursos para estudantes graduados, fazer dela o *método* indispensável como gostaria de ter feito o utilitarismo educativo americano. Além disso, e desde o fim dos anos de 1970, a desconstrução ainda pouco aclimatada além-Atlântico sofreu um duplo desvio extra-universitário; escapa por dois lados ao domínio pedagógico de seus práticos e, com mais forte razão, ao proselitismo rigoroso de seus fiéis.

De um lado, ela é objeto de uma série contínua de ataques ideológicos, que começa em 1977 com o apelo do velho crítico Meyer Abrams a "eclipsar" a desconstrução e o seu relativismo moral.[28] Diatribes de direita ou de esquerda que, brandindo o bem público e os valores coletivos contra o "textualismo" derridiano, atribuem-lhe efeitos funestos não apenas sobre a universidade, mas sobre toda a sociedade americana. De outro lado, de modo mais gradual, porém mais espetacular, a palavra "desconstrução" entra pouco a pouco na linguagem corrente para evocar todas as formas de subversão que a universidade abrigaria e, mais vagamente ainda, uma atitude de incredulidade, uma aptidão à desmistificação, a reação vigilante daquele ou daquela "que não se deixa enganar": na grande imprensa e mesmo na televisão, a palavra *desconstrução*, inteiramente dissociada de seus desafios universitários, emerge aqui e ali, sinônimo de habilidade crítica, de lucidez individual em face de uma mensagem oficial. Nessa corrida desenfreada ao poder e ao êxito que aceleram subitamente os anos de 1980, da recuperação econômica à desregulação, é necessário ser capaz de *desconstruir* uma promessa publicitária, uma propaganda eleitoral, uma encenação social – mostrá-las sem disfarces. Sinal dos tempos, revistas de decoração convidam seus leitores, contra a varanda tranqüila, a "desconstruir o conceito de jardim", enquanto um super-herói de história em quadrinhos enfrenta um vilão de tipo novo, "Doutor Desconstructo". Um arremedo de jargão universitário torna-se inclusive argumento de venda quando uma marca de *prêt-à-porter* decidiu nomear, para sua campanha na revista *Crew*, o "casaco Derrida" e o "terno desconstrutor", garantias de um "estilo enfaticamente canônico". Um *Pequeno manual de desconstrução da vida*, coletânea casual e comicamente satírica de aforismos vagamente derridianos, reinam bravamente ao lado dos caixas das livrarias.[29] Fenômeno de empréstimo simbólico, puro efeito de superfície

---

* N. de R.T. Diz-se de um relato/uma obra citada que é inserida no interior de uma outra.

social, essa dispersão extra-universitária de uma referência cada vez mais fluida contribuirá para acelerar a cisão do campo derridiano: entre uma minoria conservadora, preocupada em preservá-la de suas derivas populares, e uma maioria mais estratégica, desejosa de conduzir essa forte caução teórica, agora citada na mídia, para o terreno dos discursos de combates identitários – que estão começando a ajustar os novos programas interdepartamentais de estudos sexuais, étnicos e pós-coloniais. Nos primeiros, a "realidade" é uma construção do logocentrismo, um efeito enganoso da linguagem figural; nos segundos, é uma construção ideológica destinada a mascarar as relações de poder e a segregação. O fosso entre eles só aumentará.

Se deixamos de lado aqueles – minoria quase monástica que se interessa sobretudo por uma nova epistemologia da linguagem literária –, a questão colocada por estes, no fim das contas, deve ser examinada com mais precisão, pois ela não é tão simples: afastar Derrida dos temas que lhe são próprios invalida-o necessariamente? Na medida em que pelo menos eles estão de acordo com a postura derridiana em um ponto crucial, sua desconfiança comum em relação ao pensamento totalizador e aos sistemas fechados, nem todos os usos locais, parciais, móveis, operacionais de tal ou qual conceito derridiano decorrem necessariamente da caricatura, ou da traição, e às vezes inclusive têm a ver com a extraordinária vivacidade, a fecundidade prática do argumento derridiano. Ao lado dos usos caricaturais, existem, em suma, vários usos férteis; ao lado de uma pesada paráfrase de conjunto, um recurso oportuno, função das astúcias da época e da boa ocasião – ao lado de uma *utilização* sem horizonte, confundindo ingenuamente registros teórico e prescritivo, uma *utilidade* específica, que torna a obra citada, conforme a expressão de Michel de Certeau, capaz de subitamente "substituir a fabricação de um futuro a respeito de uma tradição".[30]

SUPLEMENTO: O EFEITO DERRIDA

A espantosa sinergia que aproximou assim, passo a passo, a reflexão feminista americana e a obra derridiana oferece uma primeira série de exemplos. A questão feminina em Derrida não é apenas a de um "falogocentrismo" generalizado apressadamente por certos epígonos — morte ao Logos paterno, abaixo a Razão machista! Para ele, foi sempre a oportunidade de sugestões mais pontuais, mais abertas, que suas leitoras julgam mais operacionais. Assim, já em 1963, no artigo "Violência e metafísica", Derrida questionava em uma nota não a essência masculina da metafísica, mas a "*virilidade* essencial da linguagem metafísica". "A Farmácia de Platão", de 1968, retomada em *A Disseminação*, não é apenas o texto em que o logos assume a figura do pai, mas também a oportunidade de uma sugestão menos citada, segundo a qual o significante superabundante, a disseminação irreversível de traços remeteria também à do esperma, ao motivo escandaloso da "semente perdida". Mesmo o anti-humanismo tão reiterado de *Da Gramatologia* já explora, à guisa de aliado, o famoso "nome da mulher". Em 1970, em seu artigo "A dupla sessão", sobre Mallarmé, Derrida falava do "hímen" como uma membrana incerta: porque ela "separa sem separar" o de dentro e o de fora, abre para um pensamento *não*-identitário do sexual, quer se trate da possibilidade da "invaginação", quer se trate desse estranho "terceiro gênero" que Derrida então evoca, "gênero além do gênero". Sua intervenção de 1972 no colóquio de Cerisy sobre Nietzsche, retomada em *Glas*, é o primeiro texto explicitamente consagrado à mulher, que ele identifica à "verdade", na medida em que ela seria "irresolúvel", e a um espaço de deslocamento, de *diferença*, contra a oposição dual dos sexos. Em *Éperons*, ele opera – quase de passagem – uma outra distinção decisiva para os debates feministas americanos, entre o gesto masculino de "tomar" ou de "tomar posse" e a estratégia feminina de "dar" no sentido de "se dar *como*", jogo de papéis pelo qual justamente ela *se guarda*. Finalmente, "A lei do gênero" de 1980 (retomada em *Paragens*), que convida a "desconstruir" o signo *homem* da tradição metafísica, explica que essa tarefa pode "produzir [...] um elemento *mulher*" que não significa a mulher como "pessoa" – ou seja, a formulação de um feminino *sem essência*, que não é nem um princípio nem sua encarnação humana. São todos livros que escaparam, parágrafos furtivos na obra de Derrida, sobre os quais se apoiará a reflexão "antiessencialista" (contra o *eterno feminino*) do segundo feminismo americano, e que ele brandirá aqui e ali contra aquilo que vê como os "impasses" da mulher-identidade e do único contrapoder materno.

Uma operação bem-sucedida desse segundo feminismo será inclusive, se podemos dizer assim, *jogar* Derrida contra Foucault. Este último devia seu impacto sobre o debate feminista a um primeiro movimento de *dessencialização*, que permitira substituir, na formação dos gêneros sexuais (*genders*), a idéia de uma natureza biológica e de sua necessária sublimação, herdada de um certo essencialismo freudiano, pelas forças autônomas da linguagem e da fantasia, intrinsecamente instáveis. Mas, ao fazer isso, ele conduzia, do ponto de vista americano, a um pessimismo dos gêneros sexuais, se não a um certo conservadorismo: assim, se "a mulher não existe" é porque essa instabilidade fantasiosa dos papéis sexuais não tem solução, se bem que, na ausência de uma *estratégia* de gênero possível, a figura de Phallus e a potência subterrânea da Lei e do inconsciente lingüístico só servirão para perpetuar as hierarquias de gênero, para privar de qualquer recurso aquele ou aquela que está dominado(a), pois *não* existe gênero fixo. Ao contrário, Derrida iria reinserir o movimento, uma margem de manobra, insistindo nos deslizamentos constantes do código lingüístico, no potencial performativo dos jogos com a Lei e com a linguagem – levando, inclusive, a uma desconstrução possível da hierarquia dos gêneros. Que o inconsciente seja estruturado como uma linguagem não impediria as falhas dessa linguagem, os vazios produtivos em seu enunciado, a própria iniciativa de sua reinterpretação – embora Derrida tenha substituído uma ordem sexual cristalizada no mármore da Lei lacaniana por uma "nova coreografia da diferença sexual": é "contra Lacan", avalia, por exemplo, Drucilla Cornell, que ele "nos mostra que tudo o que muda no interior da linguagem, incluída a definição da identidade de gênero [...], jamais será estabilizada definitivamente".³¹ Portanto, a operação Derrida reintroduz aqui a margem, o jogo, em suma, uma ação efetiva contra as opressões de gênero – uma esperança de que vive todo feminismo. No contexto do debate feminista, a referência a Derrida também tem uma utilidade semântica: como sugere Judith Butler, empregar a categoria "mulher" à maneira de Derrida, sem remeter a nenhum referente (nem a seus significados ordinários), "dá uma chance de se abrir [para novos horizontes], de conseguir inclusive *significá-la* segundo as modalidades que nenhum de nós pode prever".³² Signo de uma produtividade sem igual da referência derridiana, foi aliás da leitura de Kafka por Derrida, e não de Foucault ou John Austin, que Butler diz ter tirado o conceito de "performance do gênero",³³ que terá um papel central em seu trabalho e nas teorias *queer* dos anos 1990.

Em um contexto bem diverso, vimos a importância que tiveram as conferências de Derrida sobre "desconstrução e direito", na Cardozo Law School de Nova York, a partir de 1990-1991, para a escola crítica dos *"critical legal studies"*. Quanto ao campo de estudos pós-coloniais, mais naturalmente inspirados (porém também mais diretamente criticados) de Foucault, a referência pontual a Derrida pode desempenhar igualmente esse papel de desbloqueio, conferindo-lhe esse mesmo estatuto de *outsider* providencial. Ela permite ao crítico Homi Bhabha, por exemplo, forjar a curiosa palavra-valise "Dissemi-Nação" para pensar a "nação" possível do dominado a partir de seu desvio da língua dominante e de sua dispersão migratória.³⁴ Permite, sobretudo, investir esse espaço intermediário entre dominação e tribalismo, língua do forte e oralidade do fraco, sujeito histórico e multidão caótica, esse espaço que visa como seu apanágio a teoria pós-colonial, espaço de *negociação* ao qual se prestariam perfeitamente certos conceitos derridianos: o "resto" ou os "traços" irredutíveis ao seu emissor como ao seu contexto; a fusão do Outro e do espaço que propõe a noção de *antro* em Derrida; a busca não de uma "produção do outro" (gesto ainda imperialista), e sim de todas as "vozes [...] do outro em nós",³⁵ segundo a leitura política feita por Gayatri Spivak. Esta vai ainda mais longe. Apela à desconstrução para estender a mão a essas *outras* (mulheres, não-ocidentais, vítimas do capital), para se apoderar enfim da economia política, para fazer de sua teoria do texto uma *prática* de luta e mesmo para lançar uma ponte em direção a Marx relendo-o também como um "desconstrutor *por antecipação*", tal como Nancy Fraser resume a evolução de Spivak em relação a Derrida.³⁶ Mas então se despreza o uso parcial, a obra fragmentária, e já se coloca *a* questão que divide ainda hoje o campo das humanidades americano: a de uma possível "política derridiana", de suas orientações e de sua relação eminentemente problemática com a herança marxista.

O conturbado destino americano da palavra desconstrução remete permanentemente à ambivalência em face da própria política do pensamento derridiano. Embora o tenha julgado, sem indulgência, com base justamente em critérios lógicos e racionais que pretendia rediscutir, Vincent Descombes teve o mérito de destacar (foi um dos primeiros a fazer isso) a maleabilidade de um pensamento que se desenvolve explicitamente *aquém* do verdadeiro e do falso ao lado de sua polaridade: "A desconstrução derridiana é um tiranicídio [...], ou é um jogo?", pergunta ele, antes de concluir que é precisamente essa questão que é "irresolúvel".[37] E quem explica a distância do primeiro Derrida frente à questão política. Daí, na França, a raridade das reflexões políticas que se apóiam exclusivamente em Derrida, os temas formulados em negativo (*evitação, impossibilidade*) no seminário político de sua primeira década de Cerisy (1980) e as incertezas que teve de enfrentar o Centro de Pesquisa Filosófica sobre a política – instalado na rue d'Ulm em 1981 pelos derridianos Jean-Luc Nancy e Philippe Lacoue-Labarthe. A desconstrução problematiza as polaridades normativas (progressista-reacionária, reformista-radical) *enquanto* polaridades e convida a repensar toda estrutura de oposição (entre dois termos) como irredutível aos referentes que ela fixa – a menos que seja estratégica ou mesmo reversível. Assim, ela comporta em si o risco de uma retirada da política, de uma neutralização de posições, ou até mesmo de uma regressão metateórica sem fim, que não podem mais deter uma escolha prática, um engajamento político efetivo. Para fundar sobre ela um programa de subversão, um discurso de conflito, a solução americana foi, portanto, distorcê-la, fragmentá-la, cindi-la dela mesma para romper esse equilíbrio epistêmico paralisante. Por isso, os novos pensadores da identidade, como se verá, optaram por *politizar a desconstrução*, contra seus exegetas reacionários que, por sua vez, preferiam desconstruir a política. Para regular nos *campi* uma desconstrução de combate, uma *política* derridiana, feministas ou pensadores do pós-colonialismo forçaram a desconstrução *contra ela mesma* a produzir um "suplemento" político – até esse irônico paradoxo de que o autor menos diretamente político do *corpus* da teoria francesa (comparado a Deleuze, Lyotard e Foucault) foi o mais politizado nos Estados Unidos. Ou, então, foi justamente por ter contornado a urgência política (à parte sua ação em prol dos dissidentes tchecos e de um engajamento com outros contra o *apartheid*) que Derrida contribuiu, à sua revelia, para desinibir, libertar e mesmo galvanizar para o político leitores inicialmente inibidos. Contudo, até mesmo esse esquema – a eficácia política pontual de um pensamento resistente à prática política que, por isso, é *muito mais* fácil de distorcer – se complica no início dos anos de 1970, quando Derrida então se dirige diretamente a Marx e aos marxistas, históricos e teóricos, com o episódio *Spectres de Marx*.

Pouco depois da queda do comunismo soviético, a partir de uma conversa de Derrida com os professores Bernd Magnus e Stephen Cullenberg em 1991, assim como de sua releitura de *Hamlet* (em que o persegue o verso enigmático *"The time is out of joint"*)* e do projeto de colóquio californiano "Whither Marxism", nasce em 1993 esse texto-cruzamento – conferência e

---

* N. de R.T. "O tempo está fora do seu eixo/desajustado" (tradução livre).

depois obra.[38] As pistas que Derrida explora ali (todas associáveis a Marx), ou seja, "a situação da dívida" (com Marx?), "o trabalho de luto" (dos marxistas?) e "a nova internacional" (*pós*-marxista?), remetem as três a uma releitura de Marx como *espectro*, no sentido ao mesmo tempo do fantasma, da fantasia e do vetor. Com o nome de *hantologia*, Derrida assenta os primeiros marcos de um pensamento da *espectralidade*, que não é nem a presença residual do espírito nem a ausência da coisa, mas um modo de persistência irredutível ao dualismo sensível-inteligível, que seria tanto o do capital no fim do século XX quanto o do horizonte político como promessa messiânica – a mercadoria e sua superação. Em uma afirmação decisiva, menos uma virada do que o desfecho de uma lenta inflexão, Derrida reporta todo o seu trabalho a uma *ética* primeira, que precederia o resto: a partir de agora, "o que põe em movimento a desconstrução [...] [é] essa injunção indesconstruível da *justiça*" – refundação ética que será defendida então com entusiasmo (contra os derridianos da primeira onda) pelos comentadores americanos desse segundo Derrida, um pouco menos numeroso que antes, de Drucilla Cornell a Ashok Kam. Contudo, esse confronto um pouco tardio com Marx (mas "acredito na virtude do contratempo", justifica Derrida[39]) não resolve a grave diferença* que opõe o inspirador da desconstrução aos marxistas ortodoxos do campo universitário anglo-saxão, de Terry Eagleton a Perry Anderson ou mesmo Noam Chomsky – que já há duas décadas fulminam o "textualismo", o "anti-historicismo" e a "imprecisão" política derridianos. Eles aproveitam então a oportunidade para responder a *Spectres de Marx* por meio de um colóquio e posteriormente de uma coletânea, *Ghostly Demarcations*, em que, salvo as intervenções mais indulgentes de Fredric Jameson e Toni Negri, chovem críticas. Assim, estigmatiza-se uma "despolitização literária" de Marx, a inércia prática à qual conduziria essa constatação da espectralidade, os limites daquilo que Pierre Macherey (único colaborador francês) chama de um "Marx desmaterializado",[40] ou ainda as facilidades de um "marxismo sem marxismo".[41] Uma expressão que o interessado, de sua parte, reivindicará alto e bom som (acrescentando que "foi primeiro do próprio Marx") em sua própria réplica, *Marx & Sons*, longa nota irônica e autojustificativa sobre os reflexos sectários da "família" marxista e a persistente leitura errônea, segundo ele, de toda a sua obra.[42]

Para além desse acerto de contas internacional, o debate travado entre a desconstrução e *os* marxismos – em meio aos quais ocorreram aberturas para Derrida, às vezes depois de muito tempo, de Gayatri Spivak a Fredric Jameson ou Slavoj Zizek – não é a conseqüência menos interessante desse *efeito Derrida* em terra americana. Foi com eqüidistância desses dois movimentos de pensamento, marxismo e desconstrução, que se realizou o encontro dos anos de 1980 entre as políticas identitárias e a universidade americana, um encontro que modificará para sempre o campo intelectual americano. Desde então, a teoria francesa já não será apenas discurso inovador, *corpus* em voga, ferramenta mágica do campo literário, mas sim o alvo mais direto de um fogo cruzado ideológico – e o teatro de novos *usos políticos* do discurso.

---

* N. de R.T. Ver nota na pág. 94.

NOTAS

1 *Deconstructing Harry* (1977), lançado na França com o título *Harry dans tous ses états (Harry em todas as suas facetas)*, pois o verbo "desconstruir" não diz nada que valha a pena para os expectadores franceses.

2 Para retomar o título do artigo de Rebecca Comay sobre a "não-identidade" americana da desconstrução, "Geopolitics of Translation: Deconstruction in América", *Stanford French Review, op. cit.*, p. 47-79.

3 Jacques DERRIDA, *Mémoires pour Paul de Man, op. cit.*, p. 41.

4 Gayatri Chakravorty SPIVAK, "Translator's Preface", *in Of Grammatology, op. cit.*, p. XVI e XXII.

5 *Ibid.*, p. XVII, XXI, XLIX, L e LIV, respectivamente.

6 *Ibid.*, p. XXXV.

7 *Ibid.*, p. VII-IX.

8 William FLESCH, artigo "Deconstruction", *in* Richard Wightman FOX e James KLOPPENBERG (dir.), *A Companion to American Thought*, Cambridge, Blackwell, 1995, p. 170-171.

9 Citado *in* Arthur DANTO, "Philosophy as/and/of Literature", *in* John RAJCHMAN e Cornel WEST (dir.), *Post-Analytic Philosophy, op. cit.*, p. 71-73.

10 Citado *in* Bill READINGS, *The University in Ruins, op. cit.*, p. 123-124.

11 William PRITCHARD, "The Hermeneutical Mafia, or After Strange Gods at Yale", *in Hudson Review*, n. 28, inverno 1975-1976.

12 Harold BLOOM, Paul DE MAN, Jacques DERRIDA, Geoffrey HARTMAN e J. Hillis MILLER, *Deconstruction and Criticism*, New York, Seabury Press, 1979.

13 Wlad GODZICH, "Foreword", *in* Paul DE MAN, *Blindness and Insight*, Minneapolis, University of Minnesota Press, 1971, p. XVI.

14 Paul DE MAN, *The Resistance to Theory, op. cit.*, p. 8.

15 Wlad GODZICH, "The domestication of Derrida", *in* Jonathan ARAC *et al.* (dir.), *The Yale Critics: Deconstruction in America, op. cit.*, p. 39.

16 Harold BLOOM, *The Anxiety of Influence: A Theory of Poetry*, New York, Oxford University Press, 1973.

17 Harold BLOOM, *The Western Canon*, New York, Harcourt Brace, 1994, p. 517-518.

18 Harold BLOOM, *Shakespeare: The Invention of the Human*, New York, Riverhead Books, 1999.

19 Denis DONOGHUE, "Deconstructing Deconstruction", *New York Review of Books*, 12 junho 1980, p. 38-41.

20 *Cf.* R. V. YOUNG, *At War with the Word*, Wilmington, Intercollegiate Studies Institute, 1999.

21 Jacques DERRIDA, "De l'économie restreinte à la économie générale", *op. cit.*, p. 371.

22 Jacques DERRIDA, "La structure, le signe et le jeu dans le discours des sciences humaines", *op. cit.*, p. 413.

23 Paris, Galilée, 1993, 1994 e 1995, respectivamente.

24 Hannah ARENDT, *La Crise de la culture*, *op. cit.*, p. 234-235.
25 Mary CICORA, *Modern Myths and Wagnerian Deconstructions*, Westport, Greenwood, 1999.
26 Robert MUGERAUER, *Interpreting Environments: Traditions, Deconstructions, Hermeneutics*, Austin, University of Texas Press, 1995.
27 David WOOD, *The Deconstruction of Time*, Amherst, Prometheus Books, 1990.
28 Meyer ABRAMS, "The Deconstructive Angel", *Critical Inquiry*, n. 3, inverno 1977, p. 431-442.
29 Andrew BOYD, *Life's Little Deconstruction Book: Self-Help for the Post Hip*, New York, W. W. Norton, 1998.
30 *La Fable mystique*, *op. cit.*, p. 178.
31 Drucilla CORNELL, "Gender, Sex and Equivalent Rights", *in* Judith BUTLER e Joan SCOTT (dir.), *Feminists Theorize the Political*, New York, Routledge, 1992, p. 286-287.
32 Judith BUTLER, *Bodies that Matter: On the Discursive Limits of "Sex"*, New York, Routledge, 1993, p. 29.
33 "Preface" (1999), *in* Judith BUTLER, *Gender Trouble: Feminism and the Subversion of Identity*, New York, Routledge, 1999 [1990], p. XIV.
34 Homi BHABHA, *Nation and Narration* e *The Location of Culture*, New York, Routledge, 1990 e 1994, p. 291 *ss.* e p. 139 *ss.*, respectivamente.
35 Gayatri Chakravorty SPIVAK, "Can the Subaltern Speak?", *op. cit.*, p. 292-294.
36 Nancy FRASER, "The French Derrideans: Politicizing Deconstruction or Deconstructing the Political?", *New German Critique*, 1984, *op. cit.*, p. 129-130.
37 Vincent DESCOMBES, *Le Même et l'Autre*, *op. cit.*, p. 177.
38 Jacques DERRIDA, *Spectres de Marx*, *op. cit.* [trad. *Specters of Marx*, New York, Routledge].
39 *Ibid.*, p. 145.
40 *Cf.* Pierre MACHEREY, "Marx dématérialisé ou l'esprit de Derrida", *Europe*, n. 780, abril 1994.
41 Michel SPRINKER (dir.), *Ghostly Demarcations. A Symposium on Jacques Derrida*, Londres, Verso, 1999.
42 Jacques DERRIDA, *Marx & Sons*, Paris, Actuel Marx/Presses Universitaires de France/Galilée, 2002.

II. Os usos da teoria

6
Políticas identitárias

> "É preciso se lembrar às vezes da distância que existe entre a sala de aula e a rua [...]. Toda essas [guerras de palavras] me fazem pensar no conto popular sobre o fanfarrão que matou sete de uma vez: moscas, não gigantes."
> Henry Louis GATES Jr., *"Whose Canon Is It, Anyway?"*

Quer se fale o jargão derridiano ou o dialeto foucaultiano, a coisa é entendida, talvez até melhor do que foi na França: agora não existe mais discurso, verdade, mas apenas *dispositivos* de verdade, transitórios, táticos, políticos. Com a diferença de que, nos Estados Unidos, em vez de armar uma luta geral contra a dominação, essa constatação salutar vai preparar o terreno para teorias minoritárias. Em outras palavras, se Derrida e Foucault conseguiram desconstruir o conceito de *objetividade*, os americanos não tirarão daí uma reflexão sobre o poder figural da linguagem ou sobre as formações discursivas, mas sim uma conclusão política mais concreta: *objetividade* seria sinônimo de "subjetividade do macho branco". Na verdade, eles vão inventar uma relação inteiramente inédita entre teoria literária e esquerda política. Após o textualismo anarco-poético displicente dos *"seventies"*, e ao lado do purismo literário dos derridianos de Yale, a revolução conservadora dos anos Reagan provocará o retorno do recalcado: o famoso *referente*, evacuado por essas versões formalistas da teoria francesa, faz uma súbita reaparição com o nome de política identitária (*identity politics*). Para aqueles que tinham perdido a esperança de perfurar a caixa preta, a novidade é um alívio – a teoria francesa teria então um conteúdo, e este seria simplesmente a identidade minoritária, a parte do dominado, agora ameaçadas de morte pela hidra reacionária. Um fundamento teórico de peso nas novas "guerras culturais" (*culture wars*) que dividirão a América.

Na época, o sentimento de pertencimento identitário, a percepção de si *primeiramente* como membro de uma minoria não é pura invenção verbal de acadêmicos desocupados, longe disso. Ele se generaliza ao longo dessa década em todas as camadas da população americana, em razão de fatores históricos complexos – ecos culturais de lutas por direitos civis, declínio político da esquerda democrática, fechamentos identitários em um contexto de concorrência econômica acirrada, nova segmentação do mercado americano em grupos de afinidades via *marketing*. Todd Gitlin menciona a esse respeito estatísticas espantosas, mesmo para os grupos mais minoritários: de 1980 a 1990, o número de americanos que se declaram oficialmente "ameríndios" cresce 255%, aumenta vinte vezes o número dos que se dizem "cajuns"* no mesmo período, e três vezes o dos que reivindicam sua filiação francófona no Canadá.¹ Porém, aquilo que se expressa fora dos *campi* somente por meio de rituais comunitários, ou por ocasião dos recenseamentos, torna-se, na universidade, objeto de todas as atenções, a ponto de incitar as *minorias* a se afirmarem como tais de todas as maneiras – e a cultivar devotamente o que Freud chamava de "narcisismo das pequenas diferenças". Mestiços "incolores" para os insensíveis, o mosaico complica-se singularmente – uma tendência cada vez mais forte nos *campi* americanos. Assim, o último subcampo, surgido oficialmente na convenção da Modern Language Association de 2002, agrupa os *"disability studies"* (estudos sobre as deficiências físicas), cujos temas vão do motivo do amputado na poesia medieval até a falta de rampas de acesso às salas de aula. Ao mesmo tempo causa e efeito dessa evolução profunda do mundo acadêmico, o surgimento dos *Cultural Studies* americanos na virada dos anos de 1990 é aqui o principal fenômeno – tanto para o futuro da teoria francesa quanto para o teor dessas novas reivindicações identitárias. Por trás dos aspectos de futilidade acadêmica denunciados aqui e ali, os *Cultural Studies* não deixam de representar uma virada histórica nos Estados Unidos: "O fim da 'cultura' como ideal regulatório", segundo Bill Readings, em outras palavras, o advento do todo-cultural, a emergência de um mundo onde "não há mais *cultura* da qual ser excluído",² ou exterioridade real ou fantasiosa a partir da qual travar o combate.

O TRIUNFO DOS *CULT STUDS*

Vedetes das livrarias, os *Cultural Studies*, que logo passarão a ser chamados de *cult studs* para zombar de seu caráter de seita (*cult*) acadêmica, se expandirão muito mais que um grupelho religioso, mas sem a base institucional que têm os subcampos identitários: enquanto nos Estados Unidos existem inúmeros programas de estudos étnicos ou sexuais, não há quase nenhum que se dedique explicitamente aos *Cultural Studies*. Por isso, eles estão em toda parte e em lugar nenhum, mais flutuantes do que enraizados, presentes em tal departamento na pessoa de um de seus especialistas, na escolha desse objeto de estudo, em uma abordagem teórica ou em algumas palavras-chave. Impregnam de forma transversal o conjunto do campo de humanidades, sem que seja necessário consagrar-lhe um curso ou fixar claramente uma definição. O que dá margem, naturalmente, a uma inflação de ensaios que discutem seu conteúdo e seus limites. Parafraseando a fórmula surrealista, eles poderiam ser definidos, na falta de algo melhor, como a convergência de uma recente máquina marxista britânica e de um guarda-

---

* N. de T. Francófonos de Louisiana que falam uma língua de origem acadiana.

chuva teórico francês no terreno da sociedade de lazer americana – menos ascética do que uma mesa de operação. Pois eles nasceram na Grã-Bretanha, em torno do Center for Contemporary Cutlural Studies criado em 1964 em Birmingham, e a partir dos trabalhos de Raymond Williams (*The Long Revolution*) e Richard Hoggart (*The Uses of Literacy*)[3] sobre as tradições e as resistências culturais do proletariado britânico. As pesquisas desse grupo, que influenciam então os trabalhos de Althusser, Barthes e depois Bourdieu, invalidam a abordagem marxista ortodoxa: a cultura não é um simples reflexo superestrutural, mas um campo de lutas específicas pela *hegemonia* (daí a forte referência a Gramsci); a própria classe social não é um dado histórico bruto, mas uma construção simbólica (e, portanto, cultural); e a hierarquia cultural não tem sentido único, pois existem complicadores como uma nova cultura de massa (com a televisão comercial) e seus modos de apropriação pelas classes populares. Já a forma americana dos *Cultural Studies* aparece na virada dos anos de 1980, primeiro nas universidades de Illinois (em torno de James Carey) e de Iowa, porém ainda hesita em adotar esse nome.[4] É preciso dizer que existem vários traços fundamentais que distinguem os *Cultural Studies* americanizados da escola britânica.

À polarização inglesa em classes sociais, muito menos determinante nos Estados Unidos, segue-se uma divisão mais móvel em "comunidades" e em "microgrupos". Instigados pelas novas diatribes contra o "imperialismo" ocidental, os primeiros partidários americanos dos *cult studs* vão inclusive criticar a corrente britânica por seu "etnocentrismo" e seu "sexismo" – ainda que não faltassem nem mulheres nem ex-colonizados no proletariado inglês estudado por Hoggart ou E. P. Thompson. Na verdade, o principal deslocamento está ligado ao próprio objeto de análise. Enquanto os ingleses abordam a cultura (ou as culturas) como um prolongamento do campo de batalha social, seus colegas americanos – de formação mais literária do que sociológica ou histórica – estão mais preocupados com o florescimento da *pop culture* de massa como entidade nova e não se interessam tanto por suas questões de luta social, mas pela invenção de códigos específicos e pela "criatividade" dos receptores. Isso acontece porque há uma mudança de geração intelectual nos Estados Unidos. Com a emergência de uma cultura de massa proteiforme em grande escala, favorecida pela extensão do tempo de lazer e pelas novas estratégias da indústria cultural, os anos de 1960 são também os de um revezamento na universidade: os pesquisadores que aderiram "às mitologias heróicas do intelectual dissidente" dão lugar àqueles que aceitam "as contradições de uma vida na cultura capitalista" e inclusive estão dispostos a "usar [seu] engajamento na *pop culture* como um modo de contestação válido",[5] como resume Andrew Ross. Daí uma certa neutralização do objeto: o interesse pela *pop culture* decorre menos de um gesto político do que de uma plena participação em sua época. O que vale analisar, como prova de inovação, não é nem a persistência de uma alta cultura canônica, nem o potencial subversivo de verdadeiras dissidências culturais, mas os subgêneros misteriosos e inexplorados da *pop culture*, cada um comportando sua *narrativa* social: filmes de série B, *sitcoms*, *comics*, paraliteraturas (*thrillers* e *science-fiction*), confissões de astros da *pop music* e biografias de sucesso dariam acesso ao mosaico mutável, secreto, de fã-clubes e grupos de afinidades contra as divisões mais rígidas da sociologia; esses gêneros codificados revelariam as fantasias coletivas e as práticas culturais reais da sociedade americana.

A análise das duas grandes bases de dados universitárias permitiu situar na segunda metade dos anos de 1980, com um pico em 1991, a explosão dos *Cultural Studies* e do estudo da *pop culture* no campo de humanidades americano.[6] Em 1992, o sucesso do volume em forma de balanço coordenado por Lawrence Grossberg consagra o reconhecimento da nova abordagem, agora inelutável.[7] Contudo, o estudo pioneiro data de 1979: trata-se de *Subculture*, de Dick Hebdige, uma análise detalhada das formas de expressão do jovem movimento *punk* inglês, que introduz nos Estados Unidos a idéia de aplicar a vanguarda teórica européia, no caso um misto de semiologia marxista e de sociologia do desvio, a fenômenos de contracultura urbana abandonados pelas ciências sociais.[8] A dupla novidade do objeto de estudo e dos referentes teóricos logo desencadeia uma verdadeira onda. Assim, as figuras mais sofisticadas da análise textual e a nova tendência da universidade ao metadiscurso são aplicadas a temas tão variados como o *rap* de gueto (*gansta rap*), as leitoras da coleção "Harlequin"*, os fãs da série de TV *Star Trek***, ou ainda o suposto "subtexto" filosófico da série *Seinfeld**** – mas também a indústria do esporte, a cultura do *fast-food*, a onda da tatuagem ou as resistências desta ou daquela cultura à globalização econômica. A obsessão semiológica e seu superinvestimento político de noções de "estilo" e de "subtexto" geralmente levam os novos especialistas dos *cult studs* a perderem de vista o quadro mais amplo da indústria cultural e do poder de mercado. Substituem o velho paradigma crítico dos marxistas ingleses pela microdescrição estilística, irônica ou cúmplice. Assim, um estudo sobre a "política de Madonna", rebatizada para a ocasião de *metatextual girl* (em referência à *material girl* de sua música de mesmo nome), pode tratar de perversão, de mistura racial ou do matriarcado pós-moderno, sem evocar jamais o que permanece aquém dessa esfera simbólica – nem a rentabilíssima empresa Madonna nem suas modalidades de difusão.[9] Em *Rocking Around the Clock*, a crítica Ann Kaplan vai mais longe, atribuindo

---

* N. de T. Livros da editora Harlequin Books vendidos em bancas de jornal, dirigidos a donas de casa. São vendidos no Brasil desde 2005. Entre outros títulos, encontram-se "Paixão", "Desejo", "Jéssica", etc.

** N. de T. Série de ficção científica, ambientada no espaço estelar.

*** N. de T. Série cômica americana de maior sucesso na década de 1990, definida como "a melhor série sobre o nada". Composta por quatro personagens principais que discutem e analisam os fatos mais corriqueiros do dia-a-dia. No Brasil, foi apresentada pela Rede 21.

à cantora o estatuto de "heroína feminista pós-moderna", sem distinguir entre estratégia e representação.¹⁰

Em um terreno tão escorregadio, esses(as) práticos(as) dos *Cultural Studies* necessitam de fato da garantia teórica francesa. Citam aqui e ali Lyotard ou Derrida e, em geral, situam seu trabalho, na introdução, na linha de Barthes ou Foucault. Análises mais sofisticadas, dessa vez guarnecidas de todo o jargão *teorista*, podem ser desenvolvidas também em torno de um único autor francês. Para mencionar apenas o caso de Gilles Deleuze, mais raro nesse âmbito, ele pode inspirar uma análise de espetáculos transexuais e de vídeos alternativos nos termos de um "fluxo de corpos" e de um "teatro performativo" da resistência;¹¹ ou justificar uma nova abordagem *pós*-feminista da anorexia em nome de sua "ética não-reativa" da "negociação permanente";¹² ou ainda, de maneira mais ampla, ajudar a reforçar o próprio campo dos *Cultural Studies* para que seja possível "particularizar o universal" sem objetivar os sujeitos" estudados.¹³ Ao lado das "críticas culturais" (*cultural critics*) que tendem a sobrecarregar suas análises de referências teóricas, o autor francês mais diretamente operatório no campo dos *Cultural Studies stricto sensu* continua sendo Michel de Certeau. Antes de tudo porque, para compreender os modos de percepção de uma telespectadora ou de um fã de *rap*, confere um novo sentido se não ao próprio *sujeito* -- já potencializado pela teoria francesa – pelo menos ao "agente" no sentido funcional que a sociologia americana atribui a esse termo. Para que os *Cultural Studies* sejam possíveis, é preciso dar lugar, entre os regimes de controle e o imperialismo da representação, a uma iniciativa e a uma inventividade mínimas, mesmo que locais e limitadas, do usuário cultural. Por isso, Certeau permite substituir o panóptico foucaultiano, assim como a fatalidade da dominação na análise marxista, por suas "redes de antidisciplina" e suas "astúcias transversais". Isso explica o grande sucesso da tradução de *A invenção do cotidiano*, com 30 mil exemplares vendidos nos meses seguintes ao lançamento.¹⁴ Além disso, como observa François Dosse, a análise atenta das "operações de trânsito e de troca" sugeridas por Certeau é particularmente adequada a essa "sociedade plena de imigrâncias".¹⁵

Para além do caso de Certeau, os *Cultural Studies* gradualmente se cindirão em duas correntes bem distintas: de um lado, os estudos de recepção, ou seja, a análise do efeito da mídia e de formas de resistência do espectador (de Elihu Katz a David Morley), mais próximos da sociologia americana e de seu realismo epistemológico do que da teoria literária; de outro lado, o conjunto de análises estilísticas e textuais da *pop culture*, mais ligadas ao campo literário e à teoria francesa. Essa segunda corrente, a dos semiólogos do *texto* cultural, ou daquilo que o crítico John Fiske chama de "guerrilhas semióticas", é a mais visível na universidade, mais atrativa para os estudantes e, em geral, mais carregada de jargões. Ela será submetida à acusação cada vez mais ácida de desvio literário dos *Cultural Studies*, atribuído à excessiva influência sobre o seu desenvolvimento da teoria francesa – cujos autores, no entanto, não conseguem mais isso. O desvio é incontestável. As atividades culturais deixaram de ser fenômenos sociais para se tornarem textos a decifrar. O recurso geral à citação elíptica, sobretudo à metáfora, para descrevê-las e para explicá-las (elas são apenas atividades de *metaforização*) generalizou a imprecisão artística e a debilidade argumentativa. Sem esquecer seu tom de ironia relativista e a mesma fascinação espelhada que as disciplinas literárias por seu próprio florescimento – de tal modo que a autoficção disciplinar dos *Cultural Studies* ocupa mais espaço, às vezes, que os objetos culturais estudados. Contudo, essas transversalidades – que, como vimos, são quase sempre de literatos expansionistas – acabam criando menos problemas para os *Cultural Studies* do que sua ambigüidade política inata.

Embora louvem os talentos transgressivos dos *rock stars* e celebrem as *desleituras* resistentes dos usuários, elas desertaram quase inteiramente do terreno do verdadeiro jogo político. Recusando-se a questionar a mercantilização das práticas culturais, justo no momento em que se constituíam financeiramente os grandes conglomerados da diversão (Disney, Viacom, Time Warner), elas despolitizaram um campo de estudos politicamente explosivo. Defendendo o sucesso de público como critério de qualidade em nome do princípio do prazer e de um antielitismo tático, elas fizeram o jogo do capitalismo cultural – aquele que supostamente tinha demonizado suas credenciais libertárias a Marcuse ou Foucault. Em face da ordem mercantil estabelecida, seu lema, às vezes, é a fuga adiante, teórica e lúdica: como não se pode mais escapar a isso, que se aproveite. Não é de se surpreender que a revista *Social Text*, templo dos *Cultural Studies* (como indica seu título), justifique em 1995 um número especial sobre as culturas empresariais (*corporate cultures*) pela idéia de que elas constituiriam o último "terreno cultural" que lhe teria escapado, uma "cena de luta social" e um teatro de "debates ideológicos" que elas tinham o dever de abordar. "Talvez seja o momento de nos olharmos no espelho da cultura empresarial e finalmente nos reconhecermos aí", conclui em seu preâmbulo o coordenador da edição,[16] em uma frase que ressoa como um lapso válido para todo o campo dos *Cultural Studies*.

ETNICIDADE, PÓS-COLONIALIDADE, SUBALTERNIDADE

Após os *Cultural Studies*, é preciso ir à essência dos novos discursos comunitários da universidade americana: os estudos étnicos e pós-coloniais. É aqui que o velho conceito de identidade será questionado ou, pelo menos, examinado de uma dupla perspectiva: de um lado, em um sentido *cratológico**, em que a identidade passa a ser o próprio teatro das relações de poder mundiais, um sedimento complexo de lutas históricas; de outro lado, no sentido de uma pluralização e de uma complexificação identitárias, insistindo nas narrativas cruzadas e nos trajetos entrelaçados, na identidade diaspórica e nas linhagens de migrantes. Se preferirmos, combinação de uma

---

* N. de T. Fundamentado na análise das relações de poder entre os atores presentes.

trama foucaultiana em que o sujeito se constrói primeiro por *sujeição* às instituições de controle e ao discurso dominante e de uma temática deleuziana, a de um sujeito despotencializado ao longo de linhas de fuga nômades.

Nesse conjunto, a questão afro-americana é, ao mesmo tempo, a referência por excelência, *a* justificativa de um estudo de segregações, e um caso à parte, mais antigo, mais imperativo, que carrega uma história mais pesada. De fato, ela decorre menos de uma criação acadêmica *sui generis* que os *Chicano, Asian-American, Native-American* ou mesmo os *women's* e os *gay studies*. Os *Black studies*, que o léxico politicamente correto depois impedirá de chamar assim, não emergem de uma reflexão sobre o conteúdo a ser atribuído a uma identidade minoritária que seria como um dado prévio, uma forma *a priori* da percepção social. Para uma comunidade que é decretada não propriamente como ela a experimenta *de fato* desde o século do tráfico e da escravidão, constituem apenas uma necessidade na universidade. Trata-se de prolongar no campo das humanidades uma longa herança histórica e de oferecer um eco literário e cultural, a mais curto prazo, ao combate dos anos de 1960 pelos direitos civis. Entre ambos, o combate de ontem e o discurso de hoje, há uma solução de continuidade de um conflito ancestral, aplicado a questões mais restritas e talvez menos vitais – o cânone literário ou a narrativa histórica da escravidão. A universidade já era, para a minoria negra, o campo de batalha altamente simbólico dos anos de 1960 quando os estudantes Clement King e James Meredith tentaram em vão (em 1958 e 1961) matricular-se no doutorado de universidades segregacionistas do Sul. E assim tornou-se, pouco a pouco, a nova fronteira do combate pela igualdade: se certas discriminações socioeconômicas (no emprego ou nas ofertas bancária e imobiliária) efetivamente recuaram em vinte anos, a situação da comunidade negra em face dos estudos superiores é desoladora durante o período Reagan.

Os negros de 18 a 25 anos são mais numerosos na prisão do que no *college*, 44% são analfabetos, a maioria dos estudantes negros está concentrada em *campi* separatistas de pior qualidade e os negros representam 2% do corpo docente (e 2,8% dos doutorados no campo de humanidades) para 13% da população.[17] É urgente, portanto, antes mesmo de colocar a questão identitária, dar mais espaço aos estudantes e professores negros, assim como à herança histórica e literária dessa comunidade. Esse é o empenho dos grandes intelectuais negros do período, de Henry Louis Gates a Cornel West, V. Y. Mudimbe, Houston Baker ou Manta Diawara. Para isso, eles recorrem apenas marginalmente à teoria francesa. A figura tutelar aqui não é Foucault ou Derrida, mas Franz Fanon, cujo livro *Os condenados da terra*, citado por todos, aborda os mesmos temas da opressão branca e da resistência, oferecendo ainda a garantia da africanidade – mesmo que seja a do Norte. E, além dos raros romancistas reconhecidos, de Richard Wright a James Baldwin, reabilitar o cânone literário negro obtendo avanços concretos (como incluir na famosa coleção da Editora Norton uma antologia de literatura afro-americana) depende de um mínimo de reconhecimento cultural – com a condição de conceber esse contracânone como um misto de influência, intertexto complexo de escritores assimilados, de autores em dissidência e de referências brancas que são também as suas. De fato, a própria identidade negra é pensada como uma das "narrativas" constitutivas de uma identidade cultural cada vez mais diversificada: "Ainda que ser negra fosse o atributo social mais determinante de minha vida, essa é apenas uma das narrações ou ficções que presidem a reconfiguração constante de mim mesma no mundo",[18] observa, por exemplo, a crítica negra Patricia Williams em termos típicos desse paradigma literário.

A polêmica não vem daí. Ela surgirá dos excessos de um revisionismo histórico afro-americano que pretende exumar, menos historicamente do que estrategicamente, as raízes africanas do Ocidente. Em 1987, Martin Bernal, seguindo as pegadas do professor senegalês do afrocentrismo, Cheikh Anta Diop, apresenta as fontes gregas da Europa, em *Black Athena*, como uma "fabricação mitológica" da "helenomania" anglo-alemã do século XIX. Ele imputa origens egípcias ao platonismo e considera "falsificada" desde o início a narrativa histórica inaugurada pelos "colonos" Heródoto e Tucídide. Além disso, atribui todo o aristotelismo aos recursos da biblioteca de Alexandria – que, no entanto, só foi inaugurada vinte e cinco anos após a morte de Aristóteles.[19] Assim como o homem apareceu primeiro na África, a civilização teria ali suas principais fontes. O livro obrigará os intelectuais negros mais moderados a retirar sua solidariedade (Henry Louis Gates denunciou em 1992, no *New York Times*, os "demagogos negros e os pseudocientistas") e suscitará sobretudo um contra-ataque conservador, artigos incendiários no *The New Republic* e livros contra-revisionistas, a exemplo do extremamente moralista *Not Out of África*.[20] No fim das contas, esse conflito de ostracismos, e das verdadeiras "fontes" do Ocidente, não precisa muito da teoria francesa.

Já os *Chicano studies*, consagrados às diferentes formas (migrantes ou sedentárias) da identidade latino-americana, recorreram um pouco mais a ela. Ao menos quando se trata de abordar não as questões da história colonial ou da economia migratória, mas sim aquelas, mais literárias, da incerteza identitária e do testemunho da diáspora – sob a rubrica emblemática de *relato* ou *narração* chicano.[21] Do cinema à autobiografia, das lutas sindicais às novas cibercomunidades, do feminismo literário de uma Sandra Cisneros à história social de um George Sanchez e do célebre departamento de *Chicano studies* da Universidade de Santa Bárbara à do Colorado, é o tema da fronteira e das transações identitárias que remete mais aos pensadores franceses. O volume coordenado por Alfred Arteaga, *An Other Tongue*, é um bom exemplo disso, com as contribuições de Jean-Luc Nancy e Tzvetan Todorov, como também os textos sobre a "heteroglossia" resistente do migrante bilíngue ou a "diferença" como "discurso de/sobre o outro".[22] Com esse tipo de abordagem, afasta-se da afirmação identitária histórica, tal como a colocam os *Black studies*, para se aproximar de uma reflexão sobre o caráter problemático da identidade e de suas possibilidades de enunciado – ou seja, o terreno dos estudos pós-coloniais que constituem, por sua vez, um avatar direto do influxo teórico francês.

Em face da identidade negra ou da comunidade hispânica, a pós-colonialidade, que também as recorta, figura como um segundo grau, o questionamento de uma identidade mesclada, incerta, herdeira de um mundo pós-colonial. Ligada à mestiçagem transnacional, ao hibridismo como estigma *e* como estratégia, a pós-colonialidade é igualmente o espaço de uma indistinção entre culturas dominada e dominante, esta última alimentando a primeira, que resiste voltando contra ela suas próprias armas. Como os *Cultural Studies* (eles próprios podendo ter como objeto a questão identitária e não mais a *pop culture*, com os *Black*, *Chicano* ou mesmo *French Cultural Studies*), os estudos pós-coloniais são concebidos como encruzilhada, sem território designado nem campo delimitado. Em revistas como *Diaspora* ou *Transition*, eles se interessam pelas zonas de cruzamento, pelas culturas híbridas, redesenhando um mapa do mundo em que os espaços de "transculturação" são hipertrofiados: de El Paso a Tijuana, o continente americano é cortado pela linha vermelha de seus dramas migratórios, e até o oceano que liga Harlem, Dakar e Salvador, na Bahia, torna-se "o Atlântico negro", segundo as palavras de Paul Gilroy.

O pós-colonialismo é, antes de tudo, um conceito literário, na medida em que a relação entre minoridade e linguagem, poder e língua, está na essência de sua genealogia. Ele não concebe o romance negro ou a poesia ameríndia como "pós-coloniais" em referência exata ao escravagismo ou ao genocídio indígena, porque esses gêneros, que são elaborados em inglês, produzem um espaço lingüístico no qual seriam lidas na própria frase essas tensões históricas, sublimadas ou, ao contrário, reativadas. Deleuze observara isso à sua maneira ao descrever o americano contemporâneo "trabalhado por um *black english*, e também um *yellow*, um *red english*, um *broken english*" que o fazem parecer "uma linguagem atirada com uma pistola de cores".[23] Daí o grande desafio pós-colonial das mal chamadas literaturas *francófonas* (a palavra foi forjada em 1878 pelo geógrafo Onésimo Reclus "para reunir as colônias"), que são estudadas por vários departamentos de francês americanos melhor do que fizeram as universidades da metrópole – da "poética da relação", de Edouard Glissant, à "negritude" literária, de Aimé Césaire, ou à língua enlutada, da romancista argelina Assia Djebar.

Esse tema da *minoria* literária acabou fazendo da Irlanda o caso típico do campo pós-colonial, pois é o primeiro país do século XX (e o único na Europa) a conseguir sua descolonização e aquele em que o renascimento literário dos anos 1900-1920 (de George Bernard Shaw a O'Casey e depois Joyce) contribui para subverter a ordem cultural dominante. A Irlanda é, sobretudo, o país do poeta William Butler Yeats, celebrado pelos pensadores mais em voga do pós-colonialismo, de Gayatri Spivak a Edward Said – sendo que este último situa Yeats na linha dos "grandes poetas do antiimperialismo", de Pablo Neruda a Aimé Césaire e Mahmoud Darwish.[24] Mas é também esse viés literário, no sentido "contrapontista" (inverter a ótica do autor) do mesmo Edward Said, que conduz a uma releitura pós-colonial de todos os clássicos ocidentais, obviamente aqueles que contribuíram para forjar o discurso anglo-francês do "orientalismo" no século XIX,[25] mas também aqueles – aparentemente mais neutros – que, no entanto, seriam "infectados" por um colonialismo inconsciente, como *Jane Eyre*, de Charlotte Brontë. Até mesmo Shakespeare torna-se suspeito, visto que *A tempestade* relataria a aliança impossível, o conflito fundamental entre o conquistador Próspero e o indígena Calibã. Contudo, a literatura pós-colonial é também o desafio de uma tensão mais contemporânea, de uma exploração no presente de posturas híbridas e de identidades cruzadas: seja para criticar a submissão às formas literárias dominantes e aos "mitos" ocidentais, em V. S. Naipaul ou mesmo nos escritores latino-americanos *assimilados* do início do século XX; seja, ao contrário, para celebrar a revolta estética contra o Império, formalizado outrora nos manifestos do cubano Alejo Carpentier por um "realismo mágico", que hoje suscitam romances *intermediários*, relatos de um "terceiro espaço" entre dominação e reação identitária, em particular nos indianos Salman Rushdie e Arundhati Roy, nos africanos Wole Soyinka e J. M. Coetzee, nos caribenhos Derek Walcott e Patrick Chamoiseau.

A referência teórica francesa é constante, sempre recordando – como que para justificá-la biograficamente – os engajamentos em favor dos argelinos e o Manifesto dos 121[*], o apoio de Jean Genet aos Black Panthers, ou ainda a audácia de Lyotard quando era o encarregado das questões argelinas em Socialismo ou Barbárie. As observações de Foucault ou Deleuze sobre o "universalismo" abstrato dos colonizadores, ou sobre a cultura ocidental como cultura de conquista, são citadas como apoio, assim como a formulação de Derrida sobre "aquilo que se chama de pensamento ocidental, esse pensamento cujo destino consiste em estender seu reino à medida que Ocidente retrai o seu".[26] É preciso considerar também o impacto mais específico de Michel de Certeau: já em seus princípios, a teoria pós-colonial reúne suas reflexões sobre a "reversão" necessária da história tradicional e sua idéia da "heterologia" (título de várias coletâneas "certeaulianas" nos Estados Unidos) como "ato de nos ver como os outros nos vêem".[27] Críticas da história de sentido único em Certeau, ou da continuidade histórica como construção discursiva em Foucault, permitem aos teóricos pós-coloniais extrair o relato do colonizado da trama histórica dominante, esse "mito" ocidental, para fazer dele o ponto de partida de uma *outra* idéia da história, de uma contra-história. Mas é precisamente quando se passa do desmonte dos postulados à questão de sua alternativa, de uma crítica da história a uma história crítica, que se revela, no campo pós-colonial, um limite da teoria francesa – e um debate fecundo com seus autores.

O próprio caso do grande crítico pós-colonial Homi Bhabha é típico dessa oscilação. Em seus ensaios mais estudados, *Nation and Narration* e *The Location*

---

[*] N. de T. O Manifesto dos 121 apóia os atos de deserção e de insubmissão de 300 jovens franceses que se recusam a lutar na Guerra da Argélia.

of Culture, ele sempre traçou uma linha, inevitavelmente móvel, que permitiu separar a teoria como violência praticada contra os colonizados e a teoria como ferramenta de negociação de sua situação, ou um "teorismo eurocêntrico" elitista e reificante (no qual ele inclui tanto o persa de Montesquieu quanto o Japão de Barthes) e a teoria não-objetivante como "força de revisão" e de "represamento institucional" (cita Foucault e Derrida) – esta última sendo a única capaz de esclarecer "o espaço contraditório e ambivalente do enunciado", espaço de tradução e de expressão híbrida, espaço no interior do qual se debate o sujeito cindido do mundo pós-colonial.[28] Gayatri Spivak, também aqui, vai mais longe. Embora seja obrigada a reconhecer que os franceses mostraram "a afinidade entre sujeito imperialista e sujeito do humanismo",[29] permitindo, assim, associar crítica do sujeito e lutas de libertação, ela pergunta se a simples distância cultural não impede Foucault e Deleuze "de imaginarem o gênero de Poder e de Desejo que habita o sujeito ainda não nomeado desse Outro da Europa" – criticando como um luxo sua abordagem "micrológica", em nome de "efeitos macrológicos" mais urgentes que estão em jogo no pós-colonialismo, efeitos da guerra fria e das políticas externas americanas.[30] O problema de fundo, com o qual se confrontam todos os intelectuais do Terceiro Mundo desde o fim da descolonização, é o de um combate que não pode ser travado sem as mesmas armas do adversário, de um programa de emancipação pós-colonial cujos termos são emprestados das Luzes e do progressismo racional: democracia, cidadania, constituição, nação, socialismo ou mesmo culturalismo. O que é preciso fazer, conclui Spivak – e para isso a teoria francesa (ainda ocidental) não é muito útil –, é "arrancar todos esses significantes políticos regulatórios de seu campo de referência e de representação".[31] Em outras palavras, *desocidentalizar* os grandes conceitos de mudança política – amplo programa que inspira mais precisamente os *"subaltern studies"*.

O que é a "subalternidade"? É a condição do dominado enquanto é submetido a uma forma de alienação ao quadrado, objetivação não somente social, mas também cognitiva, no sentido de uma lacuna no conhecimento de si e de seu papel real na luta política. O subalterno é o ângulo morto do processo histórico. É aquele que as forças do poder reduzem ao silêncio, seja religioso, colonial ou econômico, assim como aquele que o militante e seu modelo jurídico-político ocidental da *libertação* dizem "representar". Tanto estes quanto aqueles *invisibilizam* o eterno desconhecido dos grandes relatos históricos que, no entanto, seria o verdadeiro sujeito da história. Esse é o ponto de partida dos *"subaltern studies"*, lançado em Nova Delhi em 1982, com a criação da revista do mesmo nome,[32] pelos historiadores marxistas indianos Ranajit Guha e Partha Chatterjee – este último com uma análise do papel de Gandhi como "significante político" que "se apropria" do povo assumindo sua liderança. Posteriormente, reúne-se ao grupo Gayatri Spivak: ela apresenta suas credenciais em 1983 com um artigo célebre sobre a "cooptação" do subalterno pelo discurso de emancipação ocidental[33] e associa-se a Guha em 1988 para fazer um primeiro balanço.[34] O terreno inicial dos *"subaltern studies"* é a historiografia da descolonização indiana que esses historiadores marxistas empenham-se em rever radicalmente a partir de conceitos gramscianos de "subalterno" e de "elaboração", como também das observações de Foucault sobre a descontinuidade histórica. Eles procuram "quebrar a cadeia significante" sócio-histórica e reabilitar o papel dos movimentos espontâneos e das insurreições não-coordenadas contra a imagem retrospectiva, e totalizante, de um programa realizado e de uma continuidade. Contrariamente à história escrita pela elite ocidentalizada, trata-se de pensar não apenas uma história *de baixo*, mas igualmente, de um modo mais prospectivo, a possibilidade de uma luta antiimperialista cujas modalidades e objetivos não sejam ocidentais. Porém, desde a segunda reunião do movimento em Calcutá, em 1986, surgiram divergências entre a ala histórica marxista e uma outra ala mais literária, direcionada sobretudo ao *relato* e ao *enunciado* subalternos. Mesmo assim, o movimento se estenderá pouco a pouco à África e à América Latina, onde pesquisadores como Patricia Seed e Florencia Mallon explorarão as vias de uma subalternidade local. Vinte anos depois, esse conceito promissor de *subalternidade* continua inexplorado, retomado aqui e ali por intelectuais do Terceiro Mundo e por alguns ocidentais para compreender a americanofobia do pós-11 de setembro de 2001. Ele permanece como um dos raros conceitos políticos recentes, ao lado de "multidões", a permitir superar o moralismo ambiente para compreender as novas formas de dominação – étnica, religiosa, cultural, sexual.

QUESTÕES DE GÊNERO

Esse último horizonte e a questão concomitante da identidade sexual constituirão, desde o início dos anos de 1980, o terreno mais fértil para os novos conceitos oriundos do campo literário, o terreno no qual se mostrará mais fecundo o fermento teórico francês. Contudo, para montar o cenário, é preciso antes retroceder aos feminismos acadêmicos americanos – cuja riqueza e diversidade não poderiam ser descritas em algumas linhas nem mesmo aqui.

Nos anos de 1960, surge um primeiro feminismo organizado, marcado pela criação em 1966 da National Organization for Women (NOW) e pelo enorme sucesso, três anos antes, de uma crítica humanista da *feminilidade* como "mistificação" masculina imposta às mulheres – *The Feminine Mystique*, de Betty Friedan. Porém, a esse feminismo consensual sucede-se, nos anos de 1970, uma primeira distância entre a universidade e a sociedade civil. Esta última parece integrar em seus mecanismos de mercado as primeiras palavras de ordem feministas, como ilustram as primeiras revistas femininas de grande tiragem, especialmente *Ms.*, lançada em 1972, e o êxito de vendas da poetisa Adrienne Rich, que narra o traumatismo de sua gravidez e denuncia a "instituição patriarcal" da maternidade.[35] Nessa época, a universidade favorece mais a emergência de um feminismo separatista nos *campi*, isolado ao mesmo tempo da militância comunitária externa e da maioria dos estudantes e professores. Seu surgimento no campo literário data do final dos anos de 1960, com a abertura de um primeiro programa interdepartamental de *Women's Studies* na Universidade do Estado de San Diego, seguido da criação, entre 1970 e 1980, de mais de 300 programas equivalentes em todo o país – porém isolados do movimento geral, ao qual só se integrarão melhor na virada dos anos 1990, para conter o declínio das filiações. Em 1970, o ensaio pioneiro de Kate Millett, *Sexual Politics*, confere a uma "política feminista" uma dupla missão: reabilitar a contra-história da opressão das mulheres, como faz esse livro ao analisar o período 1930-1960 como um período de "contra-revolução sexual" no Ocidente, e combater a misoginia em todas as suas formas nos clássicos da literatura (em proveito de um *corpus* feminino), como a própria Millett denuncia em Henry Miller, Norman Mailer ou mesmo Jean Genet.[36] Os programas de estudos que se inspiram nessa idéia e a constituição de um pólo engajado de editores (de Feminist Press a Daughters Inc.) e de revistas (de *Signs* a *Sex Roles*) contribuem para radicalizar o processo, afastando-o de um amontoado acadêmico composto agora por uma maioria de estudantes, estimuladas pela recessão dos *"seventies"* a reivindicar as mesmas garantias profissionais que os rapazes mais do que a destituição do poder patriarcal. Esse primeiro feminismo radical de *campus* inspira-se ao mesmo tempo no antiimperialismo da *Students for a Democratic Society* (SDS) e em uma desconfiança com relação às políticas "masculinas". Suas pioneiras tiveram a experiência, alguns anos antes, de um movimento estudantil que julgavam "falocrata" por não ter levantado a questão da desigualdade homem-mulher, nem colocado militantes mulheres em cargos de responsabilidade – a exemplo de Casey Hayden, a esposa do líder da SDS, que defendia desde 1965 uma dissidência das mulheres do movimento.

No entanto, o feminismo radical universitário também sofrerá uma cisão. Pesquisas e publicações revelam de fato uma divergência entre aquelas conhecidas na época como feministas da diferença (*difference feminists*), que priorizam a alteridade dos destinos biológico e histórico do homem e da mulher – defendendo, com base nisso, um *separatismo* feminista, ligado ou não ao lesbianismo –, e as feministas da equivalência (*sameness feminists*), que são favoráveis a uma equiparação de condições ou, no mínimo, à desmistificação de uma diferença superestimada. Essa linha divisória móvel, sinuosa, permanecerá mais ou menos a mesma para além das evoluções do feminismo. Assim, um debate equivalente opõe, desde o início dos anos de 1980, feministas *essencialistas*, advogadas e historiadoras de uma *essência* feminina, e *construcionistas* preocupadas em desvendar os modos de produção social dessa falsa "essência" – sendo estas últimas grandes consumidoras de teoria francesa. Encontra-se uma polaridade semelhante na oposição dos anos de 1980 entre teóricas de um *destino* do sexo e partidárias de um *uso* do sexo. As "guerras do sexo" (*sex wars*) opõem na época um campo proibicionista antipornografia, em torno da crítica Andrea Dworkin e da jurista Catharine McKinnon, e um campo liberacionista anticensura (*sex-positive feminism*), em torno principalmente da crítica Gayle Rubin. Para reinvestir as práticas sexuais de um potencial político próprio, ou até mesmo de um jogo *extático*, essa última corrente prega a emancipação pelo domínio de sua sexualidade e uma política da mão estendida para *gays* e lésbicas. Com o título *Pleasure and Danger*, um colóquio no Barnard College e uma coletânea com o mesmo nome, em 1982, promovem as teses desse segundo grupo, feminino "desenraizado", que está mais interessado no perigo do gênero sexual convencional (*gender endangering*) do que em uma comunidade feminina solidária. O título traça claramente a nova linha divisória do feminismo acadêmico – ênfase nos "perigos" opressivos, de um lado, e nos "prazeres" experimentais, de outro. No primeiro caso, as feministas priorizam um sujeito identitário predefinido, sujeito a proteger na ótica defensiva, ou sujeito revolucionário com as feministas separatistas radicais; no segundo caso, que será enriquecido justamente pelas contribuições do antiessencialismo francês, privilegiam-se as relações, as alianças, os cruzamentos inéditos entre modos de subjetivação sexual, na lógica de um feminismo tático, menos exclusivamente *feminino* do que micropolítico, incluindo *gays*, lésbicas, transexuais, desviantes sexuais. Em sua colaboração a *Pleasure and Danger*, Meryl Altman apóia-se em Foucault para fazer uma crítica das terapias sexuais e dos tratamentos do prazer sexual que, sob o pretexto de "libertar" os corpos, perenizariam um "regime de poder" e de controle dos sexos.[37] Gayle Rubin, por sua vez, defende a "alternativa construcionista" de um feminismo desembaraçado de toda essência, que pudesse aliar a "crítica radical dos dispositivos sexuais" foucaultiana a uma vigilância frente às modalidades coletivas da "auto-repressão" inspirada mais em Wilhelm Reich – pois, embora Foucault tenha conseguido desmontar a "hipótese repressiva", a repressão continua onipresente, conclui ela, e deve ser "intimamente" combatida.[38]

O alvo é o mesmo nos dois textos: um feminismo do *sujeito* político feminino, que naturalizaria a mulher ao querer "libertá-la". Porém, essa crítica feminista do sujeito confronta-se também com a necessidade de constituir a mulher, taticamente ou juridicamente, em *sujeito* de direito: ainda que a maior parte das conquistas do feminismo pudesse ser considerada "humanista" ou mesmo "conformista", isso não invalidaria nem a necessidade concreta nem o caráter de vitória política. Uma contradição que lembra a dos *"subaltern studies"* e que coloca justamente a questão dos melhores "usos da "teoria" para a análise feminista, sabendo que uma parte daquilo que se apresenta sob esse signo da "teoria" tem raízes masculinistas e eurocêntricas muito marcadas".[39] Em face desse fetiche chamado de "teoria", seja ele associado ou não ao poder masculino, o feminismo radical americano está dividido entre um reflexo mimético e uma atitude de desconfiança política. O uso literal da referência teórica assinala um feminismo geralmente reducionista e retórico, cujas diatribes levam a desperdiçar recursos críticos preciosos. É o feminismo dos saberes "sexuados", aquele que reduz todo o racionalismo ao dogma do *phallus*, que reduz disciplinas como a filosofia ou mesmo a geografia a um discurso machista e heterossexista, ou as descobertas de Galileu e de Newton a reforçarem o "androcentrismo" da ciência e seu papel "político" a serviço do "macho violador", nas palavras da filósofa das ciências Sandra Harding.[40] Ao contrário, uma distância mais adequada do referente teórico, sua utilização pontual sem se submeter a ele, levam àquilo que a crítica Naomi Schor qualifica como um "certo tom de raiva controlada[41] e um feminismo que problematiza mais as identidades sexuais. Esse feminismo, mais estimulante, insiste igualmente no "corpo *real*", no "combate *real*", no "gênero *real*", preocupado em reduzir o fosso que o separa da comunidade militante fora do *campus*. Visto que a violação é "real" e "não um texto", algumas inclusive acusam o "pós-estruturalismo" [de proibir] o recurso a um 'corpo real', a um 'sexo real', recurso necessário para articular as oposições moral e política" à opressão.[42]

Para melhor circunscrever as relações ambíguas entre o feminismo e a teoria francesa, é preciso evocar, para concluir, suas relações com cada um dos autores do novo *corpus*. A figura liminar do feminismo transatlântico é, sem dúvida, Simone de Beauvoir, adulada no pós-guerra e depois, ao contrário, tratada com uma severidade excessiva pelo segundo feminismo americano. Este se constituiu inclusive *contra* as teses do *Segundo Sexo* e o "humanismo matriarcal" de sua figura da Mãe enquanto "sujeito existencialista", tal como sintetiza Gayatri Spivak – antes que ela própria sugira reabilitar Beauvoir, lendo-a "na contramão de seu texto".[43] Esse segundo feminismo utilizará amplamente aquilo que chama de "novos feminismos franceses",[44] em particular a abordagem psicanalítica de Julia Kristeva, a releitura de Freud por Sarah Kofman, os textos da derridiana Hélène Cixous sobre as formas de expressão que excedem o "regime falocêntrico" (seu artigo de 1975, "O riso da Medusa",[45] que introduz o conceito de *escrita feminina*, torna-se um clássico dos *Women's Studies* americanos) e, finalmente, as teses de Luce Irigaray. De *Espéculo da outra mulher* (1974) a *Ética da diferença sexual* (1984), ela estimula a pensar a figura do sujeito, na medida em que ela é "sempre masculina", e a desenvolver, ao contrário, o ponto de vista feminino como recusa da totalidade, indeterminação positiva, crítica da identidade e da simetria – temas caros ao feminismo antiessencialista americano. Já mencionamos o papel da desconstrução derridiana nesse contexto, assim como a influência decisiva (antes dela) de Lacan, que repousa sobre uma dessas distorções produtivas operadas pelos importadores de textos – no caso, a identificação do pênis, e portanto do poder patriarcal, com a noção mais neutra de *phallus*, que Lacan, no entanto, entendia como a ligação simbiótica perdida que está na origem de *todo* desejo, masculino ou feminino. De forma significativa, as feministas americanas mantêm essa imprecisão da noção de *phallus* para poder desconstruir com Lacan a idéia de uma "superioridade" masculina, porém a abandonam quando se trata de lançar ataques menos lacanianos contra o *falocentrismo* generalizado. Outros autores franceses, citados por toda parte, podem servir, por sua vez, como contrastes: é o caso sobretudo de Jean Baudrillard, cujas reflexões em *Da sedução* sobre a mulher como "aparência" e seus ataques mais polêmicos contra o feminismo "de visão estreita" foram transformados em bode expiatório do feminismo americano.

A recepção de Deleuze e Guattari é mais complexa, marcada nesse âmbito por vinte anos de mal-entendidos. Recordemos da violência em relação a eles por parte de uma ativista feminista que os interrompeu na conferência Esquizo-Cultura de 1975. Ela via nos "sujeitos esquizofrênicos" um pretexto para reduzir ao silêncio o combate feminista, do mesmo modo que inúmeras acadêmicas verão na idéia guattariana do "devir-mulher" uma forma de colaborar com a "subordinação e talvez até [com] a obliteração das lutas das mulheres pela autonomia e pela identidade", como resume Elizabeth Grosz.[46] Até meados dos anos 1990, uma desconfiança instintiva em relação à maneira como Deleuze e Guattari "molecularizam" a questão feminina dominará a relação do feminismo americano com sua obra: a escala "molecular" de suas análises sobre as microintensidades do devir-mulher ou os fluxos de um desejo sem sujeito afastariam perigosamente da escala maior ("molar") da opressão e dos meios de uma luta efetiva. Será preciso esperar que um feminismo mais tático e ferozmente antiessencialista tome a frente para que a oposição de Deleuze e Guattari aos grandes dualismos "molares" (homem-mulher, homo-hetero) e sua energética dos desejos venham a desempenhar finalmente um papel-chave na arena feminista – que em 1994 anuncia oficialmente, em dois artigos de um mesmo volume, sua reconciliação com os autores de *O Anti-Édipo*.[47] Seu apelo a uma *desidentificação* sexual dos textos se revelará inclusive bastante operacional no campo literário: afirmar que "a mulher não é necessariamente o escritor, mas o devir-minoritário de sua escrita, seja homem ou mulher",[48] como afirmava Deleuze, ou que é necessário "buscar antes o que há de homossexual em um grande escritor, ainda que de resto ele seja um heterossexual",[49] como acrescenta Guattari, significa colocar no primeiro plano os princípios da indeterminação sexual e de sua mobilidade molecular nos fervilhamentos da escrita – ao contrário do biografismo das primeiras feministas, louvando os autores-*mulheres* e seu *corpus separado*.

Contudo, a principal influência francesa sobre os diversos feminismos americanos, como também sobre os *gay & lesbian studies* dos quais se aproximarão, continua sendo a de Foucault. Mesmo assim, dada sua misoginia mais ou menos legendária e a indiferença de sua *História da Sexualidade* ao tema da diferença sexual, a relação entre Foucault e o feminismo não se apresentava sob os melhores auspícios. Os termos em que uma coletânea consagrada a essa questão tenta pensar sua "convergência" assinalam inclusive um mal-estar diante da atitude foucaultiana, que às vezes tende ao contra-senso: para além de uma "amizade soldada pelo engajamento ético", Foucault e as feministas teriam em comum uma "teologia da libertação" pouco foucaultiana, sem esquecer uma "poética da revolução" e uma "estética da vida cotidiana" que parecem menos foucaultianas ainda.[50] Mas a obra de Foucault terá igualmente um impacto decisivo na profunda evolução do feminismo americano, que passou de um humanismo essencialista a um construcionismo radical – como testemunha sua onipresença nas pesquisas de Joan Scott, Gayle Rubin e Judith Butler. Publicada em inglês em 1978, *A vontade de saber*, que inaugura a *História da Sexualidade* e define seu plano geral, talvez seja mesmo a chave invisível do feminismo americano dos anos de 1980. Desmontando a "hipótese repressiva" de uma sexualidade que deveria ser libertada, em proveito de uma análise da sexualidade como formação discursiva e dispositivo de subjetivação – o período histórico de sua "libertação" sendo apenas o "deslocamento e a inversão táticos"[51] –, o livro marginaliza de vez o feminismo "progressista" e abre caminho a uma crítica de *todos* os discursos sexuais. E, ao explicar a constituição no século XIX do dispositivo moderno de sexualidade mediante as "quatro grandes estratégias" – a saber, "sexualização da criança, histerização da mulher, caracterização dos perversos [e] regulação das populações",[52] ele contribui para tirar do isolamento a questão feminista, ligando-a às da homossexualidade e da criminalização dos corpos. Mais do que isso, ele recoloca a sexualidade em uma história política: através de normas da monogamia, do heterocentrismo e da transmissão de riquezas, a sexualidade é o que articula a célula familiar, o sistema econômico e a gestão política das sociedades, não podendo ser dissociada dessas escalas mais amplas. O termo "biopolítica", como sinônimo da regulação administrativa da vida, designa precisamente isto: que o poder produz seus sujeitos classificando-os, gerindo-os, que ele atravessa os corpos, investe-os e até os eletriza, de modo que nunca é completamente externo a eles.

Para além dos debates acalorados que suscitará além-Atlântico sua releitura de sexualidades antigas, a obra de Foucault contribui para deslocar a questão sexual, que já não é tanto a dos dominados ou dos reprimidos, mas a de uma identidade de gênero (homem ou mulher) e de prática (homo ou hetero) sexuais que se tornou integralmente problemática. Assim, tendo como objetivo comum pensar a *subjetivação* sexual mais do que apontar o inimigo de gênero, feministas e homossexuais poderão estabelecer uma colaboração inédita. Em outras palavras, o êxito do último Foucault permitirá substituir a atitude normativa anterior, a das feministas, como também dos *gay studies* tradicionais – que opõe uma identidade oprimida a uma identidade dominante –, por uma arqueologia *pós-identitária* em que a norma de gênero (*gender norm*) é analisada como uma construção histórica e política precisa, tendo como tarefa decifrar suas modalidades. Essa pesquisa sobre as subjetividades cindidas e as identidades sexuais oscilantes poderá utilizar na época todo o *corpus* da teoria francesa – tal como fez a crítica Kaja Silverman ao situar seu estudo das "masculinidades desviantes" modernas sob a quádrupla luz, não apenas de uma genealogia foucaultiana da norma, mas também do "inconsciente acéfalo" lacaniano, de uma "política libidinal" com acentos lyotardianos e da desmontagem do binômio redutor sadomasoquista por Deleuze.[53] Porém, na maior parte dos casos, somente o trabalho de Foucault torna possível tal evolução – que é também a do rico campo das teorias homossexuais do início dos anos de 1990.

De fato, é nos termos de uma homenagem permanente a Foucault que se associa então aos *gay studies* mais antigos, geralmente essencialistas e polarizantes (com a clara demarcação entre *gays* e *héteros*), a nova corrente dos *queer studies*: a nova conduta mais "infecciosa" consiste em explorar todas as zonas intermediárias entre identidades sexuais, todas as zonas em que elas se confundem.

A virada *queer*, inspirada em uma palavra em inglês que é sinônimo de "bicha" (ou seja, uma inversão paródica da injúria homófoba), tem como marco de origem um artigo de 1991 em que a crítica Teresa de Lauretis instiga a repensar as identidades sexuais em função de seus deslocamentos constantes.[54] Depois disso, ele encontra sua fonte nos debates entre os feminismos essencialista e antiessencialista dos anos de 1980, assim como na dupla releitura de Foucault e de Derrida (que permite repolitizar o "irresolúvel") proposta por suas principais inspiradoras – Eve Kosofsky Sedgwick e Judith Butler.

No ensaio pioneiro *Epistemology of the Closet*, que logo adquirirá o estatuto de livre-culto, Eve Kosofsky Sedgwick, professora de literatura inglesa em Duke, pergunta por que razão aquele que mantém relações sexuais com um homem deveria ser chamado de *gay*. De Nietzsche a Proust, e da norma monogâmica aos desastres da AIDS, ela busca as incertezas identitárias e as fragilidades do gênero, opõe os "prazeres do corpo" às "categorizações da sexualidade" – na linha de Foucault – e denuncia o "separatismo" das políticas identitárias da década anterior.[55] A investigação proposta por Sedgwick dos distúrbios sexuais e das ambivalências identitárias, por trás dos dualismos impostos, tem a ambição de desvendar toda uma *episteme*: "Muitas das dificuldades de pensamento e de conhecimento da cultura ocidental do século XX [...] são estruturadas – na verdade fraturadas – por uma crise crônica, agora endêmica, da definição do homo e do hétero [...] que data do final do século XIX",[56] afirma ela de início, com referência à "data de nascimento" da homossexualidade moderna sugerida por Foucault – o ano de 1870.[57] Uma ambição que retomarão por sua conta, às vezes um pouco literalmente, os numerosos autores que, nos anos seguintes, propõem submeter todos os objetos sociais e culturais possíveis a essa leitura "perversa" da indeterminação sexual, ou seja, dos *queer*-er – o romance epistolar ou a poesia oral, a música de Schubert ou a escultura de Michelangelo e mesmo o FMI ou o budismo zen. O outro pivô dessa virada *queer* é o trabalho de Judith Butler, que analisa sofisticadamente, de *Gender Trouble* a *Bodies That Matter*, os modos performativos e dialógicos de uma construção contínua do gênero sexual – sendo que feminilidade e virilidade passam a ser "citações obrigatórias", normas de controle, que o *drag queen*, por sua vez, parodia publicamente, desmontando seu artifício.

No entanto, o que manifesta essa adesão *queer* às teses inovadoras, como também era o caso do feminismo acadêmico radical, é a dissociação crescente entre uma militância sexual de *campus*, oratória e auto-reflexiva (e ligada à carreira de algumas divas do campo literário), e os combates efetivos extra-*campus* dessas comunidades sexuais – apesar dos engajamentos pessoais de certos(as) acadêmicos(as), particularmente no quadro da luta contra a AIDS, e da exceção que constituem aqui as longas entrevistas dadas por Foucault aos jornais *gays* generalistas, de *Christopher Street* e *The Advocate*. Entre um pequeno grupo intelectual, socialmente isolado, mas à frente das novas teorias radicais, e militantes de bairro cujas organizações e reivindicações mudaram nitidamente pouco em vinte e cinco anos, o diálogo é difícil, indireto, estruturalmente defasado. Visivelmente convencido do atraso da sociedade em relação à universidade, David Halperin, historiador da homossexualidade, chegou inclusive a opor uma América real, que desde 1980 "parece ter caído em um torpor reacionário", e suas universidades em plena "fermentação intelectual", cujas pesquisas "avançam a largos passos [...] sob o impulso de Foucault" e de alguns outros.[58] O autor parece até mesmo lamentar que o país todo não seja tão audacioso quanto alguns de seus *campi*. Problema ancestral como o das defasagens temporais entre a inovação intelectual e a luta social, o laboratório e a rua, problema já levantado outrora por Marx e Engels – justamente este último, aliás, já propunha aplicar o modelo da luta de classes à célula conjugal, observando que nela o marido representa o burguês e a mulher, o proletário.

POLÍTICA TEÓRICA, ALIANÇA DIFÍCIL

Assim, ao longo dos anos 1980, cava-se um fosso entre uma justificação teórica cada vez mais sofisticada do combate minoritário e suas manifestações sociais menos espetaculares, reprimidas pela contra-revolução reaganiana – entre um multiculturalismo de cátedra, se preferirmos, e um comunitarismo de carne. Essa desconexão é o principal argumento do campo marxista, ainda sólido na universidade, para acusar as políticas identitárias – e com elas sua inspiradora, chamada de *French Theory* – de terem abandonado o terreno da luta "real". A teoria no sentido do materialismo dialético, como expressão de relações sociais reais, é oposta a essa teoria "pós-modernista", que deslocaria o cursor para o mero campo simbólico e substituiria a luta de classes pela luta de textos: a partir de 1979, ano em que Dick Hebdige descrevia o movimento *punk* como uma guerra de classes travada no terreno do estilo, a questão seria apenas cultural, estilística e, em última análise, textual – "textualismo" infamado que eliminaria até o contexto social dos textos. Em um livro-balanço, o marxista Alex Callinicos resume as críticas de seus partidários à teoria francesa, acusada de ter armado esse combate textual: jargão, idealismo, pantextualismo, niilismo, conservadorismo passivo, aporias nietzschianas.[59] Já o crítico inglês Terry Eagleton, decidido a barrar o caminho daqueles que considera como os agentes da reação, ataca, em um dos *best-sellers* do campo literário anglo-saxão, o "derrotismo político" da desconstrução e a fuga dos novos teóricos em direção aos "combates léxicos" e ao tema único da "autodestruição dos textos".[60] Os marxistas afirmam que a própria idéia de combate teria sido transformada em metáfora, em figura de estilo. Para Todd Gitlin, foram essas panelinhas de *campus* e essas teorizações distorcidas que promoveram o fato de "se vestir como Maddona o estatuto de ato de 'resistência', equivalente ao de se manifestar pelo direito ao aborto",[61] suprimindo qualquer fronteira entre lutas sociais e meras mercadorias anticonformistas. O que anuviou a diferença, constitutiva da abordagem marxista, entre ação e discurso, radicalismo engajado e radicalismo de papel, foi simplesmente a *supersemiologização* inaugurada pelos *Cultural Studies* e prolongada pelos estudos minoritários. Se tudo se resume a signos, se as relações sociais podem ser resolvidas no texto, o simples gesto ainda político é o desvio, o deslizamento, a combinação inédita de signos existentes – longe das forças históricas reais sobre as quais se fundamentam os marxistas. *Pós*-estruturalismo, *pós*-modernismo, *pós*-humanismo: como se a inflação do prefixo *pós* para acompanhar os novos *ismos* do campo literário traíssem naqueles que os utilizam uma crença apenas na narrativa, o luto a cumprir do registro da ação, o desencantamento de fim de século com o que vem depois, tarde demais, só podendo ironizar sobre as oportunidades perdidas.

É possível opor ao menos dois argumentos a essa crítica marxista da impotência política da *theory*. O primeiro é de ordem sociológica. Por ser exclusivamente universitário, "adaptado [...] às normas da respeitabilidade acadêmica" e forçado a "formular suas posições segundo os códigos do paradigma dominante" (como resumem dois críticos[62]), esse marxismo americano acaba sendo derrubado pelos argumentos que ele próprio desenvolve: suas motivações, assim como as de seus adversários pós-estruturalistas e multiculturalistas, são a fidelidade a uma escola, a vitória do argumento, a preocupação em prevalecer no mercado dos discursos. Em suma, é tão impotente, tão retórico quanto as outras posições do campo universitário e, de todo modo, muito mais do que seus homólogos europeus que, por sua vez, apóiam-se em partidos políticos e em organizações sindicais. Nada em um Terry Eagleton ou em um Michael Ryan que pudesse servir *diretamente* à causa das lutas sociais extra-universitárias.

O segundo argumento já é mais teórico. Está ligado à questão recorrente da enunciação, de suas modalidades lingüísticas, assim como de suas condições sociopolíticas – e à relação destas e daquelas –, enquanto questão central, se não da teoria francesa, ao menos de suas versões americanas. Como ato, a enunciação é o que faz de uma forma de expressão – tão fútil como uma roupa ou uma música, ou tão vital como a afirmação de um sujeito coletivo – a oportunidade de uma voz social, de uma operação coletiva de subjetivação, de uma articulação a ser buscada entre visão do mundo e intervenção *no* mundo. Uma idéia que aplicam em contextos teóricos distintos os "arranjos coletivos de enunciação" deleuzo-guattarianos (que evidentemente são menos territorializados do que uma dada comunidade), o projeto foucaultiano de circunscrever "o modo de existência de acontecimentos discursivos em uma cultura", ou mesmo o ato enunciativo que faz emergir, em Michel de Certeau, a "historicidade da experiência". Porém, esse tema da enunciação é o ângulo morto do discurso marxista americano. Seu dogma político, que rejeita no mesmo opróbrio os textos teóricos franceses, os campos de estudos identitários e a transversal mais ambígua dos *Cultural Studies*, não deixa nenhum espaço a essa questão. Não apenas os marxistas cometem um erro *político* relegando ao segundo plano (ou mesmo ao limbo do supérfluo) a questão da enunciação social, como eles próprios ganhariam ao se submeterem a ela para esclarecer o emprego espontâneo que fazem de certos termos contra a "traição" textualista. "Realidade", "sujeito", "ética", "ação", "política": questionar os conceitos em nome dos quais é feita essa crítica de bom senso não leva a solucionar o debate em proveito de uma regressão filológica sem fim, mas a colocar justamente o problema das relações entre grupos sociais e discurso intelectual, ação e significantes – e da validade ou da obsolescência, nesse contexto, de normas política herdadas do século XIX.

É necessário, como insistem, por sua vez, Judith Butler e Joan Scott, "expor toda a violência silenciosa desses conceitos, na medida em que eles serviram não apenas para marginalizar certos grupos [...], mas também para excluir a própria condição de possibilidade da 'comunidade'" – a única que poderia permitir a teoria francesa, pois ela própria é menos "uma posição *stricto sensu* do que um questionamento crítico sobre todas as operações de exclusão graças às quais se estabelecem posições".[63] Em outras palavras, à distinção apressada entre uma sociedade política outrora unificada, da qual essa crítica marxista parece ter saudade, e o mundo balcanizado das políticas identitárias, apenas as ferramentas da teoria poderiam substituir um quadro mais complexo, trazendo à luz as modalidades excludentes do discurso da "unidade" e, ao contrário, as alianças possíveis entre grupos comunitários. Com a diferença de que todo o problema está lá: colocar a questão da enunciação da forma mais lúcida possível não é em si um ato performativo, a condição suficiente de uma mudança política – com mais forte razão ainda quando a exigência e a lucidez de tal questão perdem-se ao longo de cadeias de discurso muito indiretas que ligam o texto teórico francês ao leitor ou ao militante americano, através das manobras da tradução, da reapropriação, do discurso acadêmico e de seus interesses próprios. Aqueles que formulam a questão da enunciação não são necessariamente seus beneficiários políticos e contam menos que estes últimos frente à mudança social. Stanley Fish resumiu muito bem tudo isso, com a malícia de quem parece regozijar-se com a "inutilidade" do acadêmico: "Embora o 'textual' ou o 'discursivo' sejam terrenos cruciais para a contestação social, as pessoas que *estudam* esses terrenos não são atores cruciais nesse contexto".[64] Encontra-se aqui a defasagem estrutural entre acadêmicos cuja tarefa (e interesse) é sempre separar, inverter, suspeitar da questão colocada, e comunidades cujo maior problema é o acesso à enunciação, condição da mudança. Em outras palavras, defasagem entre um questionamento sobre as próprias modalidades do questionamento e a incapacidade de grupos sociais minoritários de fazer valer suas reivindicações mais urgentes. Defasagem ainda entre as sutilezas metodológicas de um discurso autenticamente ético e os problemas mais rudimentares de segmentos da população cujas políticas são em geral mais retrógradas. Para dar um exemplo rápido, a lésbica negra que reivindica seu "antifundacionalismo" e sua "política desconstrutiva" estará sempre mais perto de uma sociedade do discurso que da sociedade política – comparada com aquela cujo ambiente direto, menos tolerante que um *campus*, estigmatiza permanentemente a cor da pele e as orientações sexuais. O capital simbólico da abordagem teórica não apenas compensa o fraco capital político de acadêmicos isolados, como até permite às vezes justificá-la, condenando, ao contrário, a falta de reflexão dos atores de campo.

Em suma, a defasagem é sobretudo pedagógica. Se o *Manifesto* de Marx era acessível aos sindicalistas alemães da época, os ensaios teóricos sobre a raça como "significante cindido" ou a norma de gênero como ligada "por metonímia" à identidade sexual são simplesmente ilegíveis para as vítimas da opressão ética ou sexual em questão. A torre de Babel de um campo literário que pretendia ser a convergência das minorias foi substituída pela torre de *babil** de um metadiscurso cada vez mais fechado aos seus improváveis usuários. Quem percebeu claramente isso foi a papisa dos *queer studies*, Eve Sedgwick. Ela alertava para o risco de que um conceito muito refinado de "diferença" não dissesse nada sobre o que é, socialmente, a prova da diferença: a teoria, concebida "como a própria ciência da *différe/ance***, fetichizou de tal modo a idéia de diferença e, ao mesmo tempo, vaporizou de tal modo suas possíveis encarnações, que seus práticos mais dotados são as últimas pessoas que imaginaríamos que pudessem nos ajudar a pensar as diferenças particulares.[65] Contudo, tal distanciamento *pela teoria* não pode ser imputado antes de tudo às sutilezas teóricas prolixas de alguns críticos, ou à sua vigilância ético-discursiva um pouco ostentatória (onde, como, a que título, em nome de que falar de *diferença*?) – a menos que o velho argumento antiintelectualista volte à carga aqui, tal como certos líderes comunitários o opõem a essa verborragia de *academics*. A distância é mais trivialmente sociológica. Ela remete a uma sinédoque conhecida, a essa ilusão de ótica institucional que incita os oradores de *campus* a tomar a parte universitária como o todo social. No momento de um colóquio, de um artigo, de um argumento exaltado, eles esquecem o caráter periférico e politicamente ambivalente de seu campo de prática e tomam como uma regra geral o que é ditado sobretudo pela lógica autárquica do discurso universitário: se a posição marginalizada na universidade garante-lhe uma certa produtividade enunciativa, uma certa visibilidade intelectual, a mesma posição fora dos *campi* tende mais a confinar as minorias em questão, que desejariam muitas vezes alcançar o "centro", em uma inexorável espiral do silêncio. E esse mesmo efeito de distância pode fazer com que se esqueça a outra evidência capital: essa "cultura" (popular, de massa, comercial ou contestatória, e tudo isso junto), que acadêmicos entusiastas se rebaixariam a analisar como um etnólogo se apropria de seu objeto, não é mais uma esfera delimitada, um *objeto* de estudo, mas confunde-se agora com o todo sociopolítico. Ela já não apresenta limites fora dos quais seria possível se situar e corresponde menos a um repertório de formas de expressão que ao plano de conjunto no qual se constituem as subjetividades. O devir-invisível da minoria silenciosa e o

---

* N. de T. Em francês, abundância de palavras fúteis, tagarelice, verborragia.

** N. de R.T. Neologismo de J. Derrida. Diferença é diferença preterida. Em francês, o mesmo verbo *diffère* significa tanto diferir quanto preterir (*to defer*, em inglês).

todo-cultural da indústria de símbolos – duplo desconhecimento, dupla negação à qual não escapam os mais refinados desses semiólogos da identidade, os mais sutis desses teóricos da enunciação, duplo recalque que remete à sua ambivalência inicial diante do capitalismo.

Na verdade, apenas uma crítica de conjunto do capital poderia ter fornecido aos adeptos desses diferentes discursos de oposição, identitários ou pósidentitários, os elementos de uma comunidade política. Contudo, se os *Cultural Studies* e as políticas identitárias desejam denunciar as hierarquias culturais, reabilitar a MTV contra Shakespeare ou os heróis negros de série B (como nos chamados filmes de *blacksploitation*) contra os heróis brancos de filmes premiados, o tema da mercadoria (*commodity*), em contrapartida, é apenas um argumento secundário com um estatuto ambíguo – ora metáfora, ora fatalidade. O mais surpreendente nesse florescimento sem precedente de teorias minoritárias não é que a América reaganiana e seus *campi* de tradição humanista tenham favorecido as mortes simbólicas do heterossexismo, do pioneiro branco ou mesmo do Ocidente, mas sim que os feiticeiros encarregados disso tenham deixado escapar sem perceber seus totens minoritários em proveito de mercadores de símbolos, especialistas regiamente pagos da recuperação cultural. Pois estes, consultores "gurus" ou publicitários intuitivos, souberam tirar proveito da nova onda, explorando os sobressaltos comunitaristas da era reaganiana e as teorizações identitárias que agitavam a universidade na época para construir novas divisões do mercado – louvando ruidosamente a irreversível diversidade como argumento de venda, da produção musical (EMI) ao *prêt-à-porter* (Benetton), e segmentando sua clientela em tantos registros de expressão, de comunidades afins, quantas são as subdivisões no campo literário dos anos de 1980, dos *rappers* héteros brancos às lésbicas hispânicas fanáticas por ópera. Em suma, os acadêmicos não viram o interesse comercial dessa questão da enunciação: *enunciar* culturas marginais, narrar sua subjetivação coletiva pela enunciação é também torná-los visíveis, reconhecíveis, e mesmo legítimos, no sistema de controle das indústrias culturais. A década que foi aberta nos *campi*, protegidos da reação reaganiana, com uma declaração de guerra generalizada contra todas as formas de opressão e de segregação, terminou com campanhas publicitárias em vinte línguas para as novas marcas da indústria da rebelião. O *marketing* especializado na direção das comunidades negra e hispânica, o novo turismo *gay* proposto pelos viajantes inovadores, a distorção publicitária das mitologias oposicionistas do *rap* e do *reggae*, ou ainda as promoções tarifárias sob medida oferecidas pelas operadoras telefônicas de longa distância (elas próprias surgidas da fragmentação da AT&T no primeiro mandato de Reagan) junto a cada minoria étnica são *também* invenções dos anos de 1980 – como aquelas que se viu florescer nos *campi* e das quais elas inclusive tiraram as palavras de ordem.

Para que o enunciado minoritário não produzisse apenas *marketing* multicultural faltava, portanto, um pensamento de conjunto – se não uma crítica – do capital. É exatamente nisso que se encontra o aspecto mais prejudicial de uma *descontextualização* da teoria francesa, sua única e lamentável distorção: não ter percebido os desafios políticos das diferentes teorias francesas do capitalismo "pós-moderno", tê-las lido distraidamente, pelo brilho de algumas frases, a certeza de que a exterioridade dialética tornara-se obsoleta (o que explica o motivo quase amiótico* da participação, da mimese, da fusão com o capital), sem ter a dimensão ofensiva, como recursos de combate. A teoria francesa permite penetrar na essência da máquina capitalista americana e forjar uma política. Assim, a definição do capitalismo por Baudrillard como "exterminação da diferença" podia ser vista também como anúncio justamente dessa absorção niveladora pelas indústrias culturais. O fato de Deleuze e Guattari descreverem o funcionamento do capital como "transcendência do significante despótico" não excluía que este pudesse assumir uma máscara libidinal ou libertária – audácias de Madonna, transes da MTV e, por que não, até mesmo as provocações do *gay pride*. E quando em 1974 Lyotard dirige-se aos intelectuais parisienses, qualificados de "privilegiados de mãos finas", segundo uma expressão da época, para criticá-los por não perceberem "nossas intensidades servis", por não compreenderem "que se pode gozar engolindo o esperma do capital",[66] a apóstrofe não é válida apenas contra os intelectuais marxistas de seu tempo que teorizam o proletariado; pode ser também, no outro sentido, para os futuros guerrilheiros americanos da semiótica, os combatentes do texto, capazes de analisar o papel de uma panóplia cultural na formação de uma subjetividade marginal, mas não de ver como esta impõe aquela ao mercado, que é de fato um objeto de desejo *e* uma vitória da indústria simultaneamente.

Retornamos finalmente ao ponto de partida – o isolamento estrutural do campo intelectual americano, o número reduzido de *pontos de passagem* (tanto mais facilmente controlados pelos "vigilantes" da inovação cultural) entre a universidade e o mundo exterior. A proposição formulada por Deleuze e Lyotard contra os marxistas ortodoxos, segundo a qual o próprio capitalismo seria mais *revolucionário* do que o comunismo – por ter substituído a crença pelo desejo –, mostrou-se menos pertinente no universo quase autárquico das panelinhas universitárias. A menos que ela tenha sido despolitizada, *desistoricizada*, canalizada além-oceano por essa "ideologia [americana]" que exclui duplamente a história e a dialética, como assinalava o lingüista Amiel Van Teslaar em 1980 para explicar que a América do Norte ofereceu o "melhor terreno para acolher o estruturalismo".[67] A menos ainda, como se verá, que ela tenha sido redundante, e portanto inaudível, no país dos fluxos e dos segmentos, dos arranjos e do grande mercado libidinal. Resta que a teoria francesa só foi lida pelos novos adeptos dos discursos minoritários depois de traduzida na língua diferente, derrogatória, da universidade. A crítica francesa da autoridade designou apenas marginalmente

---

* N. de R.T. Relativo à tonicidade muscular. Termo empregado pelo autor em sentido figurado.

os poderes político e econômico, mas foi reduzida a uma crítica da autoridade do professor, do autor canônico, da instituição universitária. E a questão do uso acabou sendo entendida menos no sentido transitivo de um uso *de combate* de certos conceitos do que no mero âmbito universitário, no sentido de uma eficácia de certos discursos no mercado de discursos: o uso, desde então, evoca menos a "caixa de ferramentas" do teórico revolucionário (ou mesmo do intelectual engajado) do que argumentos isoláveis, destacáveis de seu texto-fonte, perfeitamente adaptado ao formato de artigos de revistas universitárias em que serão discutidos, declináveis em torno de uma mesa-redonda de colóquio. Para o estudante ou o jovem professor, os textos de referência devem ser antes de tudo *user-friendly* – de uso amigável, como se diz de um *software* ou de um robô doméstico essa expressão tipicamente americana, que designa uma operação gratificante, uma facilidade de acesso, e que personifica até o objeto em questão (mesmo um texto) na figura de sua "amizade" pelo usuário.

NEW HISTORICISM: OS LIMITES DE UM COMPROMISSO

Diante dessa defasagem crescente entre usos estritamente universitários e desafios políticos mais amplos, entre o discurso da enunciação e sua recuperação mercantil, ou mesmo entre a intransitividade da teoria e a transitividade da identidade (ou de cada comunidade), pelo menos uma corrente tentou reagir no campo literário – o intraduzível *New Historicism*.[68] Ele corresponde à rara pesquisa de uma terceira via, que não seja por isso um compromisso, entre o radicalismo de políticas textuais e o humanismo convencional dos tradicionalistas. Preocupado em reabilitar os fatores contextuais na leitura de textos e em reistoricizar de forma mais geral o campo literário, esse movimento de pensamento com contornos relativamente fracos fez sua aparição na Universidade de Berkeley, no início dos anos de 1980, por iniciativa de Stephen Greenblatt. O pai do *New Historicism*, especialista em Shakespeare e no Renascimento, leciona então em Berkeley, desde sua tese em 1969, e ali permanecerá até 1996 – quando dirigirá o respeitado departamento de inglês de Harvard. Contra a "valsa" das novas teorias literárias e identitárias, e em referência indireta a Foucault – que tem em Berkeley seu feudo americano na época –, ele funda em 1982, com sua colega Svetlana Alpers, a revista *Representations*, voltada à análise das relações entre estética e ideologia, e depois a coleção "*New Historicism*" na editora da Califórnia. Bem mais que Paul de Man para a escola de Yale ou Gayatri Spivak no campo pós-colonial, Greenblatt é o único fundador da corrente, seu coordenador, seu estrategista, seu agregador incansável. A rede que ele tece pacientemente, em Berkeley e depois em Harvard, associará pouco a pouco ao seu nome os de Catherine Gallagher, Walter Benn Michaels, Michael Rogin ou ainda Eric Sundquist.

Mescla de um materialismo histórico pouco ortodoxo e de uma livre sociologia da arte, o *New Historicism* contrapõe-se ao duplo desvio das teorias literárias, de um lado, no sentido do formalismo crítico e, de outro, da ilusão de uma natureza política primordial de todo discurso, literário ou teórico. Propõe que se volte às questões aparentemente mais modestas, porém, a seu ver, mais esclarecedoras – as condições sociais e históricas da escrita e da leitura. Sob a bandeira de uma "poética da cultura", aprofunda assim a velha sociocrítica dos anos de 1960 ao analisar os procedimentos complexos de "negociação" (termo-chave de seu procedimento) entre os fatores sociais, os saberes constituídos, a "liberdade" do criador e os horizontes de expectativa do leitor. Dependendo de que tal "negociação" consolide-se em proveito da *doxa* de uma época, de uma corrente então dissidente ou do projeto de subversão estática da ordem estabelecida que era a do autor, a obra terá efeitos variados sobre seus leitores – e um lugar diferente nesse longo processo de inovação e de repetição intricadas que constitui a história cultural. Esse exame caso a caso das obras, de suas fontes e do contexto ideológico de sua irrupção proíbe que se imponha *a priori* uma conduta hermenêutica e favorece os vaivens entre escalas, períodos e registros, entre texto e extratexto. Contra o textualismo de certos derridianos, trata-se de descrever as relações entre esses diferentes aspectos, não mais nos termos de uma *autoprodução* de textos, mas nos de uma busca de equilíbrio, de uma otimização de interesses, que não por acaso foram emprestados da linguagem da economia: "circulação", "troca", "comércio", "transação" e sempre "negociação". Ao substituir assim um campo metafórico por outro, dado que a economia assume aqui o lugar da física derridodemaniana dos "deslizamentos" e dos "abismos" de textos, trata-se também de valorizar o papel de fatores econômicos na história cultural.

Para isso, Greenblatt e seus acólitos denunciam incansavelmente os perigos de um retorno ao historicismo tradicional. A uma história totalizante e contínua, eles opõem as "contra-histórias" que "revelam os passos falsos, as falhas, as linhas de fratura e as ausências surpreendentes nas estruturas monumentais" da história ordinária: é preciso ter acesso ao plano das "representações" através de histórias *paralelas*, aquelas do corpo humano, dos motivos estéticos ou das formas do discurso – até defender, inclusive, a "sedução da anedota" e uma "vocação à particularidade".[69] Na essência dessa metodologia aberta do *New Historicism*, encontra-se uma atenção nova – e indiretamente foucaultiana – às obras como modos de classificação, suportes de uma divisão entre produções legítimas e marginais; estas últimas são evocadas na medida em que o que se exclui revela *a contrario* os princípios normativos que presidem a sobrevivência das obras. É a esse título que os contra-*corpus*, marginais e portanto subversivos (literaturas judaica, negra, hispânica, *gay*), são solicitados, e apenas a esse título.[70] A maior parte dos trabalhos do movimento trata do Renascimento inglês e de seus autores consagrados mais do que do romance afro-americano ou da poesia *beat*, e os ensaios mais influentes de Greenblatt referem-se à obra de Shakespeare. Contudo, ele repolitiza sua leitura e o faz de maneira mais sutil que os críticos comunitaristas que suspeitam do dramaturgo branco ou do homossexual dos *Sonetos*. Pode ser uma leitura exclusivamente do motivo do purgatório em *Hamlet* para mostrar o papel das guerras religiosas e de um anticatolicismo virulento na dramaturgia shakespeariana.[71] Pode ser uma exploração das ambigüidades de Shakespeare em face do imperialismo elisabetano e do papel da angústia na visão do político – no ensaio que fez a reputação de Greenblatt, *Shakespearean Negociations*.[72] Pode ser inclusive, em um volume coletivo sobre *A tempestade*, uma exortação a desvendar as incertezas políticas de Shakespeare e de seu tempo para manter vivo o cânone literário, pois "a melhor maneira de matar nossa herança literária seria fazer a celebração decorativa da nova ordem do mundo"[73] – tanto a de hoje quanto a que surja na Inglaterra elisabetana. E é, finalmente, fora de Shakespeare, mas no centro da questão colonial, sua análise dos relatos de exploradores do Novo Mundo para mostrar uma articulação decisiva que se operava na consciência nacional entre surpresa e conquista, ou a maneira como, "para a maior parte dos homens do Ocidente, o olhar maravilhado só pode levar ao desejo de possessão" – como resumia Roger Chartier para saudar o lançamento da única obra de Greenblatt traduzida em francês, *Ces merveilleuses possessions*.[74]

Mais indutiva, menos prolixa, mais esclarecedora sobre as questões política, menos submetida às miragens da semiologia, a postura do *New Historicism* comporta um valor heurístico incontestável. Mas nem por isso ela garante uma solução às aporias do campo literário americano. Em primeiro lugar, porque ela própria constitui uma posição estratégica no campo, particularmente belicoso quando se trata de denunciar os defeitos de seus concorrentes póscolonialista ou desconstrucionista. Em segundo lugar, porque seu trabalho quase exclusivo sobre o Renascimento e sua prudência frente aos debates culturais mais contemporâneos sempre a dissuadiram de intervir diretamente nas "guerras culturais" que dividem a universidade americana. Finalmente, e de maneira mais ampla, porque sua tática disciplinar corresponde a um afastamento, sem dúvida justificado, da crítica e da teoria literárias sobre suas exclusividades tradicionais (a crítica genética, a história das obras, seu contexto político), longe dos avanços insolentes da desconstrução ou dos estudos minoritários em terrenos desconhecidos, do lado da filosofia, das ciências políticas ou mesmo da *pop culture* mais em voga. O trabalho de Greenblatt e de seus colegas e o sucesso alcançado por ele poderiam inclusive ser interpretados como um recolhimento protecionista no interior das fronteiras da disciplina literária – uma disciplina que o contra-ataque conservador, como reação aos discursos identitários, colocou de uma hora para outra sob os holofotes da mídia e logo na linha de mira do poder.

NOTAS

1 Citado *in* Todd GITLIN, *The Twilight of Common Dreams*, op. cit., p. 162.
2 Bill READINGS, *The University in Ruins*, op. cit., p. 89 e p. 103.
3 Tr. fr. *La Culture du pauvre*, Paris, Minuit, 1972.

4 Ver os debates que dividem a universidade de Pittsburgh para saber se é o caso, ou não, de batizar de "instituto de *Cultural Studies*" o programa interdepartamental criado em 1986.

5 Andrew ROSS, *No Respect: Intellectuals and Popular Culture*, New York, Routledge, 1989, p. 16-17.

6 *Cf.* Marjorie FERGUSON e Peter GOLDING (dir.), *Cultural Studies in Question*, Londres, Sage, 1997, p. XIV-XV.

7 Lawrence GROSSBERG *et al.* (dir.), *Cultural Studies*, New York, Routledge, 1992.

8 Dick HEBDIGE, *Subculture: The Meaning of Style*, New York, Methuen, 1979.

9 Cathy SCHWICHTENBERG (dir.), *The Madonna Connection: Representational Politics, Subcultural Identities, and Cultural Theory*, Boulder, Westview, 1993.

10 E. Ann KAPLAN, *Rocking Around the Clock: Music Television, Postmodernism & Consumer Culture*, New York, Methuen, 1987.

11 Timothy MURRAY (dir.), *Mimesis, Masochism and Mime: The Politics of Theatricality in Contemporary French Thought*, Ann Arbor, University of Michigan Press, 1997, "Introduction".

12 Abigail BRAY e Claire COLEBROOK, "The Haunted Flesh: Corporeal Feminism and the Politics of Embodiment", *Signs*, v. 24, n. 1, outono 1998.

13 Ian BUCHANAN, "Deleuze and Cultural Studies", *South Atlantic Quarterly*, v. 96, n. 3, verão 1997.

14 Michel de CERTEAU, *The Practice of Everyday Life 1*, Berkeley, University of California Press, 1984.

15 François DOSSE, *Michel de Certeau. Le marcheur blessé, op. cit.*, p. 419.

16 James LIVINGSTON, "Corporations and Cultural Studies", *Social Text*, n. 44, outono 1995, p. 67.

17 *Cf.* particularmente Henry Louis GATES Jr., "Whose Canon Is it, Anyway?", *New York Times Book Review*, 26 fevereiro 1989.

18 Patricia WILLIAMS, *The Alchemy of Race and Rights*, Cambridge, Harvard University Press, 1991, p. 256.

19 Martin BERNAL, *Black Athena: The Afroasiatic Roots of Classical Civilization*, 2 vol., Piscataway, Rutgers University Press, 1987 e 1991.

20 Mary LEFKOWITZ, *Not Out of Africa: How Afrocentrism Became an Excuse to Teach Myth as History*, New York, Basic Books, 1996.

21 *Cf.*, por exemplo, Ramòn SALDIVAR, *Chicano Narrative: The Dialectics of Difference*, Madison, University of Wisconsin Press, 1990.

22 Alfred ARTEAGA (dir.), *An Other Tongue: Nation and Ethnicity in the Linguistic Borderlands*, Durham, Duke University Press, 1994.

23 Gilles DELEUZE, Claire PARNET, *Dialogues, op. cit.*, p. 72.

24 Edward SAID, "Yeats and Decolonization", *in* Moustafa BAYOUMI e Andrew RUBIN (dir.), *The Edward Said Reader, op. cit.*, p. 291 e ss.

25 Tema de sua obra mais célebre: Edward SAID, *Orientalism*, New York, Pantheon, 1978.

26 Jacques DERRIDA, *L'Écriture et la différence, op. cit.*, p. 11.

27 Citado *in* François DOSSE, *Michel de Certeau. Le marcheur blessé, op. cit.*, p. 427.

28 Homi BHABHA, *The Location of Culture*, op. cit., p. 30-37.

29 Gayatri Chakravorty SPIVAK, *In Other Worlds*, op. cit., p. 202.

30 Gayatri Chakravorty SPIVAK, "Can the Subaltern Speak?", op. cit., p. 280-281 e 290-291.

31 Gayatri Chakravorty SPIVAK, "French Feminists Revisited: Ethics and Politics", in Judith BUTLER e Joan SCOTT (dir.), *Feminists Theorize the Political*, op. cit., p. 57.

32 *Subaltern Studies*, v. 1, n. 1, 1982, Delhi, Oxford University Press.

33 Gayatri Chakravorty SPIVAK, "Can the Subaltern Speak?", op. cit.

34 Ranajit GUHA e Gayatri Chakravorty SPIVAK (dir.), *Selected Subaltern Studies*, New York, Columbia University Press, 1988.

35 Adrienne RICH, *Of Woman Born: Motherhood as Experience and Institution*, New York, Bantam, 1977.

36 Kate MILLETT, *Sexual Politics*, New York, Doubleday, 1970.

37 Meryl ALTMAN, "Everything They Always Wanted You to Know: The Ideology of Popular Sex Literature", in Carol VANCE (dir.), *Pleasure and Danger: Exploring Female Sexuality*, Boston, Routledge, 1984.

38 Gayle RUBIN, "Thinking Sex: Notes for a Radical Theory of a Politics of Sexuality", in ibid.

39 Judith BUTLER e Joan SCOTT (dir.), *Feminists Theorize the Political*, op. cit., p. XIII.

40 Cf. Sandra HARDING, *The Science Question in Feminism*, Ithaca, Cornell University Press, 1986.

41 Citado in Ieme VAN DER POEL et al. (dir.), *Traveling*, op. cit., p. 19.

42 Judith BUTLER e Joan SCOTT (dir.), *Feminists Theorize the Political*, op. cit., p. XVI.

43 Gayatri Chakravorty SPIVAK, "French Feminists Revisited: Ethics and Politics", op. cit., p. 58-59.

44 Cf. Elaine MARKS e Isabelle de COURTIVRON (dir.), *New French Feminisms: An Anthology*, Amherst, University of Massachusetts Press, 1980.

45 Hélène CIXOUS, "Le rire de la Méduse", *L'Arc*, n. 61, 1975, p. 39-54.

46 Citada in John MULLARKEY, "Deleuze and Materialism: One or Several Matters?", in *South Atlantic Quarterly*, 1997, op. cit., p. 445.

47 Elizabeth GROSZ, "A Thousand Tiny Sexes: Feminism and Rhizomatics" e Rosi BRAIDOTTI, "Toward a New Nomadism: Feminist Deleuzian Tracks, or Metaphysics and Metabolism", in Constantin BOUNDAS e Dorothea OLKOWSKI (dir.), *Gilles Deleuze and the Theater of Philosophy*, New York, Routledge, 1994.

48 Gilles DELEUZE, Claire PARNET, *Dialogues*, op.cit., p. 55.

49 Christian DESCAMPS, "Entretien avec Félix Guattari", *La Quinzaine littéraire*, 28 agosto 1975.

50 Irene DIAMOND e Lee QUINBY (dir.), *Feminism & Foucault: Reflections on Resistance*, Boston, Northeastern University Press, 1988, p. IX e XIII-XV.

51 Michel FOUCAULT, *Histoire de la sexualité 1. La volonté de savoir*, Paris, Gallimard, col. "Tel", 1994 [1976], p. 173.

52 Ibid., p. 150.

53 Kaja SILVERMAN, *Male Subjectivity at the Margins*, New York, Routledge, 1992.

54 Teresa DE LAURETIS, "Queer Theory: Lesbian and Gay Sexualities. An Introduction", *Differences (Journal of Feminist and Cultural Studies)*, v. 3, n. 2, verão 1991.

55 Eve Kosofsky SEDGWICK, *Epistemology of the Closet*, Berkeley, University of California Press, 1990.

56 *Ibid.*, p. 1.

57 Michel FOUCAULT, *Histoire de la sexualité 1. La volonté de savoir*, op. cit., p. 59.

58 David HALPERIN, *One Hundred Years of Homosexuality*, New York, Routledge, 1989, p. 8-13.

59 *Cf.* Alex CALLINICOS, *Against Postmodernism: A Marxiste Critique*, New York, St. Martins's Press, 1989.

60 Terry EAGLETON, *Literary Theory: An Introduction*, Minneapolis, University of Minnesota Press, 1983.

61 Todd GITLIN, "The Anti-Political Populism of Cultural Studies", *in Cultural Studies in Question*, op. cit., p. 30.

62 Stanley ARONOWITZ e Henry GIROUX, *Education Under Siege*, op. cit., p. 177.

63 Judith BUTLER e Joan SCOTT (dir.), *Feminists Theorize the Political*, op. cit., p. XIV.

64 Stanley FISH, *Professional Correctness: Literacy Studies and Political Change*, op. cit., p. 123-124.

65 Eve Kosofsky SEDGWICK, *Epistemology of the Closet*, op. cit., p. 23.

66 Jean-François LYOTARD, *Économie libidinale*, Paris, Minuit, 1974, p. 141-142.

67 Amiel VAN TESLAAR, "Un structuralisme, mais à l'americaine", *La Quinzaine littéraire*, n. 330, op. cit.

68 Também nesse caso, o termo não poderia ser traduzido sem o risco do barbarismo ou da confusão – com a "nova história", por exemplo.

69 Catherine GALLAGHER e Stephen GREENBLATT, *Practicing New Historicism*, Chicago, University of Chicago Press, 2000, p. 17-19.

70 *Ibid.*, p. 10-11.

71 Stephen GREENBLATT, *Hamlet in Purgatory*, Princeton, Princeton University Press, 2001.

72 Stephen GREENBLATT, *Shakespearean Negotiations: The Circulation of Social Energy in Renaissance England*, Berkeley, University of California Press, 1988, p. 142.

73 Título de sua contribuição a Gerald GRAFF e James PHELAN (dir.), *The Tempest: A Case Study in Critical Controversy*, New York, Bedford/St. Martin's Press, 2000, p. 113-115.

74 Roger CHARTIER, "Greenblatt entre l'autre et le même", *Le Monde des livres*, 29 novembro 1996.

7
A contra-ofensiva ideológica

> "Uma das razões pelas quais dispomos de teorias é a necessidade de estabilizar nossos regimes de signos. Nesse sentido, todas as teorias, mesmo as mais revolucionárias, têm em si algo de conservador."
> Terry EAGLETON, *The Significance of Theory*

Os anos de 1980 prestam-se a uma leitura dialética: isolamentos identitários e extremismo teórico como reação ao retorno do nacionalismo americano e aos novos avanços do mercado livre. À medida que Ronald Reagan e seus agentes afirmam que "a América está de volta" (*America is back*), esta decompõe seu tecido sociocultural em tantos casos quantos são os microgrupos identitários. Em pouco tempo, a *hifenização* da América, segundo o termo que designa em inglês o traço de união, invade a linguagem americana – dos afro-americanos aos asiático-americanos e aos *native-americans*. E, enquanto uma política de privatização e de desregulação em todos os sentidos desencadeia um duplo processo de financeirização da economia e de precarização do trabalho, as idéias mais radicais circulam nos *campi* – derrubada dos cânones clássicos, apoio aos movimentos de libertação do Terceiro Mundo, prioridade ao recrutamento das minorias. A distância entre as salas de aula e as salas de mercado é máxima na época; o ambiente das primeiras presta-se a todos os exageros, do lirismo emancipatório ao apocalipse devidamente dramatizado. Nunca se viu tamanha turbulência antes: os debates sobre o cânone literário ameaçariam de morte o Ocidente; a onda da desconstrução marcaria o fim do consenso sobre a "realidade"; a discriminação positiva no recrutamento de professores trairia mil anos de excelência universitária; Derrida e Foucault corromperiam a juventude com muito mais perigo do que as drogas e o sexo livre na década anterior. É que os neoconservadores aproveitaram a ocasião para transformar uma querela de *campus* em debate nacional e para lançar uma guerra ideológica cujas conseqüências a longo prazo serão desastrosas.

A QUERELA DO CÂNONE

O primeiro desses campos de batalha presta-se aos jogos de palavras eruditos que os acadêmicos americanos adoram. O "cânone" torna-se a tal ponto polêmico, que recupera seu sentido original de bombarda. O debate a que ele conduz sobre os programas de curso logo mergulha a universidade em uma "luta de classes" de tipo novo. E os novos radicais tinham razão de suspeitar dos clássicos: bastava apenas cindir a palavra-chave obra-prima para revelar sua dimensão imperialista – a *masterpiece* dos grandes gênios tornava-se *master's piece*, a parte do Mestre, sua arma, seu recurso. Dependendo das panelinhas e dos argumentos, o cânone das obras de referência é objeto de duas críticas distintas. De um lado, sua própria existência trairia o papel de propaganda atribuído à educação geral, pois Dante, Goethe e Shakespeare exprimiriam o mesmo ponto de vista sobre o mundo, "universalista" e "ocidental-centrista". Porém, de outro lado, embora se preservasse o princípio, era preciso que o cânone fosse representativo dos diferentes componentes da sociedade americana e, portanto, incorporasse um certo número de autores-mulheres e de minorias étnicas. Não é casual que essa questão do cânone estivesse no centro do conflito que opunha multiculturalistas radicais e conservadores no poder. A *canonização* das obras remete ao papel histórico de legitimação cultural próprio da instituição escolar e, de um modo mais prosélito, à missão evangelizadora que implica essa função de consagração: para a universidade, delimitar "entre o que merece ser transmitido e adquirido e o que não merece" significa, como sugere Pierre Bourdieu, desempenhar o duplo papel que Max Weber atribuía à Igreja, "estabelecer o que tem e o que não tem valor de sagrado [e depois] fazer com que penetre na fé dos laicos".[1] O cânone é uma prática de exclusão, um meio de barrar o caminho das idéias e das formas exteriores consideradas como ameaças para a ordem estabelecida – pelo menos desde o século II a.C, quando os romanos proscreveram oficialmente de suas escolas, sem sucesso, as obras e as idéias gregas.

Por sua vez, os grandes humanistas do campo literário anglo-saxão tinham feito desse *numerus clausus* de obras-primas a própria condição de um saber geral. Para Matthew Arnold, o papel da universidade era ensinar "o melhor do que foi pensado e sabido no mundo", antes que em 1930 o presidente da Universidade de Chicago, Robert Maynard Hutchins, lançasse o chamado programa dos "grandes livros (*great books*) da civilização ocidental", em torno dos quais deveria ser organizada toda a escolaridade dos alunos de graduação. Dois aspectos que diferenciam essa doutrina americana dos livros canônicos de seus equivalentes europeus explicam que ela tenha se tornado, desde o início dos anos de 1980, o alvo dos novos radicais – embora a juventude européia, mesmo em seus momentos mais contestatórios, nunca tenha tomado isso como um desafio e, por outro lado, no ensino médio americano, os manuais de história tenham sido revisados sem nenhuma polêmica dez anos antes para denunciar o escravagismo e o colonialismo. O primeiro aspecto desse cânone americano é ser "ocidental" e não nacional, reunindo autores cuja distância no tempo e no espaço e seu papel de marcos na história do Ocidente (da Bíblia a Milton, de Homero a Freud) transformaram em alvos designados do novo discurso: o Ocidente considera natural dominar o mundo, e a América é sua ponta de lança. Além disso, esses cursos gerais praticam o sobrevôo dos séculos e das disciplinas, estudando menos livros do que extratos, menos textos do que história das idéias, em um país em que, de resto, a juventude estudantil lê menos do que na França. É, portanto, para adaptar esse desafio ancestral às contribuições recentes das teorias literárias e das políticas identitárias que certos professores ou administradores vão inaugurar, em alguns *campi* de elite, cânones alternativos ou mesmo cursos sem referência ao cânone – suscitando controvérsias desproporcionais em relação às suas prudentes inovações.

A mais célebre é a que desencadeia, em março de 1988, a reitoria da Universidade de Stanford: em resposta a supostas reivindicações de um sindicato estudantil negro, substituiu seu programa de ensino chamado de "cultura ocidental" por um conjunto de cursos em que a referência ao Ocidente é retirada do título – "cultura, idéias, valores" (*culture, ideas, values*). Contudo, sete dos oito itens do programa permaneceram inalterados e, na lista de leituras obrigatórias (*required reading*) em cada um deles, obras não-ocidentais (de Confúcio aos contos africanos, do Corão à poesia indígena da América do Sul) foram simplesmente *acrescentadas* e não substituíram os clássicos ocidentais. Porém, as partes confrontadas lançam-se impetuosamente sobre esse tema para fazer dele o símbolo de suas denúncias. Com a presença do reverendo Jessie Jackson, as minorias desfilam nos *campi* ao som de um *slogan* que será manchete dos jornais – "*Hey, hey, ho, ho, Western culture's got to go*" (fora a cultura ocidental). Enquanto William Bennett, secretário de Educação de Ronald Reagan, lamenta a derrota do Ocidente contra "a ignorância e a irracionalidade", a questão de Stanford estende-se rapidamente a um grande número de *campi*. As minorias reclamam maior diversidade cultural do cânone, ou mesmo seu abandono a título de seu "sexismo" e de seu "racismo", enquanto estudantes e professores conservadores passam abaixo-assinados contra as reformas pressentidas. Começam as "guerras do livro", como logo são batizadas por um jornalista do *New York Times* no título de um ensaio-balanço.[2] Ainda que a cobertura do fenômeno pela imprensa crie uma imagem um pouco deformada dele, ao privilegiar os exemplos mais caricaturais, os excessos proliferam-se dos dois lados.

Assim, os contra-*corpus* multiplicam-se ao quadrado, sem que se consiga pôr um termo às reivindicações minoritárias. A exemplo dos estudantes negros que em 1991 boicotam um curso de *women's studies* da Universidade de Michigan porque "apenas" um terço dos livros do programa foi escrito por "não-brancos", as afinidades identitárias aliam-se para fazer da crítica do cânone um exercício obrigatório. E os mais radicais entre esses novos teóricos não hesitam em recomendar, por sua vez, o abandono de toda lista da leitura sob o pretexto de que um "texto específico" já representaria a coerção pedagógica própria à universidade branca e/ou masculina. Eles só aceitam o cânone ocidental em um curso destinado a expor didaticamente seus defeitos políticos – etnocentrismo de Shakespeare, misoginia de Balzac, colonialismo de Defoe. Do lado conservador, não é raro que a defesa das grandes obras por suas qualidades intrínsecas, argumento ainda bastante moderado utilizado pelos humanistas tradicionais, dá lugar a apologias mais líricas pela "sobrevivência do Ocidente" contra os bárbaros, ou em favor do "elitismo cultural" como único princípio da educação.[3] Nesse concerto de invectivas, as posições de bom senso, mais ponderadas, padecem para ser ouvidas. Desse modo, Henry Louis Gates surpreende-se com o fato de que o simples projeto de constituir um cânone da literatura negra-americana seja "descrito como racista, separatista, nacionalista", pois para ele, e para vários intelectuais – obviamente menos citados que os extremistas dos dois lados –, "reformar os programas de estudo para poder mostrar a eloqüência comparável das tradições africana, asiática e médio-oriental significa começar a preparar nossos alunos para o seu papel de cidadãos de uma cultura mundial, educados com uma noção verdadeiramente "humana" das humanidades".[4] No entanto, a prioridade vai para as posições mais virulentas retomadas pela imprensa e pelos ensaístas em voga. De um lado, a manutenção de um cânone ocidental, mesmo a título comparativo, é apresentada como um insulto cometido contra os oprimidos; de outro lado, a abertura desse mesmo cânone a culturas ignoradas, a grupos marginalizados, mas produtores de obras importantes – simples compensação de um atraso da universidade –, significa declarar guerra ao Ocidente. "Não compreendo por que não poderíamos estudar ao mesmo tempo a cultura ocidental e o multiculturalismo, por que não poderíamos expor as relações históricas e contemporâneas entre diversas culturas",[5] declarava a presidente da Modern Language Association, Catharine Stimpson, em seu discurso de abertura de convenção de 1990 – menos prestigiada esse ano do que as declarações de guerra à "cultura branca" do historiador negro Leonard Jeffries ou do que a opção ainda mais simples do conservador Allan Bloom, "Shakespeare ou nada".

Outro efeito da querela do cânone foi alargar o fosso que separa as duas vanguardas do campo literário americano, ambas inspiradas na teoria francesa – críticos formalistas ou desconstrucionistas e adeptos dos *Cultural Studies* e dos estudos minoritários. Enquanto estes últimos comemoram a emergência de contra-*corpus*, ou mesmo o fato de o cânone elitista dar lugar como objeto de estudo aos produtos da *pop culture*, aqueles, em Yale e em outras partes, insistem em evocar os mesmos clássicos "insuperáveis". Em plena tempestade, o derridiano Hillis Miller opta sem hesitar pela posição conservadora que seus colegas ainda vacilam em defender: "Creio no cânone estabelecido das literaturas inglesa e americana, e na própria validade do conceito de textos 'privilegiados'".[6] É preciso dizer que, no embate de cânones revisados e de *corpus* "igualitários", cada um dos autores associados à teoria francesa tornou-se de pronto suspeito – Derrida porque analisa sobretudo Platão, Rousseau e Heidegger, Julia Kristeva porque presta suas homenagens a Mallarmé ou Raymond Roussel e Deleuze porque não esconde suas preferências por Melville e Kafka. Contudo, por trás dos desvios ideológicos de que foi objeto, como veremos, essa querela do cânone literário teria tido como conseqüência mais duradoura, e benéfica, lançar um debate nacional.[7] E, sobretudo, teria possibilitado que os estudantes, e muitas vezes os professores, descobrissem tradições desconhecidas, que refletissem – mais teoricamente – sobre a relatividade cultural dos cânones, sobre o seu papel político de classificação e de exclusão, e mesmo sobre essa forma de cultura anônima, desencarnada, parecida com as listas de clássicos ingeridas sem esbravejar por seus predecessores. Pois relatividade não é relativismo, como concluía a propósito Edward Said, congratulando-se pelo fato de que "pela primeira vez na história moderna, o imponente edifício do saber e das humanidades que repousa sobre os clássicos das letras européias [...] não representa mais que uma fração das interações humanas e relações reais que se estabelecem hoje no mundo".[8]

OS EQUÍVOCOS DO PC

Para além do cânone, os especialistas da questão minoritária pretendem agora codificar as relações sociais entre os sexos e as raças no *campus*, ao mesmo tempo mediante uma regulação dos comportamentos e uma eufemização estrita da linguagem. É o advento do *"politically correct"* (PC, que deve se pronunciar *Pee-Cee*), termo que, significativamente, já era empregado por certos rebeldes politizados dos *"seventies"* para designar a atenção excessiva das feministas ou dos culturalistas aos *signos* da opressão em detrimento de sua substância – e um termo que não se traduzirá aqui para evitar as conotações bastante imprecisas do "politicamente correto" francês. Esse fenômeno é duplo, e sua face caricatural – ou autoparódica – oculta as questões políticas reais. Na virada dos anos de 1980, a emergência de teses multiculturalistas na universidade e de um comunitarismo mais claramente separatista nas grandes cidades agravou de fato as tensões históricas não apenas entre minorias e maioria – a ala direita desta última logo galvanizada pelo triunfo dos republicanos –, mas também entre as próprias comunidades nos *campi* e para além deles. Portanto, uma certa dose de regulação não era ilegítima. Porém, ela terá efeitos perversos que decorrerão de seus excessos, quando se tornará impossível para um estudante ou um professor membro de uma minoria existir na universidade *fora* dessa filiação identitária, impensável para um *gay* não rebater todos os insultos homófobos, ou para um negro não estudar a África. Daí os exageros do PC, sua evolução em certos casos – também aqui destacados pela imprensa, mas pouco representativos do conjunto dos *campi* – para uma política minuciosa do léxico e da gestualidade, que foi muito bem resumida pelo cronista do *Village Voice* Richard Goldstein, que se presta a um auto-retrato PC: "Um homem meio gordo, baixinho e quase careca como eu pode ser descrito agora, sem nenhuma zombaria, como uma pessoa de peso, dotada de uma estatura diferente, e cuja capilaridade corre perigo".[9] A codificação da linguagem autorizada não é somente o aspecto mais espetacular do PC, mas também seu terreno privilegiado. Seu postulado ético consiste em que a língua cotidiana, insidiosamente performativa (*produzindo* suas vítimas), inconscientemente pejorativa, infligiria um *sofrimento* às minorias, quaisquer que sejam elas.

Ora, das "pessoas de cor" (os negros) às "pessoas caucasianas" (os brancos), a perífrase de designação que se pretende neutra decorre, por sua vez, para além do gesto de respeito, de uma certa violência taxonômica, de um procedimento de classificação, cristalizando cada grupo no mármore de uma fórmula oficial. Além disso, ela introduz, tal como um *incipit* mitológico, a narrativa separada de uma cultura. Assim, ao lado dos debates de filólogos sobre a boa designação dos surdos, entre "fracos de ouvido" (*hearing impaired*) e "deficientes da audição" (*audibly challanged*), travou-se um verdadeiro combate para sistematizar ao menos o uso da maiúscula em "Surdo" (*Deaf*), sinal de que uma história e uma cultura exigem ser reconhecidas aqui, a exemplo das minorias que já têm a sua maiúscula. As batalhas nesse âmbito referiam-se ao reconhecimento da linguagem de sinais como linguagem oficial, ou à exigência de que o presidente da Universidade Gallaudet para pessoas com diminuição auditiva, em Washington, fosse a partir de agora um(a) surdo(a) (o que foi aceito em 1988) e mesmo, para os mais radicais, à denúncia dos aparelhos de ajuda à audição, cones ou implantes, como ameaças para a cultura do grupo. Já mencionamos, nessa ordem de idéias, o caso dos deficientes físicos que, embora só tenham obtido o reconhecimento de seu campo de estudos específico (*disability studies*) na convenção da Modern Language Association de 2002, foram objeto desde os anos 1980 dessa reformulação positiva da deficiência como "capacidade alternativa" (*differently abled*), que tende também a recalcar sua dor, a ocultar uma negatividade, sob o pretexto de eliminar qualquer valor conotativo. Não escapa nem o termo que designa na universidade o chefe de um departamento que tenha acompanhado tal evolução neutralizante: passa-se assim, no caso de uma diretora, de um "*Madam Chairman*", considerado retrógrado, para o "*Chairwoman*" do feminismo clássico, depois para "*Chairperson*" e, por último, para o "*Chair*" de um feminismo pós-essencialista. Esse deslocamento, às vezes grotesco, do combate político para o terreno exclusivo da linguagem e de seus usos encontra sua justificativa, paradoxalmente, na tradição pragmática americana. Em *campi* cada vez mais desconectados da cidade, e portanto impotentes para obter ganho de causa ali, a única maneira de granjear resultados tangíveis foi limitar as reivindicações ao domínio do léxico, ao reino do simbólico. Mesmo correndo o risco de esvaziar a questão da linguagem de seus desafios extralingüísticos, de seus referentes reais, ou até de seu papel de instrumento no debate de idéias – o que às vezes se mostrou impossível: proliferam os colóquios em que as únicas questões que avançam, como recusa, referem-se ao número de mulheres ou de negros inscritos no programa desta ou daquela mesa-redonda.

Uma outra tradição americana é esse behaviorismo de trama lingüística para o qual gestos e atitudes formam uma *linguagem* própria. É por essa razão, e não por um verdadeiro recrudescimento de delitos de gestual injurioso ou de assédio sexual, que logo se passa da linguagem PC aos *comportamentos* PC. Para fazer frente à multiplicação de queixas, justificadas ou não, universidades e administrações públicas emitem, a esse respeito, circulares e recomendações que, citadas fora de contexto pelos jornalistas, vão acirrar ainda mais a controvérsia. Elas descrevem e tratam de alertar contra o que chamam de injúria de discriminação estética (*lookism*), de insulto racial latente (*ethnoviolence*) ou mesmo de assédio sexual no contexto de uma relação que se inicia – *date rape*, sendo que *date* designa essa prática americana, ela própria já amplamente codificada, de aproximação gradual e oficial, de sair para jantar, *antes* da relação sexual, enquanto a palavra *rape* revela aqui que uma simples indiscrição pode ser considerada como uma violação. Elas emanam do grupo de projeto do Departamento de Educação do Estado de Nova York, do relatório preliminar da Universidade Tulane em Louisiana, dos formulários de inscrição dos novos alunos do Smith College ou do famoso programa AWARE (vigilância), implantado pelo novo gabinete dito "de assuntos minoritários e de relações raciais" de Harvard. Visto que uma ameaça de queixa, nessa atmosfera carregada, pode ser utilizada como meio de pressão contra um superior hierárquico, os conservadores brandirão os raros casos de professores acuados a se demitirem por professores-assistentes ou alunos "rancorosos", a ponto de às vezes inventarem com todos os detalhes alguns casos rumorosos. Um exemplo é o "caso Thernstrom", do nome de um historiador de Harvard acusado de ter supostamente "preconceito racista" por seus alunos de graduação e citado traiçoeiramente pelos republicanos Dinesh D'Souza ou Roger Kimball, sem que as alegações de atentado à liberdade de expressão jamais tenham sido corroboradas por uma investigação séria.[10] Investido ridiculamente de referências à *novilíngua* de George Orwell e a um novo totalitarismo de *campus*, um verdadeiro "monstro PC" é assim constituído, e suas próximas vítimas seriam os professores brancos fiéis ao cânone ou os raros estudantes "honestos" que terão a infelicidade de ainda ler Milton.

Resta a questão, que também se debateu intensamente, da discriminação positiva (*affirmative action*) visando favorecer as minorias na seleção de alunos e no recrutamento de professores. Ela remete ao tema da "igualdade universal de oportunidades" (*Universal Equal Opportunity*) como mito fundador da ética americana do trabalho. Um mito que os avanços do direito social sob o New Deal de Roosevelt e depois o reconhecimento dos direitos civis em 1960 transformaram parcialmente em realidade jurídica – e inscreveram tanto no Código do Trabalho quanto nas folhas de salário. Contudo, a existência de uma comissão e de uma caixa federais destinadas a favorecer a admissão das minorias, assim como raros precedentes na jurisprudência americana, não impede a Corte Suprema, na sentença de junho de 1978 sobre o caso Allan Bakke (do nome de um estudante branco cujo dossiê para o ingresso na Escola de Medicina da Universidade da Califórnia foi recusado), de declarar inconstitucional a prática de cotas e da diversidade "quantificada". Essas cotas jamais entrarão em vigor *formalmente*. Porém, durante os anos de 1980, a pressão interna de grupos minoritários e o cuidado de alguns decanos fazem com que a discriminação positiva seja introduzida na prática de vários *campi*. Geralmente em detrimento de problemas mais urgentes, do aumento das taxas de inscrição e da diminuição das ajudas federais, e até mesmo de uma consideração de conteúdo, e não puramente simbólica, de cada dossiê. O caso Loïc Wacquant é emblemático. O jovem pesquisador francês, após uma tese sob a orientação do sociólogo negro William Julius Wilson sobre o papel do boxe (que ele passou a praticar, visando à imersão) no gueto de Chicago, foi aceito em 1992 pela Universidade de Berkeley, até que ativistas do *campus* contestassem sua admissão, a título de discriminação positiva, e forçassem a direção a reabrir sua vaga. Wacquant será admitido no ano seguinte, mas guardará na memória essa dolorosa descoberta – que a cor da pele conta mais para os novos militantes do que a própria natureza das pesquisas e do ensino.

Além disso, a enumeração de alguns casos "escandalosos" permite aos conservadores, tanto na universidade quanto nas fileiras do Partido Republicano, justificar seu apelo a uma urgente "remoralização" da América. Contra o modelo multicultural – que, no entanto, não levou em conta a política lingüística dos anos de 1980 para vivificar o modelo sociocultural americano –, eles defendem as teses universalistas e integracionistas de uma cultura dominante, hierárquica, à qual se deve curvar. A seu ver, os excessos dos anos de 1960 e a nova guerra de culturas que teria provocado vinte anos mais tarde marcariam os limites do velho *melting-pot* americano, que seria preciso "superar" no sentido de uma refundação unitária, em torno de referência estáveis. De fato, não apenas o modelo multicultural encontra-se em crise nessa época nos Estados Unidos, mas também a remoralização aparece como única alternativa, quer se trate de defender o Ocidente ameaçado ou, ao contrário, de inspecionar a linguagem e codificar os gestos. Ou ainda, longe agora das batalhas do PC, de impor as novas normas de civilidade do "cidadão responsável" – ecologia, dietética, higiene, polidez. Das estratégias políticas conservadoras até os males de uma América dividida, sem esquecer a crise da educação primária e secundária pública – cujos orçamentos, assim como seu nível médio, sofrem uma queda durante esse período –, tudo concorreria decisivamente para que um debate estritamente universitário, ligado aos discursos minoritários e às teorias radicais, adquirissem subitamente uma amplitude nacional. A ponto de se poder afirmar, como a tese incisiva de Eric Fassin, que, para além das novas retóricas comunitárias, o *"politically correct"* foi antes de tudo uma construção da polêmica".[11]

UM DEBATE NACIONAL

A mobilização da imprensa contra o PC se explica pela habilidade dos conservadores que, de tribuna livre em "fonte" dos repórteres, instigam os jornais. Ela tem a ver ainda com a evolução ideológica de uma corporação que se encontra igualmente em plena metamorfose – entre concentração capitalista da imprensa moderada e declínio da imprensa de opinião, sobretudo à esquerda. Mas ela tem também suas motivações sociológicas. A velha concorrência entre acadêmicos e jornalistas, reforçada no caso americano pelo isolamento social daqueles e pelo profissionalismo destes, é reativada por casos que permitem aos jornalistas reinvestir inesperadamente – ainda que por sua crítica ideológica – um campo intelectual do qual haviam sido excluídos com desprezo pelos especialistas em matéria de teoria. Jogando com o efeito lúdico das enumerações, os jornais associam confusamente, no mesmo contexto de uma arena extremista e propícia ao jargão, multiculturalistas, militantes homossexuais, *new historicists*, críticos marxistas, derridianos, esotéricos, neofeministas e herdeiros dos Black Panthers. O tom costuma ser mais virulento do que nos piores momentos da guerra fria. O editorial do *Chicago Tribune* de 7 de janeiro de 1991 acusa os professores de nada menos que de cometerem "crimes contra a humanidade". O popular *New York Post* segue seus passos, conclamando a acabar com os "agentes PC da literatura". O *New York Times* já havia denunciado no final de 1990 "a hegemonia crescente do *politically correct*", enquanto a *Newsweek*, em sua edição de 24 de dezembro, descreve essa "filosofia totalitária" e sua "política do pensamento" como um "macarthismo de esquerda" – ao passo que, quarenta anos antes, os expurgos macarthistas bastante reais na universidade não mereceram uma única coluna nesse semanário "centrista". De fato, as comparações com o nazismo ou o expurgo macarthistas são numerosas. Na revista *New York*, John Taylor prefere às provas fundamentadas das acusações que ele apresenta sua comparação pouco sutil com um tempo passado – letras góticas dos títulos e fotografias de autos-de-fé nazistas acompanham o artigo.[12] Na ausência de analogias tão explícitas, as figuras virais ou botânicas da infecção, do formigamento insidioso e das plantas carnívoras (o *New York Times* descreve a desconstrução como "uma colônia tropical francesa, uma Paris cheia de serpentes que teria brotado subitamente em nossa grama") lembram, por sua vez, uma retórica esquecida – a do judeu da imprensa anti-semita ou do comunista da guerra fria, ameaçando, por trás de suas aparências respeitáveis, estrangular com seus tentáculos os cidadãos inocentes. Nem todos os jornais desfilam metáforas tão suspeitas, mas a unanimidade da imprensa generalista, na qual subitamente se tornam raras a cobertura das fontes e mesmo a pesquisa de campo, não é menos espantosa, do *New York Times* ao *Washington Post*, do *Time* ao mais satírico *Esquire*, do *Wall Street Journal* ao semanário de esquerda *The Nation* e das revistas de moda ao mensal financeiro *Forbes* – com a notável exceção do *Village Voice*.

Apenas a seção de cartas dos leitores dá lugar a opiniões divergentes ou a pontos de vista mais moderados – a exemplo da leitora do *New York Times* que observa, em uma carta de junho de 1991, a propósito dos "pretensiosos ideólogos franceses" denunciados no jornal, que "as pessoas não deveriam se sentir ameaçadas pela teoria francesa, ainda que seja sempre tentador buscar eliminar aquilo que não se compreende: não se trata de um caso de 'ou/ou'; pelo menos não deveria ser". Vale dizer que o famoso jornal acabara de dedicar a primeira página de seu suplemento literário à ensaísta Camille Paglia, que ridicularizara violentamente ali, em um estilo panfletário há muito tempo desaparecido, tanto os inspiradores franceses quanto os especialistas americanos dos novos discursos minoritários: os primeiros eram descritos como "espíritos de intendentes" e "matadores de amor" que é preciso "expulsar de nossas estantes", enquanto os segundos eram apresentados como "esbirros [...] mimados que se ajoelham para abraçar os egos franceses", "pedantes [...] de estilo floreado" e vulgares "mercadores de lixo estrangeiro" – um artigo que marcou época tanto por usar palavras ácidas quanto por revelar aos seus leitores a fonte estrangeira da nova laia identitária, que portanto deveria ser imputada aos "tiranos" franceses mais do que aos acadêmicos diretamente.[13] No mesmo ano, sem ressaltar essas diatribes francófobas, a imprensa francesa tornara-se o eco, de quando em quando, das novas controvérsias americanas para denunciar, por sua vez, os "novos mestres censores"[14] PC da universidade e um desvio dos *campi* que marcaria ali "o crepúsculo da Europa".[15] Tzvetan Todorov, que já pertencera ao campo conservador, intervinha inclusive no debate americano, comparando a crítica multiculturalista da "objetividade" e o discurso do carrasco O'Brien em *1984* de Orwell.[16] No entanto, para que um conflito de *campus*, por mais intenso que fosse, despertasse paixões a tal ponto, até mesmo nas colunas dos jornais mais difundidos do mundo, era necessário também um escândalo que remetesse não tanto ao excesso da *novilíngua* multicultural, e sim, de forma mais direta, ao anti-semitismo e à Segunda Guerra Mundial – é o caso Paul de Man.

Em 1986, o *New York Times* revelava o passado de colaboracionista do grande crítico derridiano, que até 1942 mantivera no diário belga *Le Soir* uma coluna pró-alemã e ocasionalmente anti-semita – cujo artigo de 4 de março de 1941 sobre "Os judeus na literatura contemporânea", que causou mais comoção entre os próprios colegas de Paul de Man pela observação feita por ele de que a expulsão dos judeus da Europa, e de suas "poucas personalidade de valor [artístico] medíocre", não teria "qualquer conseqüência deplorável para a vida literária ocidental".[17] Essas revelações, que surgem na seqüência das polêmicas européias sobre as concessões feitas ao regime nazista por Martin Heidegger – outra referência-chave da desconstrução –, inflamam imediatamente ensaístas e editorialistas, em proporções que não correspondem ao erro passado de Paul de Man, por mais imperdoável que fosse. O "relativismo" tão conspurcado da teoria francesa, cujos detratores afirmam que conduz à indistinção entre o verdadeiro e o falso, o bem e o mal, teria suas origens históricas ali. Entrevistados pela imprensa nacional, professores que preferem manter o anonimato denunciam na desconstrução "um amplo projeto de anistia para os políticos colaboracionistas da Segunda Guerra Mundial", ou mesmo "um outro Reich de mil anos que só durará doze anos".[18] De todo modo, vários jornais fazem uma ligação com o "racismo às avessas" dos adeptos contemporâneos do PC: segundo eles, haveria apenas um passo do anti-semitismo hitlerista para as políticas excludentes dos militantes de *campus*. Esses ataques estão totalmente deslocados, visto que a obra de Paul de Man não se restringe aos desvios condenáveis de sua juventude e que seus cúmplices intelectuais são todos judeus – Harold Bloom, é claro, assim como o sefardita Derrida (que veio em seu socorro desastrosamente, sugerindo "desconstruir" os artigos de guerra de Paul de Man) e o exilado alemão Geoffrey Hartman (que inclusive foi o co-fundador em Yale do programa *Judaic Studies*). Além de tudo, esse caso Dreyfus às avessas fornecia a alguns os elementos biográficos que permitiam apoiar sobre fatos, e mesmo sobre a grande História, os supostos perigos do novo relativismo teórico.

Contudo, não foram nem esses ataques biográficos nem as campanhas de imprensa que transformaram um conflito de *campus* em debate nacional, mas sim o inesperado sucesso de livraria de três grandes panfletos conservadores da década – ataques *ad hominem* contra os novos relativistas americanos e seus mestres franceses. Michael Bérubé manifesta sua surpresa com isso de forma bem-humorada: "Vocês só precisam dizer ao público americano que seus filhos estão sendo doutrinados à força por multiculturalistas desconstrucionistas fascistas comunistas feministas e terão um verdadeiro *best-seller* – e um argumento ao qual mesmo os não-especialistas terão acesso".[19] O primeiro desses ensaios é de Allan Bloom sobre "o fim do espírito americano", que ficou mais de um ano na lista dos mais vendidos. Em nome das humanidades clássicas e de uma América unida, o livro acrescenta aos argumentos articulados de um Alain Finkielkraut nesse mesmo ano em *A derrota do pensamento* (sobre o todo-cultural, a televisão uniformizante e o *rock* descerebrador) o retrato apocalíptico de uma universidade americana nas mãos dos bárbaros, em que não se lê outra coisa a não ser as lésbicas negras e as biografias de *rock stars*.[20] Porém, essa lamúria nostálgica é menos estratégica do que os dois outros *best-sellers* conservadores da época. O segundo, *Illiberal Education*, é assinado pelo brilhante Dinesh D'Souza, jovem conselheiro de Reagan nascido na Índia, que passou pelas universidades de elite. Ele adverte mais sutilmente para os riscos que imporiam ao país os novos "visigodos de *tweed*", militantes multiculturalistas "no poder" nos *campi*: balcanização do tecido social, fim da liberdade de expressão, abolição da meritocracia do saber e efeitos perversos de reformas que desserviriam aqueles e aquelas aos quais essas reformas pretendiam "salvar".[21] Finalmente, a ordem de argumentos evocada aparece mais nitidamente ainda na leitura do terceiro artigo, a sátira moral de Roger Kimball intitulada *Tenured Radicals* (*tenure* designando a titulação dos professores). Destaca-se ali uma filiação especificamente francesa do "igualitarismo totalitário", do Terror robespierriano à "politização" de todo discurso em Foucault e Derrida (*sic*), para os quais "toda vida cultural [seria] indexada nas relações de poder".[22] Em seguida, vem a filiação americana, pois é "o *ethos* radical dos '*sixties*' [que] prevalece", "obtendo nas classes [...] o que não conseguiu ganhar nas barricadas"[23] – continuidade de uma geração a outra que faz pouco caso de suas diferenças sociológicas. Encontra-se, aqui e ali, o argumento psicologizante de um "ódio" de sua própria herança cultural nos intelectuais que caíram um a um no "romantismo utópico", de Rousseau a Fredric Jameson.[24] A confusão deliberada entre multiculturalistas, teóricos do texto e críticos marxistas (apesar dos ataques destes últimos à teoria francesa) é constante, colocando lado a lado todos os inimigos da "democracia" – até a pérola que consiste em comparar as "incitações à morte" feitas por Franz Fanon... e o nazista Goering.[25] Lembrando os termos de Allan Bloom, a conclusão é inevitável: "A escolha que hoje se apresenta a nós não é entre uma cultura ocidental 'repressiva' e o paraíso multicultural, mas entre cultura e barbárie".[26]

Enquanto se tornam cada vez mais raros os pleitos em favor dos novos radicais, ou pelo menos que desmascarem a má-fé dos conservadores,[27] a mobilização aparentemente unânime atinge seu ápice com a intervenção no debate, em maio de 1991, em um discurso na Universidade de Michigan, do "presidente da educação" – como era apresentado George Bush na eleição de 1988. O presidente fustiga o fenômeno PC, "que acendeu a controvérsia em todo o país" por sua maneira de "substituir antigos preconceitos por novos" e de "jogar os cidadãos uns contra os outros".[28] Naturalmente, críticos mais moderados se fazem ouvir, denunciando os excessos de uma evolução de conjunto que nem por isso é rejeitada em bloco. Professor da Universidade de Virginia e autor de uma defesa da "alfabetização cultural" dos alunos, E. D. Hirsch declara que a "cultura geral americana" pode fazer frente sem qualquer prejuízo às inovações tão debatidas, pois "ela inclusive já assimilou muitas referências que os advogados do multiculturalismo querem incluir".[29] Enquanto o historiador da contracultura Christopher Lasch zomba do "pseudo-radicalismo" de acadêmicos incriminados,[30] o crítico Russell Jacoby atribui o diálogo de surdos que divide a América à extinção vinte anos atrás da figura pública do "intelectual de esquerda".[31] Já o grande historiador Arthur Schlesinger intervém para examinar, por trás das modas intelectuais, o que essas tensões inéditas revelariam da "desunião" social americana.[32] Porém, ao lado dos grandes intelectuais centristas que desejam uma discussão equilibrada, a estratégia dos conservadores é envenenar o debate, associando a ele todos os escândalos do momento – a "indecência" dos nus masculinos do fotógrafo Robert Mapplethorpe expostos graças a verbas federais, o "elitismo" e a "imoralidade" denunciados pela direita populista das raras mídias públicas (a estação de rádio NPR e o canal de televisão PBS) ou as "ditaduras de esquerda" ainda presentes em Cuba e na Nicarágua. A nacionalização do debate reverte no agravamento das tensões latentes nos *campi*. Entre 1986 e 1988, violências raciais sacodem várias universidades, entre as quais as de Chicago e da Pennsylvania. Agências de ajuda financeira são depredadas por terem favorecido os estudantes não-brancos. As agressões homófobas (*gay-bashing*) e às vezes até anti-semitas proliferam-se. Assiste-se ao reaparecimento da bandeira sulista dos confederados nas janelas de alguns dormitórios. De um lado, os relatos detalhados da imprensa têm um efeito de cômputo auto-realizador sobre certos elementos moderados, incitando-os agora em seus *campi* a reivindicarem uma identidade que nunca tinham manifestado, ou mesmo a se comportarem como os jornais dizem que fazem. De outro lado, o êxito da ofensiva conservadora galvaniza os estudantes mais à direita. Mas é também porque ela participa de uma campanha ideológica mais ampla, ligada à emergência de uma nova corrente no cenário intelectual e político americano – os neoconservadores.

A CRUZADA NEOCONSERVADORA

Em 1984, William Bennett, então diretor do National Endowment for the Humanities (NEH, o organismo federal de apoio à literatura e às humanidades), publica um relatório alarmista sobre o campo literário na universidade: *To Reclaim a Legacy* declara o estado de emergência cultural e conclama à recuperação de "uma cultura comum enraizada na visão de longo prazo da civilização, em seus ideais compartilhados mais elevados e em sua herança".[33] Na seqüência, surge uma leva de revistas conservadoras, de *Commentary* a *National Interest* e a recente *New Criterion*, de Hilton Kramer – que cobre em detalhe a atualidade infamante do campo literário e as convenções anuais da Modern Language Association. À medida que esta última radicaliza suas posições, os conservadores oferecem ajuda a todos os que dela divergem. O Committee for the Free World de Midge Decter, um círculo influente dedicado à defesa da política externa reaganiana, transformará assim um agrupamento de humanistas clássicos fundado em 1975, a National Association of Scholars, em verdadeira arma de guerra contra a "esquerda acadêmica": com a força de quase 5 mil membros e de seções locais em trinta estados, ela tenta aliciar os filiados da MLA e distribui nos *campi* panfletos "pela civilização" – a ponto de suscitar a criação de uma organização adversária, Teachers for a Democratic Culture, em apoio às "idéias radicais" da universidade.

Essa guerra de *campus* a golpes de *slogans* raivosos e de associações concorrentes tem origem também no ressentimento de acadêmicos dominados, marginalizados pelas novas correntes, idiotizados pela acuidade intelectual e pelos talentos oratórios mais em vista desses "radicais". Eles não têm outra escolha a não ser transformar sua própria fraqueza em argumento moral, segundo a motivação dos "conservadores populistas" muito bem descrita por Bourdieu: "Esse antiintelectualismo do interior costuma ser próprio de intelectuais dominados [...], cujas disposições éticas e seu estilo de vida [...] fazem com que se sintam mal e meio deslocados, principalmente em seu confronto com as elegâncias e as liberdades burguesas dos intelectuais natos".[34] A mistura de arrogância e ironia erudita com que respondem a seus ataques virtuosos seus mais brilhantes inimigos, de Stanley Fish a Joan Scott, de Fredric Jameson a Cornel West, só tende a reforçar neles um "horror [...] que tem a violência do amor frustrado".[35] É por isso que, na tradição de uma desconfiança americana instintiva em relação aos "chicaneiros" (ilustrada pelas palavras pejorativas *"highbrow"*, testa alta, ou *"egghead"*, cabeça de ovo, para designar o intelectual), eles retomam por sua conta os argumentos puritanos e utilitaristas de um antiintelectualismo histórico – quando não assinam um pacto com o diabo, como sugere uma reportagem do *New York Times* ao revelar que certos debates muito bem remunerados eram combinados previamente entre as duas partes, como entre Stanley Fish e Dinesh D'Souza em 1990-1991.[36]

Contudo, para além dos complexos de inferioridade intelectual ou mesmo dos arranjos amigáveis, trata-se antes de tudo de uma verdadeira cruzada ideológica, conduzida com meios importantes e objetivos ambiciosos – reconquistar a universidade que caiu nas mãos de "radicais" e favorecer o surgimento de uma *contra-intelligentsia* conservadora. Além disso, segundo a estratégia conhecida da cortina de fumaça, justificar ideologicamente a redução que teria ocorrido de todo modo nas alocações federais para as universidades públicas. Testemunham esse caráter de campanha articulada, em primeiro lugar, as responsabilidades políticas oficiais dos principais atores. O próprio diretor da revista *Commentary*, Norman Podhoretz – cujos editoriais recomendam a mais extrema vigilância em face da aparente abertura da URSS de Mikhail Gorbatchev –, é ligado ao Departamento de Estado, para onde foram nomeados seus mais antigos colegas de faculdade e seu próprio genro. Os três articulistas mais ácidos da revista, quando se trata de atacar os "esquerdismos de *campus*", são também os três diretores sucessivos da NEH, nomeados pela Casa Branca, Carol Iannone, William Bennet e depois Lynne Cheney, esposa do secretário de Defesa, Dick Cheney – futuro vice-presidente americano. Quando ela é nomeada posteriormente para o cargo estratégico de secretária da Educação, que já tinha sido de Bennett, o que se comenta em Washington é que ela é na verdade "secretária da Defesa doméstica", a defesa dos valores e dos interesses da América eterna.[37] Quanto ao jovem Dinesh D'Souza, que em 1981 foi nomeado conselheiro do presidente Reagan, ele já assinou uma biografia ditirâmbica do televangelista Jerry Falwell, assim como Podhoretz emprestou sua pena para defender o fundador da Coalizão Cristã, Pat Robertson, quando ele foi acusado de anti-semitismo. Mais ainda, os arautos da nova cruzada moral são apoiados por uma rede fechada de fundações ultraconservadoras, a partir das quais são fomentadas certas iniciativas e das quais a contra-ofensiva em seu conjunto é financiada *de facto* – o American Entreprise Institute, a Rand Corporation, as influentes fundações Heritage, Olin, Scaife ou ainda Coors e, mesmo indiretamente, o Adam Smith Institute dos thatcherianos britânicos. Através de circuitos de financiamento complexos, essas fundações financiam as associações estudantis conservadoras, da Young Conservatives of Texas à Accuracy in Academia, que se dedicam inteiramente a impedir a entrada nos *campi* de um sindicato negro ou de associações ligadas ao defensor do consumo "alternativo" Ralph Nader – e, de forma mais regular, a vigiar as aulas de professores de esquerda ou as notas dadas aos alunos pelos teóricos mais radicais. As organizações mais neutras, como a FIPSE,* criada para lutar contra o analfabetismo, também recebem subsídios que logo colocam sua ação sob a bandeira conservadora.

Como resume Wlad Godzich, "uma administração que desejasse redesenhar as fronteiras entre as elites e as massas (a famosa 'maioria silenciosa') tornou-se a contramão das novas atividades teóricas favorecidas pelas instituições de elite".[38] Contudo, não se trata apenas de barrar o caminho do novo "radicalismo de papel"; é necessário também propor um programa ideológico positivo, transmitir uma mensagem clara sobre o sistema de valores americano e seu lugar no mundo, papel atribuído às campanhas criadas para promover os trabalhos ligados a essa mesma rede. O caso típico aqui é, evidentemente, o texto de Francis Fukuyama sobre "o fim da história",[39] patrocinado pela Rand Corporation e pelo Departamento de Estado, as duas instituições das quais depende: a assimilação que ele faz do triunfo final do liberalismo mercantil no mundo pós-comunista à realização da dialética hegeliana da história tem a vantagem de garantir ao programa ideológico conservador uma influência direta sobre a atualidade mundial mais candente – e um suporte filosófico. Isso ocorre porque, mais uma vez, a questão última supera essa resistência contra os desvios radicais de certos *campi*. De maneira mais geral, esses ataques são a oportunidade histórica de assegurar a legitimidade política e o poder intelectual do grupo neoconservador surgido no final dos anos de 1970 com a clara disposição de impregnar com suas idéias a maioria republicana e mesmo de redirecionar sua linha de conjunto no sentido da visão de mundo – no que foi bem-sucedido, como prova sua influência decisiva na administração George W. Bush e na política externa americana do pós-11 de setembro de 2001.

Os pioneiros do movimento neoconservador são, em sua maioria, trânsfugas da esquerda não-comunista do pós-guerra, mais precisamente do grupo dos New York Intellectuals ligado à revista *Partisan Review*. É o caso sobretudo de Norman Podhoretz, cujo artigo provocador de 1963 contra o "conformismo" da luta pelos direitos civis marcou a virada definitiva, e de Irving Kristol, cujo filho

---

* N. de T. Sigla de Fund for the Improvement of Postsecondary Education's.

William Kristol é atualmente um dos ideólogos mais destacados do Partido Republicano. Alguns tinham sido inclusive marxistas (quase) ortodoxos, como James Burnham, Sidney Hook ou Eugene Genovese, o historiador das classes populares, cujos artigos dos anos de 1980 recomendam agora o "contraterrorismo universitário" e até mesmo a reintrodução no *college* de "semestres de teologia cristã, de decência humana ou de simples bom senso".[40] "O ancestral do movimento neoconservador é o anticomunismo de esquerda [*liberal*]", resume seu historiador devotado Mark Gerson, antes de ganhar para sua causa, a esse pretexto, os nomes de Hannah Arendt, George Orwell e Arthur Koestler.[41] Mescla do elitismo cultural característico desses grandes burgueses da costa leste, do tradicionalismo moral e da ambivalência em face do Estado-providência (*Welfare State*) – que eles nunca denunciaram diretamente, mas cujas prerrogativas desejam a todo custo limitar –, seu anticomunismo inato produziu nesses reformistas decepcionados um desgosto triplo: o que lhes causam, sucessivamente, os movimentos estudantis libertários dos anos de 1960, a reação demagógica da elite dos anos de 1970 com seu projeto de "*Great Society*" e a emergência de uma nova classe de radicais nos *campi* dos anos de 1980. No entanto, sua filiação socialdemocrata é também o que demarca sua diferença *tática* da direita. Contra um conservadorismo da inércia, patrimonial e saudosista, eles defendem um conservadorismo da mudança, que tome a iniciativa e siga em frente.

Outra influência fundamental sobre eles é a do filósofo político Leo Strauss (1899-1973), que chegou da Alemanha em 1933 e, posteriormente, fundou o Committee on Social Thought na Universidade de Chicago, onde terá como alunos Allan Bloom, Irving Kristol e Clarence Thomas, futuro juiz da Corte Suprema. Os editorialistas americanos chegaram a apelidá-lo de "o padrinho da revolução conservadora" dos anos Reagan. E o "contrato com a América", que garante ao Partido Republicano de Newt Gingrich a vitória nas eleições legislativas de 1994, é fortemente inspirado em seu racionalismo moral e político. Contra uma socialdemocracia (*liberalism* na tradição americana) que levaria o capitalismo à morte ao favorecer as dimensões intrínsecas de relativismo e de niilismo, Strauss pretende salvar o conceito de direito natural dos perigos do relativismo histórico e mostrar o caráter de "realidade primeira" das distinções entre bem e mal, fatos e valores. Essa é, segundo seus discípulos, a única resposta válida ao caos contestatório dos "*sixties*" e depois ao multiculturalismo dos anos de 1980. Segundo a tese da politicóloga canadense Shadia Drury, Leo Strauss "radicaliza" o substancialismo político de um Carl Schmitt, acrescentando ao seu antimodernismo inato (um pensamento político cuja linha romântica passa tanto à direita quanto à esquerda) o voluntarismo de uma "máquina monocultural e nacionalista" que deveria ser permanentemente reforçada a fim de represar a diluição pós-moderna das hierarquias e dos valores.[42]

No cruzamento de um anticomunismo de esquerda e do naturalismo político straussiano, a corrente neoconservadora dos anos de 1980 opõe, no final das contas, um triplo dogma reacionário àquilo que ela vê como o "relativismo" multicultural e o "niilismo" teórico francês. O primeiro é a existência de um Bem superior, que é chamado a preservar uma elite social, mas que não cria necessariamente um princípio teológico-político: ao contrário dos componentes cristãos fundamentalistas da direita americana, o neoconservadorismo straussiano pode muito bem assumir a morte de Deus, dado que uma justiça natural concebida como "essência" sobreviveu a ele. O segundo dogma tem a ver com o "realismo" de uma hierarquia social necessária: na lógica do darwinismo social, a escolha seria entre anarquia e plutocracia, e a dominação de uma classe de possuidores permitiria ainda contrabalançar o poder abstrato do Estado e da classe política – desconfiança em relação à força pública que remete à herança libertária da nova corrente. Finalmente, marca registrada desta e conseqüência dos dois primeiros princípios, a ordem que se requer não pode mais ser assegurada passivamente pela auto-regulação do mercado nem pelas virtudes da oligarquia burguesa, mas exige agora ser imposta *ativamente*: defender os interesses do Bem superior requer, para os neoconservadores, uma prática sistemática e preventiva da *intervenção* policial ou militar, contra a dupla tradição americana de justiça individual e de isolacionismo mundial. No plano interno, os neoconservadores forjam, assim, a famosa doutrina policial da tolerância zero ou da "vidraça quebrada", que será aplicada tanto pelo prefeito republicano de Nova York, Rudolph Giuliani, a partir de 1993, quanto pelas autoridades policiais das grandes potências européias, as quais vieram uma a uma observar *in loco* os métodos americanos, e que fora formulada em 1982, na revista *The Atlantic*, pelos teóricos neoconservadores James Wilson e George Kelling.[43] No plano internacional, a nova doutrina intervencionista do "eixo do mal", que foi posta em prática na seqüência dos atentados de 11 de setembro de 2001 e que justificou as ocupações sucessivas do Afeganistão e do Iraque, é um produto direto dela: impor pela força militar os valores superiores da democracia de mercado vem não só fortalecer a segurança nacional dos Estados Unidos, mas também combater o relativismo normativo crescente, como repete o "straussiano" (ele próprio ex-aluno de Allan Bloom) mais bem situado na administração George W. Bush, o secretário adjunto da Defesa, Paul Wolfowitz.

Assim, uma dupla genealogia esclarece a tomada de poder ideológico dos neoconservadores dos anos de 1980. Nos planos filosófico e histórico, a necessidade de resgatar sem complexo o projeto racionalista e civilizador das Luzes chegou a convencer até mesmo aqueles que em um primeiro momento ficaram seduzidos, e depois moralmente perturbados, pela crítica teórica das Luzes. E, no plano institucional, como sugere particularmente Pierre Manent, a marginalização (se não a exclusão) que sofreram na universidade radical dos anos de 1980 os jovens neoconservadores visceralmente anti-PC acabou por conduzi-los ao poder político, empurrando-os primeiro em direção às suas duas portas de entrada que são, nos Estados Unidos, as grandes fundações políticas privadas (*think tanks*) e as revistas partidárias.[44]

RUMO A UMA ESQUERDA PÓS-POLÍTICA?

Nada disso teria sido possível se não fosse o abandono do terreno político real pela esquerda, que deixou o campo livre para os neoconservadores. Depois de quase duas décadas, a esquerda "cultural" dos radicais de *campus* e a esquerda política americana tradicional culpam-se mutuamente por isso: aquela acusa esta de não ter conseguido renovar seu discurso classista e sindical frente aos argumentos da revolução conservadora, enquanto esta condena aquela, com mais freqüência ainda, de ter desertado o terreno social por uma oposição estritamente cultural a golpes de símbolos e de retórica – ou de ter "marchado sobre o departamento de inglês no momento em que a direita tomava a Casa Branca", segundo a expressão feliz de Todd Gitlin.[45] Além disso, ela teria dispersado suas forças entre comunidades estanques, sem chegar a constituir uma plataforma comum. Se a questão ainda é difícil de resolver, este último ponto é incontestável: a ausência de *unidade* política dos discursos minoritários inspirados da teoria francesa permitiu aos conservadores ocupar sozinhos o espaço público e fazer valer seu argumento da "balcanização". A única mobilização comum dos diferentes radicais de *campus* durante a longa década reagan-thatcheriana referia-se ao *apartheid* – como testemunha a colaboração de todos para montar falsas "favelas" de protesto, para reivindicar ao decano que não aceitasse mais as doações de empresas que comercializavam com a África do Sul, ou para organizar nos setenta *campi* as manifestações de 24 de abril de 1985.

Porém, de resto, jamais se conseguiu elaborar uma agenda solidária. Ao contrário, as divergências entre pós-colonialistas, neofeministas, militantes *queer* e as diferentes minorias étnicas só cresceram. As comunidades cindiam-se ao sabor das ondas intelectuais e das novas teorias, sem nunca terem decidido verdadeiramente entre retraimento identitário e uso mais transversal da postura minoritária – entre um discurso defensivo de simples *proteção* de uma cultura e uma conduta mais prosélita para fazer valer o papel exemplar do grupo em questão na vanguarda da luta social. A diagonal invisível dos hábitos e dos reflexos de classe que continuava a perpassar cada grupo também teve seu papel, por exemplo, ao separar os grandes burgueses afro-americanos, ávidos de integração e de reconhecimento cultural, dos militantes de extração social mais baixa, que defendiam uma dissidência negra sistemática; ou os defensores do direito dos homossexuais ao casamento e à adoção de crianças dos promotores mais radicais da polissexualidade e do anticonformismo *gay*. Sem contar que uma insatisfação comum não significa união: obviamente, o fato de militantes negros e feministas mostrarem-se igualmente céticos quanto à capacidade dos sindicatos de esquerda de defenderem seus interesses não era suficiente para firmarem uma aliança política. Fora dos *campi*, nem mesmo o extremismo das alas mais radicais de cada movimento chegou a tecer uma rede transcomunitária. Assim, a evolução separatista e revolucionarista dos Black Panthers criou rivalidades entre os chicanos, que foram organizados em brigadas de trabalhadores agrícolas por Cesar Chavez, entre os índios, cuja facção mais radical chegou inclusive a organizar a tomada simbólica de Alcatraz, e entre os terceiro-mundistas, criando uma "frente de libertação" para cada país a ser "libertado" – mas não esboçou entre eles um ativismo comum, nem nos *campi* nem nos bairros. Nessa eclosão de causas e de discursos, desaparece o terreno comum de uma luta social, condição para uma ancoragem à esquerda: "Se não existe povo, mas simplesmente os povos, não existe esquerda", conclui Todd Gitlin, de forma lapidar, acusando os radicais de terem sacrificado a idéia de um bem comum à pluralidade das culturas.[46] Contudo, isso só explica metade do problema: a outra unidade, indissociável da primeira, que teria dissolvido essa década de *teorismo* radical, nada mais é que a do inimigo social, do poder como entidade homogênea, contra a qual deve ser dirigida uma ação política. Os acusados aqui são a microfísica do poder foucaultiana, os fluxos libidinais ou nômades do capital em Lyotard ou em Deleuze e Guattari, até mesmo o conceito recorrente de disseminação em Derrida. "Quando se nega a existência de um centro dirigente, suprime-se todo objeto de uma política radical", avalia o ensaísta de esquerda Michael Walzer, que acusa Foucault de "dessensibilizar seus leitores para a importância do político", de desviar o alvo das realidades da "política autoritária" para o "microfascismo da vida cotidiana" e de hesitar permanentemente entre o "reformismo" do microfísico (se o poder é disperso, sua subversão também será) e o "utopismo" do anarquista. "Devemos derrubar o regime panóptico?", pergunta finalmente em uma tirada espirituosa, típica da esquerda política americana.[47]

A principal razão de uma certa impotência política dos novos radicalismos de campos é, efetivamente, o papel axial em cada caso do particularismo identitário – e de seus componentes reacionários, sendo que cada identidade produz, para usar os termos de Deleuze e Guattari, sua ancoragem edipiana, sua reterritorialização constante. A causa a defender, singular, plena, irredutível, proporciona os confortos de um reconhecimento permanente, de uma conivência mútua e, contra a anomia do grande mercado social, a ancoragem de um mundo vivido. Ela favorece uma leitura exclusivamente culturalista das lutas sociais e dos conflitos mundiais, como enfrentamento de essências, de realidades anti-históricas entre as quais as diferenças culturais seriam insuperáveis, incomensuráveis – a ponto de às vezes constituir, paradoxalmente, o berço das teses direitistas de um Samuel Huntington sobre a "guerra das civilizações", como sugere o editor Lindsay Waters.[48] O antiamericanismo virulento desses discursos, tão criticado pela esquerda tradicional – para a qual a evocação de uma *verdadeira* América, assim como de seus ideais de dissidência coletiva e de justiça social, teria fornecido a unidade que faltava –, não é resultado de uma crítica política, mas de uma polarização cristalizada, identitária e também edipiana: maioria branca, ou masculina, contra minoria, termo a termo. Isso teria como conseqüência jogar a maioria anônima nos braços da direita, a única capaz de encarnar uma América positiva, compartilhada, contra a América racista e sexista *por definição* dos novos discursos radicais. Acrescenta-se a isso o efeito de inércia institucional da universidade: ao abrigo das lutas teóricas e das disputas bibliográficas, uma condição minoritária foi perenizada no relato, isolada no discurso, dramatizada pelas próprias regras do debate. No entanto, ela surgira no cenário político nos anos de 1960 como *situação* histórica, quando seus combates reais e seus problemas de organização remetiam permanentemente à sua dimensão de construção social transitória, à sua relação também com as injustiças de classe – no sentido de que um milionário negro é menos negro do que milionário e de que poucos diretores de empresa são militantes feministas. A universidade excluiu de sua trama social e histórica, ao menos em parte, essa questão da minoria, reformulada por uma geração intelectual que não conheceu os confrontos diretos dos anos de 1960. E transferiu essa questão, acrescentando suas críticas de esquerda, exclusivamente ao campo simbólico, fazendo das formas de expressão um sucedâneo de luta e da cultura (ou *das* culturas) minoritária(s) uma política de substituição (*surrogate politics*) – a única política ainda possível quando se perdeu a unidade de um sujeito social homogêneo. "A nova esquerda universitária tem a tendência a confundir a firmeza da linguagem com o engajamento político conseqüente",[49] insiste Gitlin em defesa desses radicais de papel, dessa esquerda *póspolítica* para a qual a luta social contaria menos do que o mero reconhecimento de cada grupo e os combates políticos menos do que os *signos* de uma filiação.

Contudo, essa crítica das políticas identitárias de *campus* e de uma diluição do objeto do combate na teoria francesa também tem seus limites. Podemos mencionar três: a transferência de responsabilidade, a predefinição do campo político o ecumenismo. De Michael Walzer ao ultra-racionalista Noam Chomsky (que acusa em bloco o "irracionalismo francês" de inviabilizar a ação política) e do jornal *The Nation* à revista *Dissent*, principalmente, a esquerda tradicional – marxista ou socialdemocrata – maneja aqui um duplo discurso: ela atribui toda a responsabilidade do devir-cultural da luta política aos acadêmicos, ao mesmo tempo em que mostra seu distanciamento da sociedade e seu acantonamento institucional. Assim, na medida em que se estabelece uma fronteira entre ficção e realidade, entre um campo universitário estruturalmente inócuo e um terreno social "real", é evidente que não se poderia criticar aqueles cuja condição impõe ao primeiro não ocupar o segundo. Ou, se preferirmos, não se pode incriminar serpentes enjauladas *ao mesmo tempo* por serem inofensivas e por terem usado mal seu veneno: "Quando se chama um gato de tigre, é sempre possível descartá-lo como tigre de papel", já observava Paul de Man, "mas resta saber ainda por que no início se tinha tanto medo de um gato".[50] É incontestável que um debate sobre o "falogocentrismo" das ciências ou sobre o porte da maiúscula não poderia constituir uma resposta *política* ao novo dogma conservador, mas é também porque esta só poderia vir do âmago de um espaço público do qual a universidade é apenas a orla. Todavia, esse espaço público, esquadrinhado pelos ideólogos reaganianos, foi abandonado por seus animadores tradicionais: nenhuma grande editora publicou sequer um livro "político", de entrevista ou de reflexão para as campanhas eleitorais de 1988 e 1992, como recorda o editor André Schiffrin.[51] Ele foi desertado, sobretudo, por uma esquerda política cada vez mais desconectada de seu público natural desde os "*sixties*" e incapaz, desde então, de promover uma alternativa sólida à esquerda conservadora, que chegou ao poder sem dificuldade em

1992 com Bill Clinton e Al Gore. Uma impotência que remete ao segundo limite desse requisitório: a definição do campo político nos termos tradicionais da escala "molar", a escala das grandes instituições, de encontros eleitorais e de agendas midiáticas, sem jamais deixar de reconhecer as questões políticas da identidade sexual, das formas de vida domésticas, da consciência pós-colonial e da organização comunitária – uma esquerda dos discursos sindicais e geopolíticos que há trinta anos parece esperar que se feche finalmente o parêntese do *"personal is political"*, que ela nunca julgou necessário abordar de frente. Resta ainda, e este é o terceiro ponto, sua nostalgia histórica do grande *unitarismo* social, versão socialista de uma velha crença americana nas virtudes do consenso, na legitimidade do gregarismo ou mesmo na famosa ditadura da maioria. O apelo a se unirem para ser mais eficazes é ignorado também quando a questão-chave, escancarada e insolúvel, é justamente a da unidade. Pois o sucesso dos discursos minoritários revelava de fato uma *americanidade* sem conteúdo, formalmente cidadã e obrigatoriamente consumidora, que não era suficiente para reunir suas ovelhas.

Podemos avançar mais um passo e perguntar se uma crítica tão áspera dos radicalismos de *campus* não fazia o jogo dos conservadores. Quando a socialista e libertária American Civil Liberties Union (ACLU), em nome da defesa da liberdade de expressão, e os últimos intelectuais públicos da esquerda social fustigam sob qualquer pretexto os excessos do *"politically correct"*, será que eles não se enganam de inimigo? Será que não cometem um erro tático ao denunciar comunitarismos que, apesar de se perderem constantemente nos impasses da retórica, são os únicos aliados políticos possíveis diante da ideologia da "civilização" e do livre mercado? Eles não deveriam, ao contrário, ter aproveitado a oportunidade desse debate para reformular seus termos, conhecer melhor seus participantes, em vez de ridicularizar seu próprio princípio? Essa é a posição de compromisso do chamado "pluralismo dialético" – mais preocupada com a eficácia pedagógica, na verdade, do que com a renovação política e defendida, por sua vez, pelo crítico Gerald Graff: procurando apresentar as posições concorrentes que dividem o feminismo ou o pós-culturalismo, ou que opõem multiculturalistas e unitaristas conservadores, sem favorecer nenhum e sem considerar a discussão inútil, desde que conte com a participação ativa dos estudantes, pode-se fazer com que aqueles (que seus antecessores acusam de traição e de desencantamento) reaprendam as virtudes do debate de idéias, as técnicas da luta de argumentos, as questões políticas da condição de minoria, situando o conflito e suas virtudes no centro do sistema de ensino – que é, segundo Graff, uma maneira de restituir seu papel de *educação política*.[52] Ainda que essa defesa do debate enquanto tal seja também um pouco retórica, ao supor uma posição de exterioridade ou de neutralidade que nem sempre é acessível, ela pelo menos evita que se descarte sem mais nem menos, como fizeram com tanta freqüência os críticos de esquerda da teoria francesa, as incontestáveis contribuições teóricas e políticas desse caldeirão acadêmico – dessas *stars* intelectuais americanas ainda hoje praticamente desconhecidas na França.

NOTAS

1 Pierre BOURDIEU, *Les Règles de l'art*, op. cit., p. 209-211.

2 James ATLAS, *The Book Wars: What It Takes To Be Educated in America*, New York, Whittle Books, 1990.

3 *Cf.* William HENRY III, *In Defense of Elitism*, New York, Doubleday, 1994.

4 Henry Louis GATES Jr., "Whose Canon Is It, Anyway?", *op. cit.*

5 Citado *in* Christopher J. LUCAS, *American Higher Education: A History*, op. cit., p. 274.

6 Citado *in* Michael BÉRUBÉ, "Public Image Limited", *Village Voice*, 18 junho 1991.

7 Inclusive nos palcos da televisão pública, como o debate "Do We Need the Western Canon?", na rede PBS, em 30 de outubro de 1997.

8 Edward SAID, "Secular Criticism", *in* Moustafa BAYOUMI e Andrew RUBIN (dir.), *The Edward Said Reader*, op. cit., p. 236.

9 Richard GOLDSTEIN, "The Politics of Political Correctness", *Village Voice*, 18 junho 1991.

10 *Cf.* Michel BÉRUBÉ e Cary NELSON (dir.), *Higher Education Under Fire*, New York, Routledge, 1995, p. 82-83.

11 Eric FASSIN, "La chaire et le canon: les intellectuels, la politique et l'université aux États Unis", *Annales ESC*, n. 2, março-abril 1993, p. 300.

12 John TAYLOR, "Are You Politically Correct?", *New York*, 21 janeiro 1991.

13 Camille PAGLIA, "Ninnies, Pedants, Tyrants and Other Academics", *New York Times Book Review*, 5 maio 1991.

14 Pierre NORA, "Les nouveaux maîtres censeurs", *Le Nouvel Observateur*, 29 agosto-4 setembro 1991.

15 "Le crépuscule de l'Europe sur les campus américains", *Le Messager européen*, n. 5, 1991.

16 Tzvetan TODOROV, "Crimes Against Humanities", *The New Republic*, 3 julho 1989, p. 28-30.

17 Werner HAMACHER *et al.* (dir.), *Paul de Man, Wartime Journalism 1939-1943*, Lincoln, University of Nebraska Press, 1989, p. 45.

18 Citado *in* David LEHMAN, "Deconstructing the Man's Life", *Newsweek*, 15 fevereiro 1988. O autor do artigo dedicará um livro ao caso: *Signs of the Times: Deconstruction and the Fall of Paul de Man*, New York, Poseidon Press, 1991.

19 Michael BÉRUBÉ, "Public Image Limited", *op. cit.*

20 Allan BLOOM, *The Closing of the American Mind*, New York, Simon & Schuster, 1987 [trad. fr. *L'Âme désarmée: essai sur le déclin de la culture générale*, Paris, Julliard, 1988].

21 Dinesh D'SOUZA, *Illiberal Education: The Politics of Race and Sex on Campus*, New York, Vintage, 1991.

22 Roger KIMBALL, *Tenured Radicals: How Politics Has Corrupted Our Higher Education*, Chicago, Ivan R. Dee 1998 [1990], p. XI-XIV.

23 *Ibid.*, p. 7.

24 *Ibid.*, por exemplo, p. XVI-XVII.

25 *Ibid.*, p. 46-47.

26 *Ibid.*, p. 236.

27 Podemos citar um colóquio de 1988, "The Politics of Liberal Education", reproduzido depois na revista *South Atlantic Quarterly* (n. 89, inverno 1990).
28 Citado *in* Richard GOLDSTEIN, "The Politics of Political Correctness", *op. cit.*
29 Citado *in* Christopher J. LUCAS, *American Higher Education: A History*, *op. cit.*, p. 296.
30 Citado *in* Éric FASSIN, "La chaire et le canon", *op. cit.*, p. 290.
31 Russell JACOBY, *The Last Intellectuals: American Culture in the Age of Academe*, New York, Basic Books, 1987.
32 Arthur SCHLESINGER, *The Disuniting of America: Reflections on a Multicultural Society*, New York, W.W. Norton, 1991.
33 William BENNETT, *To Reclaim a Legacy: A Report on the Humanities in Higher Education*, Washington, National Endowment for the Humanities, 1984.
34 Pierre BOURDIEU, *Les Règles de l'art*, *op. cit.*, p. 388.
35 *Ibid.*
36 Adam BEGLEY, "Souped-up Scholar", *New York Times Magazine*, 2 maio 1992.
37 Robert WESTBROOK, "The Counter-Intelligentsia: How Neoconservatism Lived and Died", *Lingua Franca*, novembro 1996, p. 69.
38 Wlad GODZICH, *The Culture of Literacy*, *op. cit.*, p. 2.
39 Francis FUKUYAMA, *La Fin de l'histoire et le dernier homme*, Paris, Flammarion, 1992.
40 Citado *in* Éric FASSIN, "La chaire et le canon", *op. cit.*, p. 289-290.
41 Mark GERSON, *The Neoconservatism Vision: From the Cold War to the Culture Wars*, New York, Madison Books, 1997, p. 31-32.
42 Shadia DRURY, *Leo Strauss and the American Right*, New York, Palgrave Macmillan, 1997, cap. 3.
43 James WILSON e George KELLING, "Broken Windows: The Police and Neighborhood Safety", reproduzido *in* Mark GERSON e James WILSON (dir.), *The Essential Neoconservative Reader*, Washington, Perseus, 1996.
44 Citado *in* Alain FRACHON e Daniel VERNET, "Le stratège et le philosophe", *Le Monde*, 16 abril 2003.
45 Título do capítulo 5 de seu *The Twilight of Common Dreams*, *op. cit.*, p. 126-165.
46 *Ibid.*, p. 164-165.
47 Michael WALZER, "The Lonely Politics of Michel Foucault", *in The Company of Critics: Social Criticism and Political Commitment in the Twentieth Century*, New York, Basic Books, 1988, p. 195 e 200-204.
48 Lindsay WATERS, "The Age of Incommensurability", *Boundary* 2, v. 28, n. 2, 2001, p. 147.
49 Todd GITLIN, *The Twilight of Common Dreams*, *op. cit.*, p. 147.
50 Paul DE MAN, *The Resistance to Theory*, *op. cit.*, p. 5.
51 André SCHIFFRIN, *L'Édition sans éditeurs*, Paris, La Fabrique, 1999, p. 77.
52 Gerald GRAFF, *Beyond the Culture Wars: How Teaching the Conflits Can Revitalize American Education*, New York, W.W. Norton, 1992.

8
Stars de campus

> "Tanto quanto me desagradam essas pretensiosas profissões de fé de pretendentes afoitos em sentar-se à mesa dos "pais fundadores", deleito-me com aquelas obras em que a teoria, por ser como o ar que se respira, está em todo o lugar e em lugar nenhum, nas entrelinhas de uma nota, no comentário de um texto antigo, na própria estrutura do discurso interpretativo."
> Pierre BOURDIEU, *Les Règles de l'Art*

Estrelas improváveis. Nesse país em que a aristocracia da inteligência é circunscrita à residência no campo universitário, em que ela dificilmente tem acesso ao espaço público das tribunas gerais e dos efeitos políticos, mesmo assim alguns nomes projetam-se no campo intelectual – onde são campeões titulares, como as irmãs Williams no circuito de tênis, ou Bill Gates e Steve Jobbs na indústria informática. Heróis específicos, sem a ambição transversal de um discurso abrangente, de uma missão confiada a eles pelo Espírito, como a dos clérigos franceses, de se encarregarem de *todas* as questões gerais. Não há, na verdade, nada que faça deles especialistas da generalidade, nem mesmo a vocação pedagógica: um certo Jacob Schurman, presidente da Universidade Cornell, observava já em 1906 que seus mais célebres professores, que raramente lecionavam mais de uma disciplina, tinham "escolhido sua profissão menos por amor ao ensino do que por seu desejo de prosseguir o estudo de sua especialidade".[1] Desde então, somaram-se a isso apenas os elementos de uma luta encarniçada pela vitória última em um setor universitário impiedosamente concorrencial: a urgência imposta aos mais jovens de se situarem em uma boa posição no caminho da titulação à docência (o atlético *tenure track*); a obrigação de dominar a pirâmide das publicações em um sistema em que o imperativo profissional de publicar (o famoso *publish-or-perish*, publicar ou perecer) cria muitos escritores para pouquíssimos eleitos; e chegando finalmente ao invejado círculo dos *happy few*, aqueles que são citados e reverenciados, o ritmo que é preciso manter para continuar sendo o produto mais caro do mercado, nessas guerras de ofertas (*bidding wars*) que opõem as universidades de elite interessadas em recrutar os professores mais em voga. Para isso, a única regra cardeal é a da inovação intelectual contínua, ou de uma originalidade que, indefinível segundo critérios endógenos (um pensamento *novo* não sendo tão facilmente reconhecível como tal), terá como única referência a aptidão a eliminar os concorrentes, a tornar obsoleta a tese de um colega conhecido, a transgredir o *statu quo* de uma disciplina contrapondo a ele, a um custo menor, seus conceitos mais competitivos e menos aproveitados até então – em suma, a se tornar um desses "heréticos consagrados" que Bourdieu estudava nas grandes escolas francesas.[2] A manutenção dessa capacidade de inovação requer igualmente um posicionamento disciplinar estratégico no cruzamento de estudos identitários, de teorias literárias e de diferentes disciplinas, sem ser submetido a nenhuma, nem redutível à defesa de interesses específicos, sempre prestes a criticar o simplismo de tal discurso ou o irrealismo de tal opção – e, como já vimos, a criar fronteiras intelectuais em cuja vizinhança surge a oportunidade sempre renovada de uma *distância* teórica, de um questionamento de conjunto sobre seu procedimento.

Somente então, depois que se definiu esse trajeto e que uma ou duas obras devidamente polêmicas lançaram por terra as últimas certezas admitidas no campo – ou em um de seus subcampos –, a pessoa interessada atinge o estatuto de *diva* da universidade. E, mesmo que suas teses não tenham direito às colunas dos grandes jornais nem aos palcos da televisão convencional, como ocorreu com as dos intelectuais na França, esse mero estatuto já é suficiente para que entre na lógica americana do estrelato: a imprensa e as fofocas, no caso a revista do *New York Times*, mais do que a cobertura do semanário *People*, agora se ocuparão dos adereços, dos símbolos e das manias que formam a panóplia do personagem. A ponto de muitos americanos já terem ouvido falar da coleção de carros de Stanley Fish, do salário de Cornel West, do círculo de amigos de Stephen Greenblat, das roupas provocativas da tecnofeminista Donna Haraway ou da conversão tardia ao budismo da teórica *queer* Eve Sedwick, antes mesmo – e muitas vezes, inclusive, em vez – de conhecer seus trabalhos. Uma outra diferença em relação à França refere-se ao papel da leitura e de seus usos, na definição de uma tal posição de notoriedade. Ao contrário dos pensamentos supostamente *sui generis* do intelectual literário francês, que comenta o mundo mais do que fala de suas leituras, o herói teórico americano deve boa parte de seu prestígio à maneira singular, verdadeira grife, como ele se impregna do prestígio dos grandes autores, evocando-os para se apoiar neles, citando-os de passagem para colocá-los a serviço de seu próprio argumento. "As pessoas lêem quando têm um mercado no qual [...] colocar os discursos sobre [essas] leituras",[3] dizia ainda Bourdieu, sugerindo a idéia de uma *rentabilidade* da citação. Assim, será a partir dos nomes de Foucault, Derrida e Lyotard – visto que nos Estados Unidos, há vinte e cinco anos, a teoria francesa delimita especificamente esse grupo de "grandes autores" cujo prestígio se irradia favoravelmente naqueles que sabem reutilizá-los –, seja na discussão ou muitas vezes na crítica a eles, que as obras críticas fundamentais do campo intelectual encontrarão os meios para a sua elaboração. É desse modo que se estabelece toda uma relação dinâmica, dialógica, *alográfica* (evocar o autor mantendo sua alteridade), que em geral enriquece, para além dos usos truncados e das simplificações interessadas, a interpretação dos pensadores franceses. Entra-se aqui no reino da "transdiscursividade", tal como tentava defini-lo Foucault: como Marx e Freud para o pensamento europeu do século XX, os franceses em questão tornam-se nos Estados Unidos "instauradores da discursividade", produzindo à sua revelia as regras da "formação de outros textos" e deixando de ser nomes próprios para ser o nome do "tratamento dado aos textos"; porém, isso só é possível graças ao "trabalho efetivo e necessário de transformação da própria discursividade" que operam sobre eles, em contrapartida, seus leitores mais produtivos para "reagrupar [...] e [pôr] em relação" os textos e se introduzirem, por sua vez, nesse espaço transdiscursivo – onde desaparecem, como que por um passe de mágica, a posição estratégica e a existência empírica em proveito de uma pura mobilidade do nome.[4] O modo como opera esse fenômeno, sem o qual nem a teoria francesa nem seus grandes leitores americanos teriam adquirido renome, será examinado brevemente em seis grandes intelectuais americanos – mas é preciso esclarecer que não se trata aqui de apresentá-los de forma exaustiva, e sim de enfatizar seu uso dos autores franceses, ainda que a própria escolha desse sexteto seja por natureza arbitrária.

JUDITH BUTLER E A *PERFORMANCE*

Professora de retórica e de literatura comparada na Universidade da Califórnia, Judith Butler, nascida em 1955, é autora de uma obra teórica rigorosa, empregando uma escrita às vezes difícil, que na época foi ridicularizada, com grande prejuízo para ela, por alguns críticos mais tradicionais.[5] Seu trabalho situa-se no cruzamento entre a psicanálise, o feminismo e as teorias políticas da sexualidade. A partir da constatação histórica de que "o sujeito como entidade idêntica a si não existe mais",[6] o projeto de Butler consiste em explorar, em certos clássicos literários ou por uma livre discussão de filósofos, as tensões que agora ocupam esse *lugar vazio* do sujeito – tensões do poder, do desejo e dos jogos múltiplos da identificação. Sua primeira obra, *Subjects of Desire*, trata da substituição gradual da figura do *sujeito* pela figura do *desejo* naquilo que ela chama de "pós-hegelianismo francês" – ou seja, nada menos que as obras sucessivas de Kojève, Hyppolite e Sartre, ainda confrontados com a herança dialética, depois Derrida e sua "ironia hegeliana", Foucault e sua reinterpretação "pós-dialética" da relação mestre-escravo, Lacan e o desejo como "experiência imanente do Absoluto" e, finalmente, o "erótico pós-hegeliano" de Deleuze, inspirado em Spinoza.[7] Contudo, é em uma perspectiva de conjunto mais nitidamente foucaultiana que Butler analisa, ao longo de seus trabalhos seguintes, o papel de "matriz do gênero" (sexual), que será desempenhado, segundo ela, pelo frágil sujeito do enunciado, esse "eu" que é ao mesmo tempo *sujeito* (no sentido de submisso) *ao* gênero e subjetividade *pela* prova do gênero, subserviente a um código sexual e, ao mesmo tempo, produzido por essa própria submissão – variação dialética e *repositivante* sobre o velho tema da servidão voluntária.

O livro fundamental de Judith Butler, referência de todos os debates *queer* e neofeministas, continua sendo o ambicioso *Gender Trouble*, que representa para o seu trabalho uma dupla guinada, *lingüística* e *política*: *lingüística* porque um pensamento renovado da performatividade e dos atos discursivos (*speech acts*) explica a "produção" contínua de gênero sexual pelas "citações obrigatórias" e pelo funcionamento reiterado da feminilidade ou da masculinidade (sendo que o próprio período de formação sexual é enquadrado por dois enunciados simples, o "é um menino/é uma menina" do nascimento e o "sim" do casamento); e *política* porque, por trás dessa construção performativa da identidade de gênero, percebe-se o funcionamento de um poder, mais difuso ainda do que em Foucault, que procura articular firmemente subjetivação sexual e "heterossexualidade obrigatória", mas também produção do gênero e produtividade econômica da procriação. Butler faz várias tentativas de questionar a validade desse esquema geral, sem chegar a aplicá-lo efetivamente, para pensar as outras "subjetivações coercitivas", como a identidade étnica ou mesmo de classe. Por se ater aqui a essa categoria de gênero (*gender*), a noção de identidade, ou de subjetividade fixa, desaparece em proveito de um deslocamento constante, de uma sucessão de *atos* "performados".* Assim, ela é duplamente "subvertida", de um lado, pelos códigos impostos do poder que a atravessam e a dividem, de outro lado, pelo "jogo" que se pode fazer nessa estrita articulação da sexualidade e da norma de gênero – um jogo que torna possível uma resistência à norma, por exemplo, permitindo à figura emblemática do *drag queen* desarticular em forma de paródia os dois elementos, expor teatralmente sua dimensão de artefatos.[8] São pistas ao longo das quais serão elaboradas, na universidade despolitizada dos anos de 1990, as teorias pós-identitárias da minoria, de uma identidade simplesmente tática, descartável, plural, ou simplesmente *desconstruída*. *A vida psíquica do poder*, primeira obra de Butler traduzida em francês (2002),[9] marca também os limites de sua empreitada: de fato, a dupla ambição convergente de politizar certas teses lacanianas e examinar as questões psíquicas da política foucaultiana cria entre esses pólos muito dilatados – a psique e a cidadania, os processos de subjetivação e os modos de circulação do poder – uma zona confusa, inexplorada, incompletamente coberta, que a autora tem dificuldades evidentes de *reunir* teoricamente. Contudo, ao menos revela o desequilíbrio de sua obra em proveito do primeiro pólo, de uma subjetividade efêmera pensada aqui fora de qualquer terreno político e social. E isso também ocorre porque, ao longo de seu trajeto, um diálogo constante e às vezes bastante esclarecedor com as grandes figuras da teoria francesa parece ter afastado Butler de seu próprio projeto teórico, levando-a a abordá-lo indiretamente, em segundo plano, utilizando sobretudo teses "pós-estruturalistas".

---

* N. de R.T. No original *actes perfomés*. Lembramos aqui o termo "performativo", calcado do inglês em uma expressão introduzida por J. L. Austin quando diz que um enunciado não visa representar o mundo, mas sim contribuir para a realização de uma ação.

Não apenas seu prefácio à segunda edição de *Gender Trouble* constitui um dos textos mais estimulantes sobre a *French Theory* enquanto avatar americano, como Butler parece às vezes projetar todo o seu trabalho sobre a questão de uma circulação política dos textos, ou pelo menos justificá-la em termos de uma liberdade de uso dos autores de referência: assim, ela insiste que "as reapropriações inesperadas de uma determinada obra em âmbitos para os quais ela jamais foi concebida intencionalmente são sempre mais úteis".[10] Cada um desses autores franceses é, para ela, a oportunidade de um deslocamento crítico, de uma operação teórica produtiva. Ela *deslocaliza*, digamos assim, as instuições mais fortes para confrontá-las com os debates acadêmicos americanos sobre a subjetividade de gênero ou a possibilidade de uma *política* sexual. De Foucault, ela propõe aplicar o método genealógico justamente à questão que ele evitou da *diferença sexual*, ao mesmo tempo em que se mantém fiel à sua maneira de jamais separar, na emergência da subjetividade, *sujeição* e *subjetivação*, submissão e resistência. Além disso, Butler analisa as implicações para a norma de gênero (*gender norm*) da hipótese capital de Lacan segundo a qual a *identificação* sempre precede a formação do eu: para compreender como um sujeito se forma *citando* normas sexuais, nada melhor que a definição lacaniana do sujeito como "aquele que está sujeito ao significante". Ela consegue ainda relacionar esse tema da sujeição à famosa "doutrina da interpelação" que Althusser propunha em "Ideologia e aparelhos ideológicos de Estado"[11]: será que a produção lingüística de um sujeito pelo mero fato de chamá-lo e de fazê-lo validar a interpelação ao responder ("sim, sou eu"), que é também "imposição de responder à lei", decorre de uma "moral de escravo" ou de um inquebrantável "desejo de ser"?,[12] pergunta então Butler em uma variação suplementar sobre a ambivalência ao mesmo tempo estrutural, gramatical e política do *sujeito* – sempre inseparavelmente submisso e produzindo-se nessa submissão. Um motivo recorrente, e um rico projeto teórico, que no entanto Butler tem dificuldade em converter em programa político, para além dos desejos irrealizáveis que expressa aqui e ali – como sua esperança de que se forme "uma coalizão de minorias sexuais que transcenda as categorias simples da identidade".[13]

GAYATRI SPIVAK E A INTOTALIDADE

Gayatri Chakravorty Spivak, que já encontramos várias vezes, chegou aos Estados Unidos vinda de Calcutá em 1961. Depois de uma tese sob a orientação de Paul de Man, um livro sobre o poeta irlandês Yeats em 1974, que antecipa os estudos pós-coloniais, e sua tradução-introdução em 1976 de *Da Gramatologia* de Derrida – do qual será uma das principais interlocutoras, chegando a organizar em Columbia, em 1992, um "*reading group*" dominical sobre Derrida e a América –, ela leciona literatura comparada em Iowa, no Texas, em Atlanta, depois em Pittsburgh e, finalmente, a partir de 1991 em Columbia (Nova York). É difícil resumir uma obra situada na confluência do marxismo, do feminismo e da desconstrução, uma obra cujo fio condutor – por força da biografia – continuou sendo o *outro* do

Ocidente sob todas as formas, mas cujos temas podem variar de sua *Crítica da razão pós-colonial,* de 1999, à sua análise mais recente da emergência e do declínio da literatura comparada como "metadisciplina" (*Death of a Discipline,* 2003); é difícil resumi-la a não ser, talvez, justamente sob o signo estranho da *intotalidade,* de uma desconfiança sistemática, política, estratégica e mesmo autobiográfica em relação aos pensamentos e às culturas da "totalização", do monismo, do sistema que, no entanto, ela domina como poucos pensadores americanos de sua geração. Pelo menos três preocupações na obra de Spivak sinalizam essa crítica vigilante dos procedimentos totalizantes: sua relação *tática* com o conceito, seu apelo ao *cruzamento* de lutas, sua *crítica do intelectual* acadêmico.

Aquela que, para pôr fim aos debates – falsos, segundo ela – entre políticas identitária e *pós*-identitária chegou a falar em "erro *necessário* da identidade", fiel nesse aspecto à práxis marxista, sempre manifestou uma certa impaciência diante das grandes tábulas rasas conceituais, quer se tratasse de banir o racionalismo, de esquecer a História ou de eliminar o Sujeito: sob o pretexto da mudança, essas abordagens acabariam por fetichizar aquilo que denunciavam. Para Spivak, a famosa *crítica do sujeito* não deve impedir de colocar taticamente um sujeito da luta, ou de pensar como sujeito histórico um grupo insurrecional. Desde que não se caia no *processualismo* excessivo que ela reprova em uma certa teoria francesa, que reduziria poder e conflito a fluxos e processos de tal maneira que correria o risco de justificar a autoprodução da ordem estabelecida, ou pelo menos de tirar a razão de ser de qualquer estratégia de oposição pontual. Esse é um dos motivos de sua adesão precoce ao grupo dos "*subaltern studies*".[14] Um outro motivo recorrente dessa obra eclética é o do cruzamento de lutas, não só aliança tática, mas também interpenetração teórica entre os combates feminista, pós-colonialista e de classes – precisamente porque eles formam os diferentes estratos de um *sujeito* político desde sempre plural. "Como a feminista pós-colonial negocia com a feminista da metrópole?",[15] pergunta ela, assim, usando uma expressão bem spivakiana, no sentido de que a comunidade de combate nunca está dada, de que remete sempre a uma diferença Norte-Sul, de que o universalismo irrefletido teria excluído perigosamente dos discursos de "libertação". Há sempre um ângulo morto da luta, um subalterno do subalterno, martela Spivak, quer se trate da estudante sudanesa excisada que se cala entre as feministas de *campus,* ou da mulher (essa "subalterna de gênero", *gendered subaltern*) nos movimentos de lutas (pós)coloniais. De fato, as críticas ao capitalismo através da "subalternidade sexual" e da condição pós-colonial são inseparáveis, segundo Spivak, que cita como exemplo o papel das mulheres na vanguarda do movimento social na Índia. Enfim, e mais do que tudo, essa crítica spivakiana do gesto intelectual totalizante, que reifica o sujeito e despoja-o do enunciado, assume a forma de uma denúncia constante dos modos de "produção cultural" do outro.

Dessa maneira, ela criticou Julia Kristeva por proceder, em seu ensaio *As chinesas,*[16] a uma "apropriação da alteridade" chinesa, à produção de uma "figura monolítica da Mulher" – ou seja, à substituição desta por "mulheres sem nome do Terceiro Mundo".[17] E por isso também advertiu para os perigos do "interesse atual [da universidade] pelas margens, que pode levar à domesticação ou à romantização da heterogeneidade do diferente".[18] Ela chegou inclusive a denunciar, sobre um tema mais delicado, a "violência epistêmica" e a "produção imperialista" do outro como "sombra de si" na historiografia da Índia colonial, que rendia homenagem ao Império Britânico, de forma um pouco apressada, segundo ela, por ter revogado na lei hindu o rito do sacrifício das viúvas.[19] A crítica do imperialismo cultural, em que aparecem ao mesmo tempo traços do reflexo autocrítico marxista e da culpabilidade prática da universidade americana, continua sendo sua obsessão constante. Ela questiona sem trégua a relação entre as "micropolíticas" dos militantes de *campus*, chegando mesmo a criticar Deleuze e Guattari um pouco impensadamente por se "limitarem" a elas, e as grandes escalas do capitalismo pós-colonial – em outras palavras, o fato de que "a produção intelectual ocidental é, de diversas maneiras, *cúmplice* dos interesses econômicos internacionais do Ocidente",[20] que sempre se beneficiará dessa produção exótica do outro, assim como das odes entoadas aqui e li à diferença e à resistência culturais. Mas ela também atribui ao intelectual um papel específico, ligado à sua competência em matéria de discurso e de enunciação, à sua aptidão de decifrar as relações de força em jogo ali, tecidas nos textos, intricadas no material lingüístico.

A textualidade pode ser útil: essa é uma das principais contribuições de Spivak, tirada tanto de sua leitura de Derrida quanto de sua prática dos "debates" políticos indianos, sendo inclusive uma das chaves possíveis das relações tão desacreditadas entre teoria literária e ação política. O desafio para ela, como afirma seu prefaciador Colin McCabe, é substituir o "texto" do textualismo, que é co-extensivo à literatura e que se tornou a "folha de parreira para esconder todas as questões sociais difíceis", por uma noção *política* do "texto" como "metáfora-conceito" que permita "desconstruir indivíduo e sociedade para captar o fio de suas determinações contraditórias".[21] Em outras palavras, o texto como condição de uma decifração política do mundo, contra o textual*ismo* de sua redução acadêmica. Tudo em Sipivak convida a esse uso político das ferramentas teóricas da textualidade – quando ela promove um seminário sobre o conceito de *doutrinação* na Universidade do Texas, no auge da guerra das culturas, e incita os estudantes a analisar suas formas acadêmicas americanas, e não apenas as formas mais evidentes, como a soviética ou a islâmica; quando estuda as modalidades possíveis de um discurso "descontínuo" e "heterogêneo" sobre a mulher como a única capaz de entender sua condição política; ou, então, quando critica a onda dos *Cultural Studies* por seu "monolingüismo cultural" anglo-americano. Se é difícil extrair um programa teórico homogêneo de uma obra que era antes de tudo *crítica discursiva do discurso*, raramente as ferramentas de análise discursiva abordaram tão de perto certas realidades políticas extra-universitárias. E raramente a crítica da *totalidade racional*, enquanto modalidade própria do pensamento ocidental (e de seu entendimento cultural do outro), foi tão pouco ingênua, simplista e culturalista na universidade americana – e, ao contrário, tão exigente, tão estrategicamente política. Entretanto, essa crítica da universidade e de seus limites não foi suficiente para que um discurso por si mesmo complexo e múltiplo estivesse disponível *para além* da universidade e de seus limites. Mas essa é uma outra história.

STANLEY FISH E A INSTITUIÇÃO

É justamente com seu sucessor Stanley Fish (nascido em 1939) que se abandonam as veleidades ético-políticas da universidade para chegar aos mecanismos mais cínicos de seu *star-system* e, talvez, ao personagem de professor mais próximo daquilo que pode envolver – de privilégios e de provocações – a noção de *glória* universitária. Como os felizes eleitos cujo menor sussurro repercute nos jantares da duquesa de Guermantes, o que se diz de Stanley Fish, mesmo o mais anedótico, em geral conta mais do que aquilo que o próprio Stanley Fish diz, ainda que mais teórico. É retratado em uma série de traços invejados e agradavelmente superficiais, como um brasão de mulher em um poema barroco ou uma chuva de medalhas em um plastrão militar – produto de uma fama cientemente construída. Stanley Fish é o modelo do célebre Morris Zapp, esse personagem de acadêmico fantástico e terrivelmente ambicioso, popularizado por seu amigo, o romancista inglês David Lodge, particularmente em *Small World*.[22] A exemplo de Zapp, Fish foi um dos primeiros professores de literatura a se beneficiar de um salário anual em dólares com seis cifras, acumulando na Universidade de Duke as responsabilidades de diretor do departamento de inglês, professor de direito, reitor-adjunto e presidente da editora universitária. Aficionado por carros esportivos, ele revelou isso ao escrever um artigo legendário sobre "a insustentável feiúra dos Volvo" ("The Unbearable Ugliness of Volvos"). E, não satisfeito em intervir nos palcos da televisão para defender a desconstrução ou o PC, foi o único acadêmico do campo literário, muito antes de Jacques Derrida, a ser objeto de um documentário em 1985. Os quatro *campi* onde trabalhou beneficiaram-se um a um de sua visibilidade crescente: Berkeley até 1976, Johns Hopkins até 1985, Duke naturalmente até 1999 e hoje a Universidade de Illinois em Chicago.

Setecentista de formação, é sobretudo um dos espíritos mais brilhantes e uma das vozes mais livres de sua geração. Se Paul de Man era um materialista textual, Stanley Fish é um *pragmatista* da leitura, um lógico da interpretação, que quer rediscutir as regras da leitura *ordinária* – como os filósofos analíticos fazem com a linguagem do mesmo nome. É o que revela já em 1972 a tese polêmica de seu primeiro livro, um estudo que se tornou clássico de *Paraíso perdido,* de Milton: o que esse longo poema geralmente obscuro punha em cena, segundo Fish, era nada mais do que a *queda* do leitor, como representação da queda do Homem – pois a "falta de direção" do texto miltoniano trabalha para cultivar o leitor, fazê-lo perder sua "fé" hermenêutica, e mesmo para fazê-lo apreciar as variações de sentido na medida em que elas desenvolveriam o equivalente literário do pecado.[23] Fish capta imediatamente essa parábola da leitura como paraíso perdido. É a época de suas primeiras viagens a Paris, onde ele descobre não apenas as novas teorias literárias – assistindo a um seminário em Vincennes, lendo Derrida e depois encontrando Barthes e Todorov –, mas também uma integração desconhecida nos Estados Unidos de trabalho intelectual e ação política. Ele é visto então como politicamente conservador, o que não o impede de inovar ao propor os primeiros cursos americanos de narratologia, de poética da leitura e até mesmo de "estilística computacional" – sempre mesclando todas as audácias teóricas de sua época, do neofreudismo inglês à etnometodologia californiana. "Is There a Text in this Class?", um artigo de 1987 que se tornou um ensaio em 1992, é um marco em seu itinerário, tanto pelo aperfeiçoamento da estranha didática fishiana (partir de uma pergunta escolar, mas de sentido vago, no caso a de um aluno que indaga se "há *um texto* nesta aula") quanto pelo conceito decisivo que ele introduz ali de "comunidades interpretativas". Estas englobam ao mesmo tempo as obras, os seus leitores e as instituições históricas que ligam esses dois pólos, produzindo em um mesmo movimento o texto e a sua leitura, sem que escrita e interpretação sejam ainda separáveis. Elas designam o "pertencimento a um mesmo sistema de inteligibilidade", o "repertório que permite organizar o mundo e seus acontecimentos" e uma noção apurada do "horizonte de expectativa" do teórico da recepção Hans Robert Jauss.[24] Para além de uma tal epistemologia da leitura, Fish redefine aqui a *instituição* em um sentido amplo, desmaterializado, o de uma base ideológica precisamente codificada de toda atividade de interpretação. Essa instituição é o teatro de uma produção do sentido, pois determina a "*des-*pré-*leitura*" (*mis-*prereading) – uma desleitura *antes* do ato de ler –, e o lugar do advento do próprio texto, que agora é apenas "aquilo que acontece quando lemos".[25]

Sua abordagem pragmatista do texto como entendimento sobre as normas, e de sua leitura como emaranhado de comunidades interpretativas, logo conduz Fish a uma interpretação puramente lógica – que alguns consideram perigosamente relativista – de constituições políticas e de textos jurídicos, particularmente depois de ter obtido um cargo na escola de direito de Duke em 1985. Essa evolução culmina com a polêmica desencadeada em 1994 por seu texto sobre a *impossível* liberdade de expressão, comicamente intitulado "There's No Such Thing as Free Speech, And It's a Good Thing, Too"[26]: predefinidas pela instituição e estritamente coercitivas, as condições de possibilidade de um discurso normativo, e portanto de entendimento sobre seus desafios, criam inevitavelmente, segundo Fish, um misto de exclusão e de seleção, uma sucessão lógica de *autocensuras*, aquém das quais uma opinião política ou uma norma moral não poderia ser compartilhada. A Primeira Emenda torna-se ilusória, pois, de algum modo, é o próprio *discurso* que impede aqui seu enunciador de falar. Por último, é ao mesmo tempo por uma preocupação estratégica de provocação e como conseqüência de sua analítica da "instituição" – e não por adesão às políticas identitárias – que Fish se tornou o mais célebre advogado do PC, dos teóricos minoritários e de todos aqueles que são acusados de relativismo: "Nossas convicções sobre a verdade e a factualidade não nos foram impostas pelo mundo, nem foram inscritas em nosso cérebro, mas decorrem de práticas específicas de comunidades ideologicamente motivadas",[27] dizia ele em 1985.

Sinal talvez do prazer que sente esse ironista* em cultivar seus comentadores, Fish, o privilegiado, sempre se manteve ambivalente em relação aos radicais de *campus*. De um lado, pronto a denunciar o "racismo" ou a "homofobia" dos conservadores, ele foi o mestre de obras de uma *radicalização* sem precedente na Universidade de Duke, onde, na virada dos anos de 1920, recrutou particularmente o derridiano excêntrico Frank Lentricchia, o crítico marxista Fredric Jameson, a teórica *queer* Eve Sedgwick e o intelectual negro Henry Louis Gates – atraindo para o segundo ciclo de literatura de Duke cinco vezes mais estudantes que antes de 1985 e dando a seus colegas mais convencionais a impressão de um "cataclismo".[28] Mas, de outro lado, ele achincalha sem trégua a ineficácia ou a redundância de discursos radicais dos quais a sociedade civil não necessitaria, uma vez que seus grupos militantes já os teriam integrado em suas práticas sem que fosse necessário teorizá-los demais. Inspirado pela teoria francesa e por sua lucidez política, em vez de se tornar (como tantos de seus colegas) seu comentador mimético, Stanley Fish conhece melhor que ninguém os limites da instituição: "O desejo de uma atividade crítica verdadeiramente histórica, verdadeiramente política e verdadeiramente interdisciplinar corresponde a esse desejo familiar do acadêmico, sobretudo na área de humanidades, de ser algo bem diferente daquilo que ele, ou ela, é".[29] Fish, por sua vez, evitará à sua maneira essa não-coincidência consigo mesmo, esse ressentimento do acadêmico, visando às honras e à polêmica mais do que a um *efeito político* da teoria.

EDWARD SAID E A CRÍTICA

Nascido em Jerusalém em 1935, filhos de pais palestinos anglófonos, e educado no Cairo e depois nos Estados Unidos, Edward Said, professor em Columbia por muito tempo, é um pouco mais conhecido na França que as outras estrelas do campo literário americano – mas quase exclusivamente pela defesa assídua da causa palestina, como antigo membro do Conselho Nacional Palestino e opositor de longa data de Yasser Arafat.[30] Contudo, para além de estudos pós-coloniais e do impacto da teoria francesa, sua obra continua sendo uma das reflexões mais bem-sucedidas, no campo intelectual americano, sobre as relações entre cultura e política, poder e identidade. Depois de uma tese em Harvard, de ensaios sobre a função de "autoridade" da narrativa e de um primeiro livro sobre Joseph Conrad em 1966, Said foi projetado ao primeiro plano do cenário acadêmico com a publicação em 1978 de sua grande obra, *Orientalismo*, que foi traduzida em francês em 1980[31] e que permaneceu como um dos principais ensaios do campo literário anglo-saxão da segunda metade do século XX.

Da afirmação de Chateaubriand, segundo a qual o Ocidente teria como missão "aprender a liberdade" com o Oriente, até as formas orientalizantes do romantismo *fin de siècle*, Said reconstitui ao longo do século XIX, nos textos

---

* N. de R.T. No original, *ironiste*.

literários e políticos franceses e ingleses, a invenção ocidental de um estereótipo cultural do Oriente Médio – a construção intelectual e colonial de uma identidade *diferente*. O livro, assim como a continuação da obra de Said, situa-se no cruzamento do trabalho de Foucault sobre as formações discursivas (no caso, o Oriente como discurso) e o regime de saber-poder (o Oriente como saber nascido da força colonial) e as reflexões de Antonio Gramsci sobre a hegemonia como difusão de *representações*, e não de verdades. Dos contos de Flaubert aos relatos de aventura de Richard Burton, Said define em *Orientalismo* o intelectual colonial não como um simples *outsider*, livre usuário de materiais culturais, mas como aquele cuja submissão ao poder obriga muitas vezes a reunir o "consentimento dos subalternos" às representações oficiais – reflexão crítica sobre os equívocos políticos e, ao contrário, o papel superior do intelectual livre que ele prolongará em *Intelectuais e poder*.[32] No entanto, há um desafio maior, que coloca a obra de Said na fronteira entre o campo universitário e a resistência política efetiva e explica sua influência sobre todas as inovações políticas do campo literário americano nos últimos trinta anos: trata-se de chegar a um inconsciente histórico das obras, a uma dimensão não mais contextualmente, ou perifericamente, mas *intrinsecamente* política da literatura – que agora é preciso reistoricizar, ressocializar, insiste Said, contra as tentações formalistas do *New Criticism* e depois da desconstrução. Esse é um dos objetivos de seu trabalho magistral de 1993, *Cultura e imperialismo*. Analisando a noção ocidental de Império, desde seu controle territorial franco-britânico do século XIX, sem precedente na história, até seus remanescentes manifestos na Guerra do Golfo de 1991, Said revela as formas insidiosas e profundamente dialéticas da dominação imperial a partir de algumas obras-primas da Europa Ocidental – entre as quais *O coração das trevas* de Joseph Conrad, *Mansfield Park* de Jane Austen, *O estrangeiro* de Camus e mesmo *Aída* de Verdi (Said é também crítico musical do semanário *The Nation*). Trata-se de mostrar a um só tempo a influência desse novo imaginário imperial, culpado ou triunfal, sobre *toda* a cultura ocidental e, como reação, a emergência de uma "tensão oposicional", de leituras locais "reapropriantes" de textos ocidentais que preparam a "descolonização cultural". É que o tipo de soberania inventado por essa "era do Império"[33] e os modos de resistência que ele suscita em resposta vão além da pilhagem econômica e da tirania política, estendendo-se a formas estéticas, representações imaginárias e mesmo à "estrutura de sentimentos", tanto nos dominados quanto nos dominantes.[34] É nisso, conclui Said citando Franz Fanon, que a dialética hegeliana do mestre e do escravo não passa de uma invenção ocidental, por ter postulado a simples reversibilidade lógica dessas duas posições.[35]

Não tão explícito, mas sempre subjacente, o diálogo que Said mantém com a teoria francesa é crucial. Por exemplo, ele chega a confrontar o famoso "tratado de nomadologia" de Deleuze e Guattari,[36] que considera "misteriosamente sugestivo", ao "mapa político do mundo contemporâneo": ainda que perceba claramente o fosso que separa a "mobilidade otimista" dessas "práticas nômades" e os "horrores infligidos por nosso século de migrações e de vidas mutiladas", Said extrai da perspectiva deleuzo-guattariana a idéia fundamental de que *resistência* e *libertação* "como missões intelectuais" resvalaram hoje de uma "dinâmica cultural instalada, estabelecida e domesticada" para "energias deslocadas, descentradas e exílicas" – encarnada agora pelo migrante da globalização, cuja consciência "é o intelectual ou o artista *no exílio*, figura política entre os domínios, as formas, os lares e as línguas".[37] Porém, esse caso é mais raro que a relação permanente de Said, ao mesmo tempo laudatória e crítica, com a obra de Michel Foucault. É em nome da tática política que, segundo ele, o acadêmico deve ter, e de seu substrato ético, que ele critica no autor de *As palavras e as coisas* seu conceito de *poder*, cuja polissemia e cujo funcionamento quase mágico acabariam por "obliterar o papel das classes sociais [...] e da rebelião" na história.[38] Além disso, ele considera sua concepção da história "textual em última análise, de um modo com o qual Borges teria encontrado afinidades",[39] e sustenta, contra o tema da "morte do autor", que é preciso saber reconhecer a responsabilidade de autores individuais na constituição de formações discursivas como o orientalismo.[40]

Apóstolo de uma função crítica *secular*, que faz a ligação entre os textos e o mundo sem jamais simplificar nem recorrer a jargões – ou mesmo de uma *terceira via* entre discurso ideológico e especialização acadêmica –, Said sempre condenou as argúcias *teoristas* americanas inspiradas na teoria francesa por seus efeitos políticos perversos: dado que o discurso do poder é "monológico", e com mais forte razão durante a revolução conservadora, a tecnicização do debate intelectual – ainda que às vezes necessária – corre o risco de fazer o jogo do reaganismo, acredita ele, deixando apenas aos "especialistas" e aos "teóricos" esses "problemas complexos".[41] Assim como sua co-irmã Gayatri Spivak, ele desconfia dos "métodos" gerais e dos "sistemas" explicativos que, ao se tornarem "soberanos", fazem com que seus práticos percam "qualquer contato com a resistência e a heterogeneidade próprias da sociedade civil"; esta última tiraria melhor proveito de uma crítica pontual, que deve "estar sempre *in situ*".[42] Para essa atividade crítica *situada* que ele defendeu reiteradamente, a qual "pertence a esse espaço potencial" das "ações e das intenções alternativas ainda não articuladas como instituição social e nem mesmo como projeto",[43] o caminho é estreito, pouco gratificante, tão frágil ou provisório quanto esses momentos de espontaneidade ou de indecisão sociais aos quais ela pode ser conduzida. Caminho cheio de obstáculos – quer se tratasse de miragens da abstração acadêmica ou, inversamente, de impasses do nacionalismo e da identidade cristalizada, aos quais Said opõe há trinta anos (bem antes do multiculturalismo de *campus*) o hibridismo intrínseco de toda cultura, a interdependência histórica das tradições e dos imaginários. O sonho lúcido de Said é que a *crítica* literária se reconcilie, no espaço político e literário mundial, como o procedimento *crítico*, tal como foi definido por Marx e Gramsci.

RICHARD RORTY E A CONVERSAÇÃO

Embora seja considerado como o maior filósofo americano vivo, Richard Rorty é o autor de uma obra *fronteiriça*, mais aberta do que a de seus colegas ao campo e às teorias literárias, e dedica-se há vinte e cinco anos a uma crítica do racionalismo e do objetivismo da filosofia analítica americana – duas características graças às quais manteve um diálogo permanente, em artigos, obras e às vezes até face a face, com os grandes nomes da teoria francesa. Ainda que se distinga de seus homólogos literários por um *ethos* particular, que conservou, do filósofo-lógico: mais discreto do que ostentatório, mais argumentativo do que assertivo, mais liberal do que radical, ao contrário das posturas vanguardistas de certos *teoristas*. Nascido em 1931 em um meio de anticomunistas de esquerda, aluno de Rudolph Carnap na Universidade de Chicago, Rorty leciona filosofia em Princeton até 1982, na Universidade de Virginia até 1998 e, desde então, justamente no departamento de *literatura* de Stanford. Após um início de carreira convencional na linha dos lógicos americanos e dos teóricos da linguagem ordinária, seu ensaio de 1979, *A filosofia e o espelho da natureza*, rende-lhe um reconhecimento imediato – e polêmicas que ainda perduram com a instituição filosófica americana.

"O objetivo da filosofia é ser uma teoria geral da representação",[44] diz Rorty logo de início. Mostrando que o conhecimento é simples *representação*, tentativa de refletir no "espelho" do espírito, da forma mais exata possível, o mundo que lhe é exterior, o livro pretende com isso minar os fundamentos objetivos – e dobrar os sinos de um "fundacionalismo" filosófico que data pelo menos de Descartes. O saber não estaria fundado na verdade, mostra Rorty, mas condenado à imperfeição da representação e, sobretudo, às condições sociais e normativas que determinam suas modalidades. Por trás da idéia de que interesses sociais e comportamentos mútuos condicionam *in situ* o conhecimento, bem mais que um improvável referente fixo do saber, Rorty defende o que chama de um "*behaviorismo* epistemológico" – reivindicando a herança geral de John Dewey, o pai do pragmatismo, e de uma influência mais pontual do lógico Donald Davidson. Na parte central do livro, ele demonstra a distinção clara entre o que é dado e o que é fabricado, o que é objetivo e o que é subjetivo, entre a aparência e o real e, como conseqüência, entre "fatos" e "valores": essas dicotomias sobre as quais se fundava a pesquisa filosófica, do cartesianismo à filosofia analítica, não são mais absolutas, segundo Rorty, mas sempre *relativas* ao contexto e aos objetivos específicos da empresa de conhecimento (ou de representação) e mais amplamente à noção proposta pelo filósofo de "conversação" – isto é, as trocas de posições entre locutores, a busca de entendimento entre interlocutores, a ética do caso a caso e da ocasião feliz. Acusado por seus pares de pregar o relativismo e de fazer o jogo da teoria francesa, Rorty responde imediatamente que se trataria mais de "conversacionalismo". A palavra está lançada.

Esse "antifundacionalismo" existe há um século nos Estados Unidos, conclui Rorty nesse primeiro livro: o pragmatismo é seu nome, e sua tradição política é a do liberalismo americano. Ele também defende, em suas obras seguintes, um "neopragmatismo" com valor de "pós-filosofia", síntese da tradição americana e da crítica francesa da representação, uma síntese que suprime de cada uma delas os elementos indesejáveis, descartando do velho pragmatismo de Dewey os resíduos de objetivismo que ainda o cegariam e da teoria francesa as tentações niilista e anti-social que Rorty condena nela. Longe de incitar ao niilismo ou ao relativismo, esse pragmatismo "irônico" alinha-se, segundo ele, ao único horizonte social e moral viável: a extensão gradual do entendimento social e das formas de solidariedade, na tradição progressista e reformista do liberalismo (de esquerda) americano, um voluntarismo social que ele também justifica, às vezes, referindo-se ao naturalismo darwiniano. É justamente a lógica que ele desenvolve em seu segundo grande sucesso, *Contingency, Irony and Solidarity*. O livro aborda sobretudo as obras de Heidegger, contra suas fundações ontológicas, Derrida, seguindo apenas em parte a via da autonomia da linguagem, George Orwell, para reafirmar o credo pluralista e humanista dos Pais fundadores, e finalmente Vladimir Nabokov – a literatura revelando, como também faz a teoria francesa, segundo Rorty, os usos "antifundacionais" e "anti-representacionais" possíveis da linguagem.[45] Suas duas últimas obras, *Achieving Our Country* e *Philosophy and Social Hope*, destinadas a um público mais amplo, vão além de tal relegitimação pragmatista da doutrina liberal: elas reafirmam a "grandeza" do projeto americano, definido em termos de uma disponibilidade para o futuro e de uma evolução igualitária no sentido da sociedade sem classe – um horizonte que, no entanto, fatores *objetivos* por si só tenderiam a afastar inexoravelmente depois que Rorty começou a escrever.

É que a tradição pragmatista americana é indissociável, desde suas origens no século XIX, do conservadorismo político de suas figuras mais eminentes, de Charles Sanders Peirce a Hilary Putnam, e das missões educativa e utilitarista de que se imbuiu. Porém, a postura de "ironista liberal" de Rorty e sua defesa aqui e ali de Nietzsche, Foucault ou Derrida ajudaram a jogar contra ele vários de seus colegas filósofos, liberais mais tradicionais: Richard Bernstein opôs ao "pragmatismo irônico" de Rorty um "pragmatismo ético" mais fiel, segundo ele, à herança de Dewey,[46] enquanto as obras coletivas que discutem a validade de seus "conversacionalismo" multiplicaram-se, obrigando Rorty a respostas circunstanciadas.[47] Contudo, foi também seguindo seus passos que se exploraram algumas vias de passagem entre a teoria francesa e a tradição pragmatista americana, pois ambas têm como posições filosóficas comuns um antidualismo conseqüente, um materialismo instintivo (ou tático), um empirismo bem-sucedido e uma crítica latente do essencialismo humanista. Deleuze e Guattari não estimavam que "o pragmatismo [...] [fosse] o elemento de base do qual depende todo o resto"?[48] E Foucault não havia explicado um dia, em algumas palavras elípticas, que todo o seu projeto consistia em tentar fazer a "filosofia analítica" do poder, visando seus "jogos", ou "aquilo que se passa cotidianamente nas relações de poder", e não sua "essência"?[49] Se esse diálogo jamais ocorreu verdadeiramente, certas experiências teóricas mais recentes utilizaram, por sua vez, como foi o caso de Rorty, essa convergência possível: a de Richard Shusterman, filósofo que era aliás especialista em Bourdieu, ao aplicar a abordagem de Dewey às formas estéticas mais contemporâneas, do *rap* ao vídeo,[50] ou o estranho canteiro proposto pelo crítico negro Cornel West com o nome de "pragmatismo profético", ligado ao destino das minorias e aos "poderes humanos" de transformação social e de regeneração espiritual.[51] Além de tudo, com uma rara aptidão a enlaçar as heranças intelectuais mais divergentes, Rorty será o primeiro, e de maneira mais obstinada, a ligar essas duas tradições francesa e americana – a ligação em questão devendo ser considerada discutível ou mesmo motivada ideologicamente.

FREDRIC JAMESON E A QUESTÃO PÓS-MODERNA

Fredric Jameson, diretor do programa de literatura em Duke, é apresentado geralmente como o intelectual marxista americano mais influente de sua geração. É preciso esclarecer ainda que ele encarna um tipo de intelectual marxista diferente daquele que costumamos classificar sob essa rubrica na Europa continental: sem engajamento social nem filiação partidária, exclusivamente acadêmico por seu campo de intervenção, ele é oriundo da elite literária e dedica-se a estudar a "superestrutura" dos fenômenos textuais e artísticos, mas por isso também dispõe de uma visão panorâmica de toda a esfera cultural contemporânea. Jameson construiu sua carreira sobre uma abordagem *crítica* das ondas teórica e pós-modernista anglo-saxônicas dos últimos trinta anos – apresentando-as quase sempre antes dos outros, acompanhando-as ao longo dos anos com rara acuidade e reintegrando-as permanentemente na trama mais ampla (cujas coordenadas são as do materialismo histórico) de uma história política e estética do Ocidente moderno. Contudo, o marxismo "duro" do início, quando lecionava em San Diego e arregimentava seus alunos contras os "pós-modernos" franceses convidados no *campus* de La Jolla,[52] logo foi duplamente amolecido, por assim dizer, pelo prisma literário de suas análises e pelo impacto causado sobre ele pelo Sartre existencialista e fenomenólogo – a quem consagra sua tese de doutorado. Suas primeiras obras tratam do escritor Wyndham Lewis[53] e do estruturalismo como redução *lingüística* de realidades coletivas da história e das relações sociais[54] – um textualismo que ele condenará também no "pós-estruturalismo", nem sempre distinguindo bem as duas fases desse ponto de vista. Os livros seguintes procedem a um duplo cruzamento do pensamento marxista, primeiro com a história das representações estéticas[55] e depois com um "inconsciente político" que seria próprio à narrativa literária.[56] Porém, são sobretudo seus dois volumes de análise da "teoria" (literária, pós-estruturalista) como "ideologia",[57] assim como seu célebre artigo de 1984 na *New Left Review* (que em 1991 tornou-se um longo ensaio)[58] sobre o "pós-modernismo" como aliado "cultural" do capitalismo avançado, que estabelecem no campo intelectual anglo-saxônico uma posição jamesoniana logo indispensável.

A esfera cultural, observa Jameson a exemplo de outros, metamorfoseou-se desde o pós-guerra, passando da zona normativa estritamente delimitada que constituía na era *modernista* (ou industrial), fundada nas distinções burguesas entre cópia e original, ou entre significante e significado, para o populismo estético da *pop culture*, caracterizado pela extensão sem limite do "cultural", até o uso irônico da mercadoria na arte e da indistinção generalizada entre venda e valor – assim como entre citado e citante, estética e ideologia, autor e público. Segundo ele, essa evolução manifesta e ao mesmo tempo favorece – contra a causalidade de sentido único do "reflexo" econômico, que seu mestre Georg Lukàcs já criticava – a evolução do capitalismo em seu conjunto para seu estágio avançado ou integrado: impondo *de facto* o fim da exterioridade (no sentido de que nada mais é exterior ao capital), ele assinala ainda o fim da arte em sua função tradicional e da filosofia moderna em sua tradição bissecular. É por isso que Jameson reúne sob a mesma rubrica de "pós-moderno" as duas expressões mais importantes, segundo ele, desse novo papel da cultura a serviço da dominação mercantil, que seriam seus sintomas mais agudos e igualmente suas formas superiores: a arte *pop*, que ele identifica não somente em Warhol, mas também nos *videomakers* ou nos arquitetos pós-modernos, e a teoria pós-dialética, em outras palavras, segundo ele (que foi um dos primeiros nos Estados Unidos a ler esses autores) a *French Theory*. Mesmo deslocamento, em suma, da revolução para a *escrita* ou da luta para a paródia, com os sapatos serigrafados de Andy Warhol vindo substituir os vasos pintados por Van Gogh e com a releitura semiológica ou irônica de Marx por Baudrillard ou Derrida. O método de Jameson consiste em detalhar brilhantemente alguns exemplos, verdadeiras vinhetas analíticas, consagradas ao hotel "pós-moderno" Bonaventure de Los Angeles[59] ou às divergências entre Derrida e Paul de Man sobre o "estado de natureza" em Rousseau.[60] Mais do que criticá-los frontalmente, Jameson desvenda nos romances populares ou nas sagas hollywoodianas uma mistura de alienação e de resistência imaginária ou, conforme seus termos, de reificação e de resíduos de utopia.[61] Contudo, sua preocupação em demonstrar a participação da teoria francesa nos novos processos reificantes e fragmentários do capital não é isenta de generalizações apressadas: ele reúne assim Deleuze e Baudrillard no argumento comum de uma "cultura do simulacro [...] inspirada em Platão"[62] e reduz em poucas palavras o trabalho de Deleuze e Guattari a uma "estética" que conduz à "apologia [do] descontínuo e do esquizofrênico".[63]

Mais cáustica que a de outros marxistas americanos, sua crítica dos *Cultural Studies* continua sendo bastante pertinente: a "consciência de classe" é substituída ali por uma "libido de grupo", e a "doxa do estilo" desempenha o papel da razão crítica, substituindo o combate social por um "carnaval populista".[64] Contudo, associar de tal modo essa onda interdisciplinar na universidade, trinta anos de arte contemporânea e os textos – e seus usos – de Deleuze, Lyotard e Deleuze é fruto de uma síntese contestável. As análises mais rigorosas de Jameson se beneficiariam de que fossem reconhecidas, de um lado, a distância entre os textos e seus usuários (é sua lacuna sociológica) e, de outro, a relação com Marx de certos autores do grupo, muito mais complexa do que uma simples traição estetizante. Uma simplificação da qual, certamente, ele não tem o monopólio: marxistas e não-marxistas americanos preferem ver o último Deleuze, o Foucault dos anos de 1970 e mesmo o Lyotard de *Economia libidinal* como improváveis inimigos de Marx mais do que como pensadores de seu tempo empenhados em confrontar a herança marxista com as novas modalidades do trabalho e do capital. Jameson, no entanto, possibilitou relacionar, e pôr em perspectiva, teoria francesa e teoria crítica marxista; porém, pode-se indagar se os limites de sua abordagem, de resto bastante sofisticada, não remetem à sua discreta – mas fiel – filiação sartreana, a um humanismo existencialista que o incita a denunciar aquilo que ele percebe como um perigoso anti-humanismo estético. É o caso quando ele julga que, para ilustrar a impossível "plenitude" da presença, a fenomenologia sartreana (como no exemplo do copo bebido que *só* estanca a sede) vale mais do que a "epistemologia" e a "estética" da "ideologia derridiana" – confrontando assim, curiosamente, *Da gramatologia* e *O ser e o nada*.[65] Aquele que criticava a *theory* por introduzir uma "dinâmica na qual não são mais as idéias, e sim os textos materiais, que estão em luta uns com os outros" é pego aqui em flagrante delito de ilusão *continuísta* em matéria de história dos textos e das idéias. A menos que, a exemplo de outras estrelas da universidade, uma motivação mais estratégica, ligada à sua posição no campo, tenha inspirado em Jameson esse diálogo contínuo com a teoria francesa e sua significação histórica – desejo de ser reconhecido como seu semelhante, seu único interlocutor válido, um desejo à luz do qual ganhou sua aposta: ele é "o único intelectual de língua inglesa que pôde medir-se com os pós-estruturalistas franceses",[66] avalia, por exemplo, como muitos de seus colegas, um historiador das idéias americano.

Para além da obra singular de Jameson, a questão pós-moderna torna-se *a* grande questão cultural na América dos anos de 1980. Ao integrar na universidade tanto as novas formas festivas ou lúdicas da arte quanto as novas teorias identitárias, a rubrica de pós-modernismo resume então o *Zeitgeist*, como atesta o *New York Times* ao fazer dele "uma nova etapa fundamental para a cultura".[67] Mesmo o rigoroso dicionário do pensamento americano, já citado, chega ao ponto de apresentá-lo como um "movimento cultural" efetivo, o mais recente na "história do Ocidente",[68] assinalando sua pluralidade e sua identificação (e associando a ele o cineasta David Lynch, o compositor Philip Glass ou a artista Cindy Sherman), mas sem jamais questionar seu caráter nominalista, sua dimensão de artefato classificatório. Um uso convencional do termo pós-modernismo que é por si só tanto mais paradoxal na medida em que não é retrospectivo, como exigiria a história cultural, porém simultâneo – a menos que sinalize uma última tentativa, ela própria irônica, de levar a sério um *presente* opaco e desencantado. Ou que seja a tradução, na linguagem demiúrgica das palavras em -ismo, de uma obsessão futurista tipicamente americana, de uma mitologia da promessa progressista que faz com que os intelectuais americanos, depois de três décadas, declinem o prefixo pós- no mesmo tom encantatório – na esperança de que surja enfim um mundo *pós*-humanista, *pós*- histórico, *pós*-puritano ou mesmo *pós*-branco e *pós*-masculino.[69]

O valor de marco histórico e de partição teórica desse *eixo pós-moderno*, sobre o qual é inútil insistir aqui, explica de todo modo que ele se tenha tornado, para além do marxismo jamesoniano, a principal grade de leitura da teoria francesa nos Estados Unidos. Ela dobra o sino do *modernismo* cultural e filosófico?

Anuncia o desaparecimento de fato do *sujeito* e da *história* modernos? É verdadeiramente o equivalente teórico da *pop art* ou dos novos misticismos – sinais, entre outros, de uma confusão pós-moderna de fronteiras? São questões ao mesmo tempo genéricas demais e coladas demais ao presente que se deseja elucidar para que elas sejam tão pertinentes na Europa quanto nos Estados Unidos, mas que em todo caso explicam, sob o mesmo nome, o sucesso permanente, desde sua tradução em 1980, de *A condição pós-moderna,* de Jean-François Lyotard,[70] do qual são vendidos cerca de 4 mil exemplares por ano além-Atlântico. Contudo, aquele que seus leitores americanos apresentam, de forma um pouco apressada, não apenas como o apóstolo do pós-moderno, mas também como o inventor do termo está longe de ter sua paternidade, pois seus usos remontam a 1971, aos textos do crítico literário americano Ihab Hassan.[71] Uma questão que ainda se debate nos Estados Unidos, no entanto, é saber se os papas da teoria francesa provêm eles próprios do *pós-modernismo*, como pretende essa leitura pós-humanista e pós-dialética, ou de um último sobressalto crepuscular do *modernismo,* como indicariam suas referências resolutamente modern(ist)as – de Nietzsche a Freud, Flaubert, Bataille, Joyce e Mallarmé. Uma questão que lembra, se é que é necessário, que essas leituras americanas, as das estrelas intelectuais ou mesmo as dos estudantes, são antes de tudo leituras reapropriantes: seu primeiro gesto é uma forma de reterritorialização que consiste em colocar os textos importados a serviço de um deslocamento de suas próprias fronteiras, de uma desestabilização de suas próprias categorias – às vezes sem qualquer relação com o texto invocado.

NOTAS

1 Citado *in* Christopher J. LUCAS, *American Higher Education: A History, op. cit.*, p. 180.

2 Pierre BOURDIEU, *Homo academicus, op. cit.*, p. 140.

3 "La lecture, une pratique culturelle" (debate entre Pierre Bourdieu e Roger Chartier) *in* Roger CHARTIER (dir.), *Pratiques de la lecture*, Paris, Payot, 1993, p. 275.

4 Michel FOUCAULT, "Qu'est-ce qu'un auteur?", *in Dits et écrits, 1954-1988*, Paris, Gallimard, 1994, v. 1, p. 798-808.

5 Ela inclusive resgatou em 1988 o concurso anual do "jargão acadêmico" (Bad Writing Contest), organizado a título de paródia pela revista universitária *Philosophy and Literature*.

6 *Bodies that Matter, op. cit.*, p. 230.

7 *Subjects of Desire, op. cit.*, p. 178, 186-187, 216 e 212-213, respectivamente.

8 *Gender Trouble, op. cit.*, em particular toda a terceira parte.

9 *La Vie psychique du pouvoir*, Paris, Léo Scheer, 2002.

10 *Bodies that Matter, op. cit.*, p. 19.

11 Louis ALTHUSSER, "Idéologie et appareils idéologiques d'État", in *Positions 1964-1975*, Paris, Éditions sociales, 1976.

12 *La Vie psychique du pouvoir, op. cit.*, cap. IV, p. 165-198.

13 "Preface" (1999), *Gender Trouble*, 1999 [1990], *op. cit.*, p. XXVI.

14 *Cf.*, por exemplo, *In Other Worlds, op. cit.*, p. 209-211.
15 "French Feminisms Revisited: Ethics and Politics", *in* Judith BUTLER e Joan SCOTT (dir.), *Feminists Theorize the Political, op. cit.*, p. 58.
16 Julia KRISTEVA, *Des Chinoises*, Paris, Éditions des Femmes, 1974.
17 "French Feminisms in an International Frame", *Yale French Studies*, n. 62, 1981, p. 158-160.
18 *Cf.* "Theory in the Margin: Coetzee's *Foe* Reading Defoe's *Crusoe/Roxana*", *in* Jonathan ARAC e Barbara JOHNSON (dir.), *Consequences of Theory, op. cit.*
19 "Can the Subaltern Speak?", *op. cit.*, p. 280-282.
20 *Ibid.*, p. 271.
21 Colin McCABE, Foreword", *in* Gayatri Chakravorty SPIVAK, *In Other Worlds, op. cit.*, p. XII.
22 David LODGE, *Un tout petit monde*, Paris, Rivage, 1992.
23 *Surprised by Sin: The Reader in* Paradise Lost, Berkeley, University of California Press, 1972.
24 "Is There a Text in this Class?", *in* H. Aram VEESER (dir.), *The Stanley Fish Reader*, Oxford, Blackwell, 1999, p. 41-48.
25 *Ibid.*, p. 54.
26 *A liberdade de expressão não existe, ainda bem.* (New York, Oxford University Press, 1994).
27 "Consequences", *in* W. J. T. MITCHELL (dir.), *Against Theory, op. cit.*, p. 113.
28 Adam BEGLEY, "Souped-up Scholar", *New York Times Magazine, op. cit.*
29 *Professional Correctness: Literacy Studies and Political Change, op. cit.*, p. 140.
30 *Cf.* seu recente *Israël-Palestine, l'égalité ou rien*, Paris, La Fabrique, 2001.
31 *L'Orientalisme: l'Orient créé par l'Occident*, Paris, Seuil, 1980 [Prefácio de Tzvetan Todorov].
32 *Des intellectuels et du pouvoir*, Paris, Seuil, 1997.
33 Conforme o título dado pelo historiador Eric Hobsbawm ao seu panorama do fim do século XIX (*The Age of Empire 1875-1914*, New York, Vintage, 1989).
34 *Culture and Imperialism*, New York, Knopf, 1993.
35 *Ibid.*, p. 210.
36 Décimo segundo capítulo de *Mille Plateaux*, Paris, Minuit, 1980, p. 434-527.
37 *Culture and Imperialism, op. cit.*, p. 331-332.
38 *The World, the Text, and the Critic*, Cambridge, Harvard University Press, 1983, p. 243.
39 'Traveling Theory", *in* Rainer GANAHL (dir.), *Imported: A Reading Seminar, op. cit.*, p. 178-179.
40 Moustafa BAYOUMI e Andrew RUBIN (dir.), *The Edward Said Reader, op. cit.*, p. 89.
41 "Opponents, Audiences, Constituencies and Community", *in* Hal FOSTER (dir.), *The Anti-Aesthetic: Essays on Postmodern Culture*, Port Townsend, Bay Press, 1983, p. 135-158.
42 "Secular Criticism", *in* Moustafa BAYOUMI e Andrew RUBIN (dir.), *op. cit.*, p. 241.
43 *Ibid.*, p. 242.
44 *Philosophy and the Mirror of Nature*, Cambridge, Cambridge University Press, 1979, p. 4.
45 *Contingency, Irony and Solidarity*, Cambridge, Cambridge University Press, 1989.

46 Richard BERNSTEIN, The New Constellation: *The Ethical and Political Horizons of Modernity/Postmodernity*, Cambridge, MIT Press, 1992.

47 *Cf.* Herman SAATKAMP (dir.), *Rorty and Pragmatism: The Philosopher Responds to his Critics*, Nashville, Vanderbilt University Press, 1995.

48 Gilles DELEUZE e Félix GUATTARI, *Mille Plateaux*, *op. cit.*, p. 184.

49 Michel FOUCAULT, "La philosophie analytique de la politique" (conferência em Tóquio), retomado *in Dits et écrits, 1954-1988*, *op. cit.*, v. 4, p. 540-541.

50 Richard SHUSTERMAN, *Pragmatic Aesthetics*, Lanham, Rowman & Littlefield, 1998.

51 Cornel WEST, *The American Evasion of Philosophy: A Genealogy of Pragmatism*, Madison, University of Wisconsin Press, 1989.

52 Como relata particularmente François DOSSE, *Michel de Certeau. Le marcheur blessé*, *op. cit.*, p. 414.

53 *Fables of Agression: Wyndham Lewis, the Modernist as Fascist*, Berkeley, University of California Press, 1979.

54 *The Prison-Home of Language*, *op. cit.*

55 *Marxism and Form*, Princeton, Princeton University Press, 1974.

56 *The Political Unconscious: Narrative as a Socially Symbolic Act*, Ithaca, Cornell University Press, 1981.

57 *The Ideology of Theory: Essays 1971-1986*, Minneapolis, University of Minnesota Press, 1986 e 1988.

58 *Postmodernism, or, the Cultural Logic of Late Capitalism*, Durham, Duke University Press, 1991.

59 *Ibid.*, p. 39-44 e cap. 4.

60 *Ibid.*, p. 224-227.

61 "Reification and Utopia in Mass Culture", *Social Text*, v. 1, n. 1, inverno 1979.

62 *The Ideologies of Theory*, *op. cit.*, v. 2, p. 195.

63 *Fables of Agression*, *op. cit.*, p. 7 e 124.

64 "On Cultural Studies", *in* John RAJCHMAN (dir.), *The Identity in Question*, *op. cit.*, p. 251-293.

65 *Postmodernism...*, *op. cit.*, p. 337-338.

66 William DOWLING, *Jameson, Althusser, Marx*, Ithaca, Cornell University Press, 1984, p. 10.

67 Stephen HOLDEN, "The Avant-Garde is Big Box Office", *New York Times*, 16 dezembro 1984.

68 Richard Wightman FOX e James KLOPPENBERG (dir.), *A Companion to American Thought*, *op. cit.*, p. 534.

69 Para retomar alguns *pós-* entoados pelo crítico Leslie Fiedler em seu ensaio de 1965, "The New Mutants" (*in A Fiedler Reader*, New York, Stein & Day, 1977, p. 189-210).

70 Jean-François LYOTARD, *The Postmodern Condition: A Report on Knowledge*, Minneapolis, University of Minnesota Press, 1980.

71 Ihab HASSAN, *The Dismemberment of Orpheus, Toward a Post Modern Literature*, New York, Oxford University Press, 1971.

9
Estudantes e usuários

> "Adolescente alienado, você leu Sartre. Ao entrar na universidade, fumava *gauloises* e declamava Derrida. Mais tarde, no mestrado, atormentado pelas dúvidas, encontrou alívio nas vertigens errantes de um Baudrillard [...] e no otimismo sem entraves de Deleuze ou Guattari. Os pensadores franceses. Você cresceu com eles [...]. Mas admite que, retrospectivamente, tudo isso parece um pouco absurdo. Você e esses gauleses desesperadamente complicados – quem podia adivinhar que haveria tanta eletricidade entre vocês?"
> Emily EAKIN, *Lingua Franca*

Percorrer Foucault e encontrar nele retratadas as instâncias de controle evocadas mais retoricamente nos cursos de *gender studies*, ou virar uma página, de um modo mais íntimo, e ver subitamente teorizada a percepção que se tem de sua própria marginalidade vergonhosa. Folhear Derrida para enriquecer uma dissertação de fim de semestre (um *paper*), ou descobrir ali uma frase obscura cujos termos captam perfeitamente, sem *páthos*, a emoção estética de um repertório mais pessoal – a que produz tal filme ou tal concerto. A leitura estudantil mescla obrigação escolar e exploração pessoal, percurso com lápis na mão e o petiscar de uma noite. Foi passando debaixo dos olhos dos estudantes, somando-se à biblioteca precária de seu quarto de *campus*, infiltrando-se nas brechas de um mal-estar existencial ou nos códigos lúdicos de suas conversas, circulando listas de leituras em entusiasmos compartilhados que a teoria francesa tornou-se um personagem familiar nos Estados Unidos, objeto vivo, de desejo ou opróbrio – em suma, algo diferente desse material conceitual habilmente reintegrado em suas construções teóricas pelos grandes intelectuais do campo universitário. Com a condição de moderar de imediato seu impacto sobre a vasta população estudantil americana: "A teoria é aceita agora como uma opção útil para os estudantes graduados e para os alunos mais avançados da graduação, mas deve manter distância da grande maioria dos estudantes",[1] observava Gerald Graff em 1987. Francesa, ou simplesmente "literária", ela é mais estudada na universidade do que no *college* e mais nos *campi* de elite do que por qualquer um. E, lá onde se tornou um amplo recurso, é inclusive uma estratégia de distinção que geralmente motiva os estudantes *teoristas* e seus professores de renome: a *theory* confere àqueles que a evocam uma vantagem e uma superioridade implícitas com relação aos mais novos e ao comum dos estudantes e, às vezes, até mesmo com relação aos atores evocados. Sem esquecer, naturalmente, que para esse grupo brilhante, que muitas vezes – após uma mudança de curso –

alcança a direção das grandes empresas ou os altos postos da administração, "é muito raro que um curso de literatura mude uma vida",² mesmo um curso de teoria, como brincava David Kaufmann. Alguns nomes próprios e alguns conceitos virão ao seu encontro ao sabor desses anos de formação, sem que se possa prejulgar as conseqüências que terão sobre uma carreira individual – quando eles as têm.

OS JOGOS DA PARATAXE

Durante algum tempo, quando se tem vinte anos, a teoria é uma forma excitante de ver as coisas que impregna com sua elegância aqueles que a adotam, ainda que muito pontualmente, e possibilita ao/à estudante a iniciativa intelectual – um procedimento revigorante, seguro, até demais às vezes, chegando à ingenuidade ou à caricatura: "Melville é profundamente suspeito, não há nenhuma mulher em seu livro, o enredo beira a crueldade em relação aos animais e a maior parte dos negros morre afogada no capítulo 28", afirma assim a propósito de *Moby Dick* um estudante muito "PC" citado pelo *New York Times*. Sem ir tão longe, fazer a caça teórica – ainda que menos moralizante – aos "não-ditos" e aos "subtextos" sexistas, racistas, ou que simplesmente revelam no autor um pendor científico ou a deriva do esteta parnasiano, revela-se um exercício mais fácil e gratificante do que a explicação de texto linear ou a história literária. A própria desconstrução apresenta o paradoxo de uma "facilidade" metodológica: visto que ela pretende invalidar o princípio de uma "unidade orgânica" entre "a retórica, a estrutura e o argumento [de um texto]", bem como revelar antes de tudo as aporias e todos os descompassos entre linguagem e conteúdo aparente, os estudantes sem bagagem filosófica nem experiência da crítica semântica ordinária podem assim facilmente "produzir 'leituras desconstrutivas' com todas as características de um trabalho de profissional",³ observa Peter Brooks. Do ponto de vista da *performance* intelectual, e para otimizar ao menor custo os resultados pessoais, é mais fácil passar *diretamente* à desconstrução – tal como a entendem os departamentos de literatura – do que passar por uma leitura contextual referencial ou mesmo biográfica do texto estudado.

Para além de uma tal *rentabilidade*, ou das posturas de desafio político de estudantes minoritários, a linguagem e os próprios argumentos da conduta teórica prestam-se muito mais do que as abordagens tradicionais aos códigos de iniciados e às reapropriações lúdicas. Eles se adaptam melhor às dimensões empática e instrumentada da conversação dos estudantes e aos seus procedimentos livres, como a menção furtiva a um nome de prestígio (o *name-dropping*) e a associação instantânea de conceitos incompatíveis, verdadeiro *cut-up* de noções, em que o mais incongruente destacará o brio e a leveza de seu locutor. A cadeia referencial é rompida ou amplamente reduzida; não é mais necessário alegar seus privilégios, obras conhecidas e domínio de um *corpus* para tentar teorizar. Os leitores "apoderaram-se de algumas palavras como se fossem varinhas mágicas para transformar a rotina de uma leitura escolar em 'textos' teóricos que magnetizam o olhar",⁴ resume Edward Said. Nomes envolvidos em auras são dessacralizados em apelidos ("Derridoodle" ou a dupla "D&G" dos autores de *O Anti-Édipo*), conceitos portáteis que podem ser declinados à vontade (o "panoptikon" ressaltado pela elevação de seu k- ou o "BwO" – para corpo sem órgãos – dos autores mencionados), raciocínios paralógicos ou irônicos contra as evidências mais lentas, mais difíceis de operar, da razão argumentativa. O injustificável torna-se uma justificativa: a citação fora de contexto ou o argumento dissonante justificam-se *como tais*, contra as espessas construções argumentativas, massivas e sem graça, além de fora de moda. Para aqueles e aquelas que são jovens demais para dominar todas as questões em jogo em um texto, a *theory* é uma grande oportunidade.

Tudo remete à parataxe, esse procedimento literário da enumeração espasmódica, da justaposição elíptica, sem ligação, como aquilo que têm em comum a lógica *teorista* e o curso de literatura nos Estados Unidos e que explicaria, portanto, a felicidade de seu encontro. Em um curso de literatura americano, lê-se mais sob a forma impressionista do fragmento, do extrato, da superficialidade. E lê-se menos para as obras literárias estudadas (cuja leitura, como avalia Said, jamais ocupa mais que um quinto do tempo de trabalho pessoal do estudante)⁵ do que para comparar, avaliar, comentar as diferentes abordagens críticas ou teóricas, que constituem o objetivo real de inúmeros cursos. A própria leitura de textos teóricos é paratáctica, quebrada; um capítulo resume uma obra, e a síntese de um comentador americano com muita freqüência descarta o texto do autor francês. O extrato do *Kristeva Reader* consagrado ao motivo do "sol negro" substitui o longo ensaio de Kristeva sobre "depressão e melancolia", uma introdução americana a Foucault exime de ler seus principais títulos e mesmo uma análise estrutural de Shakespeare pode, no limite, substituir sua leitura. Tradição pedagógica ancestral nos Estados Unidos, a do viés crítico, ou do *digest*, tal como foi revelada já em 1912 pelo crítico Gustave Lanson, que foi lecionar em um *campus* da costa leste, onde se espantou com essa "facilidade singular de dispensar os textos, [...] de substituir o conhecimento do que disseram os autores pelo conhecimento do que se diz dos autores" – e onde, ao responder às perguntas de alunos sobre o que deviam ler dizendo simplesmente "o texto do autor", ele "via claramente que isso surpreendia um pouco, que a indicação parecia pobre".⁶ Cerca de oitenta anos mais tarde, um curso avançado de pós-graduação sobre "crítica e teoria francesa", na Universidade de Indiana, anuncia o estudo em dez aulas em forma de *digest*: dos formalistas russos e de Saussure e Jakobson, da desconstrução, da narratologia (Genette), da intertextualidade (Riffatterre), da psicanálise lacaniana, do feminismo francês (Kristeva, Cixous) e de uma rubrica final mais abrangente, chamada de "teoria cultural" (Althusser, Bourdieu, Foucault). A leitura-parataxe não é mais uma opção aqui, porém a única solução. A tradição da lista de leituras (*reading list*) acrescenta ao princípio de superficialidade o exercício de uma livre escolha entre os textos e as correntes: exaustiva, mas em geral grosseiramente recortada, a lista recapitulativa funciona como um menu, e o estudante, ao fazer sua escolha, comporta-se diante dessa vitrine de produtos críticos e teóricos mais ou menos "caros" para ele como um verdadeiro consumidor-usuário.

Isso não predetermina absolutamente a qualidade dos cursos, que depende, como em toda parte, da qualidade do professor e de suas opções pedagógicas. No entanto, essa pedagogia fragmentária não é suficiente para que o estudante assimile os conceitos e os autores propostos, para que imprima sua marca neles ou experimente novas formas de subjetivação; são necessárias estratégias de reapropriação e de circulação dos textos, assim como suportes autônomos de um discurso não-professoral. Esse é o papel dos salões ou clubes literários estudantis, da redação de panfletos ou fanzines de *campus* e de periódicos criados por estudantes radicais – a exemplo da revista *The Missing Link* em Duke. A partir de meados dos anos de 1990, a generalização da internet e dos *sites web* estudantis oferece um suporte específico para desenvolver, ao lado das táticas mais lineares de publicações em papel, modos de captação do discurso teórico inteiramente inéditos – ligados à possibilidade de deslocar o texto ao sabor de *links* hipertexto, de se reinserir em um percurso lúdico ou em um diálogo interativo, de substituir o princípio argumentativo do texto teórico pela lógica modular da rede, ou mesmo de encontrar em um conceito prolongamentos gráficos ou sonoros. São todas oportunidades de desmistificar um texto intimidante, de se apropriar de um autor oficial, de distorcer com os meios disponíveis o programa teórico dominante. É o caso dos fanzines *on-line* (*e-zines*), como o *Rhizome Digest* cooperativo e bastante codificado criado pelo estudante Alex Galloway em homenagem a Deleuze e Guattari,[7] ou o mais incisivo *Hermenaut*, lançado por Joshua Glenn para denunciar pela paródia as recuperações mercantis da onda teórica[8] – seu criador o consagra a uma "luta mortal" contra "os pseudo-intelectuais que aderiram à indústria do lazer dando-lhe seu verniz teórico" e que "poderiam desconstruir até mesmo os *schtroumpfs*".[9]*

Quando não permite, como aqui, acertar as contas com os estudantes que foram oferecer sua cultura teórica em Hollywood ou nas grandes editoras, a internet fornece os meios de realizar construções coletivas, como o projeto "Baudrillard on the Web" que, segundo afirma o estudante texano Alan Taylor na página de boas-vindas, "jamais será completo", mas todos podem contribuir livremente".[10] Ela oferece também a oportunidade de subverter – mediante julgamentos elípticos ou referências à tecnologia – os clássicos mais herméticos da teoria francesa, como é o caso desse *"para-site"* consagrado a *Glas*, de Derrida, no qual os estudantes advertem que essas *"Flores do Mal* da filosofia" fazem "tremer as fronteiras entre 'recorte' e 'grampo', filosofia e literatura, formato-livre e mídias eletrônicas".[11] Em certos *sites* externos às redes universitárias, um verdadeiro delírio semântico e estilístico pode inclusive tornar ilegível o argumento teórico, como ali se diverte o texto da revista *on-line Ctheory* que acumula, sem pontuação, neologismos e acrônimos inventados (os CVRM são os corpos virtuais em revolta contra a mundialização), canoniza São Foucault e São Baudrillard e fala do *cogito* cartesiano como da "ressaca fantasmagórica da modernidade".[12] Finalmente, desde os textos franceses traduzidos em formato de bolso e depois dobrados** e devidamente

---

* N. de R.T. Personagens de uma revista infantil de bastante sucesso na Europa. São duendes azuis que vivem suas aventuras em uma floresta. No Brasil, são conhecidos como Os Smurfs.

** N. de R. O autor refere-se aqui à ação de dobrar a página de um livro a fim de destacá-la.

anotados por seus jovens fãs, até os *web sites* nos quais se faz essa reciclagem instrumentada e catártica, as leituras estudantis da teoria francesa saem nessa "caçada" leitora descrita por Michel de Certeau: ligadas a um "desconhecido", elas "testemunham [um saber] sem poder se apropriar dele", são "os locatários e não os proprietários", que desenvolvem em suas margens uma "arte a dois", cúmplice e parceleiro, meio clandestino e fortemente modalizado.¹³ Ler torna-se ali uma maneira de *trapacear* com o texto teórico.

BILDUNGSTHEORIE CONTRA LEITURA LEGÍTIMA

O texto que os estudantes poderão distorcer ou subverter será, antes de tudo, aquele que foi levado ao seu conhecimento pelo professor – com a segurança de alguns poucos textos alimentada por essa tradição de superficialidade da história das idéias. Assim, os mais freqüentes são: de Derrida, sua intervenção na John Hopkins em 1966 ou um extrato de *Da gramatologia*; de Foucault, uma passagem de *Vigiar e punir* ou a conferência "O que é um autor?"; o seminário de Lacan sobre a carta roubada; o artigo "O riso da Medusa", de Hélène Cixous; o "tratado de nomadologia" deleuzo-guattariano; um extrato da obra em dois volumes de Deleuze sobre o cinema e o indispensável *Condição pós-moderna* (ao menos suas primeiras páginas) de Jean-François Lyotard. O professor desempenha aqui um papel de mediação entre o estudante e o texto teórico. Isso, porém, é muito informal. Nos Estados Unidos, dos ateliês paraescolares em pequenos grupos (*workshop*) aos debates em sala de aula sobre a pertinência do saber proposto, tudo concorre para estabelecer uma proximidade maior entre o aluno e o professor do que na França, conforme a tradição igualitarista americana. Uma tradição que, como já observava Tocqueville, é uma chave da pedagogia nos Estados Unidos e que Gustave Lanson formulava, por sua vez, um século depois, em termos de uma "promiscuidade [dos *campi* que] aproxima os professores dos alunos: as relações são mais freqüentes, mais estreitas, [...] e de influência considerável".¹⁴

Porém, mesmo mais próximo do aluno, o professor ainda tem, como em toda parte, o monopólio da leitura legítima. A instituição escolar tem como missão produzir leitores ajustados e impor, em nome da competência profissional, não apenas a lista de leituras prioritárias, mas também os próprios modos de leitura. A autoridade do professor reintroduz aqui o prisma do poder. No entanto, este se refere menos ao conteúdo semântico ou ideológico direto dessas leituras do que, por exclusão, à lista que alinha textos a serem lidos e perguntas pertinentes a serem feitas sobre eles – em detrimento das leituras consideradas "ilegítimas". Essa autoridade professoral que intercede entre o estudante e a teoria francesa corresponde, portanto, menos ao modelo simples da propaganda que ao da "função de agenda" criado pelos politicólogos:¹⁵ ela indica não *o que* ou *como* pensar, mas *sobre o que* (e, nesse caso, *a partir de quê*) pensar. É ela que decreta a importância prioritária desta ou daquela corrente teórica, que determina suas fontes e os textos-chave, desempenhando assim, entre o texto e o jovem leitor, o mesmo papel de prescrição simbólica, ou de *gate-keeper*, que o líder de opinião tem sobre os eleitores hesitantes. Os especialistas e intermediários da teoria francesa são sempre os professores – quaisquer que sejam as resistências à autoridade professoral, as buscas de alternativa ao *corpus* imposto e aos assassinatos constantes cometidos pelos estudantes (devido à indiferença, à paródia ou à rebelião) das figuras paternas encontradas durante seus cursos, que podem ser uma professora feminista ou um texto complicado de Derrida.

Será, portanto, à margem dessas funções de autoridade que ocorrerão os encontros mais decisivos entre o estudante e o texto teórico, no sentido de uma outra relação com o texto, mais próxima do mecanismo do *encantamento* e da necessidade de *profecia*, tal como os analisava Max Weber. Existem incontáveis lembranças de estudantes e anedotas de *campus* a propósito da *French Theory* que relatam o entusiasmo existencial suscitado, em um(a) estudante isolado(a) dos seus e das normas em vigor na sociedade civil, por uma palavra, um motivo, o horizonte existencial de uma onda temática: a reabilitação lyotardiana das "pequenas narrativas" que se associam a todas essas histórias paralelas que causam burburinho nos *campi*, o lema braudrillardiano tão simpático da cópia "mais verdadeira" que o original, a "preocupação de si" foucaultiana aplicada subitamente a essa idade de transição, ou as "máquinas desejantes" deleuzo-guattarianas que vieram ajudar a decifrar fluxos libidinais dos quais não se suspeitava. Encontrados em meio a um livro, personagens conceituais e alegorias teóricas tornam-se assim balizas, fetiches ou refrãos de um contradogma. Mesmo sem dominá-los bem, apropria-se deles *contra* o mundo anterior (familiar) e exterior (profissional), ou ainda para povoar o abismo de uma melancolia. Um procedimento que lhes confere um valor propriamente iniciático, reforçado pelos aspectos de rito de passagem desses poucos anos de construção de si em terreno neutro. E, assim como o século XIX alemão falava de *Bildungsroman* para designar a literatura de iniciação devorada pelos adolescentes, poderíamos arriscar aqui o termo *Bildungstheorie* para aquela nova referência teórica que muitos estudantes acreditam que pode desempenhar o papel íntimo, familiar em sua própria alteridade, ao contrário de outras leituras impostas. Desse modo, o texto teórico geralmente orienta o estudante em meio à confusão criada pelo cruzamento um discurso múltiplo – social, íntimo, familiar, cultural, professoral – em que a vida de *campus* o lançou.

A maneira como Bordieu define o livro, "depositário de segredos mágicos, [...] como um texto ao qual se pede a arte de viver",[16] encontra no estudante uma forte expectativa de semantização, a necessidade que ele sente de circunscrever um espaço próprio de idéias, de fabricar para si um corpo de referências não-escolares – para balizar com algumas referências subjetivas seu percurso nessa linha divisória social e geracional que constitui a universidade. Período de uma certa distância da ética do trabalho dominante, período de explorações formadoras, lúdicas ou mais transgressivas, único período da vida propício aos entusiasmos gratuitos, sem retorno imediato, o parêntese universitário presta-se nos Estados Unidos a essa função existencial da teoria francesa. Função de subjetivação, de reencantamento e mesmo de emancipação diante dos entraves herdados ou ambientes. Sem esquecer – dos códigos dos clãs ao proselitismo acalorado – a função afinitária que ela pode ter para reunir uma comunidade de geração em torno de um linguajar de colegiais ou de um culto de autor. Os dialetos inventados, os códigos do desvirtuamento e as revelações compartilhadas vêm formar, por sua vez, uma leitura coletiva. Aconselham-se livros, discute-se em grupos, trocam-se inéditos, instigam-se os ignorantes, redige-se em conjunto um panfleto ou as páginas de um *web site* – mesmo com o risco de forjar para si uma leitura *ilegítima*, inteiramente singular, como a que fazem de Lyotard os estudantes encarregados de sua página no estranho site "k.i.s.s. of the panoptikon" da Universidade de Washington, apresentando-o não a partir de seus livros, mas de um universo "paralelo" considerado lyotardiano e encarnado, segundo eles, pelo conjunto de *rock* Talking Head ou pelo filme *cult Blade Runner*.[17] Mais clássica, a função libertadora dessas leituras permite desfazer-se dos vínculos da infância e da adolescência, graças não apenas à sua temática explícita, mas também ao próprio arrebatamento dos gestos de ruptura ou de transgressão cometidos na própria página, mais abstratamente, por Foucault ou Derrida. Os acentos líricos e a sensação de renascimento produzidos por essas *rupturas* podem abrir caminho, por sua vez, ainda que mais raramente, a uma prática de escrita, uma reciclagem gráfica: assim, o estudante R. A. Brinckley e o jovem assistente Robert Dyer chegaram a publicar na revista *Semiotext(e)* um artigo que mescla a paródia carregada de jargão e o duo autobiográfico, visando a "desconstruir" suas "raízes edipianas" – o subúrbio de Ithaca, para o primeiro, e o ambiente vitoriano de sua Nova Zelândia natal, para o segundo – , a recontar *pela teoria*, mediante notas irônicas e referências para iniciados, a passagem de cada um da "vagina original" ao "momento nomádico"[18] e, por esse mesmo exercício, da submissão à livre escrita.

AUMENTO DO MUNDO E PRIVATIZAÇÃO DOS SABERES

Essa relação subjetiva, atmosférica, por assim dizer, com o *corpus* da teoria francesa, por mais difícil que seja, não é um recurso apenas dos estudantes, mas de todos aqueles que, não sendo os detentores de uma obra, de um discurso ao qual pudessem incorporá-las, nunca se tornaram mestres e possuidores de referências teóricas – professores pesquisadores, professores assistentes, jovens indecisos que terminaram a universidade, mas que continuam imbuídos da nomadologia e do feminismo francês, e todos os "dominados" da estrita hierarquia dos saberes e das publicações. Entre eles e a *theory*, não se encontra tanto a mediação da instituição ou do projeto de carreira, mas sobretudo um medo ou um mistério, uma aura pré-racional, que eles reduzem provocando um curto-circuito na lógica de conjunto, destacando um fragmento do *corpus* para brandi-lo em um contexto mais familiar. Em suma, o uso, para eles, será tanto mais desinibidor quanto fragmentário. Contra o metadiscurso dos *experts* oficiais em teoria francesa, trata-se principalmente de forjar para si, sozinho ou em conjunto, uma bio/bibliografia, uma relação singular entre textos e mundo vivido, extraindo um enigma teórico de sua prisão de papel e experimentando suas conotações em todos os recônditos da existência. Desse modo, assim como uma guerra do Golfo produzida por telas interpostas "não ocorreu" para Baudrillard, alguns se divertirão perguntando se a eleição supermidiatizada de seu presidente realmente aconteceu; assim como não existe nada mais "profundo" para Deleuze do que a pele e todos os efeitos de superfície, outros defenderão, contra os atletas do coito, os jogos da carícia e do não-consumado; e assim como em Foucault a delimitação-repressão de uma categoria de "loucura" *produz* a razão e revela sua íntima convergência, o vendedor de drogas (o *dealer*) torna-se para seus clientes-estudantes esse personagem foucaultiano que dá acesso à outra face da normalidade, à sua dimensão de alucinação normalizada. À sua maneira, a teoria desenvolve uma *narrativa* da qual extrai usos e práticas que domesticam o mundo.

Mais especificamente, esse universo fantástico de espectros derridianos e de anti-heróis lyotardianos, de figuras marginais ou transgressivas tiradas de Foucault ou Deleuze, opõe-se ao mundo convencional de escolhas carreiristas e da caça de uma boa nota: vem *armar* afetivamente e conceitualmente o estudante, ainda desconectado, contra a alienação que se perfila fria e abstrata no horizonte do diploma e que é chamada de ambição profissional e de mercado de emprego. Desde que conduza a outros fatores (experiência associativa ou convicção ecológica), e contra os rebeldes mais radicais de ontem, a fazer a escolha mais pessoal, mais engajada, de uma "vocação" e não de uma "carreira" egoísta, de um ofício de coração e não simplesmente lucrativo. Mas essa opção, à qual a leitura de Foucalt e Derrida curiosamente acrescentou "sentido", não prolongará verdadeiramente a comunidade teórica dos anos de *campus*, cuja única continuação viável teria sido o ensino. Se alguns alunos de Sylvère Lotringer terão a audácia de estender à sua vida profissional o universo em que ele os introduziu – Margarett Sandel criando a revista batailliana *Documents*, Tim Griffin a revista alternativa *Artbyte*, ou John Kelsey a loja de *subversão* da moda Bernadette Corporation –, a grande maioria dos estudantes que passam pela teoria francesa logo a abandonam em proveito de sua "vocação". Desorganizar a moda, como propõe a revista de John Kelsey, *Made in USA*, ou estudar o valor político e antropológico do excremento, como faz um número especial de *Documents*, faz parte de um programa ainda ligado diretamente à teoria francesa; trabalhar em uma ONG em nome das "minorias" deleuzo-guattarianas, ou mesmo abraçar a carreira de advogado contra as "instituições de controle" foucaultianas, é fruto apenas de uma justificação contestável, ostentatória e nostálgica. Aqui a teoria francesa funciona sobretudo como lembrança, com a onda imperativa que ela arrasta de coerência autobiográfica, e não mais como *referência* viva ao presente da vida no *campus* ou às margens da indústria cultural.

Para melhor compreender essa relação viva e como que fusional da subjetividade leitora com o texto teórico, pode-se aplicar a ela a noção de *campo de referência* proposta por Paul Ricoeur. Certos enunciados, como mostrava Ricoeur a propósito da narrativa, conseguem libertar "sobre as ruínas do sentido literal" um "poder mais radical de *referência* a aspectos de nosso estar-no-mundo que não podem ser ditos de maneira direta".[19] Enunciados nos quais se destaca justamente o enunciado *teórico* tal como o recompõe e estudante americano – fragmento tirado do *corpus* francês e posto em circulação em outro lugar. Nessa perspectiva, a noção de *metaforização* não designa apenas uma função da linguagem, no sentido em que o *"bunker"* em Virilio ou a "intensidade" em Deleuze agiriam para o estudante como simples metáforas de uma situação existencial *extratexto*, mas reveste-se agora de uma importância ontológica: o próprio *mundo* do estudante e do ativista impregnados da referência teórica, o mundo à sua volta, torna-se "o conjunto de referências abertas para todos os tipos de textos [que eles] leram, interpretaram e gostaram"; não é mais um "ambiente" (*Umwelt*) de signos, mas um "mundo" (*Welt*) de significações, que não remete ao "ver-como" da mera *percepção* metafórica, e sim ao "ser-como" de uma plena participação no mundo assim constituído.[20] Em outras palavras, o fato de certos leitores americanos se encontrarem, ou encontrarem seu mundo, nas teorias da simulação baudrillardiana ou do "assujeitamento" foucaultiano já não revela distorção existencial ou reapropriação ingênua do texto francês, o que supõe ainda uma diferença de natureza entre o texto e o mundo, porém mais profundamente a impregnação recíproca de dois planos. Ou, antes, há muita ingenuidade, e uma forma de literalidade, nesse tipo de relação com os textos, mas em benefício de sua função existencial, de seu potencial empático.

Assim, cada texto propõe à subjetividade leitora "um mundo que eu poderia habitar e no qual poderia projetar meus poderes mais exclusivos".[21] Um mundo de algum modo *reconciliado* por esse dispositivo que permite combinar elementos emprestados das duas fontes, texto e mundo. Lá onde Ricoeur sugeria então um aumento *narrativo* e François Dagognet (que ele cita) um aumento *icônico* por meio do alfabeto gráfico do pintor, pode-se falar de um verdadeiro aumento *teórico* do mundo de referência – que, assim *aumentado* de proposições do texto, torna-se mais legível, mais praticável e mais habitável. Contudo, é preciso acrescentar que o *aumento* em questão não designa a acumulação quantitativa de um saber, a extensão das luzes a um mundo opaco – gestos voluntários que postulam ainda um mundo *puro* de todo texto –, mas, ao contrário, a aptidão a habitar esse mundo sem objetivá-lo, a folheá-lo sem lhe atribuir mecanicamente um sentido, a se subjetivar nele, mas também a se *des*subjetivar. A teoria francesa, contornando o discurso aumentativo convencional e desenvolvendo permanentemente os motivos da dispersão e do sujeito múltiplo, favorece também em seus leitores "sem obra" uma postura de abandono, um devir-imperceptível, ou mesmo um esquecimento de si. Ela suscita uma relação com o saber que de certa maneira lembra a definição que Foucault propunha da *curiosidade*: "não mais aquela que procura assimilar o que convém conhecer, mas aquela que permite desprender-se de si mesmo", uma certa "fúria do saber", na medida em que não visa apenas "a aquisição de conhecimentos", mas "tudo o que se possa fazer, o desvario daquele que conhece".[22] Se seu registro íntimo e radicalmente singular impede de apreendê-los com as ferramentas da pesquisa sociológica, esses modos de construção, mas também de desprendimento de si mediante a leitura e o saber teóricos, essas formas inéditas de habitar o texto postas em prática verdadeiramente nos *campi* americanos talvez constituam o efeito mais marcante da teoria francesa em terras americanas – mas nem o mais duradouro, nem o mais coletivo, pois raramente prolonga-se além do enclave universitário. A privatização acelerada dos saberes, como atestam nos Estados Unidos sua especialização crescente e o desaparecimento gradual do espaço público de idéias, geralmente impede que a experiência dessa leitura entusiasta, feita em um *campus* no final da adolescência, seja algo mais que um fator suplementar de formação individual – o mais singular, o menos convencional, mas em nenhum caso o mais político.

NOTAS

1 Gerald GRAFF, *Professing Literature*, op. cit., p. 248.

2 David KAUFMANN, "The Profession of Theory", *op. cit.*

3 Peter BROOKS, "Aesthetics and Ideology", op. cit., p. 512.

4 Edward SAID, "The Franco-American Dialogue", op. cit., p. 146.

5 *Ibid.*, p. 152.

6 Gustave LANDSON, *Trois mois d'enseignement aux États-Unis: notes et impressions d'un professeur français*, Paris, Hachette, 1912, p. 157-158.

7 Cf. *www.rhizome.org*.

8 Cf. *www.hermenaut.org*.

9 Citado *in* Scott McLEMEE, "Meet the Hermenauts", *Lingua Franca*, outubro 1999, p. 18.

10 Cf. *www.uta.edu/english/apt/collab/baudweb.html*.

11 Cf. *www.hydra.umn.edu/derrida/glas1.html*.

12 Daniel WHITE, "Augustine of Epcot", *in Ctheory*, v. 22, n. 3-4 (*www.ctheory.com*).

13 Michel de CERTEAU, *L'Invention du quotidien, 1. Arts de faire*, Paris, Gallimard, col. "Folio", 1990, p. 110-111.

14 Gustave LANSON, *Trois mois d'enseignement aux États-Unis*, op. cit., p. 144.

15 *Cf.* Maxwell McCOMBS e Donald SHAW, "The Agenda-Setting Function of Mass Media", *Public Opinion Quarterly*, n. 36, verão 1972, p. 176-187.

16 "La lecture, une pratique culturelle", *in* Roger CHARTIER (dir.), *Pratiques de la lecture*, op. cit., p. 279.

17 Cf. *www.carmen.artsci.washington.edu/panop/author.html*.

18 R. A. BRINCKLEY e Robert DYER, "...returns home (Mythologies, Dialectics, Structure): disruption", *in Semiotext(e)*, v. 2, n. 3, 1977, p. 159-170.

19 Paul RICOEUR, *Temps et récit, 1. L'intrigue et le récit historique*, Paris, Seuil, col. "Points", 1983, p. 150-151.

20 *Ibid.*, p. 151.

21 *Ibid.*, p. 152.

22 Michel FOUCAULT, *Histoire de la sexualité 2. L'usage des plaisirs*, Paris, Gallimard, 1984, p. 14.

10
Práticas artísticas

"Toda obra de arte é um crime não-perpetrado."
Theodor ADORNO, *Minima Moralia*

Há dois séculos, Hegel inaugurava a longa linhagem de profetas do fim da arte, declarando-a já então como "coisa do passado". Depois disso, a arte nunca mais parou de ser anulada, aniquilada, vaporizada, de se tornar não-arte à medida que vai perdendo a autonomia que teria tido em uma improvável idade de ouro e de suscitar por toda parte o discurso de seu "desvio" ou de sua "ultrapassagem". Porém, foi nos Estados Unidos, há meio século, que mais concretamente e mais irremediavelmente suas fundações tradicionais desestabilizaram-se – justamente aquelas que o século de Hegel e de Cézanne tinha reforçado. E foi nos Estados Unidos, ao sabor de suas metamorfoses e de suas novas promiscuidades sociais (e mercantis), que a esfera etérea de uma arte concebida como domínio próprio do criador foi substituída pelo conceito decisivo de *mundos da arte (art worlds)*, formulado pelo filósofo Arthur Danto e, posteriormente, teorizado por Howard Becker. Longe do pensamento estético, eles são definidos no plural, como "rede estabelecida de laços cooperativos entre participantes" – do criador ao galerista e ao crítico –, em que as obras tornam-se "os produtos conjuntos de todos aqueles que cooperam" nessa rede. A própria coerência desses mundos não tem mais a ver com uma predefinição da arte, mas precisamente com o "caráter problemático tanto daquilo que é arte [*artness*] quanto daquilo que é mundo [*worldness*]".[1] Em outras palavras, diante da proliferação de signos sociais e da extensão indefinida do mercado, surge uma nova indistinção na arte entre prática e discurso, artista e crítica, assim como entre obra e produto, subversão e promoção, uma indistinção que se aloja no coração do que é agora um, ou vários, mundo(s) da arte. Se "o regime estético da arte [...] introduziu na própria vida das obras o trabalho infinito da crítica que as modifica",[2] como resume Jacques Rancière, hoje se coloca a questão da passagem a um regime *pós*-estético – no qual se extinguiria até mesmo a fronteira entre obra e discurso.

E foi nisso que interveio além-Atlântico a teoria francesa, cujos usos mais intensivos, os sucessos mais fulgurantes, e também as distorções mais grosseiras, tiveram lugar no meio artístico, longe dos debates franco-franceses mais recentes sobre os "impasses" da arte contemporânea. Um impacto unanimemente reconhecido e mais evidente até que o dos artistas franceses: "No início dos anos de 1980, [...] as revistas americanas davam pouco espaço à arte francesa", lembra Robert Storr por ocasião dos trinta anos de *Artpress*, "mas a onda da teoria francesa se expandia inexoravelmente", uma onda da qual Baudrillard "era a crista efervescente, enquanto Barthes, Foucault, Kristeva e outros faziam emergir o ruído de correntes mais profundas".³ Os autores franceses tinham em comum propor, de formas diversas, uma articulação inédita entre prática e discurso da arte, de assumir sua convergência histórica contra sua velha hierarquia dialética. Romperam com dois séculos de objetivação teórica da arte, com a *estética* como domínio separado do saber: Derrida indagando a noção de "verdade" na pintura; Foucault descobrindo já em Manet o regime "auto-referencial" moderno da arte; Baudrillard descrevendo o "simulacro" na obra em Andy Warhol ou no *efeito* Beaubourg; Virilio trazendo à luz uma "estética da desaparição"; Guattari arriscando-se a performances em cena e propondo uma teoria da "arte processual"; Deleuze estudando o "ritmo" em Francis Bacon e colocando na folha de rosto de *O Anti-Édipo* uma fotografia da instalação *Boy with Machine* do artista Richard Lindner; Lyotard, finalmente, escrevendo sobre Daniel Buren ou concebendo, em 1985, a exposição "Les immatériaux" no Centre Pompidou.

ENTRE A OBRA E O MERCADO

Nas formulações ideológicas dos grandes críticos de arte da época, o expressionismo abstrato nasceu *contra* as vanguardas artística e teórica européias, movido pelo projeto de independência em face dos modelos do Velho Continente. Porém, ao longo das duas décadas que se seguem à Libertação,* ligações furtivas acabaram aproximando aqui ou ali os grandes pintores americanos e os futuros líderes do (pós-)estruturalismo francês – a exemplo do encontro entre Cy Twombly e Roland Barthes, após o qual este último celebrou na arte americana esse "acanhamento [que] não quer *apreender* nada". Além disso, algumas fortes convergências temáticas aproximam, com alguns anos de intervalo, os dois projetos: elogio do ritmo e da energia, trabalho sobre as estruturas acentradas (segundo a famosa declaração de Jackson Pollock: "minhas pinturas não têm centro"), a "nova planitude"** introduzida, segundo Clement Greenberg, por Mark Rothko e seus chapados monocrômicos ou, mais diretamente, a cumplicidade artística de um Rauschenberg e de um Jasper Johns com John Cage e Merce Cunnigham, cuja cumplicidade "teórica" com Deleuze e Foucault já foi mencionada.

Entretanto, os anos de 1960 vão remexer essa paisagem artística americana, tirando pouco a pouco do primeiro plano os diversos "vitalismos" do pós-guerra em proveito de um movimento ainda mal definido, a *pop art*, cujo próprio nome e certos princípios (recuperação de detritos urbanos, tratamento irônico da mercadoria) são importados da Inglaterra – e cujo ímpeto logo tornará obsoleta a

---

* N. de T. *La Libération*: libertação dos territórios ocupados pelas tropas alemãs durante a Segunda Guerra Mundial.
** N. de R.T. No original, *planéité nouvelle*.

figura moderna (ou modernista) do artista solitário, autônomo, trágico, *fora* do mundo ou *contra* o mundo. Andy Warhol, ilustrador oriundo da publicidade, abre em 1963 um estúdio cooperativo em Manhattan, a Factory, onde faz suas primeiras serigrafias, acolhe poetas e músicos (entre os quais Lou Reed e o futuro grupo do Velvet Underground) e lança de início a revista *Interview*. Claes Oldenburg realiza suas primeiras instalações, Roy Lichtenstein pintas suas primeiras cenas de *comics*, os galeristas Leo Castelli e Ileana Sonnabend expõem os novos franco-atiradores. Robert Indiana, por sua vez, garante o vínculo com o contramundo literário de Greenwish Village, ao mesmo tempo em que surgem os primeiros *happenings* (em que a obra de arte passa de sua dimensão material para uma dimensão de acontecimento) e o Living Theater – logo importado de Paris aos cuidados de Jean-Jacques Lebel.

Contra a idéia de uma função superior da arte e de sua submissão à razão crítica, o novo preceito implícito é o de uma sobrevalorização generalizada, seja em relação ao mundo mercantil ou às provocações contraculturais – como mostra bem Baudrillard ao afirmar, a propósito de Warhol, que "a arte não deve buscar sua salvação em uma denegação crítica [...] mas indo mais longe que a abstração formal e fetichizada da mercadoria", "tornando-se mais mercadoria do que a mercadoria".[4] Contudo, tal evolução assinala também o fim dos discursos categóricos do pós-guerra sobre a missão do artista ou a diferença entre "vanguarda e *kitsch*" (para retomar um título de Greenberg). Por isso mesmo, ela anuncia o fim das práticas artísticas mais reflexivas e programáticas, que prevaleceram nos anos de 1950, "engajadas [então] em uma abordagem *crítica* do meio pictórico, tanto de sua finalidade quanto de seu valor de uso", como resume Bernard Blistène, em oposição ao "princípio de reprodução mecânica"[5] instaurado em seguida pela *pop art*. A autonomia de uma criação que dispunha de seu discurso próprio e de suas instâncias de enunciação (ainda que fossem exógenas, de historiadores da arte na *Partisan Review*, e não diretamente a palavra do artista) é substituída pela heteronomia reivindicada de uma prática *artística* secular, perpassada por enunciados caóticos de sua época – da qual não a separa mais um discurso legítimo que lhe atribui seu valor.

A proliferação de correntes e inovações, verdadeira floração de escolas e grupos, faz parte dessa evolução, na medida em que indica a produção de "noções classificatórias" que têm sobretudo a função de comunicação mercantil, para poder "identificar conjuntos práticos" e distinguir "marcas" em luta pelo "reconhecimento", como observa Bourdieu.[6] Assim, o termo arte "minimalista" faz sua aparição em 1965, anunciando o trabalho pioneiro de Donald Judd e Sol Lewitt. E a própria arte "conceitual", cujas fronteiras são ainda tênues, emerge nos Estados Unidos em 1967. Sem esquecer as novas experiências da escultura, do grafismo e depois do vídeo ou ainda da *land art* nas imensidões desérticas ou agrárias do país-continente. Para dar sentido a uma prática diversificada e imersa na nova onda de signos sociais, e também para legitimar a idéia de uma possível subversão do signo do interior (uma "semioclastia"), os semiólogos alternativos provenientes da França revelam-se muito mais valiosos, ao longo dos anos de 1970, do que o paradigma marxista que domina a crítica da arte ou as teorias estéticas mais convencionais ainda ensinadas na universidade. Do bairro de Soho, prestes a se institucionalizar, às galerias improvisadas e aos *squats* militantes da boêmia de East Village, lê-se na época *Mitologias*, de Barthes, sobre o funcionamento das marcas e dos rótulos como mitos sociais; *O espelho da produção* (que terá uma influência decisiva sobre a artista social-feminista Bárbara Kruger) e *A sociedade de consumo*, de Baudrillard, para extrair dali as ferramentas de uma semiologia crítica; e até mesmo o Foucault de *Vigiar e punir* para se mirar na teoria política das margens sociais. Mas eles ainda são pouco lidos e em geral *via* universidade, a qual vários artistas iniciantes acabam de abandonar, ou através de artigos esclarecidos da imprensa alternativa em *Bomb* ou *East Village Eye*.

A confusão de papéis atinge seu ápice nos meios contraculturais, onde todos são alternadamente artistas, galeristas, críticos ou mesmo empresários, e reúnem-se ritualmente para diversas exposições de grupo.[7] Do lado das galerias mais estabelecidas, o *boom* do mercado de arte nova-iorquino na virada dos anos de 1980, indexado com base no frenesi da bolsa e da especulação imobiliária, tem esse mesmo efeito de desestabilização das fronteiras, separando os artistas de seus provedores de sentido usuais (críticos e historiadores da arte) e aproximando-os da elite financeira e das mídias de massa. Nesse contexto de uma redefinição de papéis dentro dos mundos da arte e de uma perda de autonomia da esfera estética em seu conjunto, o influxo da teoria francesa no início dos anos de 1980 será providencial. Ele permitirá, o que não deixa de ser um contra-senso, que se volte a insuflar em um campo de práticas à deriva, quase se confundindo com o fluxo mercantil, uma dimensão histórica e política ou até a ilusão de um poder de transgressão. Ele restituirá aos artistas, que dessa vez lerão diretamente os textos, a iniciativa do discurso – ou da crítica –, revelando a íntima semelhança, ou mesmo o caráter intercambiável, dos pólos discursivo e criativo: o artista *maneja* um discurso performativo sobre o mundo, lá onde o crítico ou o teórico lembrava muito um artista conceitual, autor de eventos de linguagem e de *happenings* textuais. Esse novo fluxo de teoria vai atingi-los sem que uma origem suspeita, a elite intelectual ou uma instituição retrógrada, invalide *a priori* seus argumentos, permitindo-lhes inserir suas práticas em um discurso formalizado, associar conceitos aos seus preceitos. Ou ainda, nos termos da artista e romancista Kathy Acker, "verbalizar o que eu já praticava: [...] de repente, quando li *O Anti-Édipo* e depois Foucault, toda uma linguagem tornou-se disponível para mim".[8]

À geração de "artistas-pensadores" dos anos de 1960, de Donald Judd a Richard Serra e Joseph Kosuth, seguira-se uma leva de órfãos, sem referente teórico nem aptidão à auto-reflexão, dividida entre uma casta crítica de ideólogos moralizantes e os sortilégios desestabilizantes do mercado. A teoria francesa representa de súbito o aliado ideal, corporificando para essa geração híbrida uma alternativa acessível – sobretudo a obra de Baudrillard, cujas frases de duplo sentido ecoarão como resposta direta às aporias do mundo da arte: "O desafio que nos lança o capital em seu delírio, [...] é preciso elevá-lo em uma escalada insensata".⁹ Sylvère Lotringer diz que pensou em difundir mais amplamente os textos de Baudrillard no meio artístico aproveitando uma casualidade editorial, o fracasso do lançamento oficial da coletânea *Simulações*, em 1983, que só conseguiu atrair para o *campus* um punhado de estudantes. Por que então não investir mais nos galeristas e nos artistas? No intervalo de alguns meses, sua obra se tornará indispensável: "em dois anos, todo mundo tinha lido *Simulações*", garante a Lotringer um diretor de galeria, enquanto um pintor lembra que "as pessoas [na época] conheciam Baudrillard mais do que qualquer outro, [...] todo artista o utilizava em seu trabalho".¹⁰ É o início de um mal-entendido que marcará o cenário artístico nova-iorquino – e permanecerá nos anais das relações conturbadas entre prática artística e discurso teórico.

O QÜIPROQUÓ SIMULACIONISTA

O primeiro conflito aberto sinaliza o novo papel de arbitragem involuntária desempenhado pela teoria francesa: a controvérsia neo-expressionista. O termo designa um conjunto de artistas que, sem um movimento concertado, reintroduzem nos cenários artísticos alemão e italiano, a partir dos anos de 1970, uma arte figurativa, narrativa, transitiva, enriquecida pelo recurso ao vídeo e à fotografia, além de um certo tom de ironia política: fotos industriais de Bernd e Hilla Becker, clichês mais tardios de seu aluno em Dusseldorf, Andreas Gursky (de uma sala da bolsa de valores ou de uma prateleira de supermecado), provocações de Anselm Kiefer com obras que evocam as missas solenes nazistas, homenagens do expressionismo dos anos de 1920 nos pintores Baselitz e Middendorf, sem esquecer o trabalho dos neofigurativos italianos Clemente e Cucchi. Dois homens estão decididos a invadir a fortaleza artística nova-iorquina para impor ali esses artistas. O jovem conservador de museu berlinense, Wolfgang Max Faust, em um artigo polêmico lançado na publicação mensal *Art Forum*, justifica essa reviravolta estética pelas referências constantes, mais ou menos explícitas, a Lyotard, Deleuze e Guattari: apelo ao desejo e à anarquia, elogio das "linhas de fuga" e a "intensidade produtiva", alusão a um "devir-revolucionário" do artista contra o discurso excessivamente racional da crítica social.¹¹ Por sua vez, o galerista Achille Bonito Oliva invoca Nietzsche, o "nomadismo" e os movimentos *punk* europeus para defender essa nova "transvanguarda" caracterizada, segundo ele, pela exaltação contagiosa e pela emoção lírica.¹²

Os críticos nova-iorquinos reagiram imediatamente contra as exposições em questão e, mais amplamente, contra um "irracionalismo" germano-italiano que associam sem hesitação ao passado político dos dois países. Insurgem-se nos jornais de arte: Thomas Lawson fala de "mimetismo retardatário" e de "neoprimitivismo",¹³ o marxista Benjamin Buchloh denuncia o infantilismo e o espiritualismo "mórbidos" dessa "mitologia [...] libertária protofascista",¹⁴ enquanto Donald Kuspit opõe essa "vontade de potência expressiva" à "consciência social" e à "expressão lacônica" de artistas americanos. Essa reação unânime e desmesurada da crítica de arte oficial vinculada à esquerda americana provoca turbulências que extrapolam o assunto: alguns se afastam em consideração ao campo neo-expressionista (como Donald Kuspit); alguns artistas logo conclamam, sob a rubrica de "reapropriacionismo", a uma "cumplicidade subversiva" que ataque o capitalismo com seus próprios meios (grafites, fotos ou publicidades distorcidas, como fizeram esses neo-expressionistas geralmente ligados ao movimento dos *squats* e da cultura *punk*), contra a ilusão de uma arte autônoma ou de uma crítica externa exterior; e, de algum modo, todos transformam a polêmica em um debate sobre os desafios políticos do "nietzscheísmo francês" – regressão ideológica, para os críticos marxistas, e renovação político-artística, para os outros.[15]

Contudo, ao lado dessa polêmica transatlântica, é o florescimento em Nova York do movimento neoconceitualista, em torno de uma referência constante a Baudrillard, que acaba por situar a teoria francesa no centro do mundo artístico americano. De fato, no alvorecer dos anos de 1980, um grupo variado de artistas exprime sua frustração diante da alternativa cristalizada que lhes é oferecida na época. Trata-se, por um lado, de uma crítica de arte paramarxista estabelecida cujas estratégias lhes parecem obsoletas diante da revolução conservadora reaganiana e, por outro lado, do cinismo ávido e festivo de uma arte inteiramente comercial. Esse descontentamento era suficientemente generalizado para constituir a base de uma nova escola: expostos sobretudo nas galerias independentes Nature Morte, International with Monument e CASH, assim como no Artist Space d'Eileen Weiner e na Parsons School of Design, os artistas em questão vão desde os fotógrafos Cindy Sherman, Sherrie Levine e Richard Prince aos pintores Archie Pickerton e Robert Longo e aos inovadores "multimídia" Sarah Charlesworth e Jeff Koons – ele próprio operador da bolsa recentemente convertido em artista provocador. Suas referências são mais a *pop art* do que a pintura figurativa, mais a música New Wave (e um grupo como Talking Head) do que o movimento *punk*, mais Roland Barthes ou William Burroughs do que a Escola de Frankfurt. Juntando aos materiais da arte conceitual existente as novas tecnologias (vídeo, foto, som), eles estão convencidos de que a última forma possível de subversão crítica consiste em pintar sob todas as formas sua própria cumplicidade com o "sistema", em levar aos seus limites o excesso do capital para expor melhor sua natureza: "A publicidade é a realidade, a *única* realidade", repete assim Richard Prince.

Para isso, estão em busca de uma técnica e de uma teoria da *crítica social dos signos*. Quando da exposição "New Capital", organizada no final de 1984 pelos galeristas Milazzo e Collins, que a apresentam como um evento *pós*-conceitualista, forma-se um grupo mais restrito chamado de "neoconceitualistas": Hyme Steinbach, Jeff Koons, Ross Bleckner, Julie Wachtel, Archie Pickerton, o deleuziano Tim Rollins (que promove entre os seus as teses de *Capitalismo e esquizofrenia*) e o baudrillardiano Peter Halley, cuja cultura teórica logo o conduzirá ao centro do grupo. Entre suas pistas de trabalho, da "crítica irônica" do capital ao "realismo social" da abstração, eles privilegiam claramente uma visão dita *não-humanista* de todas as linhas geométricas urbanas destinadas ao controle dos corpos (o traçado das ruas, os corredores da burocracia, os entroncamentos rodoviários, etc.) em torno do termo "nova geometria" (*Neo-Geo*). Trata-se de inscrever na tela "a geometria plástica das rodovias, dos computadores e do jogo eletrônico" própria dessa "estapa de desenvolvimento do capital",[16] explica Peter Halley. Nessa época, Baudrillard está no auge de sua glória nova-iorquina. As traduções de seus livros são reimpressas várias vezes por ano. Ele é nomeado *ex-officio* para o comitê de redação de *Art Forum*. E, sobretudo, é citado fartamente pelo *New York Times* e pelo *Village Voice*, nos quais proliferam artigos sobre o "hiper-real" e o "simulacro". Seu conceito de simulação, que os americanos entendem ainda, de um modo platônico, como a "falsificação" dos ilusionistas, uma simples imitação sem original, dá origem pouco a pouco ao termo escola "simulacionista" americana para designar não só os neoconceitualistas, mas também todos aqueles que fazem experimentos em torno de signos sociais.

Depois vem a ruptura. Convidado em março de 1987 pelo Whitney Museum e depois por Columbia para duas conferências das quais os meios artísticos nova-iorquinos ostensivamente se retiram – a ponto de Collins e Milazzo terem a idéia paródica de organizar no mesmo momento um "anti-Baudrillard show" –, o autor de *Simulacro e simulações* declara ali, à queima-roupa, que "não pode existir uma escola simulacionista porque não se pode *representar* o simulacro". Ele recusa a paternidade do novo movimento e inclusive denuncia, indiretamente, esse uso literal de um conceito móvel, retorcido, inaplicável por definição – uma "traição" que deixa novamente órfãos os artistas nova-iorquinos subjugados por Baudrillard e que logo vira manchete das publicações de arte. Semelhante mal-entendido é rico em ensinamentos. A palavra *simulação* tornou-se assim, em poucos anos, o sésamo do mundo da arte nova-iorquino e uma das chaves da cultura americana, como tinha sido antes a palavra *desconstrução*. Mas lá onde Baudrillard vê um regime do signo sucedendo ao da representação, ocupando o lugar da representação, os artistas americanos criaram um *outro* modo de representação, uma nova etapa na arte moderna – que lhes permite imitar o mundo mercantil sem se submeterem a ele, de cultivar as mesmas ilusões sem sucumbir a elas, compromisso ético e político oposto ao pensamento fundamentalmente apolítico de Baudrillard.

De um lado, há simulação porque não há mais arte, diz a ode teórica baudrillardiana; de outro lado, é preciso haver simulação para que ainda possa haver arte, reage uma casta artística em crise que busca salvação. Françoise Gaillard percebeu claramente esse paradoxo: enquanto Baudrillard "[estabelecia] o ato de falecimento de toda função crítica no mundo do simulacro" e via na simulação "a morte da arte", os americanos procuravam ali "um meio de continuar a fazer a arte jogar contra a realidade, [...] de preservar a função crítica, [...] [de] salvar a arte como instituição e como *business*".[17] Em Baudrillard, a simulação é articulada a uma forma de escrita, a uma teoria da sedução, a uma crítica do objeto simbólico, mas não a uma moral da representação. O que ele considera hoje como um "desviacionismo" ou um "literalismo" por parte de seus (ex-)admiradores americanos revela também, ao menos no contexto do mundo artístico nova-iorquino, uma certa inaptidão deles para o pensamento paradoxal, como ele próprio sempre praticou. A dessintonia é tanto mais surpreendente na medida em que Baudrillard debruçou-se sobre o trabalho de Warhol e depois da fotógrafa Nan Goldin, dois artistas com os quais no fim das contas não houve colaboração, e teve contato por um tempo com a artista Barbara Kruger e o pintor Edward Ruscha; porém, ele via na onda dos anos de 1980, durante a qual todos o solicitaram em vão (de Jeff Koons a Peter Halley), apenas um "subproduto da *pop art*" e recusava-se a dar atenção a ela, quando não confessava simplesmente que "todo o mal-entendido, [...] é que a arte, no fundo, não é meu problema".[18]

O caso de Peter Halley não é menos emblemático de uma nova relação entre arte e discurso, em vista do que Françoise Gaillard chama de sua "boa vontade teórica".[19] Nascido em 1953 e educado em Yale, onde descobre Foucault e Derrida, ele é ao mesmo tempo autor de uma obra pictórica inovadora, a partir de linhas geométricas simples e de um uso da pintura mural florescente Day-Glo, e de um verdadeiro projeto coletivo – do grupo que reuniu em torno da revista *Index* fundada por ele e do credo teórico que tentou fixar. Assim, invoca Foucault para reinterpretar a obra de Barnett Newman, Virilio para justificar a idéia curiosa de uma luta entre a História e a arte abstrata, e Baudrillard, naturalmente, para explicar o papel da "nostalgia" na *pop culture* ou mesmo a fascinação que suscita o trabalho de Frank Stella.[20] Embora admita retrospectivamente ter tomado o simulacro "ao pé da letra", de um modo realista, "como se o próprio Warhol tivesse escrito um livro", ele insiste sobre uma certa *necessidade de teoria* que se manifestava, então, em uma situação histórica singular: a primeira geração de artistas americanos que cresceram com a televisão nos subúrbios da classe média e que chegaram tarde demais para a *pop art* ou a cultura *beat* sentia a mesma necessidade de uma ruptura simbólica com os valores do consenso – o humanismo emersoniano americano, a alta cultura modernista da metade do século, que ele chama de "transcendentalismo" artístico. A necessidade de realizar *pela* teoria, *na* teoria, uma ruptura que a sociedade pós-moderna e sua *middle-class* triunfante, aberta a tudo e livre de toda utopia, os impedia agora de operar efetivamente. Essa idéia de uma *necessidade de teoria* não é, portanto, redutível nem às estratégias da distinção nem a uma necessidade axiológica, não estando muito distante, em certo sentido, daquilo que Adorno dizia das relações da arte com a estética (como teoria da arte): "A arte não deve seguir normas prescritas pela estética [...], mas desenvolver na estética a força da reflexão que ela não poderia cumprir sozinha".[21] Isto é, o princípio, dessa vez na arte, de uma *prática teórica*.

Ela está presente em todas as formas que assumiu nos Estados Unidos esse diálogo frágil, indireto, mas obsessivo, entre teoria francesa e criação artística. Está nos raros casos – sintomas tanto quanto *produções* do vínculo em questão –

em que o referente teórico foi integrado à própria obra, revelando uma intimidade de registro inesperada entre texto filosófico e fabricação artística: fotomontagens de Mark Tansey nas quais Derrida e Paul de Man desempenham os papéis de Sherlock Holmes e do professor Moriarty; trabalho de Robert Morris para "ilustrar" na tela o mundo carcerário foucaultiano; ou ainda as experiências de Rainer Ganahl afixando frases de Deleuze em painéis nas paredes da galeria californiana Thomas Solomon Garage. Aqui, arte e teoria inscrevem-se uma sobre a outra, tratando de esquecer sua diferença de regime simbólico. Em geral, fazem isso também por intermédio de uma crítica que busca a teoria francesa em uma obra na qual não é mais possível, como a crítica do *Los Angeles Times* que descreve uma videoinstalação da artista Diana Thater como "ilustração audaciosa de *Lógica do sentido* de Deleuze".[22] E, inversamente, esse diálogo vivo ocorre também na universidade, onde os cursos de história da arte – de Andrea Fraser, Hal Foster, Rosalind Kraus e muitos outros – não extraem apenas as conseqüências históricas ou políticas da teoria francesa para o campo artístico, como se faz no campo literário, mas consideram também seus efeitos práticos sobre as técnicas de representação ou mesmo sobre as *formas de vida* artísticas. É que, diferentemente de outros corpos teóricos solicitados pelos discursos sobre a arte, este, de Deleuze a Lyotard e mesmo Baudrillard, teve a ambição – ou a humildade? – não mais de interpretar, mas de experimentar, não mais de semantizar a obra, mas de se conectar a ela. É o caso dos conceitos de "sublime" ou de "figura" em Lyotard, que não *exprimem* um conteúdo, como faz um texto, mas manifestam simplesmente "o espaço intensivo do desejo". É o caso também dos jogos de escrita baudrillardianos, que prolongam logica ou parodicamente o que emerge na obra, em vez de explorar seu improvável "sentido". E é o caso, sobretudo, do trabalho fundamental de Deleuze, para quem a pintura está "sob a representação" ou "além da representação", lá onde o *olhar* do conceito pode tentar apreendê-la, como ele próprio tenta com Francis Bacon: "na arte [...], não se trata de reproduzir ou de inventar formas, mas de captar forças"; é a "comunidade de artes" que faz com que "nenhuma arte seja figurativa", mas que todas visem uma *força* "em estreita relação com a sensação".[23]

ARQUITETURAS IMATERIAIS

A arquitetura é um caso à parte – antes de tudo por sua participação em várias mundos. Dividida entre funcionalismo e utopia, ela só adquire legitimidade *contra* esses dois horizontes: atualizando projetos cuja realização cinde bruscamente os discursos que os inspiraram e, ao mesmo tempo, afirmando-se como negação do mero utilitarismo, visto que "a arquitetura é tudo aquilo que em uma construção não remete à utilidade", como já observava Hegel. Amálgama de arte e técnica, de estratos funcionais e camadas ideológicas, ela comporta desafios históricos e coletivos que sempre fizeram de sua relação com o discurso teórico (ou político) um *sine qua non*, uma aliança necessária, longe da complementaridade dialética inventada mais recentemente entre belas-artes e filosofia estética. Seu encontro com a teoria francesa era então inevitável, dada também a atenção que lhe dedicavam os principais atores do *corpus* – como é o caso, evidentemente, de toda a obra de Paul Virilio, que foi um dos fundadores em 1963 do coletivo (e da revista) *Architecture Principe*, como também do trabalho de Baudrillard, que teoriza Beaubourg ou dialoga com Jean Nouvel, e mesmo das reflexões de Foucault sobre espaço e poder. Mas esse encontro não foi tão furtivo quanto na França, onde o ensino e a prática da arquitetura têm uma desconfiança secular em relação à teoria, à imagem de uma revista profissional obstinadamente antiteórica (*Le Moniteur*), ou mesmo do frontispício da Escola de Belas-Artes parisiense que apela, sem meias-palavras, a queimar todos os livros. Ao contrário, a ligação prolongada, a partir dos anos de 1980, entre a arquitetura americana e a teoria francesa, mais particularmente a desconstrução derridiana, distingue-se duplamente dos empréstimos ocasionais feitos na França a algumas teorias *úteis*: em primeiro lugar, um pressuposto *textual* sofisticado, que terá como efeito desmaterializar a arquitetura e, inclusive, inspirar uma arquitetura que se pretende sem realizações; em segundo lugar, pela impregnação surpreendentemente recíproca dos dois tipos de enunciados, com a arquitetura tornando-se desconstrutiva, enquanto a própria *theory* reflete-se subitamente nas questões da cidade e do espaço. A razão, também nesse caso, é histórica, pois a teoria francesa ganha corpo além-atlântico a partir do desaparecimento das funções crítica e política anteriores da arquitetura, aquelas que presidiam o utopismo de Corbusier, assim como a psicogeografia situacionista; ela aborda as margens americanas no momento em que uma arquitetura "pós-moderna" despolitizada sucede a tradição modernista mais política – que, de tempos em tempos, ainda desperta algum debate circunstancial, como recentemente a propósito da reconstrução do World Trade Center nova-iorquino e do projeto que foi selecionado de Daniel Libeskind.

O crítico Charles Jencks chegou a propor, a título simbólico, uma data muito precisa para essa queda do modernismo arquitetural: o dia 15 de julho de 1972, às 15h32min, quando foi dinamitado em Saint-Louis um edifício do arquiteto Minoru Yamasaki, típico da linha funcionalista e da racionalidade industrial do meio-século arquitetural, dos exilados alemães Gropius e Mies van der Rohe, assim como do mestre americano Frank Lloyd Wright. É também o ano em que o arquiteto Robert Venturi publica *Learning from Las Vegas*, manifesto em homenagem à glória do caos de neons e do *kitsch* de lantejoulas da capital do jogo. O pós-modernismo inaugurado pela arquitetura híbrida dos "*seventies*", de Aldo Rossi, Michael Graves ou Ricardo Bofil, inverte os preceitos do minimalismo utopista anterior para privilegiar a ironia e a ostentação: mistura de todos os estilos históricos, do rococó ao maneirismo; futurismo das formas e dos materiais, bem diferente do cubo modernista de vidro e concreto; referências lúdicas ou paródicas à *pop culture*; preferência pelo arabesco e pela dissimetria em detrimento da linha reta.

A nova relação com o espaço e com a edificação que resulta disso é *textual*, dessa vez sem metáfora, sob muitos aspectos: citam-se os períodos históricos diretamente na fachada, multiplicam-se os estilos como que para colocar a própria questão do estilo (que abandonava justamente o despojamento da Bauhaus), avança-se contra a economia do estritamente necessário, de cores berrantes em desafios formais, toda uma arte do dispêndio – que pretende ser para o modernismo, à força de digressões estetizantes, o que a literatura seria para a lista telefônica, ironia à parte. À medida que a nova arquitetura pós-moderna é teorizada, ela se aproxima na universidade de disciplinas que têm discursos teóricos similares, da literatura comparada aos *film studies*. Entretanto, ao lado de toda essa coisa pós-moderna, convencional e falsa, os anos de 1980 vêem emergir na profissão alguns estilos singulares, marcados pela audácia conceitual e pelo rigor formal – os do holandês Rem Koolhas, do anglo-iraquiano Zaha Hadid ou do americano Frank Gehry. É em torno dessa nova vanguarda que se cristaliza uma *prática teórica* da arquitetura, dos colóquios aos projetos e à força de textos franceses, de Baudrillard, Virilio e sobretudo Derrida. Alguns autores franceses já alimentavam os discursos do período anterior, quando se lia Henri Lefebvre e Guy Debord nas escolas de arquitetura, ou se convidava para um congresso de *design* industrial o coletivo da revista *Utopie*, em torno de Baudrillard e Hubert Tonka. Só que agora a teoria não é mais uma ferramenta: ela se transforma em um verdadeiro horizonte arquitetural. Isso abalou a imprensa generalista, e os críticos de arquitetura logo trataram de denunciar o novo poder do "pensador-parasita" sobre a "arquitetura-demiurgo", como foi o caso de Paul Goldberger no *New Yorker* ou de Ada Louise Huxtable no *New York Times*, isso quando não ridicularizaram esse "momento de suprema idiotice que *desconstrói* e que se autodestrói", nas palavras do crítico Vincent Scully.

Na ebulição teórica que agita as escolas de arquitetura, como também algumas agências, os textos de Derrida logo se tornam referência. Sem outro programa a não ser uma crítica do funcionalismo e do causalismo inerentes à atividade arquitetural, elaboram-se assim, dos ensaios às mesas-redondas, os princípios difusos de uma arquitetura desconstrucionista (ou *desconstrutivista*), que se pretende "não-antropocêntrica" e "pós-humanista": jogar com a fragmentação do espaço e demonstrar em cada projeto uma totalidade *impossível*, privilegiar as noções de deslocamento e de contaminação, substituir o planejamento pelo "acontecimento" criativo (pouco compatível com a realização de um projeto), dramatizar o conflito latente entre as exigências contraditórias da edificação (particularmente pondo em circulação certos motivos formais de um edifício ou de uma peça a outra) e, mais concretamente, formar os primeiros arquitetos realmente interdisciplinares. De fato, o importante agora é que os futuros diplomados sejam teóricos *e* técnicos, críticos *e* executores, para superar a aporia de uma profissão que, de um lado, está condenada ao conservadorismo, na medida em que sempre refletiu as estruturas sociais e as normas estabelecidas, e, de outro lado, sente saudades de seus grandes engajamentos sociais do pós-guerra, quando modificar o espaço era visto como uma forma de mudar o mundo. A introdução da teoria no programa de curso e no sumário de revistas especializadas (como *Abstract*) ocorre por volta de 1987-1988, no momento em que se generaliza o uso da informática e da paleta gráfica no ofício, que em alguns casos também são concebidos como laboratórios teóricos. Os principais defensores desse novo *teorismo* arquitetural, em geral práticos e professores universitários simultaneamente, são Peter Eisenman, fundador do Institute of Architecture and Urban Studies de Nova York e diretor da revista *Oppositions*, o franco-americano Bernard Tschumi (à frente da escola de arquitetura de Columbia), seu homólogo Anthony Vidler na escola nova-iorquina de Cooper Union, o derridiano Mark Wigley, o co-fundador da revista *Zone*, Sanford Kwinter, o crítico vanguardista Jeffrey Kipnis e seus predecessores James Wines e Charles Jencks, e mesmo o velho Philip Johnson – crítico e arquiteto que passou do modernismo dos anos de 1950 ao elogio do pós-moderno e depois ao papel de empresário da nova corrente, organizando no Museu de Arte Moderna de Nova York, em 1988, a exposição e a série de conferências "Deconstructivist Architecture" que, na época, a imprensa americana anuncia como um movimento muito mais amplo do que é na realidade.

Além disso, ela dá lugar a poucas realizações efetivas, que resultam mais da obra experimental que do espaço de vida, desde a "fachada indeterminada" do grupo de pesquisa SITE, exposta em Houston, até a estranha coluna sem contato com o solo, instalada por Peter Eisenman em um *hall* da universidade do Estado de Ohio. Este se associa a Derrida, por iniciativa de Bernard Tschumi, em torno de um projeto para o Parque de la Villette, que visaria a desenvolver no espaço a noção de "Chora" tirada do *Timeu* de Platão por Derrida – um projeto que jamais será consumado, mas que deixará, de forma significativa, um livro *cult*.[24] Na verdade, trata-se sobretudo de dispor de ferramentas teóricas, a partir da leitura de Derrida, que permitam abordar a edificação, projetada ou existente, *como uma linguagem*: as figuras literárias da metalepse ou da metonímia e os gêneros da fábula ou da parábola alimentam o novo discurso, o intertexto de referências literárias e filosóficas variadas fornece sua trama, as diferentes "metafísicas" (da arquitetura, da casa ou das estruturas centradas) são denunciadas em um jargão paraderridiano – quando um crítico como James Wines limita-se a lamentar que "os imóveis contemporâneos raramente [tenham] o tipo de conteúdo sociológico e psicológico que exprimem, por exemplo, uma peça de Beckett, um quadro de Magritte ou um filme de Chaplin".[25] Peter Eisenman vai mais longe, recomendando que o leitor "trate os textos e o livro inteiro como objetos e *leia* as casas [...] como textos".[26] Porém, é Mark Wigley que vê com mais acuidade esse "contrato" implícito entre texto e edificação, desconstrução e arquitetura, nos termos do qual esta fornece à teoria suas metáforas especiais e a própria linguagem da estabilidade, enquanto aquela fornece em troca uma caução filosófica e os elementos de um "deslocamento do espaço": relendo os primeiros trabalhos de Derrida, particularmente sobre Husserl e a geometria, ele mostra em que a desconstrução é intrinsecamente *arquitetural*, em seus argumentos e em seu vocabulário, assim como em seu projeto de origem, mas que a arquitetura constitui também seu "calcanhar de Aquiles", aquilo a que ela poderia não sobreviver – invertendo, assim, a perspectiva simplista de uma arquitetura que "aplicaria" as teses de Derrida.²⁷

Por sua vez, Bernard Tschumi, mais próximo do prático – por sua agência nova-iorquina e suas realizações no Parque de la Villette – também questiona sua prática à luz de um *corpus* teórico e literário variado. A partir do conceito axial de "disjunção" como verdadeiro projeto da arquitetura, ele a compara com a "loucura" segundo Foucault, com a "transferência" e a "dispersão" em Lacan, ou mesmo com o motivo da "transgressão" em Georges Bataille, apoiando-se em textos de Blanchot ou do primeiro Sollers, declinando os conceitos da teoria literária (da *desfamiliarização* à *desconstrução*) e inclusive confessando, em uma nota, que "fazer edifícios que funcionam e tornam as pessoas felizes não é o objetivo da arquitetura, mas é certamente um efeito secundário bem-vindo".²⁸ O ciclo ANY (Architecture New York) lançado em 1988, série de conferências e de publicações que se estendeu por dez anos, é um sintoma claro de tal evolução: revista e brochuras de luxo, *design* inovador, financiamento internacional, participação de Derrida e também de Rem Koolhas ou Frank Gehry, mas um público e repercussões elitistas, assim como pouco impacto sobre a profissão. Ao *destotalizar* o edifício a partir de Derrida, ou invocar com Deleuze uma arquitetura da "dobra" e do "fluxo" inspirada por sua distinção entre espaços "liso" e "estriado", a onda teórica dos anos de 1990, apesar de ter deixado marcas no ensino, não permitiu reatar com os desafios políticos da arquitetura modernista, nem reunir práticos em torno de projetos efetivos. No entanto, permitiu à arquitetura experimentar mais textualmente seus limites – no sentido das formas impossíveis, do irrealizado, do edifício como narrativa histórica, ou ainda das questões inéditas que lhe são colocadas na época pela irrupção de novas tecnologias.

NOTAS

1 Howard BECKER, *Art Worlds*, Berkeley, University of California Press, 1982, p. 34-38.

2 Jacques RANCIÈRE, "Le ressentiment anti-esthétique", *Magazine littéraire*, n. 414, novembro 2002, p. 19.

3 Robert STORR, "Le grondement des courants nouveaux", Artpress, n. 284, novembro 2002, p. 39.

4 Jean BAUDRILLARD, "Le snobisme machinal", *Cahiers du Musée national d'art moderne*, n. 34, inverno 1990, p. 35-43.

5 Bernard BLISTÈNE, *Une histoire de l'art du XXᵉ siècle*, Paris, Beaux-Arts Magazine/Centre Pompidou, 2002 [1997], p. 108.

6 Pierre BOURDIEU, *Les Règles de l'art, op. cit.*, p. 223-224.

7 *Cf.* Gary INDIANA, "Crime and Misdemeanors ", in "The East Village 1979-1989: The Rise and Fall of an Art Scene", *Art Forum*, outubro 1999.

8 Kathy ACKER, "Devoured by Myths", in *Hannibal Lecter, My Father*, New York, Semiotext(e), 1991.

9 Jean Baudrillard, *Simulacres et Simulations*, op. cit., p. 218.

10 Citado *in* Sylvère LOTRINGER, "La théorie, mode d'emploi", *TLE*, n. 20, primavera 2002, p. 96.

11 Wolfgang Max FAUST, "With It and Against It: Tendencies in Recent German Art", *Art Forum*, setembro 1981.

12 Achile Bonito Oliva, *The Italian Trans-avant-garde*, Milan, Giancarlo Politi Editore, 1981.

13 Thomas LAWSON, "Last Exit: Painting", *Art Forum*, outubro 1981.

14 Benjamin BUCHLOH, "Figures of Authority, Ciphers of Regression", *October*, n. 16, outono 1981.

15 *Cf.* Sylvère Lotringer, "Third Wave: Art and the Commodification of Theory", *Flash Art*, maio-junho 1991.

16 Peter HALLEY, *Collected Essays 1981-1987*, Zurich, Bruno Bischofberger Gallery, 1989, p. 95.

17 Françoise GAILLARD, "D'un malentendu", *in* Jean-Olivier MAJASTRE (dir.), *Sans oublier Baudrillard*, Bruxelas, Édition de la Lettre volée, 1996, p. 48-50.

18 Citado *in ibid.*, p. 45.

19 *Ibid.*, p. 49.

20 Peter HALLEY, *Collected Essays*, op. cit., p. 164-165 e 132-137, respectivamente.

21 Theodor ADORNO, *Théorie esthétique*, Paris, Klincksieck, 1989, p. 434.

22 David PAGEL, "From Mysteries of Wonderland to the Realities of Modern Life", *Los Angeles Times*, 18 dezembro 1998.

23 Gilles DELEUZE, *Francis Bacon. Logique de la sensation*, Paris, La Différence, 1981, p. 39.

24 Jacques DERRIDA e Peter EISENMAN, *Chora L Works*, New York, The Monacelli Press, 1997.

25 James WINES, *De-architecture*, New York, Rizzoli, 1988, p. 14.

26 Peter EISENMAN (dir.), *Houses of Cards*, New York, Oxford University Press, 1987.

27 Mark WIGLEY, *The Architecture of Deconstruction: Derrida's Haunt*, Cambridge, MIT Press, 1993.

28 Bernard TSCHUMI, *Architecture and Disjunction*, Cambridge, MIT Press, 1995, p. 174-178, p. 65-80 e nota 6 p. 267, respectivamente.

11
Maquinações teóricas

> "Mais de vinte anos depois de ter cruzado com as idéias de Lacan, Foucault, Deleuze e Guattari, encontro-os novamente em minha nova vida na tela. Mas, dessa vez, as abstrações francesas são mais concretas. Em meus mundos informáticos, o eu é múltiplo, fluido, constitui-se por suas interações com a máquina; ali ele é fabricado e transformado pela linguagem; ali a aliança sexual é uma troca de significantes; e a compreensão decorre da navegação e da manipulação bem mais que da análise."
> Sherry TURKLE, *Life on the Screeen*

Resta a questão da técnica, que inclui a dos modos de circulação e de inscrição da teoria francesa. Uma questão que se tornou central no *corpus* da teoria francesa graças às noções de "dispositivo" em Foucault, de "máquina" em Deleuze ou de "tekhné" em Derrida. Curiosamente, os tecno-racionalistas americanos, cientistas de todas as áreas empenhados na defesa incondicional da panacéia tecnológica, e os moralistas tecnofóbicos do campo intelectual francês, por trás de uma concepção simetricamente inversa da técnica, convergem ao menos em um ponto: sua oposição ao suposto "irracionalismo" de Foucault, Deleuze e Derrida. O resto parece separá-los: os primeiros reduzem já há muito tempo os "debates de idéias" europeus a argúcias de sofistas ou a passatempos de escritores; os segundos, desde os anos de 1920, vêem na religião americana do maquinismo e da tecnolatria a fonte de todos os males e também uma demonstração do perigoso conformismo da sociedade americana, "massa maravilhosamente plástica", de acordo com a expressão de André Siegfried.[1] Para além das diferenças entre ode ao futuro e nostalgia pré-moderna, o que os une de fato nada mais é que a escala universalista do Homem, mestre de suas ferramentas no primeiro caso, consciência crítica da ciência no segundo. Ora, subjacente à genealogia (mais do que à crítica) do humanismo apresentado sob diversas formas pela teoria francesa, uma questão provocadora aguarda sua hora, uma questão que parece indispor os chantres da Razão ou da Consciência e que eles se negam até mesmo o direito de colocar: e se o Homem tivesse simplesmente vivido, substituído agora por uma entidade sem nome, interface social, singularidade genética, atrator de ondas ou nó de conexões técnicas? E se o Homem fosse apenas uma das representações da técnica?

Mesmo essa questão, que parece fruto da ficção científica, não produziu tantos ensaios acadêmicos e correntes teóricas quanto a questão do texto ou da minoria, pois muito raramente os pensadores da técnica nos Estados Unidos buscam suas fontes no campo literário. Em compensação, ela perseguiu as práticas experimentais dos pioneiros da "revolução tecnológica" das duas primeiras décadas do século XX. Muitos deles, acadêmicos marginais ou técnicos autodidatas, leram Deleuze e Guattari por sua lógica dos fluxos e sua redefinição ampliada da "máquina", Paul Virilio também por sua teoria da velocidade e seus ensaios sobre a autodestruição da sociedade técnica, e mesmo Baudrillard, apesar de sua legendária incompetência tecnológica. Estranhamente, a presença de Derrida aqui é mais discreta. Porém, como mostrou Bernard Stiegler, a gramatologia derridiana e sua crítica do logocentrismo podem ser lidas como um prolongamento do trabalho de Leroi-Gourhan sobre o processo de *hominização*, sobre a forma como a *tekhné* inventa o homem, e não o inverso: "a história do *gramma* é também a dos arquivos eletrônicos e das máquinas de ler: uma *história da técnica*, [...] a técnica inventora tanto quanto a inventada", uma "hipótese que arruína o pensamento tradicional da técnica, de Platão a Heidegger e para além".[2] Mesmo sem ter sido examinada pelos usuários habituais da teoria francesa, críticos literários e militantes comunitaristas, essa hipótese de um substrato técnico primário do ser, de uma rede maquínica que tece o "humano" assim como o "social", possibilitou em *outros lugares*, às margens da universidade ou do *boom* tecnológico, usos inéditos do texto francês – verdadeiras *maquinações teóricas*.

ZONA DE AUTONOMIA TEMPORÁRIA

As primeiras redes eletrônicas desenvolvem-se ao longo dos anos de 1980, ainda desconhecidas do grande público, familiares apenas aos especialistas da programação informática e a certos acadêmicos. Elas encarnam, para alguns deles, um espaço de resistência, um não-lugar social, território ainda invisível que serve de abrigo para reunir uma nova comunidade e subverter os poderes. É a época dos primeiros grupos de *hackers*: fraudadores ou meros desocupados, esses jovens piratas eletrônicos, perseguidos por uma nova seção do FBI, adotaram bizarramente nomes mitológicos, Senhores do Caos (*Lords of Chaos*) ou Legião do Juízo Final (*Legion of Doom*). Eles fazem ataques-surpresa contra as grandes instituições, sabotagem de bases de dados ou bloqueio nacional das linhas telefônicas e formam, segundo as palavras do escritor Bruce Sterling, um verdadeiro "*underground* numérico".[3] É também a época em que, sob o pseudônimo de Hakim Bey, um acadêmico californiano atípico, militante anarquista e amigo de Sylvère Lotringer, teoriza o que chama de "zonas de autonomia temporária" (TAZ conforme o acrônimo inglês). A fórmula tem tudo para ser um grande sucesso, porque logo resumirá perfeitamente dessa pré-história da internet em que, durante alguns anos, uma rede sem publicidade nem grandes *sites* comerciais, ainda no ângulo morto dos poderes foi o suporte de uma verdadeira cultura política alternativa. O texto de Hakim Bey, cuja primeira versão data de 1985 e que de imediato tornou-se *cult*, apela aos "usos ilegais, clandestinos e rebeldes" da nova rede, assim como ao desenvolvimento em seu seio de uma "ameaçadora contra-rede" ou "tela [*web*]", estrutura aberta de trocas horizontais de informação, a exemplo do *samizdat* e do mercado negro.[4] Remetendo ao mesmo tempo ao Calibã de *A tempestade* e ao mito pioneiro do colono não-corrompido, como também a Guy Debord e aos libertários, a obra abre um grande espaço à teoria francesa, mediante uma dupla relação: de um lado, sua pilhagem eclética, invocando a "era da Simulação" ou o "pensamento do caos" de um modo baudrillardiano e as "micropolíticas nômades" ou os "espaços imperceptíveis" em um tom deleuziano; de outro lado, a denúncia de seus usos servis na universidade, "sadomasoquismo intelectual" dos anos de 1980 que o autor opõe aos usos livres, ocasionais e lúdicos do *corpus* teórico, de Virilio a Guattari.[5]

A "zona" em questão perderá rapidamente sua autonomia, mas sobreviverá a ela uma mística do enclave utópico e do contramundo *on-line* que continua agora e sempre declinando – ou deturpando – algumas frases-fetiche dos autores franceses. A página em que Deleuze e Guattari assemelham o "pensador [a] uma espécie de surfista como personagem conceitual" e falam de um "pensamento que 'resvala' [para] novas maneiras de ser"[6] – ainda que comparando o pensamento com esportes marítimos de verdade, e não com a navegação *on-line* – vem justificar assim a idéia de um modo de pensamento na rede diferente da razão linear. Um pensamento digital e modular que os *web sites* de estudantes já mencionados associam justamente à *theory*. A obra individual de Félix Guattari tem um impacto específico nesses primeiros *cyber*-comunitaristas americanos, por suas referências à "máquina autopoiética" do biólogo Francisco Varela, que designa uma *ontogênese* (construção de si não-subjetiva) passando por "dispositivos maquínicos".[7] Mas também, em um tom mais utopista, por sua evocação dos "bancos de dados" e de novas formas de "interatividade" como "suscetíveis de nos fazer sair do período opressivo atual e de nos fazer entrar em uma era pós-mídia, caracterizada por uma reapropriação e uma ressingularização da utilização das mídias"[8] – ou seja, o equivalente das TAZ militantes em plena França do Minitel.* Contudo, mais do que um convite a politizar a rede, a pensar a internet como arma de oposição, a teoria francesa foi principalmente a oportunidade, além-oceano, de uma auto-reflexão lúdica da técnica. Os textos franceses fornecem o meio de elucidar *graças à teoria* uma ferramenta ainda pouco analisada. Deles serão extraídas frases ou conceitos que possibilitem tematizar a rede, descrever seus mecanismos e, inclusive, mostrar que seu funcionamento seria comparável ao do pensamento teórico francês – homologia recorrente da tela e da teoria, de um vetor de difusão técnica e de um *corpus* de textos filosóficos dos quais se encontram muitos exemplos nos *web sites* da *French Theory*: transcreve-se seletivamente uma entrevista com Baudrillard para fazer dela um monólogo sobre as novas tecnologias;[9] propõe-se com o nome de "Deleuze & Guattari RhizOmat" um módulo de citações "pirateadas" dos dois autores que avança ao sabor de *links* hipertexto como se seu próprio pensamento constituísse

---

* N. de T. *Minitel*: pequeno terminal de consulta de bancos de dados via telefone, o primeiro sucesso da multimídia na França.

uma máquina aleatória;[10] ou se faz do motivo da infecção e da disseminação em Derrida o próprio retrato da Net.[11] Os autores franceses são apresentados um após outro como os profetas da grande rede – em primeiro lugar Deleuze e Guattarri, cujo motivo botânico do *rizoma*, essa rede subterrânea e não-hierarquizada de ramos com ligações laterais, anunciaria exatamente a internet.

Esses efeitos de espelho entre o arsenal teórico e as modalidades da rede apóiam-se em sua novidade para cada um, discursiva para aquele, técnica para este. Alguns fóruns de discussão sugerem reler cada obra francesa como *rede de conceitos* e, no outro sentido, abordar a própria Net como programa realizado da teoria francesa. É o caso da famosa "D&G List", uma "*chat room*" que reúne desde 1993 fãs ou exegetas de Deleuze e Guattari. De Montreal a Sidney e de Los Angeles a Warwick (feudo universitário dos deleuzianos britânicos), os participantes falam assim, pela rede, de uma "BwO Zone" (para "corpos sem órgãos"), de "potencializações maquínicas" e de "síntese conjuntiva", variação sobre as "sínteses disjuntivas" caras aos dois autores.[12] Eles identificam a dessubjetivação *on-line*, e todos os jogos de papéis que o correio eletrônico permite, ao desejo dos autores de *Mil Platôs*, desde a primeira página, de se "tornarem irreconhecíveis", de "tornarem imperceptível o que nos faz agir, experimentar ou pensar".[13] Nos Estados Unidos, assim como na Europa, os internautas deleuzo-guattarianos classificam essas táticas de desaparição e de potencialização na rede sob a rubrica geral de "materialismo cibernético", insistindo na solução de continuidade da rede no mundo material, mas também do corpo do usuário no Corpo da Net, nos prazeres de uma perdição na "rizosfera" – do mesmo modo que Jaron Lanier, co-inventor do primeiro dispositivo de realidade virtual, louvou com acentos barthesianos "o corpo erótico da Rede", a "imprevisibilidade" do hipertexto como "força que mantém o desejo".[14] Quer se trate de tal *desejo* de rede ou do recurso a uma linguagem teórica que imita seus mecanismos, de utopias anarquizantes ou das liberdades mais textuais (estilística, léxica, referencial) que tomaram os contribuintes dos *e-zines* de teoria, emergem assim na Net formas de subjetivação inéditas. Graças a uma linguagem nova, uma verdadeira produção de si opera-se de fato no cruzamento do meio novo e do referente teórico. Há uma convergência da habilidade técnica e da garantia teórica, personalização da máquina e ao mesmo tempo do texto francês, e cada usuário serve-se dos dois pólos para inventar maneiras de fazer singulares – e tornar-se tão "autárquico" quanto a rede e, simultaneamente, tão "afirmativo" quanto o texto, único no seu teclado ou no contexto de incontáveis microcomunidades de internautas.

Tal convergência tem uma dupla vantagem. Ela fornece aos pioneiros difusos da internet uma linguagem e os conceitos para refletir sua prática e aos autores franceses um vetor de difusão muito mais amplo, e menos oneroso, que a indústria do livro – contribuindo para ampliar sua gama de leitores para além dos *campi*. Contudo, as promessas políticas da zona de autonomia temporária não sobrevivem à aceleração do florescimento das redes em meados dos anos de 1990. Entre as ciberculturas alternativas, todas essas políticas da rede oriundas do período pioneiro, a esfera de influência que predominará – e cujos argumentos já impregnavam o livro de Hakim Bey – é a dos libertários civis (*civil libertarians*), verdadeiros herdeiros *on-line* dos pioneiros que farão triunfar na Net a ideologia do "livre acesso": defesa de uma liberdade de expressão sem conteúdo, intransitiva até a tautologia, abolição do *copyright* em proveito de usos comunitários auto-regulados e, principalmente, sob o refrão do "complô de Washington", apelo à privatização generalizada e demonização do poder estatal, que espiona as correspondências e codifica suas próprias informações. Promovida pela Electronic Frontier Foundation de John Perry Barlowe (ex-letrista do conjunto de *rock* Grateful Dead) e por alguns outros grupos de pressão brancos e regionalistas, essa corrente faz da sacrossanta liberdade de expressão o único "conteúdo" da rede, em detrimento de um programa político exógeno, de uma ação coletiva *fora* da Net, pois ela recusa a própria idéia de espaço público. Ganhando a batalha ideológica da rede, os libertários descartaram a *outra* interpretação política, mais tática, menos seduzida pela tecnologia, aquela que defende um uso paralelo da Net a serviço de lutas que a precedem, aquela que desejava ardorosamente Guattari com base no modelo de rádios livres – e que tenta em vão promover, citando Virilio e Deleuze, o jovem casal Kroker, fundador do *e-zine Ctheory*, que desde 1997 lamenta o hedonismo reacionário de uma Tela sem limites transformada já então, segundo eles, em um amplo parque de atrações.[15]

CYBORGS, DISCOS, OBJETOS ENCONTRADOS

Resta à *French Theory* o espaço mais onírico da ficção científica, a oportunidade de ir explorar as figuras do *pós-humano* nos imaginários literários e nas práticas culturais, pois a rede não manteve suas promessas políticas. Não é raro, de fato, que a teoria francesa apareça associada à ficção científica. Tanto ela pode dar suporte teórico a um gênero literário em plena metamorfose quanto os dois tipos de discurso podem fundir-se – a ponto de mesclar simulacros, máquinas abstratas e microfísica do poder em um mundo romanesco futurista, fervilhante e animista, povoado de monstros e conceitos, mas do qual os homens desapareceram. Ou seja, o sinal simultâneo de uma distância do *corpus* francês, empurrado com isso a uma zona cega, e de uma familiaridade com o objeto teórico, fundado no universo fantástico de uma cultura futurófila. Assim, um jornalista científico do *New York Times* chegou a comparar Foucault, pela flexibilidade de seu conceito de identidade, ao "homem elástico" do Quarteto Fantástico, enquanto o crítico Istvan Csicsery-Ronay foi ao extremo de fazer da teoria uma "forma de SF", um dos registros específicos da *science-fiction*.[16] E lá onde Lotringer pinta Baudrillard como "agente especial no espaço extraterrestre que se torna nosso mundo",[17] o crítico Erik Davis descreve Deleuze no *Village Voice* como "mutante", "filósofo virtual" cuja "estranha retórica e o jargão de monstros de ficção científica" nos "projetam para futuros inatuais".[18]

Menos retoricamente, o próprio gênero da ficção científica abriu espaço à teoria francesa, na medida em que evoluiu, por sua vez, de uma exploração de mundos longínquos (no tempo e no espaço), da era clássica de Ray Bradbury ou de *Star Trek*, à hipótese de mundos paralelos, subterrâneos, invisíveis. Ou seja, essa literatura de passatempo passa a ter uma função mais crítica, a de interpretar o presente, de julgar esse mundo real *hic et nunc*, esse mundo que os internautas americanos abreviaram para RL (de *Real Life*). Na vanguarda dessa evolução, a ficção científica dita *"ciberpunk"*, inspirada nos primeiros relatos de *hackers* e no horizonte (que ela denuncia) de um devir-máquina do homem, costuma reivindicar uma filiação teórica francesa. De John Shirley ao mais reflexivo Samuel Delany (que analisa a ficção científica como "jogo de linguagem desfamiliarizante") e ao pioneiro do gênero William Gibson (que inventou em 1982 o termo "ciberespaço"), são muitos os romancistas de renome associados aos autores franceses. Citando às vezes Deleuze ou Baudrillard em entrevista, eles são lidos por seus críticos ou por seus fãs esclarecidos, através do prisma do "simulacro" ou, como metáfora da rede, do "corpo sem órgãos". O missal dessa nova corrente, *Mondo 2000*, fanzine *ciberpunk* e depois seu dicionário antológico, faz referência não só a Deleuze e Guattari, mas também a Georges Bataille.[19] E, de forma significativa, uma coletânea acadêmica recente sobre Deleuze batiza-o de "engenheiro da diferença",[20] adotando assim o título do romance *cult* (*The Difference Engineer*) escrito em conjunto pelos dois mestres do gênero, Gibson e Bruce Sterling, que punham em cena ali a irrupção da informática em plena Inglaterra vitoriana. Há inúmeros ecos entre o mundo da cultura *ciberpunk* e os discursos americanos da teoria francesa. No entanto, é com a figura do *cyborg*, e seus desafios mais teóricos, que os autores franceses tornam-se de fato as referências de um universo futurista, "pós-humanista" e supertecnologizado. Estamos verdadeiramente no mundo da *ficção científica teórica*.

A teoria do *cyborg* tem como pioneira a crítica feminista e historiadora das ciências Donna Haraway, por muito tempo titular da cadeira de história da consciência na Universidade da Califórnia, em Santa Cruz. Haraway estudou primeiro a cristalografia, depois a "construção" do macaco experimental como "primata" pelos cientistas do século XX (*Primate Visions*) – decidida a revelar uma invenção histórica da natureza, da qual faz parte, segundo ela, a naturalização gradual das categorias de sexo, de raça e mesmo de classe. Feminista atípica, ela estima que a biologia e a sociologia das ciências são muito mais úteis ao famoso antiessencialismo feminista. Daí o motivo do *cyborg*, definido em 1985 em seu texto mais célebre ("A Cyborg Manifesto") como um "organismo cibernético, híbrido de máquina e organismo, criatura da realidade social assim como da ficção". Trata-se agora de assumir nossa dimensão de *cyborgs*, ligada às novas tecnologias e aos simulacros maquínicos, a fim de superar não apenas dois séculos de "falsas separações" (entre humano e animal, máquina e organismo ou mesmo "ficção científica e realidade social"), mas também o mito feminista de uma "matriz natural da unidade" – à qual Haraway opõe o *slogan* que a tornará famosa, "prefiro ser um *cyborg* a ser uma deusa", que foi uma das raras formulações do campo teórico americano que passou assim *na primeira pessoa* ao estatuto de palavra de ordem.[21] A autora apela a uma verdadeira "política *cyborg*", desvirtuando de um mundo prescritivo as "funções maquínicas" deleuzinas e mesmo a "biopolítica" foucaultiana, que para ela não é tanto a forma moderna de poder, como em Foucault, mas sim uma "premonição" desejável. Graças aos prolongamentos cibernéticos que nos oferecem o computador e a microeletrônica, ela faz a apologia de um devir-máquina que permitiu desvendar em nós faculdades novas e nos livrar dos resíduos de ontologia e de ilusão naturalista. Seu trabalho logo dá origem a um verdadeiro campo de "estudos *cyborg*", tão injuntivos quanto acadêmicos, sendo que os mais audaciosos são reunidos em 1995 em um livro-manifesto que promove justamente as "experiências maquínicas" e a prática teórica na Net.[22]

Um dos práticos mais fervorosos é o professor universitário transexual Allucquere Rosanne (ou "Sandy") Stone, ex-técnico em informática (nascido Zelig Bem-Nausaan Cohen) que, após a mudança de sexo, tornou-se professor de teatro e de comunicação na Universidade do Texas. Qualificando as novas tecnologias de "aparelhos para a produção da comunidade e do corpo", defende o "modo ezquizofrênico" dos "processos maquínicos [de] multiplicidade e [de] reinvenção" de si, cujo método buscará na "bricolagem irruptiva de Deleuze".[23] Porém, sua defesa de uma identidade múltipla e *maquinada* não passa apenas pela análise de seus desafios políticos e sexuais, como em seu ensaio de 1994 com um título vagamente benjaminiano, *The War of Desire and Technology at the Close of the Mechanical Age*.[24] Ela se exercita também em cena, em espetáculos que valorizam os prazeres conturbados de um mundo inteiramente transgênero, por ocasião de suas representações de *"theory-performance"* (prática não mais militante ou pictórica, mas *teatral*, da teoria) – durante as quais, cantando "refrões" de teoria musicados por ela, ou dançando conforme coreografias "interativas", descreve os felizes qüiprocós a que dá lugar, graças ao correio eletrônico, o fato de mudar de identidade sexual com interlocutores que nunca se encontram. Esse é um dos temas fortes, igualmente, do ensaio de sucesso da socióloga Sherry Turkle sobre as novas identidades *on-line*, em que um homem, como mostra ela, pode considerar mais fácil ser "afirmativo" usando um nome de mulher, e uma mulher, geralmente, julga menos perigoso ser "agressiva" como homem[25] – essa obra também presta uma homenagem expressiva à teoria francesa, louvando a "cultura da simulação" e associando, na introdução, os mecanismos do hipertexto à teoria derridiana da escrita.[26]

Contudo, para além das experiências cênicas e das provocações (anti)feministas, Haraway, Stone e seus seguidores permanecem basicamente ligados ao campo universitário, onde fazem da teoria francesa sobretudo um motor discursivo, uma máquina de produzir um *discurso* da máquina. Para chegar a formas de maquinação efetiva da teoria, é preciso procurar do lado de uma cultura mais autodidata, mais específica, presente nas duas margens do Atlântico desde o início dos anos de 1990 – a da música mixada alternativa dos primeiros DJ (*disk-jockeys*) experimentais, que são mais ou menos para a música *jungle* e a música *techno* mais comerciais o que a música serial (que justamente Deleuze tanto apreciava) é para a música popular. Pois, *na prática*, Deleuze é uma referência fundamental. Na Europa, o ex-*punk* anarquista Achim Szepanski fundava na Alemanha, em 1991, o selo de música eletrônica "Mil Platôs", e o selo de Bruxelas Sub Rosa chegou a lançar em 1996 um álbum de homenagem intitulado "dobras e rizomas para Giles Deleuze". Além disso, vários DJ ingleses e americanos, de Kirk a DJ Shadow, Mouse on Mars e o ex-estudante de filosofia em Columbia Paul Miller (aliás, DJ Spooky) – que usava citações de O *Anti-Édipo* na capa de seus primeiros álbuns, insinuando, assim, Deleuze e Guattari até nas bancas de discos – parecem ter encontrado nos dois autores a própria descrição de sua prática: o conjunto constituído pelo DJ, seus discos e o público forma uma "máquina desejante"; o transe musical que ela ocasiona permite conceber um "corpo sem órgãos"; e os pedaços de música esparsos ("fragmentos de vinil"), que o "mix" cita e desvirtua, são descritos como "blocos de afeto sonoros", cujos "fluxos moleculares" organizam-se em "junções sônicas casuais", ao sabor das operações de *cut*, *scratch* ou *sample* efetuadas diretamente nos discos pelo DJ.[27]

O DJ experimental é a vanguarda da tecnocultura, tendo como homólogos, menos visíveis ainda, o grafista e o programador *web*; como no caso deles, a própria representação dessa cultura pós-moderna prefigurava, para seus leitores, a teoria francesa. Personagem da sombra, simples combinador por trás de um pseudônimo, o DJ anuncia o crepúsculo do estrelato, a morte do autor e a reciclagem irônica de influências, nem que seja eliminando a fronteira nítida que separa o ouvinte do compositor (ou do músico). Substitui pouco a pouco o mito da "criação" pelo mero trabalho de seqüenciamento, suas astúcias e suas raivas, guiando seus adeptos no labirinto de uma *pop culture* segmentada, molecularizada, amplamente desmassificada. Não se contenta em rearranjar os "objetos encontrados" do modernismo (músicas deturpadas ou álbuns de *rock* remixados), mas pretende explorar o mundo despersonalizado dos sons pós-industriais, experimentar a loucura a que conduzem os fluxos vibratórios que nos envolvem, fluxos de sons, de ondas, de informações. Contudo, esses DJ alternativos provêm, por sua vez, de uma zona de autonomia temporária e logo são levados pela onda dos "mix" comerciais, eles próprios deturpados para usos exclusivamente festivos – para os quais a menção a Deleuze ou Artaud causaria perplexidade ou suscitaria bocejos.

Talvez ninguém encarne melhor essa contracultura transitória, essa *prática teórica* da música mixada, que o eclético DJ Spooky. Esse jovem negro nova-iorquino, na origem do coletivo SoundLab e do gênero híbrido da música "illbient",[*] produz-se desde 1995 com a alcunha de "subliminal kid" e conduz, tanto nos fanzines tecnoteóricos que inspira (*Artbyte* e hoje *21C*) quanto nos *web sites* de seus cúmplices, um trabalho paralelo de escrita crítica que é igualmente concebida como "*sample*" epilético de conceitos e de referências. Cruzam-se ali Duchamp e Franz Fanon, Nietzsche e Philip Glass, o haicai e o *jazz*, a música como "extensão da ficção científica" e a cultura como "cadáver esquisito" de citações "em ruínas", enquanto Andy Warhol ou Jimmy Hendrix já anunciam "um mundo patafísico de disjunções e de transições fluidas".[28] Assim, do jazz

---

[*] N. de R.T. Termo que indica uma forma de música eletrônica urbana, produzida por uma comunidade de artistas do Brooklyn, em Nova York, na década de 1990, que procura expressar tanto a variedade cultural quanto o severo declínio ambiental.

ao *cut up*, das teorias da promessa às de uma desleitura criadora, da "reapropriação" artística às "nuvens de dados" do DJ Spooky, há todo um *continuum* fluido da intensidade e da descontinuidade, da citação aleatória e de seus bruscos desvios de registros, que liga nos Estados Unidos o *corpus* teórico francês às experiências maquínicas de uma cultura da deturpação – pois mesmo essa ligação decorre de uma *prática* do rearranjo, de um *evento* da combinação, e não mais, sob o abrigo de um *campus*, de um discurso e de uma história legítimos.

POP: CIRCULAÇÃO ALEATÓRIA

É no cinema que certas hipóteses teóricas francesas, devidamente reformatadas para o telão, encontram nos Estados Unidos seu maior público. Exemplo típico aqui é o filme *The Matrix* (1998), dos irmãos Andy e Larry Wachowski. Graças aos poderes de seu salvador, o jovem Neo (representado por Keanu Reeves), um grupo de rebeldes resiste agora e sempre ao poder absoluto de máquinas, em um mundo onde o computador prevalece, mas, na medida em que há necessidade de humanos como fonte de energia, submeteu-os a um programa criado por eles, a "matriz" (termo tirado de William Gibson), réplica sensorial exata do mundo do final do século XX que desapareceu – ou seja, o equivalente ficcional total do "simulacro", a "cópia sem original" criada pela modernidade segundo Baudrillard. Aliás, em uma das primeiras cenas, fartamente comentadas pelos fãs do filme versados na teoria, o herói brande furtivamente um exemplar de *Simulacros e simulação*, abrindo no quarto capítulo, "Sobre o niilismo". Ainda que contribua de algum modo para o culto do filme, essa assinatura teórica no intervalo de alguns segundos não deixa de ser falaciosa: da parábola crística desse Neo (anagrama de One) até a firme resistência às máquinas com a ajuda de muitas cenas de ação e efeitos especiais, o motivo do filme é muito pouco baudrillardiano. Como conclui o *New York Times*, os realizadores "apenas renovaram habilmente uma história de Messias arquetípico, acrescentando algo de teoria pós-moderna".[29]

Solicitado pela produção para participar como consultor "teórico" na preparação de *Matrix* 2 e 3, lançados com grande rumor em 2003, Baudrillard recusou a oferta, pois considera que a teoria, para os irmãos Warchowski, é quando muito um vago "horizonte assimptótico". Ele já havia recusado uma proposta similar para a série de TV *Wild Palms* (1993), produzida por Oliver Stone, que narrava a tomada de poder de um magnata da realidade virtual graças aos "hologramas" que ele projeta e controla. Além disso, e de forma certamente menos eloqüente do que no caso da cena liminar de *Matrix*, há toda uma rede elástica de conceitos e referências teóricos que circulam entre certos produtos inovadores da indústria cultural, ligando-os e inspirando-os: tirados de uma leitura fragmentária de textos franceses (em geral por ex-estudantes que foram para os grandes estúdios de produção), eles passaram em seguida pela onda *ciberpunk,* ou mesmo por certos videogames, e encontram-se ecos até nas músicas de certos grupos de *rock* bastante populares (o álbum *Zooropa* do grupo U2 é um bom exemplo), antes de impregnarem, mais ou menos conscientemente, vários grandes sucessos hollywoodianos sobre o tema do mundo duplicado ou do simulacro maquínico – os do diretor canadense David Cronenberg, desde *Videodrome* (1983), em que um homem é devorado pela televisão, e sobretudo em *Existenz* (1999), que faz da vida um cenário de videogame; o *Truman Show*, de Peter Weir (1998), em que o personagem de Jim Carey é vítima de uma experiência de telerrealidade em escala cósmica; ou ainda *Minority Report*, de Steven Spielberg (2002), em que o regime de controle panóptico estende-se agora à antecipação psíquica (e, portanto, auto-realizadora) de todos os crimes humanos.

Contudo, a referência teórica francesa, principalmente a Baudrillard, que esses diretores não reivindicam explicitamente, mas que fãs e críticos invocam alto e bom som, funciona aqui em outro sentido ou mesmo em sentido inverso: as teorias da simulação, do hiper-real ou da desrealização do negativo não têm nenhuma relação com a mitologia humanista, mistura de moral cristã e liberalismo político, que veiculam esse projeto de um controle humano do computador contra o apocalipse maquínico (*Matrix*) e essas denúncias do demiurgo estatal (*Minority Report*) ou da ilusão televisiva (*Truman Show*). Porém, se é possível colocar esses poucos autores franceses, venerados na universidade, a serviço justamente da mensagem ideológica que eles denunciaram, é porque se atinge aqui um regime de dispersão, de fragmentação, de circulação superficial e aleatória de simples *traços* de teoria francesa; há uma grande distância da instituição universitária, que normalmente regula seu uso e sua linguagem, agora nas engrenagens dessa máquina porosa e indefinidamente maleável que é a indústria cultural americana. Desde então, todos os usos tornam-se possíveis, livres das lógicas de produção discursiva vigentes nos *campi*. A própria imprensa generalista, instância de prescrição e legitimação das indústrias culturais, salpica nesses artigos, ao sabor das modas léxicas ou da formação de seus jornalistas, hábeis pitadas de *French Theory*: uma reportagem do *New York Times* sobre os estacionamentos de Los Angeles evoca "uma cidade que teria causado espasmos em Roland Barthes",[30] enquanto a crítica de *rock* do *Village Voice* descreve a relação da cantora Kathleen Hanna com seu público citando Lacan e falando de "gozo proliferante [...] sempre presente".[31]

Menos elípticas, menos submissas ao regime monológico das mídias, embora ainda mais fantasistas, lidando com um objeto leve e lúdico, algumas intrigas romanescas ao gosto do grande público podem, por sua vez, evocar um único motivo teórico ou o *corpus* em seu conjunto, por uma declinação da *French Theory* proveniente, nesse caso, de um uso literário *extra-acadêmico*. Assim, em seu romance *Glyph*, Percival Everett narra o seqüestro e as negociações políticas de que foi objeto o pequeno Ralph Ellison, filho de dezoito meses de um derridiano célebre que, por magia, já compreende (e expõe) o pós-estruturalismo melhor que seu pai – embora os procedimentos teóricos e as explicações para iniciados reservem esse romance a leitores esclarecidos.[32] Já a jovem professora de literatura, Patricia Duncker cometeu a proeza de fazer de Foucault um personagem de romance, através do trio amoroso que liga, em *Hallucinating Foucault*, o filósofo epônimo, o narrador estudante e o romancista francês Paul Michel, que este último, por amor à sua prosa, jurou libertar do asilo onde ele está internado.[33] Mais próximo da sátira acadêmica realista, que (re)obteve carta patente de David

Lodge e Malcolm Bradbury, *Book*, de Robert Grudin, elucida a morte do bom Adam Snell, um humanista clássico perdido em um *campus* de radicais delinqüentes.[34] Mais recentes ainda, e de corte mais clássico, *Ravelstein*, de Saul Bellow, retrato romanesco de seu amigo desaparecido, o crítico conservador Allan Bloom, e *A Mancha Humana*, de Philip Roth, que relata as desventuras do professor judeu e negro Coleman Silk no inferno do PC, revelam o motor narrativo tradicional que veio a constituir a controvérsia teórica.[35] Poderiam ser mencionados muitos outros exemplos desses traços indiretos de *theory*, mais ou menos apagados, às vezes difíceis de ler, da imprensa musical aos diálogos de *sitcom*, de *slogans* publicitários a comédias românticas que põem em cena teóricos – exemplos que mereceriam por si sós um estudo exaustivo e, para além disso, uma reflexão sobre os modos de difusão contemporâneos de significantes intelectuais consagrados.

Resta dizer ainda que essa disseminação aleatória de traços de teoria francesa nos quatro cantos da *pop culture* americana, assim como sua inscrição mais apoiada, sedentária e argumentada nos discursos da universidade, conduz a uma certa maquinação cultural – não no sentido do complô, mas das tecnologias de difusão que são a indústria cultural, o regime midiático e a própria escrita. Com a ressalva que a *disseminação* industrial e a *inscrição* universitária desses mesmos traços funcionam de acordo com modalidades simetricamente inversas: verticais, textuais, antológicas para a universidade, mediante uma certa violência institucional de sistemas de memorização fechados (livros, cursos, dogmas) dos quais os acadêmicos americanos, na impossibilidade de abri-los, tentam livrar-se desde que emergiu a *theory*; e horizontais, descartáveis, esquecidos pela indústria cultural, condenados alegremente à sucessão inconseqüente de publicações e eventos, estocando sem cessar seus enunciados como que para esquecê-los melhor. Nesse sentido, pode-se dizer de fato que nos Estados Unidos a teoria francesa "desaparece" continuamente na produção de seus efeitos.

NOTAS

1 Citado *in* Philippe ROGER, *L'Ennemi américain, op. cit.*, p. 492.

2 Bernard STIEGLER, *La Technique et le temps I. La faute d'épiméthée*, Paris, Galilée/Cité des sciences et de l'industrie, 1994, p. 148.

3 Bruce STERLING, *The Hacker Crackdown. Law and Disorder on the Electronic Frontier*, New York, Bantam, 1992, cap. 2.

4 Hakim BEY, *The Temporary Autonomous Zone: Ontological Anarchy, Poetic Terrorism*, New York, Autonomedia, 1991, p. 108 e 115-116.

5 *Ibid.*, p. 108-111 e 36-38.

6 Giles DELEUZE e Félix GUATTARI, *Qu'est-ce que la philosophie?*, Paris, Minuit, 1991, p. 70.

7 Félix GUATTARI, *Chaosmose*, Paris, Galilée, 1992, p. 130-131.

8 *Ibid.*, p. 17.

9 "Baudrillard on the New Technologies", in *www.uta.edu/english/apt/collab/baudweb.html*.

10 "The Deleuze & Guattari Rhiz-o-mat", in *www.bleb.net/rhizomat/rhizomat.html*.

11 Cf. *www.hydra.umn.edu/fobo/index.html*.

12 Charles STIVALE, *The Two-Fold Thought of Deleuze and Guattari: Intersections and Animations*, New York, Guilford Press, 1998, p. 74-78.

13 Gilles DELEUZE e Félix GUATTARI, *Mille Plateaux*, *op. cit.*, p. 9.

14 Jaron LANIER, "Programmes informatiques, programmes politiques (entrevista)", *Cahiers de médiologie*, n. 3, 1o semestre 1997, p. 233-234.

15 Arthur e Marilouise KROKER (dir.), *Digital Delirium*, New York, St. Martin's Press, 1997.

16 Istvan CSICSERY-RONAY, "The SF or Theory: Baudrillard and Haraway", *in Science-Fiction Studies*, n. 55. v. 18, novembro 1991.

17 Sylvère LOTRINGER, "Doing Theory", *op. cit.*, p. 153.

18 Eric DAVIS, "After the Deleuze", *Voice Literary Supplement*, setembro 1994, p. 29.

19 Rudy RUCKER *et al.* (dir.), *Mondo 2000. A User's Guide to the New Edge*, New York, Harper Collins, 1992.

20 Keith Ansell PEARSON (dir.), *Deleuze and Philosophy: The Difference Engineer*, New York, Routledge, 1997.

21 "A Cyborg Manifesto: Science, Technology, and Socialist Feminism in the Late Twentieth Century", *in* Donna HARAWAY, *Simians, Cyborgs, and Women: The Reinvention of Nature*, New York, Routledge, 1991, p. 149-182.

22 Chris Hables GRAY *et al.* (dir.), *The Cyborg Handbook*, New York, Routledge, 1995.

23 Allucquere Rosanne STONE, "Virtual Systems", *in Zone* 6, 1992, "Incorporations", p. 618-621.

24 *La guerre du désir et de la technologie à la fin de l'âge mécanisé.*

25 Sherry TURKLE, *Life on the Screen*, New York, Simon & Schuster, 1995, notadamente o capítulo 8.

26 *Ibid.*, p. 17-18.

27 Um dos raros textos a sistematizar esse tipo de linguagem é, sem surpresa, um artigo acadêmico, mas que poderia muito bem ter sido escrito sob *ecstasy*: Robin MACKAY, "Capitalism and Schizophrenia: Wildstyle in Full Effect", *in* Keith Ansell PEARSON (dir.), *Deleuze and Philosophy: The Difference Engineer*, *op. cit.*, notadamente, p. 249-256.

28 *Cf.* notadamente *www.furious.com/perfect/djspooky.html*.

29 Michel AGGER, "And the Oscar for Best Scholar...", *New York Times*, 18 maio 2003.

30 Peter McQUAID, "Midnight at the Oasis", *New York Times*, 14 abril 2000.

31 Hillary CHUTE, "More, More, More", *Village Voice*, 22-28 dezembro 1999.

32 Percival EVERETT, *Glyph*, Minneapolis, Graywolf Press, 1999.

33 Patricia DUNCKER, *Hallucinating Foucault*, New York, Ecco Press, 1997.

34 Robert GRUDIN, *Book: a Novel*, New York, Random House, 1992.

35 Saul BELLOW, *Ravelstein* e Philip ROTH, *La Tache*, Paris, Gallimard, 2002.

III. Idas e vindas

12
A teoria-norma: uma influência prolongada

> "Na América, a maioria traça um círculo enorme em torno do pensamento. Dentro desses limites, o escritor é livre; porém, infeliz de quem ousar sair dele."
>
> TOCQUEVILLE, *A democracia na América*

Qual é, enfim, o impacto da teoria francesa nos Estados Unidos? Uma pergunta desesperadamente relativa: tanto quanto perguntar que efeitos palpáveis tiveram, para os homens ou para a História, um discurso, uma proposição filosófica ou mesmo uma única seqüência de frases – velha indagação que causa insônia ao filósofo. Contudo, a própria pergunta é menos teórica do que balística: até onde, com que profundidade, de que calibre, com que seqüelas? De um *efeito* americano desse *corpus* francês, pelo menos se encontram provas no fato de que já não se pensa mais nos mesmos termos no âmago da universidade, de que se tenha encontrado nesses textos, do lado de Hollywood ou dos ensaístas pósmodernos, meios de garantir ou reencantar o sistema estabelecido, e, ao contrário, em tal galeria de arte ou tal grupo de ativistas, os argumentos de uma subversão, senão de uma deserção, da nova ordem americana. Essa questão da *profundidade* do impacto era preterido até mesmo a variações metafóricas ao infinito e, de preferência, no estilo americano: *French Theory*, antrax ou pó de mico? Picador de gelo ou palito de dentes? Vírus indecifrável ou simples erro de manipulação? Apaixonados por índices tangíveis e provas duradouras, alguns privilegiam a segunda série, a de um impacto benigno, da pura distração, em nome de limites – discursivos e institucionais – inerentes à aventura americana da teoria francesa.

Efetivamente, sustenta-se que a radicalização dos discursos identitários foi acima de tudo retórica, como já vimos. As questões da escrita e da textualidade foram exploradas de todos os ângulos, de forma mais conscienciosa do que no auge da teoria literária na França, mas com fracas recaídas além do campo literário e, *a fortiori*, da universidade. E o salpicamento de pedaços de teoria na indústria cultural, da imprensa ao cinema, por sua aura subversiva ou sua caução intelectual, levou muitas vezes a esvaziar de seu conteúdo – de seus desafios filosóficos – o próprio objeto de *theory*. E então? Isso significa que a teoria francesa seria efetivamente *sem conseqüência* para uma América mais preocupada em arranjar emprego, depois em sua nova cruzada mundial, e como sempre em "se divertir até morrer",[1] do que em questionar o estatuto do texto ou o conceito de minoria? O principal argumento dos que, *a favor* ou *contra* a teoria, são tentados a responder afirmativamente consiste em reduzir seu sucesso a uma onda passageira, excitação sem futuro, uma etapa particularmente animada na sucessão ininterrupta de produtos intelectuais que disputam, um após outro, acadêmicos condenados à originalidade – o argumento do efeito de moda, em uma palavra, contra as verdadeiras reviravoltas epistêmicas. A prova disso residiria no declínio contínuo da teoria francesa, desde o início dos anos de 1990, ao sabor de ataques cada vez mais raivosos. Contudo, na virada do milênio, o inventário de um quarto de século de *French Theory* não corrobora verdadeiramente essa hipótese: de todo modo, conduz a um balanço incerto, em que cada ponto permite uma dupla leitura.

Em primeiro lugar, a proliferação de escolas, de subcampos e de metadiscursos torna a situação menos clara do que em meados dos anos de 1980, quando multiculturalistas radicais e desconstrucionistas partilham o terreno. Entretanto, lá onde o crítico Herman Rapaport vê um pastiche, uma confusão inextricável (*theory mess*[2]), pode-se ver, ao contrário, a riqueza de um campo teórico heterogêneo – e longe de estar exaurido. Quando se interrogam os intelectuais americanos, uma outra impressão dominante é a de uma banalização, de uma perda de aura da teoria francesa, vítima daquilo que, na teoria das religiões, Max Weber chamava de "rotinização" do carisma. Ou então, mais trivialmente, vítima desse modo de envelhecimento próprio aos importados europeus em terra americana, indispensáveis por um tempo e depois qualificados, uma vez passada sua onda, de *eurotrash*, descartáveis e desvalorizados – suspeição americana de um "mau gosto" europeu. No entanto, o próprio vaivém de inovações decorre de uma lei geral da história das instituições de educação mais do que de um impacto superficial. Toda inovação intelectual imposta na universidade por uma geração logo passa a fazer parte de um "mundo envelhecido que, por mais revolucionários que sejam seus atos, é visto pela geração seguinte como superado e à beira da ruína",[3] como observava Hannah Arendt ao defender o conservadorismo intrínseco da educação. Na arena universitária, a própria palavra mudança é falaciosa, e seu processo apresenta modalidades bem particulares; a menor visibilidade ali designa também uma forma de perenidade. Sinal dos tempos, um novo seminário de teoria é inaugurado em Berkeley no outono de 2003, coordenado pelo foucaultiano Didier Eribon, com o título em forma de *flashback* "Seventies Revisited". Isso significa que o parêntese se fecha, que a teoria francesa vira objeto exótico de uma década passada, fazendo parte, como na França, de uma moda "retrô" na música e na vestimenta? Nesse caso, trata-se mais de fazer um balanço dessa década *para hoje*. E, além desse único exemplo, de um impacto perene: ataques redobrados e perda de aura, secularização e onda de balanços assinalam sobretudo a *normalização* da teoria, adotada e institucionalizada, que penetrou profundamente nos costumes intelectuais americanos – e permaneceu inscrita ao programa dos cursos.

RITOURNELLE* DO DECLÍNIO

A oposição à teoria francesa não assinala, portanto, sua perda de aura; ela a precede e data, de fato, do primeiro dia. Constitui, antes de tudo, alguns pólos de resistência dedicados ao represamento do *teorismo*: seja desde sempre, como o departamento de literatura da Boston University, onde foi fundada uma outra "anti-MLA", a Association of Critics and Literacy Scholars (ACLS), de Roger Shattuck e Christopher Hicks, seja desde as lutas ideológicas dos anos 1980, quando certos moderados voltaram-se contra a onda teórica, a exemplo da editora de Princeton ou da célebre *New York Review of Books*. Porém, foi a violência das diatribes antiteóricas dos anos 1990 que legitimou a tese do declínio, e a crueza dos insultos era exatamente proporcional à medida da notoriedade de seus alvos – o preço do seu sucesso. É preciso lembrar aqui as intervenções da crítica Camille Paglia que, por seu zelo patriótico e seus argumentos mordazes, serão conhecidas além do *campus*; o artigo publicado em 1991 em um suplemento literário do *New York Times*, já citado, reaparecerá no *San Francisco Examiner* e depois na publicação mensal *Cosmopolitan*, até ser incluído em uma coletânea em versão mais longa, que se tornará um sucesso de livraria.[4] Suas origens modestas e seu trabalho nas usinas aeronáuticas Sikorsky, onde leciona literatura inglesa a operários, dão autoridade moral ao seu argumento populista. Paglia opõe termo a termo a vitalidade alegre e inocente da *pop culture* aos gemidos "de larvas" e ao "ressentimento" perverso da casta teórica (francesa *e* americana). Ela diz "preferir" o *rock* contra Samuel Beckett e os Marx Brothers contra Paul de Man e imagina até Aretha Franklin açoitando Lacan e seus jovens camaradas ao longo dos Champs-Élysées – "não precisávamos de Derrida, tínhamos Jimmy Hendrix",[5] insiste ela, mediante uma comparação tão incongruente que acaba traindo justamente o grande impacto cultural da dita teoria francesa.

Sua fúria contra Foucault, particularmente, parece não ter limites: "incompetente", "afetado eloqüente", mas "teórico frígido e constipado", "esquerdista em cadeira de roda" e mesmo "bastardo arrogante".[6] O texto de Paglia é tomado de um verdadeiro êxtase francófobo. O "sujeito descentrado" torna-se um dos maiores "pedaços de queijo podre" que os americanos tiveram de engolir, um conceito de *descentramento* que, de resto, teria inspirado na França o fato de ter "tombado sob o poderio alemão"; e os clichês da "ironia fria" e da "afetação pomposa" francesas, que ocultam um completo "vazio cultural", levam a uma condição propriamente *revolucionária*, um apelo a se libertar dos "ideólogos" franceses como em 1776 dos colonos britânicos: "Lancemos os franceses ao mar no Porto de Boston [onde começou a revolução americana] e deixemos que retornem ao seu país a nado".[7] Em certo sentido, uma defesa da *exceção cultural* americana. Por seu tom livre e, como avaliam seus aliados, por ter aberto os olhos de seus compatriotas que "aceitavam piamente como enunciados de verdade o que não

---

* N. de R.T. De acordo com François Zourabichvili, a expressão significa um traçado que retorna sobre si, se retoma, se repete como a circularidade dos três dinamismos. (O Vocabulário de Deleuze, Rio de Janeiro, Relume-Dumará, 2004.)

passava de gracejos maliciosos de *flâneurs*";[8] Paglia torna-se uma *star*, é a própria "*pin up* intelectual dos anos de 1990",[9] segundo o tablóide *Newsday*. Aparece nas capas das revistas *New York* e *Harpers's* e do *Village Voice*, na "lista do ano" da *Rolling Stone*, e ocupa as páginas principais da imprensa internacional, da *Spiegel* ao *Corrière della Sera*, de Moscou a Barcelona. No entanto, do mesmo modo que os ataques neoconservadores da década anterior, tal como os que foram encorajados pelo caso Paul de Man, a provocação de Paglia também contribui para superestimar, no espírito do público, o impacto real da teoria francesa sobre a juventude americana. A ponto de fazer dela, dessa vez, à semelhança do *free jazz* ou do cinema de aventura, um dos gêneros legítimos da cultura contemporânea ou, pelo menos, o verme intelectual no fruto repleto de suco da criatividade cultural americana. As controvérsias que se seguem ao caso Paglia, embora menos rumorosas, têm o mesmo efeito.

Lançada no ano seguinte, a biografia de Michel Foucault pelo crítico James Miller traça um paralelo entre suas teorias do poder e sua suposta "paixão" pelos rituais sadomasoquistas dos *backrooms* de San Francisco, que ele de fato freqüentou no final dos anos de 1970: em uma síntese biografista, e psicanaliticamente banal, Miller situa tanto a vida quanto a obra de Foucault em um mesmo "instinto de morte" – morte do autor e morte real –, ao qual muitos jornais reduzirão todo o percurso foucaultiano desde então.[10] Mais datados historicamente, porém igualmente duvidosos do ponto de vista ideológico, os ensaios do cientista político Tony Judt ataca, ao mesmo tempo, a irresponsabilidade e as derivas "totalitárias" dos intelectuais franceses de vanguarda para reabilitar as figuras do reformismo democrático, ou do "centro" intelectual francês, de Camus a Mendès-France.[11] Em outras disciplinas, a virulência é menos controlada: o crítico de arte Robert Hugues opta pelas metáforas líquidas do tsunami e depois da maré vermelha, lamentando que é impossível fazer carreira em um *campus* se não se "acrescentar alguma coisa a esse lago de jargão cujas águas (engarrafadas para exportação aos Estados Unidos) brotam entre Nanterre e a Sorbonne e em cujas margens lamacentas um rebanho barulhento de pós-estruturalistas vai matar a sede todas as noites";[12] mais lacônico, um trio de historiadores determinado a salvar sua disciplina do "relativismo francês" refere-se a ele como "repugnância pura".[13] É difícil fazer justiça a esse rico *camaïeu* de injúrias ofegantes e de ironias – a não ser lembrando que a veemência de tais apelos à independência cultural é inversamente proporcional à admiração suscitada pelos franceses, ou àquilo que Walter Benjamin chamava de "fetichismo do nome do mestre".

De fato, em vez de desacreditar a corrente teórica, o recrudescimento dessas diatribes desencadeia um processo retroativo mediante o qual o ataque contribui para a manutenção do objeto, pois a demonização de uma categoria de teoria francesa é também uma forma de legitimar tal agrupamento de autores e de conceitos; ela naturaliza um postulado, validando pela negativa aquilo que os divulgadores mais zelosos da *French Theory* tinham dificuldade de difundir para um conjunto homogêneo. E tem o mérito, como vimos, de situar subitamente no coração do espaço público americano um campo de saber especializado ou até mesmo de difícil compreensão. Sem contar que a sucessão de polêmicas, em proveito de certas obras individuais, mas agora em detrimento da categoria em seu conjunto, pode incitar certos críticos a *jogar* um autor contra outro, a condenar os jogos teóricos de Baudrillard para melhor defender o trabalho mais importante de Deleuze e Guattari, ou a estigmatizar as ambigüidades políticas da desconstrução para melhor reabilitar Lyotard e, justamente, sua capacidade de questionar a "pertinência política" de um "pensamento crítico".[14] Ao efeito quantitativo de uma retroação de conjunto – segundo a qual criticar é também oferecer um lugar no espaço de debates e conferir ao objeto proscrito todos os atributos de sedução do paria – acrescenta-se, assim, um efeito de retroação *seletiva*, que obriga cada um a explicitar suas posições e a distinguir melhor os autores franceses entre eles. Além disso, o próprio fato de que esses debates, ideológicos ou mais especializados, girem em torno da herança teórica confirma o papel de princípio organizador do campo intelectual americano, conforme a lógica de Bourdieu da translação de todo o "sistema de gostos": "Impor ao mercado em um determinado momento um novo produtor, um novo produto e um novo sistema de gostos é fazer voltar ao passado o conjunto de produtores, de produtos e de sistemas de gostos hierarquizados segundo a relação do grau de legitimidade".[15] Ou seja, uma translação firme, duradoura, que supere o efeito furtivo da moda – há um *antes* e um *depois* da teoria no espaço público americano. Em suma, ela não terá permitido somente, dos *campi* às galerias, *reencantar o mundo* durante alguns anos, mas também modificar a mais longo prazo uma certa relação americana com o saber.

O que leva a acreditar em um declínio da teoria francesa não é senão o declínio constante e inexorável da influência cultural francesa além-Atlântico depois de meio século – o que leva a concluir que há, conseqüentemente, um declínio da *theory*, embora se concorde sobre o que ela tem de americano, de inventado *in loco* (*homegrown*). Ora, esse declínio é de fato incontestável para além das mudanças de humor francófobas de uma imprensa americana em guerra: declínio do ensino de francês na universidade em favor do espanhol e do chinês, declínio do número de obras traduzidas do francês (com a crise mencionada das editoras universitárias), e seqüência do declínio do papel mundial da França, declínio desde 1945 do lugar consagrado à cultura francesa na imprensa generalista americana – o número de artigos sobre a França sendo sete vezes menor, em termos relativos, para o período 1994-1998 do que para o período 1920-1924, segundo o ultra-oficial *Readers's Guide to Periodical Literature*.[16] De um *contexto* de declínio, infere-se, portanto, um pouco apressadamente, a idéia de que há um declínio de certos *textos*, aqueles mesmos dos quais a universidade americana reapropriou-se após trinta anos, e de que não existe mais nenhuma política cultural francesa promissora. Pode-se ir mais longe e sugerir, como Derrida, que talvez os críticos franceses do humanismo e do semantismo *sempre* tenham sido vistos por alguns, desde sua emergência americana, como um pensamento em declínio, um pensamento *do* declínio, que alguns preferem ver em queda livre: "desde o início dos anos de 1970, já se começava a prognosticar [...] a queda, a decadência, o declínio, que ela estava desabando, que ela estava afundando no abismo", diz ele, em tom irônico, "[geralmente], a queda acontece uma vez e acabou; aqui, tratando-se do fim [...] da teoria francesa, ela perdura, repete-se, insiste, multiplica-se, [...] iminência suspensa, [...] desejo da queda".[17] Nesse sentido, o declínio, para alguns, não é tanto a sorte, mas o próprio motivo espelhado da teoria francesa – e de suas ambições frustradas.

Quanto aos anos de 1990, eles são sobretudo, por trás do vigor dos ataques, os de uma institucionalização da teoria francesa. Novamente nas fileiras, criticada até mesmo por certos ativistas comunitários, ela está menos diretamente associada ao radicalismo identitário do que na década anterior. Vilipendiada na imprensa, ela é bastante minimizada nos *campi*, onde os nomes de Foucault, Derrida e Deleuze ainda esperam seus leitores, mais sabiamente do que antes, nos programas de curso. As polêmicas calam-se pouco a pouco, e os balanços feitos por numerosos críticos são mais estritamente acadêmicos, menos teatralmente belicosos. O *Derrida Reader* de 2001, volume consagrado ao impacto do filósofo sobre todo o campo de humanidades, sinaliza a mudança de tom dos comentários: o sumário declina a anáfora didática "Derrida and..." ao sabor das disciplinas (a literatura, a estética, a ética, o direito, etc.); sob o amparo de um projeto ambicioso (descobrir um futuro para as humanidades), o prefaciador propõe um balanço mais estritamente acadêmico de Derrida e mais carregados de jargões que os de seus predecessores; e a desconstrução defende-se com um ar digno das acusações de niilismo, mas sem xingar seus acusadores de "imperialistas"[18] como antes. Do mesmo modo, o filme documentário *Derrida*, de Amy Ziering Kofman e Kirby Dick, lançado nos cinemas em 2002, é acolhido pela imprensa sem os excessos que prevaleciam outrora. Não se pode escapar das pequenas frases sobre sua notoriedade ("Derrida é a Madonna do pensamento"), mas o filme é objeto de uma leitura quase... derridiana, que lamenta a impossibilidade de a câmera captar o "jogo" e "a ironia de Derrida a respeito de si mesmo".[19] Além de seu caso exclusivo, os cursos de *theory*, embora preferissem intitular-se agora "após a teoria" ou "pós-teoria", retomam a mesma lista de autores, temáticas próximas, talvez um pouco mais preocupados com os textos literários; porém, oferecem a mesma valsa, agora clássica, de nomes e de correntes, que faz girar em torno de um eixo francês alguns satélites isolados, suscetíveis de pôr em perspectiva o conjunto – de Walter Benjamin a Ludwig Wittgenstein, ou ainda Peter Sloterdijk.[20]

A PERSISTÊNCIA CULTURALISTA

A explicação do sucesso da *French Theory*, tal como foi proposta ao longo deste panorama, subestimou deliberadamente o papel desempenhado pelas representações culturais, preferindo concluir, como tantos atores americanos do fenômeno, que, se existe teoria francesa nos Estados Unidos, ela decorre de um interesse pela *teoria* muito mais do que pela França. Mas é preciso ainda chegar a uma resolução final. O paradigma da descontinuidade, tão caro aos especialistas do eixo transatlântico, que transformou as pequenas diferenças culturais em fossos históricos e em fraturas de valores, continua sendo antes de tudo um mito dos jornalistas, ou no mínimo uma deformação dos etnógrafos: tanto estes como aqueles se interessam com forte razão pelos contrastes, que justificam sua atividade, mais do que pelas pouco excitantes similaridades – que, além disso, remetem à unidade culpabilizante de um "primeiro mundo" homogêneo, um "norte" estático de um lado e de outro do Atlântico. Porém, verdadeira ou falsa, a impregnação desse descontinuísmo nos espíritos também desempenha um papel-chave. Em primeiro lugar, descontinuidade entre conceito e "realidade": assim, a crítica francesa da história não podia deixar de fazer seguidores no país onde a sabedoria popular diz que "a história [é] conversa fiada" (*History is bunk*, segundo a expressão de Henry Ford); e, no paraíso da mobilidade social e do capital sem barreiras, a esquizo-teoria deleuzo-guattariana acabaria por se sentir em casa – variação infinita sobre o tema de uma *complementaridade* dialética franco-americana, complementaridade do discurso e da prática, do vitalismo e de sua genealogia, das palavras européias e das coisas americanas. Um esquema que certamente não foi inventado pelo discurso jornalístico: antes da emergência da teoria francesa, são dois séculos de relatos culturais cruzados – e até mais do que isso se remontarmos aos testemunhos dos primeiros evangelizadores – que declinaram, e por isso mesmo produziram, uma relação de articulação dialética entre o Velho e o Novo Mundo, a imagem corrente de uma América que seria de algum modo a referência do conceito francês ou o pensamento europeu *sempre-já-realizado*.[21]

O próprio Tocqueville contribuiu para isso, assinalando, por exemplo, o cartesianismo "espontâneo" dos americanos: "a América é um dos países do mundo onde se estuda menos e onde se seguem melhor os preceitos de Descartes", e os americanos não "precisaram buscar nos livros" as máximas do *Discurso do método*, "pois os encontraram em si mesmos".[22] Assim como, um século mais tarde, o exilado André Breton dirá que suas observações sobre o surrealismo das grandes cidades "valem [...] ainda mais para Nova York que para Paris".[23] E Sartre descreverá a América como realização da dialética; ele verá como uma revelação, pelas ruas de Nova York, o Espírito hegeliano reconciliado com a matéria, "essa presença concreta, cotidiana de uma Razão de carne e osso, de uma Razão que se vê".[24] Philippe Sollers assinala com muita pertinência que, para Paul Morand, como para todos os escritores franceses diante do gigantismo americano, escrever sobre os Estados Unidos consiste em "[entrar] em uma superprodução", em estar então *na escrita* "à medida do audiovisual que se anuncia".[25] A lista é ainda mais longa, incluindo os próprios autores do *corpus* teórico. Estes retomam, às vezes, a flama de uma escrita à (des)medida do país, como Baudrillard com *América* ou Lyotard com seu romance *O muro do pacífico*; ou são lidos como os sismógrafos da tectônica americana, os calmantes da grande angústia estadunidense. É como se, ao falar de "simulacro" ou de "dissimulação", eles verbalizassem um mistério da América contemporânea que teria escapado aos seus observadores ordinários – como se a América e a teoria francesa se *assemelhassem*. É o caso de Foucault quando descobre ali os "novos modos de vida" e de "construção de si" dos quais seu próprio trabalho explora os antecedentes antigos.[26] Ou ainda de Kristeva que, dando cursos de teoria a estudantes e jovens artistas, tem a impressão "de falar a pessoas [...] [para as quais] ela correspondia a uma vivência, a uma experiência, pictórica, gestual ou sexual".[27] E, por fim, de Baudrillard, naturalmente, que está sempre encontrando os paradoxos que evoca *já* formulados na existência até mesmo da Disneylândia, de uma rodovia de Nevada ou do filme *Apocalypse Now* – a América futurista, um original do qual a Europa passadista é apenas a cópia. Esquizofrenia americana contra paranóia européia, vitalismo contra idealismo, discurso contra intensidade: esses binômios prolongam certamente a visão gasta, muitas vezes repisada, de que a América fornecia o espetáculo e a Europa, o pensamento, mas assinalam igualmente a especificidade do objeto da teoria francesa. Seus leitores americanos evidenciam permanentemente a alteridade radical de seu modo de pensamento e *ao mesmo tempo* uma forma de radicalismo que é a única capaz de prender em suas armadilhas a loucura própria da América.

Complementar porque diferente, esclarecedor porque radicalmente outro ou, mais trivialmente, tanto mais valioso quanto menos encontrável *in loco*. Nada demonstra melhor o papel desse velho descontinuísmo franco-americano no sucesso da *French Theory* do que o exemplo, *a contrario*, dos fracassos recentes além-Atlântico dos pensamentos franceses mais próximos da tradição político-filosófica americana – redundantes e por isso invisíveis, familiares e por isso inúteis. Em 1994, o professor de literatura Thomas Pavel e seu colega em ciências políticas Mark Lilla, ligados à Fondation Saint-Simon e aos aronianos franceses, lançam assim o projeto New French Thought (NFT, Novo Pensamento Francês), cujas motivações ideológicas são claras: impor aos Estados Unidos, contra o monopólio dos "nietzschianos" e dos "heideggerianos" franceses, os "pensadores da democracia" tocquevillianos e neokantianos, de Pierre Manent a Gilles Lipovetsky, Alain Renaut e Blandine Kriegel, assim como Jacques Bouveresse e Marcel Gauchet. Inaugurada por um colóquio com o mesmo nome, a coleção "New French Thought", da editora de Princeton, subvencionada pelos serviços culturais da embaixada (determinada também a encontrar sucessores para Foucault e Derrida), publica em inglês, em poucos meses, os ensaios fundamentais do liberalismo francês dos anos de 1980. Contudo, o "NFT", cujos iniciadores sonhavam que se tornasse o novo acrônimo em voga e destronasse nos *campi* os mestres do "pensamento 68", logo se revela um fracasso: vendas medíocres, raros artigos de imprensa, recepção acadêmica desconfiada. "Que diferença de tom, de ambição e de reivindicações!",[28] comenta Edward Said, enquanto o editorialista de esquerda Richard Wolin, pouco suspeito de favores em face da teoria francesa, observa que à "vanguarda francesa" antidemocrática tenta suceder aqui "uma nova geração de pensadores neoliberais, politicamente respeitáveis, mas intelectualmente ordinários".[29] Sem entrar no debate ideológico, opera-se claramente aqui o argumento culturalista: o campo intelectual americano tem mais necessidade de um pensamento *crítico* que continua estranho para ele (oriundo da Alemanha), ou de um pensamento *intensivo* que não possuía (chegado da França), do que de um pensamento legalista, que vem sendo aprimorado há um século, melhor do que ninguém, pela figuras tutelares de sua própria cultura liberal, de William James a John Rawls. Do mesmo modo, Gayatri Chakravorty Spivak e Michael Ryan, comentando a emergência na França de novos filósofos – que associam curiosamente a um "anarquismo" herdado da teoria francesa –, já observavam o caráter redundante de suas proposições com relação ao "conservadorismo americano [do] governo mínimo" e à "posição libertária" de uma "revolta contínua sem revolução".[30] Portanto, a *diferença* não é apenas um tema político: é um visto de entrada nos Estados Unidos em matéria de teoria.

Para concluir, a teoria francesa teve de *fazer a diferença* não apenas ao seu radicalismo estético e político, mas também ao seu incontornável francesismo – em que, na definição americana, a despeito dos caçadores de clichês, os valores de sedução e de ironia ocupam sempre um lugar central, já que a teoria decorre também de uma sedução da ironia. *It's so French*: nesse refrão do francófilo americano, grau zero da expressão culturalista – mas que só é aplicado desse modo para designar os franceses (*It's so German* ou mesmo *so Italian* são muito mais raros) –, o advérbio de quantidade designa um excesso como que por falta, um exagero insidioso, como se o excesso de francesismo tivesse a ver com uma certa polidez da arrogância, uma forma de utilizar um palavreado refinado ou uma escrita sofisticada para melhor atrair para os atalhos e induzir ao erro seus interlocutores, ou seja, o primeiro sentido do *seducere* latino. É de algum modo o equilíbrio instável, miraculoso para um olhar americano, entre o classicismo da forma (em Foucault, por exemplo) e o extremista do argumento, ou entre a simplicidade de acesso do homem (freqüentemente elogiada em Derrida) e a dificuldade do autor, que produz esse combinado de *sedução francesa* à qual os autores em questão devem boa parte de sua fortuna americana. Já a feminista Jane Gallop, desconfiada como seria de se esperar de toda sedução, reconhece que há "uma intersecção particular de Sedução e Teoria": "Muitos de nós se deixaram levar há alguns anos por algo de encantador e perigoso ao mesmo tempo, que eu chamaria, na falta de um nome adequado, de teoria francesa".[31] E até o forte sotaque de Derrida ou Baudrillard, quando se dirigem em inglês à sua platéia, faz parte dessa sedução, pois em uma conferência pública, como observava Erving Goffman, "o que é ruído do ponto de vista do texto" pode tornar-se "música do ponto de vista da interação".[32] Assim, certos arquétipos culturais sobre a *sedução* ou a *tagarelice* francesa precedem, englobam e até amoldam em boa medida o objeto *theory*. Isso também ocorre porque, há trinta anos, a universidade americana interessou-se, no rastro desse *corpus* restrito de uma dúzia de autores, por tudo o que ela associava de perto ou de longe à teoria francesa e pelo charme da ironia, a ponto de considerar como produtos derivados dela o cinema da *Nouvelle Vague* ou o *Nouveau Roman*, este último sendo muitas vezes estudado nos *campi* como se Robbe-Grillet ilustrasse Derrida, ou Georges Perec prolongasse Deleuze – uma França vanguardista revisitada à luz de sua "teoria".

Polifônica, displicentemente crítica, obscura, sedutora, astuta: assim definida, a teoria francesa torna-se uma norma cultural.

DE FOUCAULT A BARTHES: O LEQUE DE PARADOXOS

Resta quebrar, uma última vez, a unidade harmônica do *corpus* para fazer um balanço do *efeito* americano de todos os grandes autores – e delimitar a norma que cada um acabou por encarnar. Contudo, algumas linhas não seriam suficientes para traçar um retrato completo do Foucault americano, do Derrida americano ou do Lyotard americano – nem, infelizmente, para situar todos os autores franceses associados nos Estados Unidos à esfera teórica, de René Girard, que vive no país há quarenta anos, a Michel Serres, que se tornou seu colega em Stanford; de Jacques Rancière a Alain Badiou; ou ainda de Paul Virilio a Jean-Pierre Dupuy, que também leciona na Califórnia. Trata-se, mais sumariamente, de se concentrar nos sete autores cujas obras constituem a armadura da *French Theory*, à qual elas fornecem seus grandes eixos conceituais, assim como seu *estilo* teórico. E de enfocar, para cada um, não tanto uma síntese exaustiva, mas sim um balanço das *contradições*, evocadas aqui e ali, de sua importação e de sua reinvenção americanas, lembrando as tensões que surgiram pouco a pouco entre a lógica de conjunto de uma obra (que inclui seu contexto francês de origem) e seus usos ou suas necessidades americanas – tensões cuja solução, sempre precária, que se chama de distorção ou desterritorialização, foi justamente a que permitiu perenizar e institucionalizar cada um desses *originais* americanos.

A hipótese sugerida aqui é que a transferência americana de cada um desses autores deu lugar a um paradoxo pragmático, ou uma "dupla imposição" (*double bind*), no sentido atribuído a esse termo por Gregory Bateson e seus colegas em seu relatório de 1956 "por uma teoria da esquizofrenia": é a contradição entre dois aspectos de um enunciado, em geral entre seu registro e seu conteúdo de sentido (como na ordem: "seja espontâneo!"), a tal ponto que torna praticamente "insolúvel" e impede "o receptor [de] sair do contexto fixado [pelo enunciado]".[33] Quando uma mensagem "afirma qualquer coisa" e, ao mesmo tempo, "afirma qualquer coisa sobre sua própria afirmação", de tal modo que as duas coisas se excluem, surge um paradoxo pragmático, e sua própria solução só poderá ser pragmática: seja não levando em conta um dos aspectos em questão, seja invertendo os níveis de mensagem (de forma, por exemplo, que "o comentário torna-se o texto e vice-versa",[34] como propõe Yves Winkin), ou ainda impondo o restabelecimento da "metacomunicação" que havia interrompido esse bloqueio – o que explica, talvez, a inflação de comentários e de metadiscursos dos quais os autores franceses são objeto nos Estados Unidos. A contradição, no caso, é obviamente implícita. Ela se deve ao fato de que a própria lógica do texto teórico francês proscreve certos usos, descarta de antemão certas interpretações, que, no entanto, serão necessárias muitas vezes para que seus intérpretes americanos possam *pôr em prática* esse texto. Ou seja, a conhecida dialética da traição e da reapropriação. Para dizer mais abruptamente, o texto de Foucault afirma que *há* "preocupação de si", e o de Baudrillard que *há* "simulação", mas o registro desses textos, assim como sua lógica de conjunto, não permitem extrair dali um método de vida ou uma escola simulacionista – a não ser, justamente, que se vá na contramão da letra dos textos. A parte de "invenção" americana designa desde então a aptidão a *fazer os autores dizerem o que se compreende*, ou, no mínimo, o que se necessita tirar deles. Em outras palavras, é para reconciliar o texto e o mundo, reduzir a inevitável defasagem entre a lógica autárquica de uma obra e o imperativo de sua utilidade, que foram criados, entre impasses e tateios, um Derrida, um Deleuze e um Lyotard inteiramente *inéditos* na França.

A obra de Foucault é um caso típico. Mesmo comparado a Derrida, estatuado em vida, seu impacto a longo prazo nos Estados Unidos é incomparável, tanto pela dimensão das vendas de suas traduções (mais de 300 mil exemplares para *A vontade de saber*, mais de 200 mil para *História da loucura*, mais de 150 mil para *As palavras e as coisas*) quanto pela variedade das disciplinas que ele contribuiu para desestabilizar ou para dar origem, e até pela diversidade de seus públicos: na espessa bibliografia de seus *readers* e outros *digests*, encontra-se um Foucault para assistentes sociais,[35] um Foucault em quadrinhos para iniciantes,[36] e mesmo um Foucault para lembrar que a África do Sul de Nelson Mandela não "acabou" com o *apartheid*.[37] De John Rajchman, que vê nele o *cético* moderno e louva sua "ética da liberdade",[38] ao estudo clássico de Dreyfus e Rabionow,[39] a qualidade de alguns de seus leitores americanos tem poucos equivalentes na França. Mas há também um fosso que separa o Foucault francês e o Foucault americano, que Vincent Descombes declarava mesmo "incompatíveis" em um artigo que marcou época – no qual ele opunha um Foucault anarquista e provocador que lia os surrealistas, o francês, e um Foucault pensador de práticas e moralista político, o americano, que tenta "redefinir a *autonomia* em termos puramente humanos".[40] A diferença está ligada sobretudo ao estatuto: nos Estados Unidos, Foucault é o *intelectual-oráculo*, aquele cuja prosa desmascara o biopoder, arma as novas lutas ou anuncia a virada *queer*, e aquele cujo revigorante "rir filosófico" é, no plano ético, a única garantia de uma distância de seus próprios discursos. É que, no âmago de sua leitura americana, ocupando um lugar mais central do que em seu próprio itinerário, a dupla explosiva "saber-poder" tornou-se a chave de sua obra, assim como de toda uma inteligência do mundo. Nos Estados Unidos, tira-se desse grito de guerra que se tornou o binômio *power-knowledge* a preocupação de que a torre de marfim acadêmica também tenha seus deveres performativos, a prova de que universalismo e racionalismo podem ser discursos de conquista e a idéia de que a exclusão (do louco, do delinqüente) é a única a permitir o advento da norma (a razão, a justiça). Uma tripla leitura de Foucault que oferece a seus usuários americanos uma verdadeira *teoria do complô*, por meio da qual se procura apontar culpados e vítimas. Nesses textos de *Cultural Studies*, ou de estudos minoritários americanos inspirados em Foucault, trata-se sempre de "desmascarar" ou de "deslegitimar" uma forma de poder que "oculta" ou "marginaliza" esta ou aquela minoria oprimida – o reverso do procedimento genealógico de Foucault.

Ele visava uma analítica, e não uma axiologia, do poder. Quanto a torná-lo o advogado mais zeloso dos sem-voz, isso significa esquecer os dois limites de uma "política" foucaultiana: a dificuldade tática de fixar um *sujeito* coerente, da história ou do combate político, quando o próprio poder "é exercido a partir de inúmeros pontos" e quando "a resistência [...] jamais se encontra em posição de exterioridade em relação a [ele]";[41] e a crítica oposta que lhe fazem de usurpar essa voz dos sem-voz, de fazer falar os silenciosos do asilo ou da prisão pelas flamas que produzirão nos escritos do autor – que pedia também que o poupassem dessa "moral de estado civil" que exigem de um pensador que ele saiba "continuar o mesmo".[42] A defasagem aumenta ainda mais com a temática dos últimos anos em torno da "ética de si" e do "dizer-verdade". Seu triunfo, que começa em 1977, é tão grande que muitos epígonos gostariam de poder tirar de seu trabalho um "método" de construção de si, como lhe é solicitado no final de seu ciclo de conferências de 1980 na New York University ("mas eu não quero, principalmente, lhes dizer como devem viver!", teria respondido).[43] Trata-se de extrair dali os preceitos de um saber-viver, *gay* ou estóico, pensador ou militante. Na revista *Salmagundi*, em uma entrevista de 1982, Foucault é inclusive obrigado a repetir, lancinante: "tenho o cuidado de não impor meus pontos de vista", pois "quero evitar impor meu sistema" ou, ainda, "quanto a prescrever a orientação [...], prefiro não legislar nesse âmbito".[44] Uma prescrição que certos críticos entenderão de modo patriótico: o léxico foucaultiano remete dessa vez a uma "ética americana" como "estilização de si nos Estados Unidos", mistura de "resistência à norma" e de uma "estética da liberdade"[45] – uma ode parafoucaultiana à América pioneira e repressiva, e a seus mitos não-questionados, que certamente não seria apreciada pelo ativista Foucault.

Já se evocou aqui, a propósito da desconstrução, o paradoxo pragmático derridiano: *construir*, como método de leitura e corpo de regras transmissível, uma abordagem desconstrucionista de qualquer texto, ou seja, uma contradição não tanto entre o método e o puro surgimento, mas entre *autonomia* do texto e *vontade* leitora. De fato, nunca se *escolhe* desconstruir a essência ou a origem, como repete Derrida à sua maneira: "Na desconstrução da arquia, não se procede a uma escolha".[46] Portanto, o duplo constrangimento remete aqui ao projeto de "pôr em prática" a crítica de toda prática, pois o que é visado pela desconstrução também é necessário para ela como sua condição de possibilidade. Conforme sugeria Paul de Man, desconstruir a "ilusão da referência", a possibilidade de que um texto remeta a uma *realidade* não-textual, só é factível de um modo referencial, ainda que em segundo grau; e, como lembrava Derrida, se é a metafísica que torna possível o pensamento crítico, uma crítica da metafísica só pode ser sua cúmplice. Assim, a desconstrução como projeto impede permanentemente aos seus usuários americanos, fazendo brilhar ao longe como um objeto de desejo, o horizonte de sair da metafísica, de uma superação da nostalgia, na medida em que as próprias categorias de *interior* e *exterior* são conceitos metafísicos. A evolução dos escritos de Derrida, de uma teorização mais ou menos sistemática da desconstrução à sua prática textual e intertextual, mediante uma linguagem experimental e raciocínios mais elípticos, acabou reforçando essa defasagem, tornando seu trabalho posterior ainda menos *literalmente* operante nos Estados Unidos. Dado que o interessado não parou, se é que podemos dizer assim, de jogar lenha na fogueira, zombando da "didática" de uma certa desconstrução, reformatada como "teoria prática, fácil, cômoda e mesmo vendável", lá onde ela "era indissociável de uma lei de expropriação [...] que resiste a qualquer movimento de apropriação subjetiva do tipo: quanto a mim, EU desconstruo".[47] E é, sem dúvida, porque ela traz à luz os recônditos do pensamento metafísico que essa própria contradição está presente no coração da obra derridiana, que explora suas menores inflexões. Porém, é sua sistematização pedagógica que a afasta de Derrida. Ela reduz a flexibilidade de seu procedimento, sua ductilidade, assim como sua minúcia, em proveito de um reflexo de contraleitura grosseiramente dialético – segundo o qual o texto desconstruído é visto como o oposto, a face oculta do texto aparente, que em Derrida era apenas, na maioria das vezes, a pequena defasagem, o ínfimo desvio. Isso ocorre porque, também aqui, um forte contraste é bem mais operante.

O impacto mais tardio de Deleuze, e sobretudo dos quatro livros que escreveu em colaboração com Félix Guattari, foi precedido, por sua vez, de duas décadas de mal-entendidos. A tradução antes de seus outros títulos de *Proust e os signos* e de seu *Sacher Masosh* fez com que fosse visto por um grupo ainda muito restrito de leitores como um crítico literário atípico, dublê de sexólogo alternativo. As sínteses já mencionadas de alguns marxistas americanos (entre os quais Fredric Jameson) associam-no posteriormente a um esteta da pós-modernidade, ao passo que, de sua parte, a revista de esquerda *Telos* vê em *O Anti-Édipo* e na esquizoanálise "uma extensão do Reich e, em menor medida, de Marcuse".[48] Entretanto, por seus temas do desejo-máquina e do sujeito nômade, o célebre início de *O Anti-Édipo* será citado ao longo dos anos de 1980, em apoio principalmente a uma crítica do sujeito, colonial ou heterossexual. Porém, salvo as experimentações efêmeras da revista *Semiotext(e)* e o uso mais pessoal que fizeram dele certos práticos (de Kathy Acker a DJ Spooky), os desafios filosóficos do pensamento intensivo, e de seu modo afirmativo, só serão percebidos muito mais tarde nos Estados Unidos, a partir de meados dos anos de 1990, quando são reintegrados imediatamente ao discurso da instituição universitária, que agora parece ter fixado sua escolha em Deleuze e Guattari, em detrimento de seus usos *extracampus*. Contudo, nem por isso chegou-se a circunscrever o horizonte propriamente político do projeto deleuzo-guattariano, que faz de *Mil Platôs* um verdadeiro tratado de guerra e das micropolíticas uma nova dimensão da comunidade. O paradoxo pragmático tem a ver aqui com o tratamento pelo mero *comentário*, desenrolar obrigatório do novelo discursivo, de um pensamento que apelava bem mas à *criação de conceitos*. De Charles Stivale a Brian Massumi, o comentário proposto pelos grandes exegetas americanos de Deleuze é quase sempre mimético: teatraliza diretamente no texto a ocorrência do "acontecimento", invoca este ou aquele conceito de Deleuze à maneira mágica do encantamento, quando não convida, retoricamente, a "tornar-se deleuziano" ou a "fundir-se com a obra para transportar um ou vários conceitos" ao longo de suas linhas de fuga.[49] Uma literatura contrária ao projeto – e mesmo à ética – de Deleuze e Guattari, que denominavam "tecnonarcisismo" o conjunto desses "procedimentos miméticos".[50] Como conclui o filósofo Élie During, que faz "do deleuzismo uma idéia excessivamente doutrinária", seus comentadores americanos fazem "da filosofia uma idéia muito pouco deleuziana", em que não se poderia ser "verdadeiramente fiel ao Mestre a não ser traindo-o, [...] aplicando a Deleuze seus próprios métodos de trabalho",[51] por exemplo, pondo em movimento suas próprias contradições, mais do que imitando piamente um pensamento canônico.

Quanto a Jean-François Lyotard, suas leituras americanas com freqüência limitaram sua obra à questão pós-moderna. Daí o exemplo marcante que ele representa de um desvio de registro, de um mal-entendido *tonal* de algum modo – favorecido no seu caso pelas liberdades que ele tomou com a escrita argumentativa usual. Aquilo que ele constata filosoficamente, para o qual propõe uma genealogia teórica, e que seu próprio estilo tenta às vezes imitar para melhor destacar seu argumento – o fim das grandes narrativas, a alternativa da paralogia, as intensidades pulsionais do capital –, foi lido com muita freqüência nos Estados Unidos com base no mero registro da prescrição: como epifania pós-moderna, elogio das pequenas narrativas, injunção libidinal ou apelo a implodir as últimas totalidades. Ainda que a riqueza do percurso lyotardiano esteja ligada a uma certa distância mantida entre a refração do presente e o julgamento programático, entre asserções e prescrições – sendo que aquelas pelas quais ele se deixa levar nos textos mais curtos, como festejar uma "decadência da verdade" em *Rudimentos pagãos*, não constituem a regra –, essa leitura prescritiva americana também pode transformar-se em contra-senso. Lyotard foi lido como grande revelador de uma virada histórica, de um acontecimento da pós-modernidade, no ponto em que esta sempre foi para ele uma componente interna, uma etapa recorrente da modernidade, e não uma *fase* separada. Do mesmo modo, sua crítica política do conceito de representação justificará o recurso de feministas e de minorias étnicas a ele, em nome de um messianismo pós-moderno dos excluídos e dos subalternos que certamente não faz parte da lógica de sua obra – e, de toda forma, em detrimento do Lyotard teórico estético, o de *Discurso figura* e da "analítica do sublime", desconhecida além-oceano.

No caso de Baudrillard, o paradoxo está ligado antes de tudo aos incontáveis *-ismos* que lhe imputaram sucessivamente nos Estados Unidos, sempre a contrapé. Em primeiro lugar, marxismo: suas primeiras obras, de *O sistema dos objetos* a *A troca simbólica e a morte* e, sobretudo, *O espelho da produção*, valem a ele uma posição na linha de Adorno e Lefebvre. Sua semiologia política é lida como crítica de signos mercantis, continuação semiótica ou desconstrução simbólica de Marx, conforme as leituras. No entanto, suas extrapolações teóricas já são lidas de modo realista; no ponto em que ele trata do esgotamento de certos paradigmas, lê-se o fim real de certos referentes: sua crítica do determinismo marxista e, posteriormente, das miragens da semiologia anuncia, segundo alguns de seus leitores, "o [fim] do social e depois da realidade enquanto essências".[52] O resto, como se viu, vai no mesmo sentido: sua teoria da simulação inspira nos artistas uma corrente "simulacionista", suas observações sobre o hiper-real convencem jornalistas e cineastas de que ele é "hiper-realista", e não seria estranho se seus devaneios sobre o deserto e os cassinos acalentassem uma corrente *azarista*. O pensamento paradoxal, que nele é escrita tanto quanto teoria e que costuma afastar seus êmulos, é objeto de uma verdadeira fixação exegética nos seus especialistas anglo-saxões. De Mark Poster a Douglas Kenner, sua obra suscitou de fato uma vintena de monografias acadêmicas, organizadas em temas e minuciosamente argumentadas, contra nenhuma na França nessa época – onde o interessado nunca foi muito divulgado. A América sempre leu Baudrillard com menos ironia do que paixão, repetindo frases de *O crime perfeito* ou de *A transparência do mal* como mantras pós-modernos, assim como atacando *América*, livro que chegou a ser queimado em um *campus*, e defendendo a proibição da permanência no país, após o 11 de setembro de 2001, do autor de *O império do terrorismo*, que ousou afirmar que as torres gêmeas "suicidaram-se". Isso se deve ao fato de que ela jamais conseguiu acompanhá-lo na via extremamente evasiva de uma "teoria [que] se torna seu próprio objeto", que "deve se fazer simulação quando fala de simulação, [...] sedutora quando fala de sedução",[53] para não dizer, de um modo mais tautológico, de uma teoria "baudrillardiana" quando seu nome aparece ali.

Finalmente, além dos casos de Jacques Lacan e Julia Kristeva – cuja recepção não é menos paradoxal, sendo adulados pelos escritores, enquanto os profissionais da psicanálise na América devotam-lhes uma hostilidade selvagem –, restam os avatares americanos de Roland Barthes. "Entre todas as notoriedades intelectuais que surgiram na França depois da Segunda Guerra Mundial, estou convencida de que Roland Barthes é aquele cuja obra é a que tem mais garantia de perdurar",[54] começava um texto da escritora Susan Sontag em homenagem a Barthes, com quem ela mantinha laços de amizade – e cujo trabalho ela contribuiu para tornar conhecido nos Estados Unidos.[55] O primeiro Barthes, o estruturalista de *O grau zero da escrita*, teve uma acolhida excessivamente política no mundo anglo-saxão, fosse para condenar sua "lingüística reciclada [de] marxista margem-esquerda (*sic*)" posto a serviço de suas "caretas antiburguesas" ou, ao contrário, para celebrar uma forma de "crítica liberatória [que] busca a ideologia no momento mesmo em que ela é produzida".[56] Após a politização do semiótico, vem a sexualização do livre-pensador: o último Barthes, embora fosse tão numeroso (de *Incidentes* a *A câmara clara*), conheceu uma segunda vida universitária nos Estados Unidos a partir de meados dos anos de 1980 em torno de questões da autobiografia, da crítica como confissão e de um *estilo* literário homossexual – temáticas contrárias à descrição de Barthes, à sua aversão aos *doxa*, à sua abordagem indireta, sempre perifrástica, das questões sexuais. *O prazer do texto*, que nos anos de 1970 é um dos grandes sucessos de livrarias universitárias além-Atlântico, foi lido, por sua vez, como profecia pós-moderna, alegoria de uma "textualização" do mundo, contrariamente ao *prazer* em questão. Mesmo a idéia recorrente de que ele encarnava o modelo contemporâneo do "escritor completo"[57] faz pouco caso das tensões, das guinadas e das fraturas entre as múltiplas facetas de seu itinerário. Isso ocorre porque impor o nome de um autor, em uma lista já pletórica, requer também atribuir um rótulo, unificar um autor plural em um personagem singular – grau zero do paradoxo pragmático.

Trata-se, portanto, de maneira geral, de uma contradição entre a lógica do uso e a lógica de textos instáveis, inclassificáveis, refratários à sua utilização prescritiva. Uma primeira hesitação manifesta-se frente aos autores que tem como resultado impor um registro prescritivo, seja político, ético ou prazerosamente textualista, a textos cujo registro justamente persistia em escapar. Todavia, a contradição em questão não é apenas pragmática, posterior, imputável a todos os desleitores americanos. Remete também a uma tensão inerente ao programa teórico, uma tensão que, em sua urgência de pôr os textos em prática, em circulação, seus usuários americanos permitiram desenvolver em todas as suas dimensões. Essa tensão, de que se nutrem as obras referidas – e que elas próprias problematizam explicitamente –, está ligada à *impossibilidade* própria ao texto teórico de opor à razão outra coisa que não a razão, de criticar a metafísica sem os recursos da metafísica, de desconstruir a continuidade histórica sem recompor sobre as ruínas uma outra forma de continuidade histórica. Talvez o impossível não seja americano: é preciso superar pela ação, ou no mínimo pela injunção da ação (os *campi* obrigam), a tensão em questão, estetizá-la para poder descobrir seus traços em todos os "textos" da cultura contemporânea, ou dramatizá-la solenemente para que ela produza o sentimento de uma virada histórica, de um futuro iminente – talvez sejam esses os modos de gestão americana do *impossível* teórico.

NOTAS

1 Para retomar o título de um ensaio polêmico de Neil POSTMAN, *Amusing Ourselves to Death: Public Discourse in the Age of Show Business*, New York, Viking, 1985.

2 Herman RAPAPORT, *The Theory Mess*, New York, Columbia University Press, 2001.

3 Hannah ARENDT, *La Crise de la culture*, op. cit., p. 247.

4 "Junk Bonds and Corporate Raiders: Academe in the Hour of the Wolf", *op. cit.*

5 *Ibid.*, p. 216-219.

6 *Ibid.*, p. 175, 187, 197, 216 e 224.

7 *Ibid.*, p. 180, 211, 215 e 213.

8 *Ibid.*, p. 215 [em francês no texto].

9 M. G. LORD, "The Pinup Drives Eggheads Wild", *New York Newsday*, 6 outubro 1991.

10 James MILLER, *The Passion of Michel Foucault*, New York, Simon & Schuster, 1992.

11 Tony JUDT, *Past Imperfect: French Intellectuals, 1944-1956*, Berkeley, University of California Press, 1992 e *The Burden of Responsibility: Blum, Camus, Aron, and the French Twentieth Century*, Chicago, University of Chicago Press, 1988.

12 Robert HUGUES, "The Patron Saint of Neo-Pop", *New York Review of Books*, 1º junho 1989.

13 Expressão referida por Sylvère Lotringer.

14 Bill READINGS, *Introducing Lyotard: Art and Politics*, New York, Routledge, 1991, p. XI-XII.

15 Pierre BOURDIEU, *Les Règles de l'art*, op. cit., p. 226-227.

16 Citado *in* Bertram GORDON, "The Decline of a Cultural Icon: France in American Perspective", *in French Historical Studies*, v. 22, n. 4, outono 1999, p. 627.

17 Jacques DERRIDA, "Deconstructions: The Im-possible", *in* Sande CHOEN e Sylvère LOTRINGER (dir.), *French Theory in America*, op. cit., p. 16-17.

18 Tom COHEN (dir.), *Jacques Derrida and the Humanities: a Critical Reader*, op. cit.

19 Rhonda LIEBERMAN, "Jacques le Narcissiste", *Art Forum*, outubro 2002.

20 Programa do seminário "After Theory" (2002-2003) no Graduate Center da City University de Nova York.

21 O ensaio de Jean-Philippe MATHY, *Extrême-Occident: French Intellectuals and America* (Chicago, University of Chicago Press, 1993), constitui um rico inventário dessa velha "retórica da América".

22 TOCQUEVILLE, *De la démocratie en Amérique*, v. 2, *in Œuvres II*, Paris, Gallimard, Bibliothèque de la Pléiade, 1992, p. 513-515.

23 André BRETON, *Entretiens (1913-1952)*, Paris, Gallimard, coll. "Idées", 1969, p. 244.

24 Jean-Paul SARTRE, "Individualisme et conformisme aux États-Unis", *in Situations*, op. cit., p. 82.

25 Philippe SOLLERS, "Un Français à New York", prefácio a Paul MORAND, *New York*, Paris, Garnier-Flammarion, 1988, p. 10.

26 "Le triomphe social du plaisir sexuel: une conversation avec Michel Foucault", *in Dits et écrits*, v. 4, op. cit., p. 308-314.

27 Julia KRISTEVA, Marcelin PLEYNET, Philippe SOLLERS, "Pourquoi les États-Unis?", *Tel Quel*, op. cit., p. 5.

28 Edward SAID, "The Franco-American Dialogue", op. cit., p. 156.

29 Richard WOLIN, "French Political Philosophy", *in Dissent*, verão 1996, p. 123.

30 Gayatri Chakravorty SPIVAK e Michael RYAN, "Anarchism Revisited: A New Philosophy", *in Diacritics*, verão 1978, p. 69-70.

31 Jane GALLOP, "French Theory and the Seduction of Feminism", *in* Alice JARDINE e Paul SMITH (dir.), *Men in Feminism*, New York, Methuen, 1987, p. 111.

32 Erving GOFFMAN, *Façons de parler*, Paris, Minuit, 1987, p. 194.

33 Paul WATZLAWICK *et al.*, *Une logique de la communication*, Paris, Seuil, coll. "Points", 1979, p. 211-213.

34 Yves WINKIN (dir.), *La Nouvelle Communicaton*, Paris, Seuil, coll. "Points", 1981, p. 42.

35 Laura EPSTEIN *et al.* (dir.), *Reading Foucault for Social Work*, New York, Columbia University Press, 1999.

36 Lydia FILLIGHAM *et. al.* (dir.), *Foucault for Beginners*, New York, Writers & Readers, 1993.

37 Doug McEACHERN, "Foucault, Governmentality, Apartheid and the "New" South Africa", *in* Paul AHLUWALIA *et al.* (dir.), *Post-Colonialism: Culture and Identity in Africa*, Commack, Nova Science, 1997.

38 John RAJCHMAN, *Michel Foucault: The Freedom of Philosophy*, New York, Columbia University Press, 1986.

39 Hubert DREYFUS e Paul RABINOW, *Michel Foucault: un parcours philosophique*, Paris, Gallimard, 1984.

40 Vincent Descombes, "Je m'en Foucault", *London Review of Books*, 5 março 1987.

41 Michel FOUCAULT, *Histoire de la sexualité 1. La volonté de savoir*, *op. cit.*, p. 123 e 125-126.

42 Michel FOUCAULT, *L'Archéologie du savoir*, Paris, Gallimard, 1969, p. 28.

43 Afirmação referida por Edmund White.

44 "Choix sexuel, acte sexuel" (entrevista), retomado *in Dits et écrits*, v. 4, *op. cit.*, p. 334-335.

45 Lee QUINBY, *Freedom, Foucault, and the Subject of America*, Boston, Northeastern University Press, 1991.

46 Jacques DERRIDA, *De la grammatologie*, *op. cit.*, p. 91.

47 Jacques DERRIDA, "Deconstructions: The Im-posible", *op. cit.*, p. 20.

48 Robert D'AMICO, "Introduction to the Foucault-Deleuze Discussion", *Telos*, n. 16, inverno, 1973, p. 102.

49 Brian MASSUMI, "Becoming Deleuzian", *in* Constantin BOUNDAS (dir.), *The Deleuze Reader*, New York, Columbia University Press, 1993, p. 401.

50 Giles DELEUZE e Félix GUATTARI, *Mille Plateaux*, *op. cit.*, p. 33.

51 Élie DURING, "Deleuze, et après?", *Critique*, n. 623, abril 1999, p. 292 e 301.

52 Chris McAULIFFE, "Jean Baudrillard", *in* Kevin MURRAY (dir.), *The Judgment of Paris: Recent French Theory in a Local Context*, North Sydney, Allen & Unwin, 1992, p. 98-101.

53 Jean BAUDRILLARD, *L'Autre par lui-même. Habilitation*, Paris, Galilée, 1987, p. 84-85.

54 Susan SONTAG, *L'Écriture même: à propos de Roland Barthes*, Paris, Christian Bourgois, 2002 [1992], p. 3.

55 Susan SONTAG (dir.), *A Barthes Reader*, New York, Vintage, 1982.

56 Citado *in* Steven UNGAR, *Roland Barthes: The Professor of Desire*, Lincoln, University of Nebraska Press, 1983, p. XIII-XV.

57 *Ibid.*, p. XI-XII.

13
A teoria-mundo: uma herança planetária

> "Defino o intelectual como um exilado, um marginal, um amador, enfim, como o autor de uma linguagem que tenta falar na verdade ao poder."
> Edward SAID, *Dos intelectuais e do poder*

Sua interpretação americana é apenas uma das múltiplas formas que a teoria francesa assumiu através do mundo, de Pequim a Bogotá, dos neolibertários russos aos ativistas brasileiros – ou ainda, por suas traduções, do coreano ao *swahili*. Textualismo de vanguarda e radicalismo minoritário, seus dois principais avatares nos *campi* americanos, no fim das contas, são apenas dois usos locais, duas metamorfoses culturais possíveis. Há tantas leituras e práticas de Foucault, Deleuze ou Derrida quantos são os campos de acolhimento de seus textos, os contextos políticos e as tradições culturais nas quais eles vêm se fundir, ou se dissolver. A extraordinária mundialização da teoria francesa, iniciada conforme o país entre o início dos anos de 1970 e o final dos anos de 1980, agravou ainda mais o quiasma evocado no início: enquanto a França enterrava pouco a pouco, geralmente vivos, os arautos do *pensamento intensivo* (a que pertencem as obras de Foucault, Deleuze, Lyotard e mesmo Derrida) para se voltar ao humanismo democrático mais apresentável de alguns de seus jovens clérigos, não apenas os Estados Unidos, mas todo o mundo encontrava em autores deslegitimados em seu país uma fecundidade heurística, política e intercultural sem precedente – mediante um cruzamento com autores e discursos locais. Desde então, eles obtêm ali os elementos de um pensamento às voltas com a nova desordem mundial e, muitas vezes, as ferramentas de uma emancipação intelectual em relação aos discursos e aos movimentos de libertação locais, marxistas e/ou nacionalistas. Um destino planetário que condena Baudrillard quando, em *América*, ele vê como uma "transferência infeliz" as "comoventes tentativas de aclimatar" teorias européias que seriam de fato "como os vinhos finos e a cozinha" – elas "não [transporiam] verdadeiramente"[1] os oceanos.

Para não ser reduzida à ideologia Benetton da bela diversidade, no caso a dos leitores variados e dos usos policromáticos, essa disseminação mundial mereceria um estudo aprofundado ou, em todo caso, mais do que o sobrevôo rápido que se segue. Porém, sobretudo, ela é indissociável da dominação não-partilhada das indústrias culturais e das instituições universitária e editorial americanas, já que os Estados Unidos também exportam suas ondas teóricas, desde a difusão global de seus *Readers* até os inúmeros impactos locais dos *Cultural Studies*. A ponto de a *French Theory* passar geralmente por Stanford ou Columbia antes de chegar aos *campi* menos favorecidos de nações subalternas – impondo-lhes o desafio de uma leitura de textos franceses ao mesmo tempo *a favor da* e *contra a* América. Portanto, o que conta aqui é resultado de uma reapropriação crítica, de uma hibridização ativa: tratava-se de que a teoria *refletisse* sem com isso *reproduzir* as relações de força mundiais nas regiões do mundo onde justamente sua lei de bronze é a mais patente. No fim das contas, que uma interpretação vanguardista francesa dos filósofos alemães atinja leitores indianos ou argentinos por intermédio de seus comentários anglo-americanos não corresponde em nenhum caso ao afastamento de uma improvável "fonte" – porque apenas o presente dos usos determina seu valor e porque todo pensamento, como enunciava Deleuze, é antes de tudo decifração de uma distância: "não existe Logos, existem apenas hieróglifos", dizia ele, pois "pensar é interpretar, ou seja, é *traduzir*".[2]

A AMÉRICA E SEUS OUTROS

Em muitos casos, tratava-se de um conjunto acadêmico *anglo-americano* indiferenciado que fazia muito pouco caso de um campo intelectual britânico bastante autônomo. De fato, vários traços importantes o distinguem de seu homólogo americano em face da teoria francesa: uma tradição mais antiga de intelectuais públicos, uma menor incitação à inovação apela inovação, o peso superior dos marxistas no campo literário e, mais amplamente, a preservação do mesmo paradigma sociopolítico das classes sociais que na França. Contudo, resta ainda que, em matéria de política intelectual – a das correntes consagradas, dos *campi* mais em vista, dos editores universitários –, todos os países exclusivamente anglófonos estão inteiramente submetidos aqui à autoridade americana, aos seus autores-faróis, às suas orientações pedagógicas e aos seus colóquios internacionais generosamente patrocinados: a Grã-Bretanha, apesar de suas divergências, o Canadá, naturalmente, a Austrália e a Nova Zelândia, onde em geral limita-se a modular as questões minoritárias (para tratar da relação com a coroa britânica, ou da segregação de que são vítimas *in loco* os aborígines ou os maoris[3]), a África do Sul, depois do fim do *apartheid*, ou ainda Israel e seus *campi* americanizados – assim como alguns satélites econômicos e militares dos Estados Unidos, onde as fundações americanas financiam programas de estudos e intercâmbios de pesquisadores, de Singapura à Arábia Saudita. Convidada em 1980, juntamente com outros, para ensinar a desconstrução e o estruturalismo na Universidade (masculina) de Riyad, Gayatri Spivak ficou espantada com os recursos e o acolhimento generosos que lhe foram oferecidos, mas ela pôde constatar também que "a Arábia Saudita, com a ajuda americana, estava de fato produzindo uma elite intelectual [...] incapaz de ver a ligação entre sua própria produção e os fluxos do petróleo, do dinheiro e das armas",[4] uma elite "humanista" e tecnocrática da qual a ditadura wahabita necessitava para pesar no cenário internacional.

Uma tal dominação direta da máquina universitária americana explica que nesse país a teoria francesa tenha circulado inicialmente sob a bandeira de suas vulgarizações americanas. Paul de Man é lido de Sydney a Tel-Aviv. Foucault, em Montreal como em Johannesburg, é antes de tudo o autor que vem prolongar o pensamento *queer* de Judith Butler ou o pós-colonialismo de Homi Bhabha. E as polaridades modernismo-pós-modernismo ou essencialismo-construcionismo funcionam tanto em Londres quanto em Auckland. Mas a América, aviltada pelos "radicais" do *campus* de Duke e pelos intelectuais de esquerda do Quebec à Irlanda, não põe em prática aqui uma *vontade* exportadora – ou hegemônica –, tal como ocorre em seus estúdios de cinema ou em suas indústrias de armamento. O que sinaliza a uniformização das regras pedagógicas e dos discursos teóricos no campo de humanidades de *todas* as universidades de língua inglesa não é outra coisa senão a emergência de uma nova "classe" universitária transnacional. O sociólogo Alvin Gouldner analisava esse fenômeno, já em 1979, de uma perspectiva marxista: ele via ali a irrupção de uma "burguesia cultural internacional", composta de universitários poliglotas oriundos de uma "*intelligentsia* tecnocrática", assim como do campo "intelectual-humanista", aliada à "estrutura de poder burocrática" (a da universidade e a da sociedade política), mas para defender "seus próprios interesses" e formar uma "classe universal viciada [*flawed*]" detentora de um verdadeiro "monopólio mundial do saber geral e dos discursos críticos".[5] A tese de Gouldner peca às vezes pelo simplismo, postulando uma submissão orgânica desses novos professores transfronteiras ao poder burocrático. Contudo, ela se dá conta de uma transição de conjunto em escala mundial: a passagem do intelectual público de meados do século, escritor engajado ou bardo da descolonização, ao "intelectual específico" de que falava Michel Foucault. Em duas ou três décadas, passa-se de uma internacional da escrita, *intelligentsia* oligárquica que se dirige diretamente aos poderes e à opinião (e da qual o atual Congresso Internacional de Escritores, por exemplo, seria um resquício), a uma internacional de *campus*, rede paralela organizada e profissionalizada, cujos membros dirigem-se antes de tudo uns aos outros e cujas regras são as da globalização universitária – ou daquilo que Bourdieu chamava de "rede complexa de intercâmbios internacionais entre detentores de posições acadêmicas dominantes".[6] Porém, ao contrário do que sugeria Gouldner, e mesmo certos bourdiesianos, tal evolução, que corresponde bem a uma reterritorialização universitária do debate intelectual mundial, não prevê absolutamente as audácias conceituais e políticas desses novos franco-atiradores de *campus*, agora sem fronteiras.

Ao mesmo tempo, líderes e críticos intempestivos dessa nova "classe" acadêmica, uma série de intelectuais inovadores oriundos do campo de humanidades (em geral, filósofos de formação), e mais freqüentemente europeus do que americanos (mas não franceses), formam hoje uma verdadeira vanguarda universitária mundial – que se constata ser o triplo produto da potência universitária americana, da nova mobilidade da elite intelectual e de uma herança viva (e indefinidamente debatida) da teoria francesa. Podem ser mencionados alguns nomes de forma bastante sucinta. A influência mundial do filósofo italiano Antonio Negri, por exemplo, refugiado em Paris após as lutas autonomistas, não seria o que é sem a caixa de ressonância dos *campi* americanos.

Reivindicam agora o *negrismo*, particularmente, várias alas radicais do movimento altermundialista, desde os ativistas transalpinos *tute bianche* de Luca Casarini até os jovens anarquistas alemães, e dos sindicatos alternativos latino-americanos à revista *Multitudes* na França. Essa corrente híbrida defende, como Negri, uma ontologia da libertação deleuzo-spinoziana, ligada a um marxismo heterodoxo do sujeito político estilhaçado (as "multidões") e a uma redefinição pós-estrutural ampliada do poder imperial (um "império" microfísico e multipolar). No entanto, isso também é um produto do caldeirão universitário americano, pois foi ali que se originou o sucesso mundial de livrarias de *Império* (publicado em 2000 pela editora de Harvard),[7] único lugar onde se poderia fazer essa mistura inédita com acentos às vezes místicos de Foucault, Marx e Derrida. E onde, mais concretamente, atua o advogado mais discreto, mas também o mais eficaz, do negrismo, Michael Hardt, ex-aluno de Negri em Paris e co-autor de *Império*, que leciona literatura em Duke – e a quem se deve uma breve introdução política à obra de Deleuze,[8] assim como o *Reader* consagrado a seu colega Fredric Jameson.

Um outro filósofo italiano é, ao mesmo tempo, a principal referência de certas correntes dissidentes de ultra-esquerda através do mundo e o valor crescente do mercado teórico americano: Giorgio Agamben. Convidado e estudado agora nos maiores *campi* da União, ele drena para lá as multidões que têm dificuldade de acompanhar seus seminários de Paris ou de Veneza. Desde o fim dos anos de 1980, seus trabalhos variados sempre se preocuparam em trazer à luz uma contra-história política e cultural do Ocidente: pesquisa sobre os desafios poéticos e/ou mercantis das noções de fetiche e de fantasia, teoria da impossível comunidade política como arranjo de singularidades "quaisquer" e, mais recentemente, análise do "estado de exceção" desde o direito romano até o pós-11 de setembro[9] – nenhuma delas entrando em ressonância com o seu projeto fundamental, o das três subdivisões do *Homo sacer*, uma genealogia histórica do político como uma instância de exclusão e poder sobre a vida. Sua obra situa-se na encruzilhada conceitual da biopolítica foucaultiana, que vem complementar o seu trabalho sobre a "soberania" e a "vida nua", de um heideggerianismo de esquerda francês e de hipóteses de Walter Benjamin sobre messianismo e história. Três filiações de peso que Agamben entrecruza e prolonga da história das religiões à filosofia do direito, às vésperas da transição histórica dessa virada de milênio.

De sua parte, a obra prolixa do filósofo esloveno Slavoj Zizek articula-se exatamente nos limites de Marx, da *pop culture* americana e da teoria francesa. É a partir de um livre cruzamento de Marx e de Lacan, do qual ele foi um dos primeiríssimos leitores na Europa Oriental, e de empréstimos parciais às teorias deleuzo-lyotardianas do capitalismo libidinal, que Zizek analisa a reminiscência da fantasia na sociedade mercantil e em sua nova "ideologia" supostamente *pós-*

política – com uma arte consumada da provocação teórica e da detonação de registros,[10] que incita a buscar o "inconsciente lingüístico" em David Lynch ou mesmo a abordar de frente Heidegger e a comédia fantástica *Men in Black*. Porém, em vez de propor como outros uma ontologia política *sem sujeito*, ele apela, seguindo Lacan e contra as vulgatas pós-modernas, que se conserve essa figura "suscetível" do sujeito,[11] com a condição de dissociá-la radicalmente da figura do homem. Seu caso é talvez o mais emblemático de uma mundialização da *French Theory*: nascido em 1949 em Ljubljana (onde continua lecionando uma parte do ano) em plena Iugoslávia de Tito, com uma passagem por Londres e pelo Quartier Latin, traduzido agora em mais de doze línguas, foi apenas na universidade americana, onde é autor de cerca de trinta títulos e objeto de uma meia dúzia de introduções críticas, que ele pôde desenvolver plenamente seu projeto teórico proteiforme – dialogando sobre o feminismo e o pós-estruturalismo com Judith Butler, relendo Georg Lukàcs ou Alain Badiou, estigmatizando alto e bom som o "fundamentalismo capitalista" após o 11 de setembro de 2001,[12] ou ainda procurando repolitizar os excessivamente textuais *Cultural Studies*.[13]

Assim, dos italianos a Zizek, dos desconstrucionistas de esquerda americanos (como Spivak ou Tom Keenan) aos marxistas ingleses ainda veementes e do inclassificável Peter Sloterdijk na Alemanha aos novos sociólogos japoneses ou latino-americanos, formou-se pouco a pouco uma verdadeira arena político-teórica mundial nutrida de teoria francesa e centrada na universidade americana. Contudo, os acadêmicos franceses estão quase inteiramente ausentes dela – menos poliglotas do que seus confrades europeus, isolados no plano institucional pela raridade na França de programas de trocas e de descansos sabáticos, marginalizados em seu país pelos intelectuais mais populares e, na maioria dos casos, convertidos sem transição do consenso marxista de antes a um antimarxismo sistemático.

A vitalidade dessa rede universitária internacional deve muito ao papel de animadores que nela desempenham antigos exilados políticos ou representantes de minorias e, mais do que isso, à verdadeira encruzilhada migratória mundial que se tornou a universidade americana em trinta anos. É nesse sentido que os recém-chegados, assim como os antigos binacionais, todos acadêmicos exílicos (de um modo mais ou menos benigno), amoldam juntos uma "teoria-mundo", feita dos percursos e dos horizontes de cada um. Para ficar apenas nos atores e nas correntes já mencionados, podemos citar alguns exemplos dessas misturas: o campo pós-colonial tem como autores canônicos a indiana de nascimento Gayatri Spivak e o anglo-nigeriano Homi Bhabha; dois líderes da corrente de crítica multiculturalista do direito (*critical legal studies*) são o hispano-americano Richard Delgado e a japonesa Mari Matsuda; o pioneiro da pós-modernidade na crítica literária, Ihab Hassan, nasceu no Egito; Edward Said continuou sendo um palestino militante; os estudos étnicos têm como grandes figuras os afro-americanos Cornel West e Henry Louis Gates e o zairense V. Y. Mudimbe; os "*subaltern studies*" foram formalizados pelo indiano Ranajit Guha; sem esquecer naturalmente os exilados europeus – Paul de Man vindo da Bélgica, Geoffrey Hartman da Alemanha, Wlad Godzich da Suíça ou Sylvère Lotringer da França, enquanto sua companheira e associada Chris Kraus veio da Nova Zelândia. A desnacionalização dos grandes debates intelectuais e a teorização do exílio e da mestiçagem como condição política do sujeito contemporâneo também começam lá. Elas têm suas fontes sobretudo nesses percursos mais ou menos sinuosos, mais ou menos penosos, que convergem um após outro para os campanários góticos dos *campi* da Califórnia ou da Nova Inglaterra. Sintoma dessa policultura já antiga na universidade americana, até a questão caribenha encontra-se no centro da reflexão plural sobre poderes e discursos e sobre a "teoria-mundo" que teve como teatro os *campi* norte-americanos.

De fato, deslocadas para lá pelas ditaduras ou pelo marasmo econômico de suas ilhas, as literaturas e as políticas caribenhas colocam cruamente a questão das relações de força mundiais: dado que elas são oriundas de uma região devastada pelos interesses políticos e econômicos do gigante americano vizinho, que estão situadas em uma linha divisória entre as áreas lingüísticas francófona e anglófona, que elas mantêm com cada uma dessas línguas-culturas dominantes um verdadeiro conflito "íntimo" após mais de um século e que, além disso, estão ligadas (geograficamente *e* historicamente) às duas grandes culturas subalternas que são, em relação aos Estados Unidos, a latino-americana e a africana – esta última justificando inclusive a referência crescente a um eixo político *afro-caribenho*. Disso decorre o impacto do outro lado do Atlântico, para além dos desafios específicos da cultura e das línguas crioulas, do motivo capital da *crioulização* e das teorias que ele alimenta do hibridismo original ou da resistência pelos cruzamentos culturais. Os *campi* americanos representam aqui uma terra de acolhimento, à medida que neles encontram refúgio os escritores da burguesia cubana anticastrista, os militantes de esquerda jamaicanos, os intelectuais originários de Trinidad ou de Santo Domingo e, sobretudo, os vários autores francófonos em torno dos quais se recria, em Montreal ou em Nova York, uma comunidade literária haitiana ou antilhana – a guadalupeana Maryse Condé em Columbia, Édouard Glissant na City University de Nova York ou os haitianos Joël des Rosiers e Émile Ollivier no Quebec. Fora a perspectiva mais mundialista e mais política que essa "antilhanidade" traz aos departamentos de francês geralmente convencionais, há diversos cruzamentos, também aqui, com a teoria francesa. Assim, ao lado de sua obra romanesca, o trabalho teórico bastante regular de Édouard Glissant recobre vários eixos da teoria francesa, servido por uma língua singular em que as escritas poética e crítica são indistintas.[14] Ele defende uma "oralidade" não-submissa à autoridade do escrito, uma escrita que é também definida como uma série de "tremores de terra", uma ruptura com a narração "linear" e sua cultura da "compreensão" ("no compreender, há intenção de prender, de submeter", repete ele), em termos que constituem pontos de encontro com Derrida e a desconstrução. Suas teorizações elípticas do "caos-mundo" e das "opacidades [do] existente", contra a ontologia européia e sua forte "pretensão ao Ser", aproximam-se do nomadismo e das linhas de fuga de Deleuze e Guattari, que ele cita ocasionalmente. E seu elogio da "batedura do tempo" na literatura crioula, contra o tempo linear da "legitimidade e [da] filiação", não deixa de encontrar eco na crítica foucaultiana da história.

Por sua vez, o romancista martinicano Patrick Chamoiseau, desde a tradução de *Texaco*, em 1996, conhece um grande sucesso de crítica nos Estados Unidos, onde o *New York Times* enaltece-o como um "Garcia Márquez das Antilhas" e John Updike, no *New Yorker*, como um "Céline tropical" que mescla Lévi-Strauss e Derrida.[15] A crítica literária acadêmica não fica atrás. Françoise Lionnet, da Universidade de Chicago, propõe, por exemplo, estudar as escritoras do Caribe à luz de uma oposição foucaultiana entre "continuidade do discurso histórico" e "dispersão lingüística, espacial e atemporal de um sujeito outrora colonizado",[16] recorrendo a Foucault para esclarecer, no contexto pós-colonial, uma diferença sexual a que ele não tinha dado muita atenção. Quanto a Michael Dash, imigrado jamaicano e estudante de história do Haiti, ele vê no "*heterocosmo haitiano*", pisoteado e depois abandonado à sua sorte pelos Estados Unidos, o "ponto cego" de onde se desenvolve, incompreendida pelos poderosos, uma crítica das Luzes e de uma ordem do mundo "americano-centrado".[17]

A Índia oferece um exemplo bem diferente, dessa vez extraterritorial, dos cruzamentos culturais e políticos que favorece a *French Theory* como produto de exportação universitária americana. O fator-chave aqui é a ascensão nos *campi* americanos de acadêmicos de origem indiana, de Gayatri Spivak à antropóloga Arjun Appadurai (em Yale). A partir de 1965, quando o presidente Lyndon Johnson revoga as restrições à imigração asiática, indianos desenraizados da primeira e depois da segunda geração virão pouco a pouco engrossar as fileiras das "minorias" convertidas aos *Cultural Studies* e às novas ferramentas teóricas na universidade americana – de onde eles mantêm uma forte ligação, mediante colóquios e publicações conjuntas, com a universidade indiana. Foi assim que a Índia gradativamente se tornou um "terreno" teórico privilegiado para demonstrar, em particular, os limites dos paradigmas políticos ocidentais: Edward Said pôde criticar os artigos de Marx sobre a Índia colonial pela hierarquia implícita que eles veiculam entre dois mundos;[18] vimos que os "*subaltern studies*" foram implementados na Índia como alternativa à historiografia ocidental da descolonização; quanto a Gayatri Spivak, empenhada em denunciar os estereótipos dos intelectuais do mundo rico, ela própria foi objeto de críticas ásperas por parte de professores indianos, que reprovam sua glória americana, assim como seu "uso excessivo [de] teorias de elite do Primeiro Mundo".[19]

Foi talvez na Índia, e não nos Estados Unidos, que se colocou com mais acuidade a questão de um uso *político* de argumentos anti-racionalistas e antiocidentais tirados da teoria francesa por alguns de seus leitores americanos. De fato, esses argumentos foram brandidos ali, na virada dos anos de 1990, pelos ideólogos do Bharatiya Janata Party (BJP), o partido da direita religiosa e nacionalista, a fim de justificar a "hinduização" das ciências e dos valores, particularmente ao reintroduzir nas escolas a matemática védica e ao erigir o Rashtra (a nação hindu) em princípio moral supremo.

Assimilando desse modo a ciência racional ao imperialismo ocidental, esses ideólogos (particularmente na Declaração de Penang de 1988) promoviam pela força uma "etnociência" menos motivada pela difusão de um saber popular do que por sua guerra eterna contra os "inimigos hereditários" da nação hindu – muçulmanos no norte e cristãos no ocidente. Em todo caso, é a oportunidade de um cruzamento bastante curioso: tal como as relata a crítica Meera Nanda, essas "guerras de ciências" indianas viram formar-se, em alguns encontros, uma aliança improvável entre nacionalistas hindus e pós-colonialistas americanos, da epistemóloga feminista Sandra Harding, que é favorável a uma "ciência multicultural", ao crítico Ashis Nandy, que identifica racionalidade científica e colonização do interior.[20] Longe de invalidar o potencial de difusão (notadamente em direção às ex-colônias) das teorias radicais americanas, esse exemplo inquietante sugere antes de tudo a persistência de fortes desigualdades no interior dessa rede universitária mundial: se, por seu diálogo e sua colaboração, locais e emigrados fazem dos *campi* americanos onde se encontram verdadeiros focos de ativismo e de reflexão política alternativa, as ligações estão longe de ser tão sólidas com as universidades da maioria dos países do sul – onde na época se formam geralmente elites locais dedicadas ao monopólio do saber e dos cargos políticos, bem mais do que à "revolução" dos subalternos.

IMPACTOS LONGÍNQUOS, EFEITOS DIRETOS

O mapa dos circuitos mundiais da *French Theory* não corresponde exatamente ao mapa-múndi geopolítico. O império americano parece inclusive favorecer involuntariamente, em seu perímetro direto, a formação de enclaves autônomos e até abertamente hostis. Em poucas palavras, as obras de Foucault ou Deleuze são lidas mais diretamente no México ou em São Paulo do que em Melbourne, Calcutá ou mesmo Londres: ali estão menos submetidas às mediações acadêmicas americanas. De fato, se as lógicas migratórias e lingüísticas fizeram dos países anglófonos ricos, como também da zona caribenha e mesmo da longínqua Índia, mercados cativos para os produtos teóricos americanos, o caso da América Latina tão próxima – e tão submissa de fato à potência financeira e militar dos Estados Unidos, tornando-se seu quintal depois da doutrina Monroe de 1824 sobre a "soberania continental" dos Estados Unidos – é muito mais ambivalente. Ele inclusive infirma certas leis gerais da dominação intelectual mundial. Uma mudança de geração foi o que certamente favoreceu ali a penetração dos *Cultural Studies*: lá onde os chilenos ou mexicanos educados no imediato pós-guerra lêem ainda o francês e reportam-se sobretudo ao pensamento político europeu, os mais jovens, confrontados desde muito cedo com o domínio econômico americano, lêem apenas o inglês e acompanham com mais gosto, mesmo a uma distância razoável, as modas intelectuais que florescem aquém do Rio Grande. E os *"subaltern studies"* ou a desconstrução derridiana também tiveram seu impacto ali, proporcionalmente aos meios de que dispõem seus feudos acadêmicos americanos para promovê-los até no Hemisfério Sul. Mas uma tripla tradição explica ainda hoje a maior resistência dos vinte países da América Central e do Sul ao novo *teorismo* americano. Em primeiro lugar, o desprezo mais ou menos tácito pelos migrantes que partiram para vender sua força de trabalho no mercado americano recai, na universidade, sobre os *Chicano studies* e outros "estudos fronteiriços", que, segundo os acadêmicos latino-americanos, são muito bons para os sociólogos de Tijuana e para os escritores refugiados na Califórnia. Em segundo lugar, o campo disciplinar mais ativo, tanto para a inovação intelectual quanto para o militantismo político, sempre foi o das ciências sociais – pelo qual passaram, portanto, os grandes textos franceses, por isso mesmo menos *literalizados* do que nas mãos de textualistas norte-americanos. Se Hillis Miller e Geoffrey Hartman dizem ter partido para "explicar" a desconstrução aos uruguaios no final de 1985, a convite da Universidade de Montevidéu, os diferentes desconstrucionistas inspirados em Derrida sempre tiveram menos impacto ao sul do que ao norte do paralelo 30°.

O papel das ciências sociais como paradigma de referência também explica que a influência dos *Cultural Studies* tenha suscitado ali, mais do que análises literárias da *pop culture*, reflexões mais próximas da etnografia – e prolongadas na França por um antropólogo como Serge Gruzinski – sobre o sincretismo, a mestiçagem e o hibridismo etnocultural. Assim, os ensaios do colombiano Jesus Martin-Barbero sobre dominação cultural e mídias de massa, que na tradução americana tornaram-se clássicos dos *Cultural Studies*, decorrem, portanto, mais de uma perspectiva marxista européia, por sua análise das relações entre nações dominadas e hegemonia mundial.[21] Quanto ao argentino Néstor García Canclini, que também era lido nos *campi* americanos, porém mais influenciado por Foucault e Paul Ricoeur (de quem foi aluno em Paris) do que por Derrida ou de Man, ele estuda a reação das culturas populares à mundialização turística, mas se interessa menos por seu "regime simbólico" do que por seu potencial de resistência política – contra todo o folclore do artesanato local e dos produtos "autênticos", tanto mais encorajado na medida em que vem reforçar os dogmas ocidentais da iniciativa privada e do desenvolvimento "harmônico", como ele mostra no caso do México.[22] Finalmente, a desconfiança latino-americana em relação ao textualismo americano remete também à persistência em certas camadas sociais, e mais particularmente na universidade (que lhe serviu de viveiro por muito tempo), de um militantismo revolucionário marxista-leninista nitidamente menos abstrato do que o extremismo de papel dos "radicais" americanos – e vivido muito mais perigosamente. Um marxismo ortodoxo que explica o sucesso desde os anos de 1960 dos escritos de Althusser, embora ainda seja necessário estudar um dia as modificações decisivas que ele sofreu, de Santiago a Lima, em decorrência do importante impacto das traduções de Foucault e Deleuze nas universidades andinas.

O caso particular do México é tanto mais interessante quanto sua proximidade cultural e geográfica com os Estados Unidos não o predispunha a forjar sua própria versão da teoria francesa. De fato, o México foi o país pioneiro em língua espanhola na difusão do estruturalismo francês, muito antes da Espanha, comandada na época por Franco, e dez anos antes mesmo dos Estados Unidos. O grande divulgador aqui é o editor Arnaldo Orfila, casado com uma antropóloga francesa, que publicou Foucault, Althusser e Lévi-Strauss apenas um ou dois anos após sua publicação francesa, enquanto era diretor da Fondo de Cultura Economica. Posteriormente, Orfila criou sua própria editora, a Siglo XXI, e continua a traduzir Foucault e Althusser, mais do que Derrida, e a se interessar pelo estruturalismo francês mais do que pelo pós-estruturalismo americano. Ou seja, um destino local, para esses autores, que no fim das contas está mais próximo de sua recepção francesa, efeito sem dúvida de um antigo interesse mexicano pela cultura francesa e de um sistema acadêmico calcado historicamente nos modelos espanhol e francês. Foi assim que, na Universidade do México, a mais antiga do continente (fundada em 1531, mais de um século antes de Harvard), um certo Rafael Guillèn, futuro líder do Exército Zapatista de Libertação Nacional com o codinome de subcomandante Marcos, escreveu há mais de vinte anos sua tese de filosofia sobre Foucault e Althusser. A elite intelectual mexicana banhou-se tanto e tão bem na teoria francesa – mais em Foucault e Althusser, também aqui, do que em Baudrillard e Derrida – que o conselheiro cultural da embaixada do México na França, o escritor Jorge Volpi, escreveria a primeira saga romanesca diretamente consagrada a ela, publicada na França em 2003.[23]

A Argentina é um outro caso particular, por suas ligações mais estreitas com a Europa, pela vitalidade e pela heterodoxia de seu cenário psicanalítico – que explica o sucesso argentino de Lacan e, sobretudo, de Félix Guattari –, assim como pela tradição de seus livres pensadores. Um filósofo atípico como Tomàs Abraham é o próprio tipo desses intelectuais híbridos, menos submetidos aos textos dos mestres e mais em sintonia com as modulações de jogo e de ironia de uma certa escrita francesa: romeno, educado na França e depois instalado por vinte anos em Buenos Aires, onde leciona, ele criou a revista *La Caja* e discutiu, ao longo de suas obras, as belezas desses "baixos pensadores" (*pensadores bajos*) que são para ele Foucault e Deleuze, ou a influência do discurso econômico sobre as formas de vida (analisando a "empresa de viver"), quando não renovou com humor o gênero das "vidas ilustres" (aqui, os filósofos), inventando diálogos entre Sartre e John Huston ou entre a filósofa Simone Weil e o financista George Soros.[24] Menos frívolo, o sociólogo argentino Martin Hopenhayn, que escreveu uma tese de filosofia orientada por Deleuze, coloca as grandes intuições deste último a serviço de uma crítica do conceito de trabalho e das formas ocidentais de "desenvolvimento" – crítica à qual a longa crise Argentina de 2001-2002 e a renovação concomitante das formas de contestação social conferem subitamente uma grande atualidade.[25] Finalmente, o Brasil é um outro caso à parte, por razões mais evidentes – o uso de uma língua que não o espanhol, que lhe garante diversos circuitos de difusão e de tradução, a especificidade da cultura e da história lusófonas, e mesmo, ao contrário dos países hispanófonos, um sistema social mais próximo do modelo americano, desde a organização federativa até um multiculturalismo oficial. Baudrillard, ao visitar o país, é recebido por câmeras de televisão, sendo convidado, também ali, a participar da concepção de uma série de TV sobre... a história dos Estados Unidos, dado o sucesso de *América* em português. Michel Foucault, que tem entre seus críticos mais incisivos o grande sociólogo brasileiro José Guilherme Merquior,[26] e Jacques Derrida, em menor medida, são lidos avidamente pela esquerda acadêmica e política. "Derrida, Foucault, Lyotard [...] não são os objetos de culto de um pequeno fã-clube provinciano, são os ídolos da *intelligentsia* internacional", chegou a afirmar em defesa deles o cronista Olavo de Carvalho quando o caso Sokal atinge a costa brasileira em 1996.[27] Mas foram Deleuze e Guattari que tiveram mais forte impacto no Brasil, como se o país se prestasse mais do que qualquer outro a pôr em prática hipóteses deleuzo-guattarianas: do Rio de Janeiro a Recife e do sul a Belo Horizonte (onde foi fundado o Instituto Félix Guattari), graças ao dinamismo de seus tradutores e de seus comentadores (de Suely Rolnik a Peter Pàl Pelbart), criaram-se, assim, em articulação com as universidades locais e também com os ativistas de bairro, verdadeiros institutos de ação social pluridisciplinares consagrados à esquizoanálise, ao pensamento rizomático e às terapias institucionais – sem esquecer a amizade que ligava Félix Guattari ao sindicalista Luiz Inácio "Lula" da Silva, futuro presidente do Brasil.

Poderíamos estender essa volta ao mundo da teoria francesa às regiões onde se associam um impacto direto dos textos em questão, lidos sem suprimir seu contexto francês, e a incontornável mediação hermenêutica americana – na Rússia, onde os derridianos pretendem que a melhor tradução da palavra "perestroika" seria *desconstrução*; na Europa das nações que fazem fronteira com a França, naturalmente, onde a teoria francesa foi durante alguns anos não tanto uma rubrica acadêmica, mas um programa efetivo de resistência política (basta lembrar o sucesso de Foucault na boêmia militante de Kreutzberg, em Berlim, ou nos acentos deleuzo-guattarianos da impertinente Rádio Alice em Bolonha); e até mesmo na China, onde a editora e antiga vítima da revolução cultural Yue Daiyun[28] lança agora traduções de Jameson e Lyotard por conta de editoras universitárias do Estado e onde a desconstrução e o pós-estruturalismo conhecem no presente um grande sucesso como teorização de um "esgotamento da cultura ocidental".[29] Mas é no Japão que se deve concluir este breve sobrevôo para compreender a vitalidade incólume da teoria francesa em contato com culturas antípodas, como também a mistura agora inextrincável de textos franceses e comentadores americanos que ela se tornou fora da França. Sem contar que a potência econômica e o voluntarismo cultural do Japão – que é o principal cliente das editoras universitárias americanas em matéria de direitos estrangeiros – são muitas vezes a porta de entrada na Ásia de importados intelectuais ocidentais, difundida em seguida, via mediação nipônica, para a Coréia, Taiwan ou o Sudeste Asiático.

A priori, a distância lingüística e cultural é máxima aqui. "Desconstrução", "essencialismo", "pós-modernidade" ou ainda "geometria" fazem parte dessas palavras ocidentais que aparecem como tais na língua japonesa há duas ou três décadas, porque não existia nenhum equivalente *conceitual* japonês. Entretanto, os intercâmbios intelectuais com o Ocidente não são recentes. Kitaro Nishida, o grande filósofo da era Meiji, falecido em 1945, já havia cruzado alguns motivos fundamentais da cultura japonesa, da experiência do *zen* à luz do *satori* e sempre a consciência melancólica da fragilidade das coisas (o *monomo-aware*) com os grandes temas da filosofia européia, denunciando os mesmos dualismos conceituais que a teoria francesa justamente criticará (crença-conhecimento, eu-mundo, natureza-cultura). É inclusive esse diálogo travado pouco a pouco entre as continuidades subterrâneas do pensamento japonês e as partições dinâmicas da metafísica, assim como entre a duração bergsoniana e o tempo búdico, ou entre a cidade baudrillardiana e a urbanidade "flutuante" de Eddo (Tóquio), que tornará possível, quarenta anos mais tarde, uma recepção *ativa* – e não simplesmente a importação exótica – da teoria francesa. Depois da guerra, o existencialismo de Sartre e Beauvoir faz muito sucesso entre a burguesia japonesa, em que sua dialética da liberdade *em situação* e sua crítica da responsabilidade contribuem para aplacar os traumas da derrota e da ocupação americana. Por sua vez, os movimentos esquerdistas e anticapitalistas, cujas fileiras engrossaram no pós-guerra, fazem então um amplo uso da filosofia alemã, e não apenas de Hegel e Marx: no Japão, logo se falará familiarmente de *Ka-ni-sho* para designar a tríade Kant-Nietzsche-Schopenhauer. Depois, por volta de finais dos anos de 1960, a teoria francesa atinge o Japão, primeiro sob a bandeira do estruturalismo triunfante. Porém, desde então, ela conhecerá ali duas fases bem distintas: é inicialmente uma fase pioneira e dialógica, a das primeiras traduções de Foucault, Deleuze e Derrida, promovidas por alguns introdutores de talentos (do foucaultiano Moriaki Watanabe ao deleuziano Yujiro Nakamura, que serão também seus tradutores), a fase igualmente das grandes viagens no arquipélago de Barthes (1967 e 1968), Foucault (1970 e 1978) e Baudrillard (1973 e 1981), período de intensa atividade política e de uma estratégia da mão estendida entre esquerdistas europeus e japoneses. A partir de meados dos anos 1980, inicia-se uma fase de americanização da *French Theory*, sob o impactos dos *Gender* e dos *Cultural Studies*, como também dos novos ativismos feminista e homossexual no Japão. Cruza-se então, à maneira americana, teoria francesa e *pop culture*, questionando-se a tradição dos Mangás à luz do "simulacro", ou o monstro fantástico Godzilla conforme os parâmetros da "esquizociência deleuzo-guattariana".[30] Sobre Foucault, lê-se agora sobretudo David Halperin ou Dreyfus e Rabinow; sobre Derrida, lê-se de Man ou Gayatri Spivak.

As audácias da arte e da arquitetura japonesa contemporâneas inspiram-se ao mesmo tempo no ativismo político local, nas práticas tradicionais do arquipélago e nas teorias estéticas de Deleuze, Lyotard ou Derrida (cuja contribuição pode ser requisitada para garantir a repercussão de uma exposição contra o *apartheid*, como em Tóquio em 1988-1990) – desde as animações urbanas fantasiosas organizadas pelo galerista e militante Fram Kitagawa até os *"habitat provisórios"* criados pelo arquiteto Shigeru Ban no caso de catástrofes naturais (tremor de terra de Kobé) ou políticas (o genocídio ruandês). De fato, a *paisagem teórica* no Japão, na virada do milênio, é rica e contrastada, mistura de um antidualismo ancestral e de um encontro entre teoria francesa e importados americanos. Assim, o ciclo de eventos Architecture New York (ANY) foi concluído, em 1998, em ligação com arquitetos e críticos de arte japoneses, enquanto o grande crítico literário Karatani Kôjin situava uma "vontade de potência arquitetural" (*will to architecture*) na base do pensamento ocidental, deslocando do lado do formalismo, como também de Deleuze e de sua crítica do capital, o projeto americano inicial da arquitetura desconstrutivista.[31] Por sua vez, vencedor em 1999 do célebre Prêmio Suntory para as humanidades, o jovem filósofo e crítico social Hiroki Hazuma estuda a dessubjetivação do *otaku* (o apreciador anômico de mangás e de videogames), prosseguindo seu trabalho sobre a "segunda" desconstrução derridiana, que ele chama de "postal", e põe em perspectiva com as obras de Lacan e de Slavoj Zizek.[32] Mesmo o autor japonês da trupe de teatro parisiense de Peter Brook, Yoshi Oida, que contribuía com Barthes e a revista *Théâtre public* nos anos de 1970, pode escrever agora sobre sua prática cruzando as tradições do Nô e do Kabuki com as reflexões de Artaud ou a temática deleuziana do "devir-invisível".[33] Sobretudo, o filósofo Akira Asada, que ao longo dos anos de 1980 escreveu vários tratados de teoria política sobre "estrutura e poder" (*kouzou to chikara*) inspirados nas teses de Deleuze e Foucault, os quais foram particularmente debatidos no Japão, abriu caminho a um uso contestatório direto dos textos franceses: Asada prefere referir-se a eles para denunciar as ilusões do "capitalismo infantil" nipônico a se ater ao mais sábio *diálogo de culturas* entre filosofia ocidental e pensamento japonês.[34] Uma via promissora cujo futuro depende menos dos textos franceses ou americanos do que das lutas sociais efetivas travadas localmente contra uma potência econômica em crise e uma democracia em geral enfraquecida – uma via cujo desafio foi entrevisto por Félix Guattari, em 1986, quando ele percebia como uma visão, andando pelas ruas de Tóquio: "vertigem de uma outra via japonesa: Tóquio renunciando a ser a capital do Leste do capitalismo ocidental para se tornar a capital do Norte da emancipação do Terceiro Mundo".[35] Ou seja, o horizonte, que é apenas imaginário, de um verdadeiro contrapoder mundial: um eixo México-Rio-Tóquio ao longo do qual se associariam a teoria francesa e a contestação política, assim como a experiência micropolítica efetiva e a busca de alternativas ao dogma ocidental da modernização.

AS FONTES ALEMÃS

Se os *efeitos* da teoria francesa podem levar aos planaltos andinos ou às encostas do Monte Fugi, sua genealogia cultural segue um circuito mais clássico, pois ela deve ser buscada primeiramente do outro lado do Reno – onde o "neo-estruturalismo" francês teve também uma recepção crítica que, mesmo sendo mais restrita, não deixou de ser mais perspicaz e, em geral, mais aprofundada do que nos Estados Unidos. Os circuitos mundiais do pensamento francês dos anos de 1970 conduzem então, como último recurso, à terra e à herança filosófica alemãs, da qual a *French Theory* é às vezes um simples tradutor cultural – mediação francesa que permite à herança de Marx e de Hegel, assim como às figuras de Nietzsche e de Heidegger serem discutidas, por sua vez, em espanhol, em japonês ou nas diferentes variações do inglês de *campus* falado através do mundo. A teoria francesa, de Foucault a Derrida, constitui antes de tudo uma forma de explicação crítica com a dupla tradição filosófica alemã, husserliana e hegeliano-marxista, introduzida na universidade francesa pela geração precedente, a do entre-guerras. Se os detratores franceses dos anos de 1980, ao demonizar o quarteto Nietzsche-Heidegger-Marx-Freud que seria sua fonte, procedem de modo simplista, reduzindo a teoria francesa a um mero "prolongamento epigônico [desse] anti-humanismo alemão",[36] não é menos verdade que esta corresponde, para além de sua diversidade, a uma releitura inovadora dos quatro alemães – mais profundamente do que em um prolongamento crítico do estruturalismo ou da fenomenologia francesa.

Seus adversários americanos também não se enganam quando a identificam simultaneamente a uma "leitura seletiva" e a uma "leitura agressiva" dos quatro alemães.[37] Assim, a *French Theory* é uma interpretação americana de leituras francesas de filósofos alemães. É como se as liberdades de avaliação e de reapropriação, de rearranjo e de desvio tomadas por Foucault, Deleuze ou Derrida com Nietzsche, Freud ou Heidegger tivessem sido estendidas depois ao campo intelectual americano, voltadas dessa vez aos próprios autores franceses – mimetismo inconsciente que decorre igualmente dessa *transdiscursividade* já mencionada e explica ainda que o tema da leitura torne-se um dos grandes canteiros da *French Theory* americana. Desse modo, aquilo que Louis Pinto diz com bastante pertinência sobre leituras livres de Nietzsche por Foucault ou Deleuze, e do "capital filosófico" que elas lhes permitiram acumular, aplica-se perfeitamente às leituras livres americanas de Foucault ou Deleuze: "Nietzsche torna-se o espelho no qual os intérpretes admiram o discurso ao mesmo tempo sofisticado e livre do qual eles pretendem fazer a nova forma de realização filosófica" (ou, nos Estados Unidos, *teórica*), embora sua obra não seja mais que o "suporte dos discursos que ela suscita" – *trabalho* francês do texto alemão, depois *trabalho* americano do texto francês, que consistem menos em "propor hipóteses sobre conteúdos analisáveis e avaliáveis [do que em] circunscrever no texto as singularidades, os paradoxos e as anomalias que lhe conferem toda a sua amplitude hermenêutica".[38] O desafio não é tanto propor uma síntese de Nietzsche, e depois, nos Estados Unidos, de Foucault ou Derrida, e sim operar uma *cisão* de parte a parte de seu nome de toda a história, assim como do campo contemporâneo, da filosofia – ou da teoria.

Por trás de certas polaridades do novo campo intelectual americano, pode-se até reconhecer o debate filosófico franco-alemão dos anos de 1970 e 1980: o enfrentamento entre marxistas e pós-estruturalistas, ou mesmo modernistas e pós-modernistas, que polariza o campo universitário americano a partir dos anos de 1980, reflete e reduplica de fato o diálogo animado, às vezes conturbado, que opõe então teoria francesa e teoria crítica alemã. Esse diálogo mais fundamental e muito mais antigo, que, de resto, os americanos tentam sempre arbitrar, de Richard Rorty ao filósofo do comunitarismo Charles Taylor, da revista *Telos* a *New German Critique*, quando não participam mais ativamente, ao lado dos defensores da *theory* (Butler, Spivak ou Stanley Fish) e, sobretudo, em face dos continuadores americanos da Escola de Frankfurt (Nancy Fraser na New School de Nova York, Seyla Benhabib em Yale ou Martin Jay em Berkeley). No entanto, como toda polarização, esta aqui cristaliza defasagens em diferenças, desacordos em oposições de conjunto, em detrimento daquilo que poderia aproximar dois questionamentos históricos comuns. Ou, então, faz com que posições extremas – naturalismo conservador contra relativismo radical nos Estados Unidos e, do lado alemão, a guerra declarada ao "irracionalismo" e ao "neovitalismo" francês pela velha guarda kantiana – passem por representativas do centro do campo. Certamente, sem voltar a um debate que já foi suscitado em francês por uma bibliografia profusa, é preciso lembrar que as divergências entre teoria francesa e teoria crítica, ou entre crítica *intensiva* da razão e pragmática democrática da razão, apresentam quase sempre todas as características de uma verdadeira *Kulturkampf*.

Assim, de Deleuze a Lyotard, a ode francesa aos "efeitos de superfície" e aos signos "intensivos" contra a profundidade metafísica e os "signos inteligentes" parecia muitas vezes, e com razão, dirigir-se contra a obsessão germânica pelos fundamentos e pelo absoluto. Esse diálogo franco-alemão, esboçado desde os anos de 1970, foi circunscrito em seguida por alguns grandes debates. O primeiro, iniciado em 1981 no Instituto Goethe de Paris, opõe Derrida e Hans-Georg Gadamer: se o desconstrutor e o hermeneuta concordam em denunciar a ilusão transcendental de uma linguagem "exterior" ou submetida ao nosso controle (pois ela fala por nós mais do que falou), eles divergem a seguir sobre a própria possibilidade de uma discussão, condicionada pelo acordo dos participantes segundo Gadamer, trabalhada permanentemente pela ausência e pela disjunção segundo Derrida.[39] Um debate similar reúne pouco depois Lyotard e Jürgen Habermas, nos termos de uma oposição entre a ética habermasiana da discussão, que supõe o acordo dos interlocutores, e a crítica do consenso "universal" feita em nome das "pequenas narrativas" e das singularidades da paralogia.[40] Enfim, quando da morte de Foucault, surgiu um debate franco-alemão em torno da herança filosófica de sua crítica das Luzes: Manfred Frank opõe a ele um racionalismo "crítico" e reprova "as aporias de uma crítica da sociedade que dispensa a ética e cai, assim, em categorias tiradas do vitalismo e do darwinismo social",[41] enquanto Habermas, em nome de um racionalismo "comunicacional", critica em um artigo célebre as teorias do poder "reducionistas" de Foucault e a filiação francesa de um pensamento "transgressivo", inclusive remetendo toda a sua obra à de Georges Bataille.[42] Um debate de conjunto que, aliás, o próprio Habermas havia iniciado: na conferência que proferiu em 1980, em Frankfurt, ao receber o Prêmio Adorno, ele já convocava a aprofundar o "projeto da modernidade" contra o "conservadorismo" pós-moderno e seus "compromissos" com o capitalismo avançado.

Entretanto, há muitas convergências franco-alemãs. Para além das facilidades da polarização filosófica, é colocando-as frente a frente, pondo em perspectiva a teoria francesa e a teoria crítica pós-frankfurtiana (ou "fritas francesas e salsicha de Frankfurt", como as reuniu comicamente o crítico Rainer Nägle),[43] que a comunidade acadêmica mundial, de Tóquio ao México, procura elucidar as modalidades contemporâneas do poder e do capital, assim como os desafios da luta social, e forja as ferramentas de uma "teoria-mundo". Pois, de um lado e de outro, os diagnósticos históricos e o horizonte crítico não estão muito distantes. É o caso inclusive da famosa crítica do sujeito, mediante a qual não deixa de haver uma relação entre o sujeito dessubstancializado, ou construído por sujeição, da teoria francesa e a identidade individual agora "fluidificada pela comunicação" em Habermas: Albert Wellmer chega inclusive a reunir os dois conceitos em uma mesma "forma de subjetividade que não corresponde mais à unidade rígida do sujeito burguês".[44] Por sua vez, Seyla Benhabib evoca uma continuidade entre a "suspeita quanto à lógica da identidade" já presente em Adorno e as teses foucault-derridianas das feministas americanas (de Judith Butler a Joan Scott) sobre "as categorias identitárias [...] como conduzindo necessariamente à exclusão" – continuidade em relação à qual ela apela a "repensar o projeto de uma teoria crítica" para adaptá-lo ao presente histórico, o de um "advento simultâneo da integração global e da fragmentação cultural".[45] Os partidários de tal *aliança* teórica justificam-na pela necessidade de pensar hoje, a partir das intuições de Deleuze e Foucault, assim como dos descendentes de Adorno, aquilo que está prestes a suceder o modelo liberal do espaço público burguês – cuja genealogia Habermas já propunha há quarenta anos. É possível estabelecer uma convergência, como existe entre a noção de "desprezo" no filósofo alemão Axel Honneth e o conceito lyotardiano de "erro", que permita pensar as novas formas de invisibilidade e de humilhação sociais.[46] Portanto, o futuro da teoria-mundo reside *também* da complementaridade franco-alemã; repousa em uma aliança limitada, porém crucial, entre procedimentos que opõem seu *ethos*, seu *estilo* de pensamento, suas próprias opções temáticas e, antes de tudo, seus respectivos discípulos, mas que não deixa de aproximar o horizonte comum de uma crítica em ato do presente histórico.

NOTAS

1 Jean BAUDRILLARD, *Amérique*, Paris, Grasset/Le Livre de poche, 1986, p. 79.

2 Gilles DELEUZE, *Proust et les signes*, Paris, Presses Universitaires de France, 1970, p. 195.

3 *Cf.* Kevin MURRAY (dir.), *The Judgment of Paris: Recent French Theory in a Local Context*, op. cit.

4 Gayatri Chakravorty SPIVAK, *In Other Worlds*, op. cit., p. 100.

5 Alvin GOULDNER, *The future of Intellectuals and the Rise of the New Class*, New York, Seabury Press, 1979.

6 Pierre BOURDIEU, "Les conditions sociales de la circulation internationale des idées", art. cit., p. 5.

7 Michael HARDT e Antonio NEGRI, *Empire*, Paris, Exils, 2001 para a tradução francesa.

8 Michael HARDT, *Gilles Deleuze: An Apprenticeship in Philosophy*, Minneapolis, University of Minnesota Press, 1992.

9 Giorgio AGAMBEN, *Stanze: parole et fantasme dans la culture occidentale*, Paris, Payot e Rivages, 1994, e *La Communauté que vient* e *État d'exception*, Paris, Seuil, 1990 e 2003, respectivamente.

10 *Cf.*, por exemplo, seu *Everything You Always Wanted to Know About Lacan (But Were Afraid to Ask Hitchcock)*, Nova York e Londres, Verso, 1992.

11 Segundo o título de um de seus ensaios: *The Ticklish Subject*, Nova York e Londres, Verso, 1999.

12 Slavoj ZIZEK, *Welcome to the Desert of the Real: Five Essays on September 11 and Related Dates*, Nova York e Londres, Verso, 2002.

13 Para uma introdução em francês, *cf.* Laurent JEANPIERRE, "Postface: d'un communisme qui viendrait...", *in* Slavoj ZIZEK, *Le Spectre rôle toujours*, Paris, Nautilus, 2002.

14 As citações que seguem foram extraídas de Édouard Glissant, "Le chaos-monde, l'oral e l'écrit", *in* Ralph LUDWIG (dir.), *Écrire la "parole de nuit". La nouvelle littérature antillaise*, Paris, Gallimard, coll. Folio, 1994, p. 111-129.

15 Citado *in* François CUSSET, "Écritures métissées", *Magazine littéraire*, n. 392, novembro 2000, p. 41.

16 François LIONNET, *Postcolonial Representations: Women, Literature, Identity*, Ithaca, Cornell University Press, 1995, p. 170-171.

17 Michael DASH, *Haiti and the United States: National Stereotypes and the Literary Imagination*, New York, Macmillan, 1988.

18 Edward Said, "Secular Criticism", *op. cit.*, p. 228.

19 Citado *in* Jean-Philippe MATHY, "The Resistance to French Theory in the United States: A Cross-Cultural Inquiry", *French Historical Studies*, v. 19, n. 2, outono 1995, p. 347.

20 *Cf.* Meera NANDA, "The Science Wars in India", *Dissent*, inverno 1997.

21 *Cf.* Jesus MARTIN-BARBERO, *Communication, Culture and Hegemony: From the Media to Mediation*, Londres, Sage, 1993

22 Néstor García CANCLINI, *Transforming Modernity: Popular Culture in Mexico*, Austin, University of Texas Press, 1993.

23 Jorge VOLPI, *La Fin de la folie*, Paris, Plon, 2003.

24 Tomàs ABRAHAM, *Vidas filosoficas*, Buenos Aires, Prometeo Libros, 1999.

25 *Cf.* sua contribuição a Manfred MAX-NEEF (dir.), *Desarollo a escala humana*, Montevidéu, Nordan-Comunidad, 2001.

26 José Guilherme MERQUIOR, *Foucault ou le nihilisme de la chaire*, Paris, Presses Universitaires de France, 1986.

27 Olavo de CARVALHO, "Sokal, parodista de si mesmo", *Folha de São Paulo*, 21 outubro 1996.

28 *Cf.* Yue DAIYUN, *To the Storm: The Odyssey of a Revolutionary Chinese Woman*, Berkeley, University of California Press, 1985.

29 Frase referida pelo editor Lindsay Waters ao voltar de um colóquio em Pequim.

30 *Cf.* Shinichi NAKAZAWA, "Gojira no Raigou", *in Chuo Kóron*, 1983 (Citado *in* Yoshihiko ICHIDA e Yann MOULIER-BOUTANG, "La fin de l'histoire: um jeu à trois", *Multitudes*, n. 13, verão 2003, p. 18).

31 Karatani KÔJIN, *Architecture as Metaphor: Language, Number, Money*, Cambridge, MIT Press, 1995.

32 Hiroki HAZUMA, "Two Letters, Two Deconstructions", *Hihyo Kukan*, v. 2, n. 8, 1993, p. 77-106 (a versão inglesa pode ser consultada em www.t3.rim.or.jp/hazuma/en/texts/deconstructions.html).

33 *Cf.* Yoshi Oida, *L'acteur invisible*, Arles, Actes Sud, 1998.

34 Akira ASADA, "Infantile Capitalism and Japan's Postmodernism: A Fairy Tale", *in* Miyoshi MASAO *et al.* (dir.), *Postmodernism and Japan*, Durham, Duke University Press, 1989, p. 273-278.

35 Félix GUATTARI, "Tokio l'orgueilleuse", *Multitudes, op. cit.*, p. 58.

36 São as últimas palavras de Luc FERRY e Alain RENAUT, *La Pensée 68, op. cit.*, p. 343.

37 Denis DONOGHUE, "Deconstructing Deconstruction", *op. cit.*, p. 37.

38 Louis Pinto, *Les Neveux de Zarathoustra. La réception de Nietzsche en France*, Paris, Seuil, 1995, p. 154-156.

39 *Cf.* Diane MICHELFELDER *et al.* (dir.), *Dialogue and Deconstruction: The Gadamer-Derrida Encounter*, Albany, State University of New York Press, 1989.

40 Um diálogo que prosseguiu depois entre Lyotard e Richard Rorty (*cf.* suas contribuições e seu debate *in Critique*, n. 456, maio 1985, "La traversée de l'Atlantique", p. 559-584).

41 Manfred FRANK, *Qu'est-ce que le neo-structuralisme?, op. cit.*, notadamente p. 136-141.

42 Jürgen HABERMAS, *Le discours philosophique de la modernité*, Paris, Gallimard, 1988, cap. 9, p. 281-314.

43 "Frankfurters and French fries" (citado *in* Andreas HUYSSEN, "Mapping the Postmodern", *op. cit.*, p. 32.

44 Albrecht WELLMER, *Zur Dialektik von Moderne und Postmoderne*, Frankfurt, Suhrkamp, 1985, p. 163.

45 Seyla BENHABIB, "Renverser la dialectique de la raison: le réenchantement du monde", *in* Emmanuel RENAULT *et al.* (dir.), *Où en est la théorie critique?*, Paris, La Découverte, 2003, p 84-85 e 78-79.

46 Yves CUSSET, "Lutter pour la reconnaissance et/ou témoigner du différend: le mépris, entre tort et reconnaissance", *in ibid.*, p. 201-216.

14
E enquanto isso na França...

> "Tudo envelheceu visivelmente, e logo se falará
> dos velhos *anti*-sessenta-oitistas."
> Philippe SOLLERS, "O niilismo comum"

A França ou o mundo às avessas. Enquanto todo o campo intelectual mundial, no rastro dos Estados Unidos, incorporava pouco a pouco as perspectivas lacano-derridianas e foucault-deleuzianas, no Hexágono, não apenas elas, como a própria possibilidade de um debate a seu respeito, foram rapidamente banidas. Em pouco tempo, elas seriam somente um monopólio dos saudosistas e, à medida que os autores em questão desapareciam (Barthes em 1980, Lacan em 1981, Foucault em 1984, Guattari em 1992, Deleuze em 1995, Lyotard em 1998), o apanágio apenas dos herdeiros intelectuais e dos legatários oficiais. Sua única atualidade ali seria editorial, do calendário, comemorativa – ostensivamente póstuma. Se a política econômica francesa teve a audácia, entre 1981 e 1983, de avançar na contramão das opiniões seguidas por toda parte, o cenário intelectual francês, por sua vez, e sempre a esse título, vira as costas obstinadamente ao resto do mundo há mais de um quarto de século. Talvez a sociodemografia intelectual possa esclarecer um dia as conseqüências a longo prazo dessa súbita mudança, na virada dos anos de 1980, que agora só resta chamar de história. Ela poderia explicar a interrupção brutal do crescimento, o corte dos brotos, a rápida obsolescência dos novos rebentos, todas metáforas botânicas em virtude das quais a teoria francesa produziu na França poucos seguidores e, no fim das contas, poucos sucessores. Isso explica, particularmente, levando-se em conta o prazo necessário às transferências culturais (*O Anti-Édipo* só inflamou a Argentina ou o Japão quinze anos depois que a França), o inexorável declínio da influência intelectual francesa no mundo desde o apogeu da teoria francesa – declínio que a França "pensante" não parece em condições de conter tão cedo. Essa incômoda defasagem é uma história de tradições, de rancores, de má-fé e de ideologia, uma história tática e política evidentemente; e talvez também um efeito desse injustificável complexo de superioridade intelectual que levou a dizer dos americanos, em 1909, o chamado Saint-Andrés de Lignereux, e como pensam baixinho hoje muitos de seus sobrinhos-bisnetos: "Eles criarão, a golpes de cheques gigantescos, universidades, academias, bibliotecas, museus, tudo o que é inútil; porém, terão de se curvar diante de nossa supremacia intelectual".[1]

O HUMANISMO ISOLADO OU O RESSURGIMENTO DOS GRANDES CONCEITOS

Os fatos são conhecidos. Com o caso Soljenítsin, em 1974, que se segue à chegada a Paris do célebre dissidente soviético após a publicação de *O Arquipélago Gulag*, e as altercações dos meses seguintes entre os intelectuais antimarxistas e um PCF intransigente (sugerindo, inclusive, que os dissidentes são "fascistas" ou agentes da CIA), o *leitmotiv* da revolução, que se manteve inabalável desde 1968, eclipsou-se em poucos meses do primeiro plano, em proveito de uma outra questão, mais moral do que utópica: "a questão-chave de nosso tempo, a [...] do Estado totalitário",² resume Bernard-Henri Lévy em 1977. Em torno do apoio aos dissidentes, dos abaixo-assinados anti-soviéticos e das primeiras operações humanitárias em grande escala (e logo depois com a controvérsia midiática do "navio para o Vietnã" de Bernard Kouchner), cristaliza-se assim, durante os anos de 1976 a 1978, uma oposição intelectual organizada a todas as formas da esquerda revolucionária ainda ativas na França: mudanças de posição e debandadas sucedem-se, ex-militantes maoístas e antigos líderes estudantis tomam partido contra os *gulags* (inclusive na China) ou a favor dos *boat people*, até sistematizar a nova chantagem moral feita aos intelectuais – converter-se imediatamente ou submeter-se ao opróbrio geral, pois, dessa vez, adverte-se, os resistentes "de última hora" não passarão entre as malhas da rede. Clama-se ainda que é preciso anunciar o fim dos grandes mestres e dos *oukazes** na esfera intelectual, como pede Pierre Nora ao lançar *Le Débat* para fazer o que ele chama de "a República *nas* letras".³

Na vanguarda dessa ofensiva contra as ditaduras e igualmente contra maio de 1968, contra a revolta *e* contra a teoria, um grupo de jovens intelectuais, apoiados por *Les Nouvelles Littéraires* e pela editora Grasset, autoproclama-se "os novos filósofos": Bernard-Henri Lévy, André Glucksmann, Maurice Clavel e alguns outros registram sucessos de livraria espetaculares com ensaios de ocasião que denunciam o pensamento revolucionário e colocam os direitos humanos no centro do "debate". A operação parece um chamado à ordem do campo intelectual, pois Lévy parece mais raivoso com a "ideologia do desejo" deleuzoguattariana do que a propósito dos campos soviéticos, e Glucksmann, citando Hegel, desfere que "pensar é dominar", imputando o nazismo e o stalinismo aos grandes filósofos alemães. O pensamento é o último ídolo abatido pela República laica: nas palavras dos novos censores, a crítica teórica, ou mesmo a teoria crítica, conduziria diretamente a Auschwitz e a Kolyma, agora indiferenciados. Como resumem Michael Löwy e Robert Sayre, "os 'novos filósofos' e outros pisoteiam alegremente seus ídolos ideológicos de até pouco tempo atrás, jogando fora com a água suja do banho qualquer idéia de crítica social".⁴ Enquanto nasce à sombra *Les Révoltes Logiques*, revista criada por Jacques Rancière para repensar a questão proletária, são lançadas com grande estardalhaço a nova coleção de *Esprit*, a revista *Commentaire*, de Raymond Aron, e mesmo *Le Matin de*

---

* N. de T. Do russo *oukazat* (publicar). Em sentido figurado, decisão arbitrária, ordem imperativa.

Paris, o jornal diário do PS. Ou ainda a *Actuel* em novo formato, mais festiva: "Os anos de 1980 serão ativos, tecnológicos e divertidos", ressalta o editorial.

Serão sobretudo os anos de uma exumação no campo intelectual e de uma desdramatização ideológica da tradição liberal francesa do século XIX, com o horizonte concomitante (após um século de exceção política) de uma "república do centro":[5] Marcel Gauchet e Pierre Rosanvallon promovem a redescoberta de Tocqueville e Benjamin Constant; Alain Renaut e Gilles Lipovetski exploram a figura do "indivíduo" como realização da modernidade; Roger Fauroux, Alain Minc e François Furet criam a Fondation Saint-Simon; *Le Débat*, de Pierre Nora, chega a remeter à Idade Média marxiana a própria idéia de alienação;[6] Blandine Kriegel identifica todo romantismo político à lógica totalitária; John Rawls e Friedrich Hayek são finalmente traduzidos em francês; Mona Ozouf e François Furet afirmam – a poucos meses de seu bicentenário e contra a historiografia marxista – que "a Revolução Francesa acabou" e, inclusive, que foi invalidada em 1793 pelo Terror, segundo a releitura proposta por Furet em 1979.[7] De todo modo, essa virada dos anos 1980 é também a época em que Foucault e Deleuze, aos quais se juntaram o velho Sartre e mesmo Claude Mauriac, engajam-se em favor dos refugiados do Vietnã ou contra as repressões policiais no bairro parisiense de Goutte d'Or. Em seguida, reagirão ao lado de outros à crise polonesa e à proibição do sindicato Solidariedade pelo general Jaruzelski. São ações pontuais, ativismo específico, e nenhum deles é envolvido na caça às bruxas que está começando.

Os novos filósofos, por sua vez, souberam tirar parte de seu prestígio dos pensadores que expuseram à execração pública, recuperando discretamente, justamente para dirigi-los contra ela, ensinamentos ou conceitos do que os americanos ainda não chamam de *French Theory*. Ora, Glucksmann foi aluno de Foucault e Lévy, de Derrida, assim como Blandine Kriegel e Pierre Rosanvallon foram durante algum tempo os pilares do seminário de Foucault no College de France. A tática da reversão da herança é conduzida às claras: Lévy afirma desde 1978 que maio de 1968 foi "a primeira grande resistência *anticomunista* de massa no Ocidente"[8] e depois ataca a "barbárie" e a "vontade de morte" foucault-deleuzianas (*O Anti-Édipo*, segundo ele, é o "livro-mestre do movimento"), ao mesmo tempo em que utiliza seu vocabulário do "fluxo" e do "*ubris*" para descrever o capitalismo,[9] enquanto Glucksmann, em *A cozinheira e o canibal*, retoma as categorias de *Vigiar e punir* para denunciar o *gulag*. Se a nova esfera de influência ainda não é homogênea no plano ideológico, já que os "cristãos-esquerdistas" Christian Jambet e Guy Lardreau forjam, de sua parte, uma versão pós-moderna e anarquizante do hegelianismo de esquerda,[10] ela esquece rapidamente a "tentação anarquista" e o tom libertário dos primeiros anos para promover um sobressalto moral e, politicamente, um *centrismo* tático e sem vínculos – salvo as ligações de uns e outros com a "esquerda institucional", à qual Lévy já dedicava *A barbárie de rosto humano*, afirmando que ela logo teria "nossos destinos em suas mãos". Por razões óbvias.

O primeiro governo de François Mitterrand assiste a uma proliferação de atritos, em proveito dos novos humanistas "centristas", entre a esquerda no poder e a vanguarda intelectual da década anterior. Sobre a questão polonesa, Jack Lang denuncia no *Le Matin*, em dezembro de 1981, "uma inconseqüência tipicamente estruturalista",[11] e Max Gallo, porta-voz do governo, dá conta logo depois do divórcio, lamentando, no *Le Monde* de julho de 1983, "o silêncio dos intelectuais de esquerda" e seu fraco apoio às "forças" da união da esquerda. Das desfiliações de alguns aos clichês de outros sobre o "fim das ideologias", a escalada da confusão intelectual na França dos anos de 1980 exigiria uma verdadeira análise histórica, da qual ensaístas e revistas já apontavam certos fatores conhecidos – o triunfo social do indivíduo (mais que o "retorno do sujeito"), a promoção da ironia e da despreocupação festiva como valores-refúgios, o novo realismo antiutópico ligado ao aumento do desemprego, ou ainda a conversão dos filhos do *baby boom* (e dos agitadores de 1968) a uma cultura de empresa por muito tempo desprezada. A confusão está ligada a uma profunda recomposição do campo intelectual francês, cujas posições dominantes são pouco a pouco transferidas da universidade alternativa para as mídias oficiais, de uma ultra-esquerda sem rótulo aos novos círculos do centro-esquerda, das críticas do capital e da cultura burguesa para as novas imprecações geopolíticas e humanitárias. A mistura de um neokantismo republicano, no campo intelectual, e de uma mobilização "ética" pontual e midiatizada como forma última de agrupamento político explica então o despertar, sobre as ruínas do terceiro-mundismo, no lugar deixado vazio pela desmobilização intelectual e nas tribunas de um debate desertado, de uma nova ideologia consensual promovida oficialmente pelos governos – o moralismo humanitário.

A questão aqui não é a de sua legitimidade, ou das necessidades de seus remotos "beneficiários", e sim do papel de referência que ela passou a desempenhar, remodelando os contornos do campo intelectual francês e criando em torno de ONGs, como horizonte do novo biopoder humanitário, uma forma de *medicalização* do pensamento político – no momento em que os multiculturalistas americanos, assim como os marxistas britânicos, sem dúvida galvanizados em seu países por um poder reagano-thatcheriano mais abertamente reacionário, estigmatizam o "desprezo" ocidental e a "boa consciência" burguesa por trás dessa nova onda de filantropia mundial. A ingerência humanitária, para seus novos ideólogos franceses, torna-se o "décimo primeiro mandamento";[12] logo passará a desempenhar no cenário intelectual exatamente o papel que a geração anterior atribuía ao imperativo da revolta. Estabelece-se uma nova "martirologia" que vem apenas preencher um vazio político, mas que, por uma questão mais tática, considera moralmente inválida qualquer análise ideológica ou discussão ética que tente enquadrá-la – e ainda oferece, dos *Médicins du monde* aos *Restos du coeur**, um esmagador plebiscito popular para o novo humanismo "pós-metafísico" defendido pelos jovens cérberos do campo intelectual recomposto. Uma "martirologia" que "[vive] de cadáveres" e que Deleuze atacava desde 1977 por sua moral do ressentimento e seu paternalismo censor, sua forma de roubar a

---

* N. de T. *Médicos do mundo* e *Restaurantes humanitários*, a primeira criada em 1980, de uma cisão da organização *Médicos sem fronteiras* (de 1971), e a segunda em 1985.

palavra e de deter a força da afirmação (vital ou mesmo revolucionária) das "vítimas" em questão: "Era preciso que as vítimas pensassem e vivessem de uma maneira bem diferente para dar matéria àqueles que choram em seu nome, que pensam em seu nome, que dão lições em seu nome".[13]

Contudo, entre os novos "democratas" do campo intelectual francês e os autores mais velhos que eles denunciam nos termos de uma barafunda ideológica deliberada (pensamento 68, barbárie libertária, irracionalismo, ditadura, irresponsabilidade) – e que, por sua vez, preocupados em prosseguir sua obra, julgam com toda razão que têm mais o que fazer do que responder a eles –, nunca existirá um verdadeiro debate. Enquanto Lyotard contenta-se em zombar, em *Rudimentos pagãos*, do novo "jogo" parisiense que consiste em transferir a "grande narrativa" de "Jessie" (Jesus) a "Clavie" (Clavel) e "Gluckie" (Glucksmann), Deleuze já dissera tudo nesse artigo de 1977, que passou quase despercebido: retorno dos "dualismos sumários" e dos "sólidos conceitos, tão sólidos quanto dentes ocos" (*a* lei, *o* mundo, etc.), retorno "em massa a um autor ou um sujeito vazio muito vaidoso", uma "força de reação" incômoda, a invenção de um "*marketing* literário ou filosófico" e do "jornalismo [como] pensamento autônomo e suficiente" – antes de concluir que "eles reconstituíram um compartimento sufocante, asfixiante, onde antes passava um pouco de ar", ou seja, "a negação de toda política, e de toda experimentação".[14] Faltava à sua breve análise justamente o duplo argumento, mais sociológico, das motivações estratégicas, as de um novo "carreirismo" moral, e dos valores de anticonformismo e de liberdade de espírito ligados a toda denúncia populista de pensadores legítimos. Bourdieu formulara essa última lei geral, que regula a concorrência no campo intelectual, em termos que, no plano de lógicas de campo, adapta-se perfeitamente aos novos moralistas franceses (de Lévy a Finkielkraut ou Bruckner), assim como aos seus primos conservadores americanos (os Kimball, Kramer ou D'Souza da ofensiva anti-PC): "Trata-se de trazer de volta a representação dominante [...] e de mostrar que o conformismo está do lado da vanguarda [...]: a verdadeira audácia pertence àqueles que têm a coragem de desafiar o conformismo do anticonformismo".[15] Em outras palavras, a nova mensagem pretende-se ecumênica e descomplexante, o que explica seu grande sucesso: fiquem tranqüilos, repetem eles, pois a aristocracia do jargão excludente e do "radical chic" passou, empurrada pelas forças da história; o lugar está livre para que as pessoas honestas retornem finalmente.

Menos de dez anos após o início da ofensiva, a última estocada – que aterrorizará por algum tempo os discípulos adormecidos – é dada por Luc Ferry e Alain Renaut em *Pensamento 68*.[16] Seus escritos abundantes denunciam o nietzschianismo e depois, na esteira do caso Heidegger, o heideggerianismo francês, conclamando ao "retorno a Kant" e ao ideal dos direitos humanos, isso quando não procedem inclusive a uma dupla operação de divinização do homem e de humanização do divino que revela subitamente toda a distância percorrida desde os anos de 1970.[17] No entanto, *Pensamento 68* tem ainda um outro alvo: seus autores não apenas condenam Foucault, Derrida ou Lacan por ter "excedido" o "irracionalismo alemão", mas também expressam um antimarxismo obsessivo que, obviamente, os fará passar inteiramente para o lado do verdadeiro desafio da teoria francesa (enquanto alternativa e complemento a Marx) e aproveitam para estabelecer os marcos de um humanismo fim de século menos "ingênuo" do que antes dos "*sixties*", uma maturidade que se deve igualmente às "aporias [do] anti-humanismo".[18] O parêntese fecha-se, concluem os dois autores; e, por ter armado os cidadãos responsáveis contra as ilusões do primeiro humanismo, o folclore das "ideologias do desejo" não terá sido completamente inútil. Mais do que isso, o argumento virtuoso e o engajamento moral são obrigatórios, aqui como em toda parte: lá onde Lévy lançava sua cruzada em 1977, concluindo que "não resta mais nada a não ser a ética e o dever moral" para impedir "desistência [e] abandono diante do cortejo do Mal",[19] Pierre Nora acusava as ciências humanas de terem dado fim em vinte anos à "função ética" e à "moral do cotidiano",[20] enquanto Ferry e Ranaut chegam inclusive a criticar Foucault e Deleuze de terem favorecido, aquém de sua crítica do sujeito, o "Eu do narcisismo contemporâneo", sua fragmentação "*cool*" e sua heteronomia[21] – imputando-lhes assim, sem pestanejar, a longa comemoração egoísta dos anos de 1980.

Convencidos de que todos os males da França, e acessoriamente do resto do mundo, são a tripla conseqüência de maio de 1968, das filosofias desatinadas dos anos de 1970 e do novo "relativismo" comunitarista proveniente da América, os heróis desse sobressalto moral ainda mantêm, vinte e cinco anos depois, as rédeas do poder intelectual francês: Lévy da imprensa à edição e aos corredores do poder, Nora à frente de *Le Débat* e ligado aos seus confrades de *Esprit* e de *Commentaire*, aronianos e tocquevilleanos jovens e menos jovens da Sorbonne à EHESS*, Rosanvallon e Kriegel da CFDT** aos grandes relatórios ministeriais e, finalmente, Renaut no Conselho Nacional de Programas e Luc Ferry como primeiro-ministro da Educação Nacional oriundo da "sociedade civil" – um ministro dado aos sermões que, nos debates sobre suas reformas controvertidas ou em sua *Carta a todos aqueles que amam a escola* enviada oficialmente a todos os professores, continua imputando o "desastre" da escola aos "desvios comunitaristas", assim como ao "culto ao jovem [...] demagógico" e à "ideologia espontaneísta" herdada de "maio de 68" e de seus gurus.[22]

O LENTO RETORNO DO RECALCADO

Mas nem todos os grandes atores dessa sociedade francesa "modernizada" concordam em lançar no esquecimento Foucault, Deleuze e Baudrillard ou mesmo Guy Debord: teóricos da empresa, estrategistas da administração, securitários e gestores de risco, publicitários e pioneiros do "factual", quadros dirigentes da indústria cultural, cronistas da imprensa em voga e todos os outros chantres da "auto-organização como neoconservadorismo festivo"[23] encontram, por sua vez, usos inéditos para os autores incriminados – em proveito dessa

---

* N. de T. École des Hautes Études en Sciences Sociales.

** N. de T. Confédération Française Démocratique du Travail.

nova ordem social "auto-organizada" que promovem. Trata-se, antes de tudo, da inversão das lógicas do fluxo e da disseminação, e de seu vocabulário distintivo, a serviço de vagas teorizações da empresa "ligeira" ou "em rede": "com o argumento de autoridade que conferem as incontáveis referências a Derrida, Foucault e Lyotard", resume assim Armand Mattelart, "explicam-nos o nascimento da 'empresa pós-moderna' [como] entidade imaterial, [...] figura abstrata, [...] mundo vaporoso de fluxos, de fluidos e de vasos comunicantes".[24] E nos meios franceses da comunicação, da imprensa à publicidade, alguns brandem, por sua aura de malefício, algumas frases transformadas em refrões tiradas de *A sociedade do espetáculo*, de Debord, sobre o "espetacular integrado" ou sobre "o deslizamento do ter ao parecer". De modo geral, todos os pensamentos canônicos que, contrariando sua própria lógica, podem servir para recitar o novo credo da auto-emergência e da organização sem sujeito – variante na moda (e menos conotada) da metáfora da mão invisível – são requisitados pela imprensa ou pelos consultores-filósofos dos anos de 1990. Do *conatus* spinozista ao plano de imanência deleuziano, assim como da microfísica foucaultiana às teses mais místicas de um budismo edulcorado, tudo se presta agora para entoar essa nova ode à autodisciplina do mercado, ainda que sob a aparência de um novo lirismo libertário.

Mais especificamente, a obra de Michel Foucault foi objeto, nesse contexto, de uma recuperação ideológica, discreta mas recorrente, por certos meios dirigentes – desde as redes científicas da Escola Politécnica, onde se teoriza ao mesmo tempo gestão social e controle cibernético, até a CFDT de Jacques Julliard e de Nicole Notat,[25] na qual se realiza a passagem decisiva da utopia da autogestão dos anos de 1970 aos novos programas chamados de administração "participativa", e até as mesas-redondas de altos funcionários sobre a reforma do seguro-desemprego ou da previdência social. De uma forma mais sistemática, o pensamento foucaultiano foi submetido também a uma releitura direitista e empreendedorista na lógica das novas teorias *assistencialistas*, por iniciativa de François Ewald, seu ex-assistente no College de France, e de Denis Kessler, presidente da Federação Francesa de Sociedades de Seguros, depois vice-presidente do Medef[*] e inspirador de seu projeto de "refundação social". A nova gestão social preconizada por Ewald e Kessler fundamenta-se em uma distinção entre "riscófilos" e "riscófobos", fazendo do conceito de *risco* uma "moral e [uma] epistemologia", a única "maneira de definir o valor dos valores".[26] Ewald, que teorizará o "princípio de precaução" que se seguiu ao caso da vaca louca,[27] direcionou-se, pouco antes da morte de Foucault, para os estudos de direito e para as novas redes da Fondation Saint-Simon – da qual redige inclusive a primeira "nota verde" em 1982. Logo, porém, desvirtuou a herança de Foucault: estimulado por este último a "substituí-lo" (mas para que "desenvolva [seu próprio] ponto de vista"), por ocasião de um colóquio em Haia no final de 1983 sobre filosofia e direito internacional, Ewald resumiu ali a "crise" do universal kantiano, tal como havia diagnosticado Foucault, para depois concluir, mais

---

[*] N. de T. *Mouvement des entreprises de France,* organização patronal, uma das representantes dos dirigentes de empresas.

legalista do que foucaultiano, que todo "o pensamento de Michel Foucault convida [...] a examinar como as transformações da comunidade internacional, das relações políticas, das práticas comerciais e das relações culturais podem estar e estarão na base de uma *nova ordem jurídica*".[28]

Todavia, é com O *Estado-Providência*, publicado em 1986 e dedicado a Foucault, que Ewald assenta as bases teóricas desse foucaultismo de direita ou *liberal-assistencial*. Nessa obra, ele cita certos conceitos-chave do último Foucault a serviço de um projeto ideológico formulado de maneira bem diferente, que corresponde mais ou menos à "formulação de um *novo imaginário político*, como *imaginário assistencial*".[29] Da arqueologia foucaultiana, resvala-se de fato para um fatalismo histórico e um viés prescritivo estritamente "ewaldianos". Assim, a constatação histórica fundamental de Foucault de uma "passagem da lei à norma" não é convocada para pensar essa nova forma de poder "que tem como tarefa cuidar da vida",[30] mas sim a necessidade de uma flexibilização do direito social e de uma "revisão do Código Civil" para cobrir todos os riscos imagináveis; e a categoria dos "anormais", estudada por Foucault em seu seminário de 1975, remete mais particularmente agora, nessa lógica, a todos aqueles que "afastando-se demais da norma [...] [tornam-se] para o grupo um *risco*, um perigo".[31] Ewald justifica seu trabalho sobre o Estado-Providência pela urgência que haveria de refletir a respeito das "melhores modalidades de sua gestão", ou seja, uma "hipótese pós-crítica" que ele opõe aos "discursos ultra-sensíveis da denúncia como são quase sempre os das ciências humanas". E empreende aqui nada menos que uma genealogia, assim como (ultrapassando o método genealógico) uma justificativa política do "processo de assistencialização da responsabilidade" e da sociedade, que teria sucedido historicamente a era da "identificação jurídica culpa-responsabilidade".[32] Trata-se de mostrar que o seguro é o último vínculo social viável no momento em que cada um – do armador de petroleiros ao fumante inveterado e a todos os precários – é definido antes de tudo como portador de uma certa dose de risco coletivo: o seguro "[tornou-se], na diversidade e na articulação de suas *redes*, aquilo que, fora das relações *livres e voluntárias* da família, do trabalho e da vizinhança, liga-nos, *praticamente*, uns aos outros: o vínculo social em pessoa, sua *materialidade*"[33] – longe, muito longe dos modos de sujeição estudados por Foucault. Para além do mero trabalho de Ewald e Kessler, que redefinem assim a sociedade como "uma vasta assistência contra os riscos produzidos por seu próprio desenvolvimento",[34] opera-se secretamente toda uma reinterpretação cibernética das teorias foucaultianas do "biopoder" e das "sociedades assistenciais", que propõem menos sua arqueologia histórica do que sua legitimação tecnocrática. Em torno do conceito de "sociedade do risco" (*Risikogesellschaft*) proposta pelo alemão Ulrich Beck,[35] elabora-se depois de quase vinte anos, entre apocaliptismo pós-moderno e racionalidade dirigente, toda uma socieconomia do caos coletivo e de sua gestão assistencial; ela reavalia a hierarquia social em função do "custo" que representam, para a saúde ou o financiamento das aposentadorias, uns e outros (sendo que os dominados já começam a ver aproximar-se o "risco" que implica sua precariedade na sociedade), preconizando dispositivos de reação em tempo real aos "acidentes" e às "desigualdades". Uma forma abertamente ideológica de remanência espectral que Foucault certamente teria rejeitado.

No momento em que os desafios políticos e filosóficos passam a ocupar um lugar central na universidade americana, a teoria francesa é, assim, duplamente golpeada na França: de um lado, sendo excluída do campo intelectual público por liberais ou tradicionalistas que pregam a "superação" de maio de 1968; de outro lado, sendo deturpada nas mãos dos novos especialistas preocupados em renovar um pensamento gestor convencional. Quanto à universidade francesa, onde a teoria francesa desenvolveu-se inicialmente, mas onde seu estatuto nunca deixou de ser bastante marginal (mais lida em Vincennes do que na Sorbonne, evocada em alguns cursos de teoria literária e raramente inscrita no programa das UFR* de filosofia), ela aparece como uma instituição debruçada sobre si mesma – distante não só dos debates que agitam o espaço público midiático francês, como também das questões bem diferentes que ocupam na mesma época a rede universitária mundial. Salvo em algumas instituições atípicas e devidamente marginalizadas, compartimentalizações disciplinares e *corpus* legítimos, métodos pedagógicos de ontem e "universalismo" cognitivo dão a impressão muitas vezes de que nada mudou nas últimas décadas. Estes são os sintomas de uma exasperação da universidade francesa contra tudo aquilo que, da interdisciplina aos estudos identitários, ameaçaria ferir sua tão estimada autonomia a-histórica. A disciplina filosófica, particularmente, preferiu permanecer no programa *pré*-estruturalista a dar lugar a esse paradigma do *pensamento intensivo*, sobre o qual Foucault havia prevenido, em 1969, que a história da filosofia, tal como era ensinada, dificilmente se remetia: pensar a intensidade [...] é recusar o negativo, [...] é rejeitar de um golpe as filosofias da identidade e as da contradição, [...] é recusar, enfim, a grande figura do Mesmo que, de Platão a Heidegger, nunca deixou de fechar em círculo a metafísica ocidental".[36] Contudo, foi aos avatares teóricos (e políticos) anglo-saxônicos do pensamento intensivo que a universidade francesa ofereceu a maior resistência, barrando os estudos minoritários, o debate sobre o comunitarismo, as teorias da identidade sexual ou mesmo a sociologia das ciências construcionista.

Na universidade francesa, filosofia e literatura, com sua metodologia homogênea e seu *corpus* unitário, são também bastante reativas ao ecletismo epistemológico e à heterogeneidade bibliográfica características de todas as transdisciplinas degeneradas que surgiram nos Estados Unidos há vinte e cinco anos, dos *Gender* aos *Cultural Studies*. Quanto às ciências sociais, elas se destacaram por ter impedido a invasão do "pós-modernismo" americano, em que colocam lado a lado o antropolólogo Clifford Geertz e as correntes do pós-colonialismo ou do estudo da *pop culture*. A tal ponto que elas são sempre associadas, em certos âmbitos, aos paradigmas antropológicos dos anos de 1950. Propor organizar um seminário sobre as minorias sexuais, ou até mesmo sobre as práticas culturais dos

---

* N de T. Unité de Formation et de Recherche.

trabalhadores fronteiriços, pode ser visto às vezes como um perigoso comunitarismo ou uma mistura pós-moderna e superficial de conceitos – anomalias atribuídos, por assim dizer, ao acadêmico do outro lado do oceano. E, mais amplamente, a uma sociedade americana que os observadores franceses sempre viram como um monstro financeiro e tecnológico, gangrenado pela incultura e pelos tribalismos: "de Duhamel a Bernanos e de Mounier a Garaudy, a questão parece decidida", resume Philippe Roger para designar essa tradição bem francesa, "o antiamericanismo é um humanismo [...]. Não um detrator do *american way of life* que posa de advogado da humanidade conspurcada".[37]

No entanto, apesar das resistências da universidade, apesar da demonização da América e de seus *campi* "balcanizados", apesar da divisão equânime do espaço público francês entre os chantres do humanismo universalista e dos ideais abstratos da República, a porta acaba entreabrindo-se na França, com quase vinte anos de atraso, às contribuições teóricas americanas – e provocando, de maneira muito gradual, muito árdua, muito polêmica, um retorno do recalcado dos anos de 1970 sob a forma, agora, de um questionamento teórico sobre a identidade e as comunidades. A longa duração da chamada controvérsia do "véu islâmico", que eclodiu em outubro de 1989, quando duas estudantes do ensino médio de Creil recusam "deixar Deus no portão do colégio", permite que gradativamente venham à luz pontos de vista moderados, audíveis, que o campo legítimo da laicidade não podia mais taxar de "traições à República" – sob pena de impedir qualquer debate. O ano de 1997 é o do primeiro grande colóquio nacional sobre "os estudos *gays* e lésbicos", organizado em Beaubourg por iniciativa de Didier Éribon, e do voto do PACS no Parlamento, um "pacto de união civil" implementado pelo governo de Lionel Jospin graças ao qual os casais homossexuais têm acesso a um estatuto legal. Na mesma época, as leis sobre a paridade abrem um debate, por muito tempo considerado impossível, sobre a discriminação positiva, limitado no momento às relações entre os dois sexos. Porém, pouco a pouco, debaixo dos gracejos de uns e dos sermões de outros – que ainda denunciam nas mídias o desvio "tribalista" ou o "leninismo" cultural –, as questões da discriminação minoritária, da presença de minorias étnicas nas mídias, da homoparentalidade ou das estratégias de desvirtuamento da *pop culture* em certas comunidades são levadas a sério aqui e ali na França, onde acabam adquirindo legitimidade.

Contudo, há um longo caminho pela frente. E o isolamento cultural francês dessas questões do ser-junto comunitário e da política identitária está longe de ser superado, pois não basta conceder a alguns (algumas) uma legitimidade categorial e folclorizante, como criar uma nova rubrica no formulário do recenseamento. Até agora só se tateou a questão do sujeito múltiplo e de sua participação simultânea em várias formas de minorias – contra a petição republicana de deixar todas elas do lado de fora quando se entra no espaço neutro dos "valores comuns": falta ainda integrá-las verdadeiramente nas ciências sociais, nas organizações militantes, nas grandes instituições (ou nos pólos alternativos) do campo intelectual e, a mais longo prazo, como paradigma histórico. Sem contar que nenhum dos grandes intelectuais americanos em questão, amplamente traduzidos em alemão, italiano ou espanhol, foi publicado em francês nessa época e que se dispõe, quando muito, de alguns ensaios teóricos (em geral esgotados) de Edward Said e de um único título de Judith Butler, publicado em 2002. Uma tradição persistente de isolacionismo intelectual, já que antes disso tinham sido necessários vinte anos para que obras tão reconhecidas como *A estrutura das revoluções científicas*, de Thomas Kuhn, ou *Teoria da justiça*, de John Rawls, aparecessem em francês. Entre as grandes correntes americanas do último quarto de século, não têm existência editorial na França, traduzidas ou comentadas, nem a filosofia analítica, nem as convergências entre pragmática e filosofia continental, nem as teses do multiculturalismo radical, nem as leituras desconstrucionistas em literatura, nem o pensamento subalterno e pós-colonial, nem mesmo as novas teorias de identidade de gênero – apesar de uma tímida emergência recente, "discretamente porém seguramente", da questão *queer*.[38] A França, decididamente, só muda de forma muito lenta e dolorosa. Além disso, parece sempre válida, em todo caso mais hoje do que há três décadas, a opinião de Walter Benjamin, no início dos anos de 1930, sobre o "intelectual de esquerda" francês, da República dos professores aos ex-novos filósofos do século seguinte: "sua função positiva procede inteiramente de um sentimento de obrigação, não perante a revolução, mas perante a cultura tradicional", pois observa-se com bastante freqüência, na França, que "o conformismo dos homens de letras oculta-lhes o mundo onde vivem" – e acrescenta em seguida, para ilustrar seu ponto de vista, que para entender em que "o romance contribuiu [na época] para a liberdade" deve-se consultar as páginas de Proust sobre a homossexualidade mais do que todo o "romance social" do entre-guerras.[39]

É por isso, enfim, que a *French Theory*, rejeitada politicamente em seu país e amplamente textualizada nos *campi* americanos, ainda remete, trinta anos depois da publicação de seus textos fundamentais, a uma incompletude coletiva, a um potencial intelectual intacto, ao horizonte que ainda é seu de uma prática teórica plena e inteira, que não seja nem demonizada pelos moralistas nem travestida em abstração retórica ou em radicalismo de cátedra. Improvável terceira via, que era evocada pelo crítico Peter Starr ao colocar lado a lado a chantagem moral dos novos filósofos e as invectivas dos acadêmicos "apegados demais ao corpo sublime da teoria" para encarar as lutas sociais ou o caos da mercadoria: é urgente inventar alternativas, conclui em 1995, a essa "escolha extremamente grosseira entre um antiterrorismo por si só terrorista [na França] e o monarquismo dos acadêmicos [nos Estados Unidos] orientada apenas por seu horror à mercadoria".[40] Em outras palavras, entre o moralismo e a sofística, ou entre a racionalidade monovalente dos cães de guarda franceses e uma discussão em torno da crise da razão que, nos Estados Unidos, acaba degenerando quase sempre em uma mera "crise de versos".

CIÊNCIA PURA E RAZÃO DE ESTADO

Dos jogos de palavras aos manifestos, o censor Alan Sokal, sobre o qual se abria este estudo, limitou-se, portanto, a levantar o véu pudico sobre a verdadeira orgia teórica que agita a universidade americana há trinta anos, uma dissolução conceitual e discursiva da qual a França, por sua vez, não fazia muita idéia. Ele só puxou um fio solto, e isso foi suficiente para desenrolar todo o novelo. O físico tinha obviamente suas razões – a defesa não tanto de um programa ideológico, apesar do duvidoso apelo aos "valores", mas sobretudo de um território disciplinar, o das ciências exatas. Se a verdadeira questão, nesse panorama, era uma guerra de culturas, esta acabou desencadeando também, indiretamente, uma verdadeira *guerra das ciências* nos Estados Unidos, travada a toque de caixa ao pé da inexpugnável fortaleza tecnocientífica americana. Desde o início, era grande a tentação entre os pioneiros da teoria francesa de aplicar suas novas ferramentas subversivas ao universo das ciências e ao seu rígido separatismo: as críticas Marilyn August e Ann Liddle propunham assim, já em 1973, "reverter o processo [estruturalista] que utiliza a ciência para questionar a literatura" a fim de que "obras como as de Artaud e de Bataille tornem-se instrumentos que permitam pôr em funcionamento [a contrapé] e contestar as ciências".[41] Mas é em 1976, com um colóquio interdisciplinar em Cornell e a criação da Society for Social Studies of Science, que nasce a corrente de sociologia *construcionista* das ciências. Ela não se desenvolve propriamente na linha de Bataille, mas no cruzamento da teoria francesa, da antropologia marxista britânica das ciências originária da escola de Edimburgo e da sociologia funcionalista americana das instituições – inaugurada por Robert Merton nos anos de 1950. Assim, em uma fase mais epistemológica da sociologia das ciências, ligada à recepção anglo-saxônica do trabalho de Thomas Kuhn, sucede-se então – em torno das pesquisas de Bruno Latour e Steve Woolgar sobre os laboratórios californianos – uma fase mais empírica, que logo incorporará aos seus estudos os fatores culturais, étnicos ou mesmo sexuais. Até que os comunitarismos radicais dos anos de 1990, enfurecidos contra a Razão machista ou a Ciência imperialista, viessem embaralhar as cartas, desencadeando na universidade, entre escolas de ciências e departamentos de ciências sociais e de literatura, um novo tipo de conflito de faculdades.

Contudo, mais do que apontar um inimigo ou designar suas vítimas, a missão que Bruno Latour confia aos *science studies*, mais rigorosa e também mais ambiciosa, é superar as abordagens anteriores – normativa (distinguindo entre ciência *boa* e *má*) e historicista (reportando-se a um simples *progresso* do saber) – para poder "compreender como a ciência e a tecnologia fornecem certos elementos necessários para garantir a construção e a estabilidade da sociedade em seu conjunto".[42] A ciência como modelo racional, como garantia última da ordem social: uma hipótese epistêmico-política que a sociologia das ciências francesa, que fez de tudo para isolar um Bruno Latour e uma Isabelle Stengers e desviar de suas redes de pesquisa, não pretendeu retomar por sua conta – recusando obstinadamente que a ciência fosse antes de tudo *uma construção*,[43] que ela coubesse inteiramente nos limites da história e que sua "paixão" francesa (ao lado da tecnofobia de salão) pudesse também nos informar sobre nossos costumes políticos. A velha confiança radical-socialista francesa nas ciências e na pesquisa oculta o modelo especificamente francês de um "Estado nacional", um Estado cujo modelo é o próprio modelo da racionalidade científica, uma República francesa cuja ciência é historicamente constitutiva. A ciência, como referência última, representa ali uma verdadeira "razão" de Estado e uma barreira última contra todos os relativismos, identitários ou cognitivos. Do mesmo modo que, na França, a atividade de um laboratório é chamada de "científica" antes de (mas também em lugar de) ser específica – como se a categoria ciência por si mesma tornasse indiferente saber se a atividade em questão refere-se a tal material, a tal protocolo, ou se depende de tal comunidade social ou étnica –, a República declara às minorias que a compõem que não as considera como judeus, *beurs** ou homossexuais, mas *exclusivamente* como cidadãos. A cidadania e a ciência funcionam aqui, se não como ficções ideológicas, ao menos como avatares políticos de uma racionalidade unificante, incumbida de decretar a generalidade em detrimento de condições específicas que poderiam invalidá-la. Não é de se surpreender, considerada a exceção francesa, que as teses construcionistas, popularizadas nos Estados Unidos pelos trabalhos de Bruno Latour e de Ian Hacking, e *a fortiori* as questões da minoria ou da diferença cultural, jamais tenham conseguido penetrar a epistemologia e a sociologia das ciências na França – o que explica o isolamento institucional de um Bruno Latour, acantonado em Paris no laboratório de sociologia da Escola de Geologia. Ao que parece, nem a confiança na razão e nem mesmo a unidade da República sobreviveriam ali.

Não é apenas contra o fervor racionalista francês – comum ao empirismo transcendental de Bergson e à epistemologia de Bachelard ou mesmo de Canguilhem – mas também, inversamente, contra a textualização americana das ciências (abordadas, na lógica dos *Cultural Studies*, apenas no registro do "simbólico") que Bruno Latour e seu confrade Michel Callon desenvolvem todas as ferramentas de um *empirismo construcionista*. De forma pragmática, eles direcionam seu interesse, no universo das ciências, aos objetos, aos instrumentos singulares, aos fluxos imateriais, aos seres híbridos e às máquinas animadas, ou seja, a tudo aquilo que escapa do domínio do "simbólico", mas também geografizando a ciência ou aplicando-lhe uma sociologia quantitativa, porque a localização, o contexto cultural ou os dados estatísticos e orçamentários não são esses fatores secundários, vulgares, da atividade científica que fizeram deles tantos racionalistas franceses. Por trás desse projeto construcionista, que Latour inclusive rebatizou de "composicionista", trata-se assim – para atualizar tanto os mecanismos discursivos endógenos quanto a função ideológica das ciências – de desmontar o dualismo simplista, ainda onipresente na França, entre a ciência-discurso e a ciência como prática, ou entre as palavras e o mundo (*words and world*), entre o realismo e o nominalismo – "para não deixar o campo livre [...] apenas aos naturalistas, de um lado, e aos desconstrucionistas, de outro",[44] conclui Latour, preocupado também com o fato de que o textualismo derridiano onipotente nos Estados Unidos viesse comprometer, por sua vez, o projeto dos *science studies*. Assim, o que Latour e os latourianos procuram desmistificar, in-

---

* N. de T. Jovens magrebinos nascidos na França, filhos de pais imigrados.

validar empiricamente, é o mesmo que Sokal e Bricmont defendem obstinadamente contra a "ameaça" pós-moderna e contra o que eles chamam de "erros" de Thomas Kuhn e de Paul Feyerabend (que pretenderam, segundo eles, "[evitar] os problemas de verdade e de objetividade"): o que aqueles infirmam, e o que estes querem salvar a qualquer preço, é, de um lado, a continuidade *progressista* postulada pelos cientistas entre os "conhecimentos ordinários" e o discurso científico consumado, como se fossem dois degraus de uma mesma explicação objetiva do real, e, de outro lado, a clara descontinuidade que eles afirmam, inversamente, entre fatos e discurso, "verdades" da ciência e extrapolações de seus comentadores – em suma, dupla desmontagem do saber unificado e da "verdade" salva.

Contra o progressismo e o naturalismo ainda dominantes, os *science studies* visam, em outras palavras, a desvendar os efeitos de poder no interior de toda formação discursiva e os efeitos de discurso na própria essência das práticas. Eles procuram mostrar, depois de muitas outros, a maneira como esse mundo supostamente exterior, ou referencial, já está sempre tramado, atado, atravessado de discurso. Para além do mero caso das ciências, o fim do isolamento intelectual francês passa necessariamente por essas poucas *práticas teóricas* que têm em comum não fazer do discurso uma esfera estritamente delimitada, nem do "real" um dado primeiro, puro ou exterior. O que todos os racionalistas franceses seguros de suas posições vêem aqui, um pouco apressadamente, como um velho refrão estruturalista, um *linguistic turn* mal digerido, ou mesmo um relativismo textual de *"Amerloques"*,* corresponde simplesmente àquilo que se faz e que se pensa, bem ou mal, há um quarto de século no restante do campo intelectual mundial.

NOTAS

1 Citado *in* Philippe ROGER, *L'Ennemi américain*, op. cit., p. 548.

2 Bernard-Henry LÉVY, *La Barbarie à visage humain*, op. cit., p. 155.

3 Pierre NORA, "Que peuvent les intellectuels?", art. cit., p. 11.

4 Michel LÖWY e Robert SAYRE, *Révolte et mélancolie. Le romantisme à contre-courant de la modernité*, Paris, Payot, 1992, p. 284.

5 Conforme o título do ensaio de François FURET, Jacques JULLIARD e Pierre ROSANVALLON, *La République du Centre*, Paris, Calmann-Lévy, 1988.

6 Anne GODIGNON e Jean-Louis THIRIET, "Pour en finir avec le concept d'aliénation", *Le Débat*, n. 56, setembro-outubro 1989.

7 François FURET, *Penser la Révolution française*, Paris, Gallimard, 1979.

8 "La preuve du pudding" (entrevista com Bernard-Henri Lévy), *Tel Quel*, n. 77, outono 1978, p. 25-35.

9 Bernard-Henry LÉVY, *La Barbarie à visage humain*, op. cit., p. 134-140, notadamente.

10 Christian JAMBET e Guy LARDREAU, *L'Ange. Pour une Cynégétique du semblant*, Paris, Grasset, 1976.

11 Citado *in* Didier ÉRIBON, *Michel Foucault*, op. cit., p. 318.

---

* N. de T. Forma pejorativa como os franceses designam os americanos dos Estados Unidos.

12 Cf. André GLUCKSMANN, *Le XIe commandement*, Paris, Flammarion, 1991.
13 Gilles DELEUZE, "À propos des nouveaux philosophes et d'un problème plus général", *Minuit*, suplemento ao n. 24, maio 1977 (não-paginado).
14 *Ibid.*
15 Pierre BOURDIEU, *Les Règles de l'art, op. cit.*, p. 232.
16 Luc FERRY e Alain RENAUT, *La Pensée 68, op. cit.*
17 *Cf.* Luc FERRY, *L'Homme-Dieu, ou Le sens de la vie*, Paris, Grasset, 1996.
18 Luc FERRY e Alain RENAUT, *La Pensée 68, op. cit.*, p. 36.
19 Bernard-Henry LÉVY, *La Barbarie à visage humain, op. cit.*, p. 218-219.
20 Pierre NORA, "Que peuvent les intellectuels?", art. cit., p. 7.
21 Luc FERRY e Alain RENAUT, *La Pensée 68, op. cit.*, p. 121-123.
22 "Placer l'élève au centre du système est démagogique" (entrevista com Luc Ferry), *Le Monde*, 17 abril 2003.
23 Para retomar o título de um artigo incisivo de Gilles Châtelet ("Du chaos e de l'auto-organisation comme néoconservatisme festif", *Les Temps modernes*, n. 581, março-abril 1995).
24 Armand MATTELART, *La communication-monde*, Paris, La Découverte, 1992, p. 255.
25 Que chega inclusive, ao ser indagada pela imprensa nacional, a deturpar no sentido de um realismo negociador um velho discurso de Foucault, denunciando o "regime político [...] indiferente à realidade" (*in* "La societé veut savoir porquoi bouger..." [entrevista com Nicole Notat], *Le Point*, 22 março 2002).
26 François EWALD e Denis KESSLER, "Les noces du risque et de la politique", *Le Débat*, n. 109, março-abril 2000.
27 François EWALD *et al.*, *Le Principe de précaution*, Paris, Presses Universitaires de France, coll. "Que sais-je?", 2001.
28 François EWALD, "Droit: systèmes et stratégies", *Le Débat*, n. 41, setembro-novembro 1986, p. 63-69.
29 François EWALD, *L'État providence*, Paris, Grasset, 1986, p. 530.
30 Michel FOUCAULT, *Histoire de la sexualité 1. La volonté de savoir, op. cit.*, p. 189.
31 François EWALD, *L'État providence, op. cit.*, p. 482-483 e 405-406, respectivamente.
32 *Ibid.*, p. 10-11, 603 e 524-526, respectivamente.
33 *Ibid.*, p. 527 [grifos meus].
34 *Ibid.*, p. 10.
35 *Cf.* Ulrich BECK, *La societé du risque. Sur la voie d'une autre modernité*, Paris, Aubier, 2001.
36 Michel FOUCAULT, "Ariane s'est pendue", *Le Nouvel Observateur*, n. 229, 31 março-6 abril 1969.
37 Philippe ROGER, *L'Ennemi américain, op. cit.*, p. 482-483.
38 Robert HARVEY e Pascal LE BRUN-CORDIER, "Horizons", *in Rue Descartes: revue du Collège international de philosophie*, n. 40, verão 2003, "*Queer*: repenser les identités", p. 4.
39 Walter BENJAMIN, "Le surréalisme" (1929) e "La position sociale actuelle de l'écrivain français" (1934), *in Œuvres II*, Paris, Gallimard, coll. "Folio", 2000, p. 126, 389 e 393-394.

40 Peter STARR, *Logics of Failed Revolt: French Theory after May' 68*, Stanford, Stanford University Press, 1995, p. 202.

41 Marilyn AUGUST e Ann LIDDLE, "Beyond Structuralisme", *SubStance*, n. 5-6, primavera 1973, p. 227.

42 Bruno LATOUR, "The Promises of Constructivism", *in* Don IHDE *et al.* (dir.), *Chasing Technoscience: Matrix for Materiality*, Bloomington, Indiana University Press, 2003, cap. 2.

43 *Empírica* porque a epistemologia francesa (na qual se fala de "construir os fatos") sempre viu na ciência, inversamente, uma construção da *teoria*, como lembra Latour, mas de uma teoria que só dependeria dela mesma.

44 Bruno LATOUR, "The Promises of Constructivism", *op. cit.*

Conclusão
Diferença e afirmação

> "Trair seu próprio reino, trair seu sexo, sua classe,
> sua maioria – que outra razão de escrever? E trair a escrita."
> Gilles Deleuze, *Diálogos*

Desse modo, a França repudiou sem pestanejar seus gurus de outrora. Depois, impediu a passagem das políticas identitárias provenientes da América, assim como das teorias da sociedade como emaranhado de comunidades. E, aos novos temores da mundialização e dos desenraizamentos, só conseguiu opor então a mesma escala média, formalizada há mais de dois séculos, do universalismo humanista – *o* sujeito, *o* debate, *a* sociedade ou, ainda, essa abstração progressista de um "outro mundo possível". O universalismo abstrato, protocolonial ou neokantiano, e sua violência simbólica – que implicam as figuras normativas da *República* ou do *progresso* – ressoam às vezes como nomes codificados de um certo provincianismo cultural. Por todas essas razões, a França parece ter desertado do debate intelectual mundial: não adotou suas novas modalidades acadêmicas nem aderiu verdadeiramente às redes internacionais e deixou-lhe de pasto uma dezena de autores (além de toda uma *Stimmung* intelectual e histórica) marginalizados em seu país. A elite francesa julgou inútil, se não perigoso, colocar suas hipóteses teóricas a serviço de uma compreensão do presente, de uma exploração desse mundo "tornado infinito" do qual já falava Nietzsche, esse mundo que "encerra uma infinidade de interpretações".[1] Os debates de idéias que há trinta anos ressoavam, entre algumas ruas da margem esquerda, nas salas de editores, nos locais consagrados de discurso ou nas tribunas da grande imprensa, tinham e têm ainda um certo peso, às vezes desmesurado (por força do caldeirão universitário), de Nova York ao México e de Tóquio a San Diego; os debates que essas mesmas galerias parisienses repercutem hoje não conseguem atravessar a Pont Neuf, ou interessar seus próprios participantes.

A chave de tal mudança, e do declínio da influência francesa no mundo que ela precipita, talvez deva ser buscada, no fim das contas, na relação com Marx do campo intelectual francês. Em dez anos, sem nenhuma transição a não ser a tomada de poder intelectual cujas façanhas foram mencionadas, ele passou do dogmatismo marxista de outrora ao abandono puro e simples do pensamento crítico marxiano, só tratado agora por exegetas ou nostálgicos. Na verdade, não importa o que pensem os detratores marxistas da teoria francesa, seu sucesso mundial só foi possível ao lado, em complemento, talvez em substituição, mas sempre rivalizando com Marx e com os marxistas teóricos ortodoxos que a história tornou obsoletos. Assim, Deleuze, Foucault, Lyotard e mesmo a "hipercrítica" derridiana encarnam por toda parte, com exceção da França, a possibilidade de uma crítica social radical *continuada*, mas, em relação a Marx, enfim destotalizada, aprimorada, ramificada, aberta aos desafios do desejo e da intensidade, dos fluxos de signos e do sujeito múltiplo – ou seja, as ferramentas de uma crítica social *para hoje*. De Chicago a São Paulo, as lutas sociais contemporâneas, mesmo com um horizonte estreito, ou excessivamente metafóricas, ou muitas vezes limitadas aos militantes de *campus* e à casta intelectual, incorporaram, em seus desafios e em suas formas táticas, a questão crucial da *diferença* – sexual, étnica, cultural e ontológica, mas sempre móvel, mutável, disponível a todos os usos e a todos os cruzamentos. Essa questão decisiva, indissociavelmente epistemológica e social, que os projetos filosóficos de Foucault, Deleuze e Derrida enfrentaram, foi deixada de lado depois pelos novos mestres do campo intelectual francês, em nome de uma ficção do Homem comum e da democracia burguesa. Contudo, dos imigrados não-assimilados aos grupelhos infraculturais de colecionadores ou de *videomakers*, dos novos hibridismos sexuais ou étnicos aos desafios renovados do território e das identidades clandestinas de internautas às novas formas de precariedade profissional (que vieram à tona particularmente com a luta dos intermitentes do espetáculo), essa questão da diferença recobre todas as situações, cada vez mais numerosas, que não se encaixam mais nos grandes recortes da democracia de mercado, republicana ou federal – os *restos* invisíveis que produzem pouco a pouco, por não conseguir englobá-los, os significantes reguladores da comunidade política tradicional: profissões, classes, distritos, confissões, gerações. Assim, essa questão da diferença é atualmente o lugar dos cruzamentos mais fecundos, o único meio de articular micropolítica e lutas sociais, de conectar os decretos abstratos da comunidade aos problemas do corpo e do cotidiano. Essa questão molecular da diferença atravessa hoje as vastas totalidades reificadas do marxismo, da *mais-valia* à *ideologia*, trabalhando-as, rompendo-as, renovando-as. Portadores de uma diferença irredutível, os marginalizados sexuais, os contra-rituais de bairro, a opacidade das obsessões e todos os exílios interiores é que "esboçam [ali] um plano de consistência [minando] o plano de organização do Mundo e dos Estados"; em outras palavras, o que interessa, agora mais do que nunca, é confrontar uma a outra, e em ato, as categorias *revolução* e *mulher*, as lutas sociais e as "classes efetivas" ou, ainda, as formas de vida e as solidariedades militantes longínquas, para favorecer esses arranjos inéditos graças aos quais "um novo tipo de revolução está prestes a se tornar possível"[2] – dessa vez no presente, ao longo de certos estratos, *in vivo* em modos de deserção ou, mais taticamente, de sabotagem, mas, em todo caso, longe do mito substancialista da "Grande Noite"*, que sempre foi, enquanto horizonte inacessível, mais fundamentalmente monoteísta do que comunista.

Diante dos problemas de organização e de formulação que devem ser enfrentados pelas minorias de toda ordem que tentam agrupar-se, a diferença representa igualmente, no cotidiano, a prova decisiva da *comunidade*, de suas metamorfoses históricas e de suas grandes aporias políticas – esse velho conceito de comunidade do qual o século XX revelou as sangrentas rupturas, mas também o necessário "princípio de incompletude". É exatamente na diferença, e em suas táticas afinitárias sublimadas, debatidas, mas indefinidamente postergadas, que se vive hoje a experiência da comunidade "inconfessável" de que falava Maurice Blanchot. Ela sempre "termina de uma maneira tão aleatória quanto começa", desvenda as ilusões da "comunhão", assim como se opõe às abstrações coletivas impostas pela ordem social e pela mitologia do trabalho – essa comunidade está ligada a uma *inatividade* primordial, à qual "se proíbe de operar e não tem como finalidade nenhum valor de produção", e que, por isso mesmo, não há fronteira que a detenha, pois é "o que inclui a *exterioridade* de ser que a exclui".³ Experiências fundamentais, nessa lógica, como as do fanzine comunitário, da ação de grupo pontual ou da associação militante, quando são confrontados com a questão da inclusão e de seus limites (quem agrupar, a quem se dirigir, quem e como atacar?) – experiências amplamente ignoradas, no entanto, pela cultura universalista francesa. Mas essa comunidade singular, precária, confrontada permanentemente com a impossível assunção da diferença, não é a escala mediana ou o mito da justa medida entre "indivíduo" e "sociedade"; é aquela cujo projeto, cujos fracassos e cujas experimentações vivas são os únicos que permitem repovoar o espaço frio, anômico, que se abre pouco a pouco entre ideais renegados (a vontade geral, a nação soberana) e reterritorializações identitárias agressivas, ou entre as abstrações do comum (*a* sociedade, *o* mundo) e um retraimento individualista ou familiar, salutar porém excludente, do qual se recorda a célebre definição tocquevilleana – "isolar-se da massa de seus semelhantes e colocar-se à parte [...] de tal modo que, depois de ter criado uma pequena sociedade para seu uso, [se] abandona facilmente a grande sociedade à própria sorte".⁴ Fusão separatista, amiótica, que ocorre *aquém* da diferença – ao contrário da comunidade.

Enfim, e sobretudo, a diferença é uma questão política e filosófica extremamente urgente para ser deixada àqueles que a gerem, organizam, redistribuem cientemente ao longo de seus segmentos de mercado. Enquanto ela era proibida de entrar no campo intelectual francês e alimentava os debates teóricos da universidade americana, a diferença tornava-se o aliado providencial do capitalismo avançado e, inclusive, um dos componentes do "novo espírito do capitalismo"⁵ prestes a emergir, cheio de vigor por ter

---

* N. de T. *Le Grand Soir*: o dia da revolução social.

absorvido seus críticos e todos os seus contrários. Discutida pelos pensadores da minoria dos anos de 1980, teorizada pelos filósofos radicais dos anos de 1970, surgida com os avatares comunitários do grande movimento de contestação social dos anos de 1960, a diferença acabou por autorizar, principalmente, uma segmentação mais apurada do mercado, uma extensão do capital às esferas da afinidade furtiva e da intimidade clandestina, da pequena ou da invisível diferença. Na medida em que ela devia reverter as forças uniformizadoras do capitalismo ocidental, "a diferença [...] tornou-se nesse meio-tempo o principal instrumento da gestão do biopoder",[6] instrumento de uma personalização da "demanda", de uma partilha do corpo, de uma renaturalização dos tipos sociais, como observa o coletivo francês Tiqqun – ele próprio emblemático de novas formas militantes de que se pode revestir uma crítica *pós-identitária* do universal, cuja teoria do "desastre" contemporâneo inspira-se tanto em Marx quanto nas novas subjetividades errantes, tanto no messianismo revolucionário quanto nas contribuições mais recentes de Deleuze e Foucault.

É desse lado que a teoria pode e deve retornar, nas duas margens do Atlântico, como a única forma de vigilância política apropriada à transição histórica que vivemos. É desse lado que podem não ter sido inúteis, nem puramente retóricas, as discussões sobre a *theory* que ocupam certos grupos marginais da universidade americana e mundial há um quarto de século. Para além da verborragia e dos rituais de *campus*, elas se confrontaram com o mundo e com seu duplo processo conjunto de pluralização e de absorção (ou de exclusão e de integração) que os debates franceses do mesmo período. No momento em que milhares de jovens vermelhos europeus abandonavam *a* Teoria (sua maiúscula devota e seu artigo definido peremptório), velha ciência marxista das desmistificações, para retomar estudos ou carreiras, emergia além-oceano, por trás das agendas ideológicas dos multiculturalismo e das lunetas escolásticas dos textualistas, uma *theory* heterogênea, exploratória, praticável – em conformidade com a pesquisa inaugurada por Foucault e Deleuze de uma *teoria* em ruptura com o idealismo metafísico, uma teoria que não fosse nem uma lei racional, nem uma moral, nem uma história dos textos, nem somente uma metafilosofia, uma teoria que consistisse, enfim, em *lançar hipóteses*, mas em um sentido totalmente diferente daquele da tradição científica, hipóteses *intensivas*, gerais e específicas ao mesmo tempo, sobre os dispositivos comunitários, os regimes de discursos ou o maquinário de desejo capitalista.

Finalmente, se há uma lição dessa invenção americana da teoria francesa, assim como de seu abandono na França e de seus avatares mundiais, é a lição de uma continuidade a ser restabelecida, custe o que custar, contra as representações polarizadoras e os discursos binários marxismo alemão contra nietscheanismo francês, enquanto a micropolítica é o prolongamento (e não a negação) da idéia de revolução; fenomenologia francesa contra "perspectivismo" (multiplicação de pontos de vista, pluralização do sujeito) pós-estruturalista, lá onde este talvez seja apenas uma radicalização (e uma politização) daquela, como sugeria Vincent Descombes;[7] ou ainda comunitarismo americano contra universalismo francês, que dissimulam por trás das defasagens de campos a profunda convergência de duas potências aliadas, ou as querelas que sugeria Bourdieu entre "dois imperialismos do universal",[8] concorrentes mas complementares. Resta, portanto, soldar, conectar, continuar a ligar – Marx às teorias não-dialéticas da diferença, as lutas pelos direitos civis às políticas identitárias da universidade, o romantismo revolucionário às micropolíticas mais táticas, o sexo ou a raça à classe social e os radicalismos teóricos americanos às novas formas de dissidência social na França: das salas de aula às políticas de grupo, são continuidades a ser restabelecidas contra os fatalismos do pós-moderno em voga, do fim da história e da geração perdida, e suas impotências. O materialismo, enquanto tradição intelectual, é antes de tudo essa desconfiança saudável em relação a todos os descontinuísmos e suas falsas separações. Em outras palavras, é um trabalho de ligação contra o mito das rupturas, a fantasia das extirpações e das desconexões.

Essas questões da diferença e da comunidade, esse dever de restabelecer as continuidades, esse velho problema do discurso em suas relações com a ação e com os poderes só poderiam ser colocadas com tanta intensidade nos Estados Unidos. Lá e em nenhum outro lugar, por inúmeras razões que são próprias à situação da América no fim do século XIX: uma máquina universitária de produzir conceito, a aptidão experimental de um país novo e plural sempre a *passar para outra coisa (move to something else)*, o triunfo histórico do império americano durante esse mesmo período, a nova polaridade ideológica fim de século delineada por suas elites intelectuais (o Ocidente contra suas minorias) e até a assustadora capacidade de seu livre mercado de absorver incessantemente em seu proveito a negatividade que se pretendia exterior – e que se transformará em *distração*. Possivelmente, em nenhum outro lugar a não ser nos Estados Unidos, um conjunto de textos filosóficos estrangeiros tão exigentes, não radicalmente inovadores e, no entanto, tão contextualizados, poderia tornar-se tão familiar a ponto de revestir as dimensões narrativa, alegórica e mesmo antropomórfica que a *French Theory* logo apresentaria – e que são sempre o sinal infalível de que alguma coisa chegou a penetrar o *imaginário* americano. Pois, como vimos, panóptico e simulacro tornaram-se ali personagens conceituais familiares; o significante flutuante ou o corpo sem órgãos, refrães culturais; e mesmo os nomes de Foucault ou Derrida, patronímicos heróicos. É inclusive o que faz dessa aventura, mais do que um episódio banal da história intelectual transatlântica, uma verdadeira *prosopopéia* – a história de conceitos, de autores, de textos e de procedimentos todos personificados, *in situ*, um após o outro.

A teoria, uma vez extraída de sua gangue universitária, desalojada de seus *campi*, ou pelo menos libertada do domínio que exercem sobre ela seus exegetas profissionais, ainda pode oferecer aos seus usuários uma aptidão a decifrar no discurso dominante todas as operações de poder e de imposição das normas. Assim, como sonho de uma *luta teórica contra o mundo*, velho sonho de acadêmicos e também de militantes, essa história da *French Theory* é exemplar do processo de retirada da modernidade do qual é contemporânea, desse processo pós-moderno de transformar em discurso o que resta de vida[9] e, ao mesmo tempo, de um apelo à vida, desse puro desejo de heroísmo que sempre acalentaram, sem nunca terem ousado correr esse risco, os intelectuais de transição, os divulgadores anônimos e todos os comentadores. A teoria francesa encarna também, na universidade e além dela, a esperança de que o discurso dê vida à vida, de que abra passagem a uma força vital intacta, que teria sido poupada pela lógica mercantil e pelos cinismos ambientes.

Para concluir, não se poderia realmente esquecer o autêntico desejo de heroísmo que ela manifesta, assim como todo pensamento radical ou radicalizado: o sonho de uma ação em que se anula todo discurso, sonho de uma resistência em ato ou de um sacrifício definitivo. Esse sonho já não é próprio apenas de uma casta de professores americanos confortavelmente instalados entre os edifícios diáfanos de um *campus* sem fronteiras. É também, na realidade, a herança que receberam todos os jovens ocidentais despossuídos pela história, militantes revolucionários de trinta anos atrás que não tiveram de escolher a resistência, ativistas associativos de hoje que não tiveram de viver o sonho da revolução, neo-terceiro-mundistas de sempre que não tiveram de assumir os riscos da descolonização. É o heroísmo tardio, teórico *na falta de outro melhor*, daqueles que continuarão sempre obcecados pela experiência anterior. Ora, diferentemente em cada um desses autores, em sua ética de *afirmação*, há uma mesma máquina de guerra contra essas lógicas do ressentimento, da nostalgia, da culpabilidade, uma máquina programada para dispersar o ódio de si, para desmontar o sentimento – que o intelectual contemporâneo conseguiu refinar até a mais íntima crueldade – de ter chegado tarde demais, e em vão, ao lugar errado (*wrong place* e *wrong time*). Uma máquina *ética* mais valiosa hoje do que nunca, em Paris como em Harvard.

É preciso reconciliar o heroísmo com o aqui e agora, desculpabilizar suas motivações. Ou, mais exatamente, preservar o heroísmo e sua grande energia extática, mas libertá-lo de uma certa submissão às instâncias negativas (a referência, o Pai, a ação concebida como *outra* e sempre por vir) e buscá-lo mais do lado da traição positiva, da "traição" tal como Deleuze, a propósito de Jean Genet ou de T. E. Lawrence, chegou a repositivar esse conceito – associando-o a um exílio do sujeito, ao desvio criador, a um certo poder da vergonha e à flexibilidade da ética.[10] É a traição que está em jogo quando um texto, uma arte ou um conceito desloca-se para terras distantes para *tornar-se* algo bem diferente daquilo que constituía sua fonte, seu contexto de origem – traições felizes, desvios produtivos. Desprezo, má leitura, mau uso, tripla virtude das transferências culturais. Por trás de seu pessimismo e de suas separações contestáveis, até mesmo o velho Oswald Spengler reconhecia isso na virada do século XX, quando foi o primeiro a diagnosticar um inexorável "declínio do Ocidente", observando como que de passagem a importância dos cruzamentos, das influências, dessa "arte do erro metódico" que não se poderá jamais dissociar de uma pura essência de cada cultura: "quanto mais se exaltam os princípios de um pensamento estrangeiro, com certeza mais se altera profundamente seu sentido" – com o que ele parecia já se felicitar, louvando, para ilustrar seu ponto de vista, o "traço" de Platão em Goethe e "a história dos 'três Aristóteles', o dos gregos, o dos árabes e o dos góticos".[11] A história movimentada, retocada às vezes aqui e ali, desses erros providenciais, dessas traições criativas, ou mesmo performativas, ainda está por ser escrita. Vasto canteiro no qual podem ser descobertas as virtudes políticas, e não apenas culturais, de misturas e de reapropriações, cujos exemplos históricos são incontáveis: formalização ocidental da matemática árabe, desvirtuamentos humanistas da moral antiga na poesia do Renascimento, empréstimos da estampa japonesa à gravura européia, leituras francesas de Heine ou de Hegel sob a III República, e hoje os programadores indianos da informática americana ou os DJ chineses que remixam músicas já híbridas provenientes do grande Ocidente, ou ainda essa combinação de forças antinômicas até o seu "desaparecimento" característico de culturas fronteiriças, de Istambul a Hong Kong[12] – sem esquecer, no México colonial do século XVI, esses espantosos afrescos que seriam compostos pelos operários indianos nas habitações de seus mestres, mesclando à sua tradição pictórica ancestral as contribuições da pintura italiana e referências aos relatos dos navegadores ou mesmo às *Metamorfoses*, de Ovídio.[13]

Pensamentos vivos. Eles são superfícies sensíveis, peles afloradas, sombras recolhidas – menos um *corpo* de pensamentos, complacente e carnudo, do que uma zona de contatos cujas fronteiras foram erodidas. Basta uma única citação, um argumento reproduzido, um livro mencionado ou uma obra inteira para o esfacelamento de seu próprio nome. Sua circulação, seu desvirtuamento, sua transferência para longe do contexto que os viu nascer e a própria audácia de seus usos, contra os modos de emprego de uma didática dos textos, formam juntos – depois de terem deixado seu autor, mas antes que um *corpus* os tenha embalsamado – toda a *erótica* do pensamento. Sua errância, incerta. A fricção de dois termos parece sacudir a poeira de uma época desaparecida; contudo, a idéia de uma *libido teórica* (não um gozo de palavras, obviamente, mas uma relação *libidinal* com a teoria) não esperou os anos de 1970 para nos recordar a ancestral prostituição de textos, seus olhares provocantes nos *trottoirs* da história, tanto mais promissores na medida em que escapam ao controle de seus tristes proxenetas, herdeiros oficiais ou exegetas de escola. Com essa dragagem de textos não se trata de metáfora, mas de opor o desejo como jogo – no sentido da mecânica –, tempo, polimento, à proscrição da menor flutuação, à inspeção das boas articulações, que presidem, por sua vez, às interpretações legítimas. Aquelas que postulam uma fonte mágica, maiúscula, uma essência textual com sua verdade monossêmica. E julgam severamente, à sua própria imagem, as leituras estrangeiras, as consultas estudantis, as reproduções fragmentárias e todas as instrumentações – distorções simpáticas, mas que seriam invalidadas por seu caráter de blasfêmia. O desejo em questão, ao contrário, aumenta ao contato com os textos, inteiros ou em pedaços, na medida de um intervalo primordial a que se deve a *vida* dos textos: intervalo entre a irrupção da escrita e sua normalização antológica, entre as lógicas de campo e os acasos da posteridade, entre os efeitos da moda e a mudança subterrânea de paradigmas. Abre-se, assim, uma zona de não-direito entre controladores de origem e proprietários futuros, uma zona toda de interstícios ao abrigo da qual, longe dos guardiões da Obra, se produzirão textos: eles se inscreverão ao longo de certos percursos, tatuarão corpos, investirão práticas e reunirão comunidades inéditas. É dentro desse intervalo que se opera nos Estados Unidos, na virada dos anos de 1980, a invenção da teoria francesa – um intervalo aberto, dentro do qual sua potência permanece intacta.

NOTAS

1 Friedrich NIETZSCHE, *Le Gai Savoir*, Paris, Gallimard, coll. "Folio", 1982, parágr. 374 (p. 284).

2 Giles DELEUZE, Claire PARNET, *Dialogues*, op. cit., p. 176.

3 Maurice BLANCHOT, *La Communauté inavouable*, Paris, Minuit, 1997, p. 91 e 24-25.

4 TOCQUEVILLE, *De la démocracie en Amérique*, v. 2, op. cit., p. 612.

5 *Cf.* Luc BOLTANSKI e Eve CHIAPELLO, *Le Nouvel Esprit du capitalisme*, Paris, Gallimard, col. "NFR essais", 1999.

6 "Echographie d'une puissance", *Tiqqun 2*, "Zone d'Opacité Offensive", 2001, p. 217.

7 Vincent DESCOMBES, *Le Même et L'Autre*, op. cit., p. 218-220.

8 Pierre BOURDIEU, "Deux impérialismes de l'universel", *in* Christine FAURÉ *et al.* (dir.), *L'Amérique des Français*, Paris, François Bourin, 1992.

9 Processo que já levara Theodor Adorno a afirmar que "a vida tornou-se a ideologia de sua própria ausência" (*in Minima Moralia*, Paris, Payot, 1980, p. 177).

10 *Cf.* Giles DELEUZE, "La honte et la gloire: T. E. Lawrence", *in Critique et clinique*, Paris, Minuit, 1993, p. 144-157.

11 Oswald SPENGLER, *Le Déclin de l'Occident. Esquisse d'une morphologie de l'histoire universelle*, v. 2, Paris, Gallimard, 1948, p. 57-58.

12 *Cf.* Ackbar ABBAS, *Hong Kong, Culture and the Politics of Disappearance*, Minneapolis, University of Minnesota Press, 1997.

13 Uma arte sincrética à qual Serge Gruzinski consagrou um belíssimo estudo (*La Pensée métisse*, Paris, Fayard, 1999).

Posfácio

Alguns poucos anos são suficientes. Entre o tempo longo das mutações antropológicas e os instantes sincronizados da micropolítica, a escala mediana de alguns anos presta-se, com certeza, a todos os erros de perspectiva e às simplificações do tempo midiático. Contudo, é preciso arriscar. Somente depois de um certo número de anos, e mesmo depois do tempo tão próximo em que este livro foi redigido, é que se assiste a uma súbita aceleração do fenômeno que ele evocava de entreabertura do campo político e intelectual francês a tudo o que os seus animadores oficiais acreditavam poder proscrever sob as rótulos de "comunitarismo" e "relativismo" americanos – estudos minoritários, *Cultural Studies*, teorias multiculturais, análise interdisciplinar *séria* dos produtos da indústria cultural e todos os militantismos identitários e pós-identitários (do *queer* à mestiçagem) nãonacionais. A França parece, finalmente, estar prestes a recuperar esse atraso, ou mesmo a acrescentar, ainda que muito raramente, sua própria vigilância, sob a forma de uma crítica *política* dos novos dogmas culturalistas, dessa vez levados a sério,[1] e não mais apenas de sua condenação ideológica *a priori*. Da irresistível internacionalização das problemáticas à mudança de geração intelectual, passando pelos novos circuitos de difusão dos saberes, os próprios fatores de tal evolução são numerosos demais, emaranhados demais para que possam ser evocados aqui. Porém, podem-se enumerar alguns signos incontestáveis, entre os que foram detalhados neste livro, para lamentar o isolamento francês.

É a safra de traduções em ciências sociais que vem, em primeiro lugar, pôr fim a vinte e cinco anos de isolacionismo intelectual francês, e não é casual o surgimento (mais freqüente) de uma nova categoria de editores, pequenas produtoras engajadas, dirigidas prioritariamente aos leitores estudantes e militantes. Para ficar em alguns exemplos, assiste-se ao lançamento em francês, em apenas dois anos, do clássico de Paul Gilroy, *O Atlântico negro*,[2] de nada menos que cinco títulos da filósofa Judith Butler (entre os quais o *Gender Trouble*, o mais aguardado),[3] de seis ou sete títulos do crítico esloveno Slavoj Zizek,[4] mas também do primeiro livro traduzido do intelectual negro Cornel West,[5] das duas primeiras introduções em francês à obra do filósofo Richard Rorty[6] e dos primeiros textos disponíveis em francês (por ora dentro de atas de colóquio ou de coletâneas) de acadêmicos norte-americanos da importância de Leo Bersani, David Halperin, Gayle Rubin ou Drucilla Cornell. O falecimento de Edward

Said foi a oportunidade de lhe prestar uma homenagem tardia, mas sustentada (e que não se limitou à sua defesa da causa palestina), e de reimprimir alguns de seus ensaios fundamentais. Foi anunciada, inclusive, para 2006, uma coletânea de ensaios da historiadora das ciências e "*cyborg*-feminista" (tal como ela própria se define), Donna Haraway, incluído seu texto-*cult* do final dos anos 1980, o *Manifesto Cyborg*.[7] Elementos-chave de uma triangulação possível do debate intelectual transatlântico, a cabeça de ponte americana da escola de Frankfurt, de Nancy Fraser a Selya Benhabib, também se torna mais conhecida na França.[8] Embora ainda faltem nessa safra de traduções os maiores críticos marxistas ou paramarxistas da teoria francesa no campo anglo-americano (nem Fredric Jameson, arqueólogo crítico do pós-moderno, nem Gayatri Spivak, feminista pós-colonial, nem o duo Chantal Mouffe-Ernesto Laclau, teóricos da "democracia radical", encontram-se disponíveis em francês até agora), um ataque *ad hominem* contra a ideologia neoliberal e a "perda de sabor" do pensamento francês depois de trinta anos, proveniente do marxismo literário britânico, veio recordar-nos o estatuto de referência incontornável no mundo anglo-saxônico, de Foucault, Deleuze e Derrida, como também de Lacan ou Jean-Luc Godard: essa foi a controvérsia sabiamente organizada no início de 2005 em torno do breve ensaio de Perry Anderson, *O pensamento morno*, que lamentava a tomada de poder pelos intelectuais do governo e dos novos filósofos nos anos 1989 em detrimento da "tradição francesa de rebelião" – ao qual Pierre Nora respondeu tentando dissociar "pensamento livre" e rebelião (ou revolução).[9]

O mais importante, além das meras traduções, é que agora é possível colocar as contribuições teóricas e políticas dos acadêmicos radicais americanos a serviço de uma severa crítica política do universalismo republicano à francesa, ainda que tal gesto, impensável por ora no campo intelectual mais amplo, passe pelos resumos da defesa da minoria sexual enquanto tal, por exemplo, em Marie-Hélène Bourcier,[10] ou pelos dossiês a cargo das revistas mais vinculadas ao pensamento foucault-deleuziano, de *Chimères* a *Multitudes*. Nesse período, a universidade francesa, menos timidamente do que há alguns anos, organiza colóquios e centros de estudo sobre a teoria *queer*, os debates femininos americanos, o paradigma pós-colonial ou mesmo os "*performance studies*", no cruzamento das teorias do corpo performativo (de Derrida a Judith Butler) e dos universos francês da dança e do teatro.[11] O importante aqui é que em geral se trata menos de imprimir um decalque de posições e polaridades estadunidenses do que de burilar, buscando tanto no *corpus* anglo-saxônico quanto nos textos canônicos da "teoria francesa", suas próprias armas críticas e teóricas, adaptadas ao contexto específico da França deste início de milênio. Podem-se transplantar textos, mas evidentemente não se poderia importar um contexto, e é porque acreditam nesse sentido do deslocamento que certos intelectuais e militantes franceses mantêm hoje com os textos em questão a relação de uso, de operação e, portanto, também de inventário crítico que a universidade americana soube desenvolver antes deles e que, por muito tempo, a universidade francesa e sua tradição de exegese desencarnada consideraram ilegítima. Foi isso que demonstrou recentemente, apesar da febre comemorativa e dos entusiasmos pontuais que suscita, uma certa inflexão prática, política, dada aqui e ali às celebrações de Foucault e Deleuze – pelo vigésimo (2004) e décimo (2005) aniversário de suas mortes, respectivamente – e igualmente à homenagem nacional bastante paradoxal (para um país que por longo tempo desprezou sua obra) prestada a Jacques Derrida quando de seu falecimento em outubro de 2004: observando melhor, seria possível de fato discernir, em meio ao concerto de enaltecimentos contritos ou inclusive hipócritas, as homenagens mais interessantes de militantes, poetas ou mesmo músicos que relataram o uso que faziam de determinados textos ou conceitos dele. O exemplo mais tocante desse novo relato de uso, livre e com uma forte carga política, talvez seja a instigante edição consagrada pela revista *Vacarmes* a Michel Foucault, lá também em meio a uma pletora de comemorações mais convencionais: das estratégias do Act Up à nova paisagem do cárcere, e do SOS Racismo ao mapa europeu dos campos de detenção de imigrados clandestinos, tratava-se de pôr à prova do presente as ferramentas foucaultianas, desde que se conseguisse diferenciar honestamente entre a parte que nos une a ele e a parte que nos afasta dele.[12]

É difícil, sem dúvida, tirar conclusões definitivas de tal evolução e de sintomas tão disparatados ou mesmo localizados. Tanto mais que, aproveitando essas reabilitações, as mídias e as instituições, por sua vez, não deixam de desenvolver suas próprias táticas de apropriação, ou de circunscrever eventualmente um novo segmento de mercado em torno desse "pensamentos rebeldes".[13] Se uma nova relação com esses textos de trinta ou quarenta anos atrás e a abertura tardia às correntes que eles alimentaram além-Atlântico e no resto do mundo poderão suscitar na França novas práticas artísticas ou militantes e contribuir para modificar o mapa do campo intelectual, isso só poderá ser julgado a médio e longo prazos. Pois uma evolução desse tipo remete, no fim das contas, ao espaço social em seu conjunto, ao aparelho ideológico tanto quanto às mudanças culturais e simbólicas de grande amplitude, e não somente à organização da instituição acadêmica e nem mesmo ao campo de produção de discursos. Se começam a aparecer sinais de uma distensão francesa diante das questões e das correntes de pensamento descritas neste livro, restam ainda fortes obstáculos para que elas saiam dos círculos em que estão mais diretamente envolvidas. Contudo, o hábito parece adquirido, a má sorte quebrada e o espaço preparado para que emerja finalmente na França, num momento em que a Europa está em discussão e a esquerda em crise, uma política de textos inédita – e uma crítica social amplamente renovada. Seja como for, talvez com isso se feche finalmente o longuíssimo parêntese dos anos de 1980.

NOTAS

1 Como mostram, entre outros exemplos, os debates travados em maio de 2004 durante as jornadas de estudo da Sociedade de História Moderna e Contemporânea em torno do tema "Devemos ter medo dos *Cultural Studies*?".

2 Paul GILROY, *L'Atlantique noir: modernité et doublé conscience*, Paris, L'Éclat, 2003.

3 Judith BUTLER, *Trouble dans le genre. Pour un féminisme de la subversion*, Paris, La Découvrte, 2005; *Antigone, la parenté entre vie et mort*, Paris, EPEL, 2003, e *Humain, inhumain. Le travail critique des normes*; *Le pouvoir des mots. Politique du performatif* et *Vie précaire. Les pouvoirs du deuil et de la violence après le 11 septembre 2001*, Paris, Éditions Amsterdam, 2004.

4 Podem ser mencionados, ao menos, *Que veut l'Europe? Réflexions sur une nécessaire réappropriation* e *La Subjetivité à venir. Essais critiques sur la voix obscène*, Paris, Climats, 2005, e *Vous avez dit totalitarisme? Cinc essais su les (més)usages d'une notion*, Paris, Éditions Amsterdam, 2004.

5 Cornel WEST, *Tragicomique Amérique*, Paris, Payot, 2005.

6 Jean-Pierre COMETTI (dir.), *Lire Rorty. Le pragmatisme et ses conséquences*, Paris, L'Éclat, 2004 [1992], e Marc Van DEN BOSSCHE, *Ironie et solidarité. Une introduction au pragmatisme de Rorty*, Paris, L'Harmattan, 2004.

7 Donna HARAWAY, *Des singes, des cyborgs et des femmes*, Nîmes et Rodez, Jacqueline Chambon/Éditions du Rouergue, 2006.

8 Nancy FRASER, *Qu'est-ce que la justice sociale?*, Paris, La Découverte, 2005.

9 Perry ANDERSON, *La Pensée tiède. Un regard critique sur la culture française*, seguido de Pierre NORA, "La pensée réchauffée", Paris, Seuil, 2005.

10 *Cf.* Marie-Hélène BOURCIER, *Sexpolitiques. Queer Zones 2*, Paris, La Fabrique, 2005.

11 Como testemunha, por exemplo, a mesa-redonda "Penser la performance?", organizada na Universidade Paris-X em junho de 2005.

12 "Michel Foucault: 1984-2004", *Vacarmes,* n. 29, outono 2004.

13 Para reproduzir o título de um texto fora de série sobre Foucault, Derrida e Deleuze publicado na revista *Sciences humaines.*

Índice Onomástico

Abraham, Tomas, 266
Abrahams, Jean-Jacques, 73
Abrams, Meyer, 118
Abu-Jamal, Mumia, 74
Acker, Kathy, 63, 69, 72, 214, 251
Adorno, Theodor, 28, 211, 218, 252, 272
Agamben, Giorgio, 260
Allen, Woody, 107
Alpers, Svetlana, 153
Althusser, Louis, 13, 78, 97, 131, 185, 203, 265-266
Altman, Meryl, 142
Anders, Günther, 31
Anderson, Laurie, 67-68
Anderson, Perry, 123, 300
Andrew, Dudley, 85
Anta Diop, Cheikh, 136
Arafat, Yasser, 190
Aragon, Louis, 29
Arendt, Hannah, 28, 31, 51, 117, 173, 240
Aristóteles, 85, 136, 296
Arnold, Matthew, 49, 52, 84, 160
Aron, Raymond, 276
Aronowitz, Stanley, 66
Artaud, Antonin, 65-66, 232, 269, 286
Arteaga, Alfred, 136
Asada, Akira, 269
Ashbery, John, 115
Atkinson, Ti-Grace, 69
Auerbach, Erich, 53
August, Marilyn, 286
Austen, Jane, 191
Austin, J. L., 95, 121

Badiou, Alain, 248, 261
Baez, Joan, 70
Baker, Houston, 84, 135
Bakke, Allan, 165
Balakian, Anna, 32

Baldwin, James, 135
Ballard, J. G., 69
Balzac, Honoré de, 161
Ban, Shigeru, 268
Barber, Benjamin, 47
Barlowe, John Perry, 229
Barrow, Clyde, 47
Barthes, Roland, 35-37, 65, 72, 79, 82, 101, 131, 133, 139, 188, 212, 214, 216, 234, 253, 268-269, 275
Baselitz, 215
Bass, Allan, 63
Bataille, Georges, 65, 73, 198, 223, 230, 271, 286
Bateson, Gregory, 34, 94, 248
Baudrillard, Jean, 13-15, 19-20, 64, 69, 71, 74, 88-89, 91, 143, 152, 196, 204, 208, 212-221, 226-227, 229-230, 233-234, 243, 245-247, 252-253, 257, 266-268, 280
Beardsley, Monroe, 53
Beaurepaire, Quesnay, 46
Beauvoir, Simone de, 33, 43, 143, 268
Beck, Ulrich, 282
Becker, Berndet Hilla, 215
Bell, Daniel, 48
Bellow, Saul, 235
Benjamin, Walter, 67, 242, 244, 259, 285
Ben-Nausaan Cohen, Zelig, 231
Bennett, William, 161, 170-171
Berlin, Ira, 33
Bernal, Martin, 136
Bernanos, Georges, 284
Bernstein, Richard, 194
Bersani, Leo, 81, 299
Bérubé, Michael, 168
Bey, Hakim, 226, 229
Bhabha, Homi, 121, 138, 259, 261
Blanchot, Maurice, 81, 88, 113, 117, 223, 293
Bleckner, Ross, 216

Blistène, Bernard, 213
Bloch, Ernst, 28
Bloom, Harold, 65, 111-113, 115-116, 168
Bofil, Ricardo, 220
Borgès, Jorge Luis, 192
Bourdieu, Pierre, 18, 20, 92, 131, 160, 173, 181-182, 194, 203, 206, 213, 243, 259, 279, 295
Bouveresse, Jacques, 246
Bradbury, Malcolm, 235
Bradbury, Ray, 229
Brautigan, Richard, 69
Brecht, Bertolt, 28
Bréhier, Émile, 36
Breton, André, 28, 30-32
Bricmont, Jean, 14-16, 288
Brinckley, R. A., 207
Brontë, Charlotte, 138
Brooks, Cleanth, 53
Brooks, Peter, 86, 100, 202, 269
Brown, Norman, 34, 36
Brown, Trisha, 66
Bruckner, Pascal, 15, 279
Buchloh, Benjamin, 215
Buren, Daniel, 67, 212
Burgelin, Olivier, 72
Burke, Kenneth, 52
Burke, Peter, 33
Burnham, James, 173
Burroughs, William, 63, 68-71, 216
Burton, Richard, 191
Bush, Douglas, 83
Bush, George, 169
Bush, George W., 63, 172, 174
Butler, Judith, 96, 121, 144, 146, 149, 183-185, 259, 261, 271-272, 285, 299, 300

Cage, John, 69, 71-72, 212
Callinicos, Alex, 147
Camus, Albert, 66, 242
Canclini, Néstor Garcça, 265
Carey, James, 131
Carey, Jim, 234
Carnap, Rudolph, 95, 193
Carnegie, Andrew, 46-47
Carpentier, Alejo, 138

Carvalho, Olavo de, 267
Casarini, Luca, 259
Cassirer, Ernst, 28
Castelli, Leo, 213
Caws, Mary-Ann, 32, 84
Caws, Peter, 73
Certeau, Michel de, 66, 71, 86-87, 89, 93, 119, 133, 138, 148, 205
Césaire, Aimé, 137
Cézanne, Paul, 211
Chagall, Marc, 28
Chambers, Ross, 82
Chamoiseau, Patrick, 138, 263
Chaplin, Charlie, 222
Charlesworth, Sarah, 216
Chartier, Roger, 155
Chase, Cynthia, 113
Chateaubriand, François-René de, 190
Chatterjee, Partha, 139
Chavez, Cesar, 175
Cheney, Dick, 171
Cheney, Lynne, 171
Chevalier, Jean-Claude, 64
Chirico, Giorgio de, 30
Chomsky, Noam, 44, 97, 123, 177
Cicora, Mary, 117
Cisneros, Sandra, 136
Cixous, Hélène, 13, 66, 143, 203, 205
Clastres, Pierre, 74
Clavel, Maurice, 276
Clemente, 215
Clinton, Bill, 178
Coetzee, J. M., 138
Cohen-Solal, Annie, 108
Collins, Randall, 80, 89, 216-217
Compagnon, Antoine, 83, 91
Conant, James, 43
Condé, Maryse, 262
Conley, Tom, 63
Conrad, Joseph, 190-191
Constant, Benjamin, 277
Cooper, David, 34
Cornell, Drucilla, 120, 123, 299
Cornell, Joseph, 30, 38

Corson, Hiram, 97
Crane, Ronald, 52
Creech, James, 63
Crichton, Michael, 20
Cronenberg, David, 234
Csicsery-Ronay, Istvan, 229
Cucchi, 215
Cullenberg, Stephen, 122
Culler, Jonathan, 49
Cunningham, Merce, 72, 212

Daiyun, Yue, 267
Dalí, Salvador, 30-31
Damisch, Hubert, 67
Dante, Alighieri, 113, 115, 160
Danto, Arthur, 110, 211
Darwish, Mahmoud, 137
Dash, Michael, 263
Davidson, Donald, 193
Davis, Erik, 229
Debord, Guy, 19, 221, 227
Defoe, Daniel, 161
De Gaulle, Charles, 35
Delany, Samuel, 230
Deleuze, Gilles, 14-15, 19, 34-37, 50, 63-69, 71, 74, 79, 81-82, 88-89, 91, 94, 98, 101, 122, 133, 137-139, 144-145, 152, 162, 176, 183, 187, 191, 194, 196, 204-205, 208-209, 212, 215, 219, 223, 225-232, 243-244, 247, 249, 251-252, 257, 260, 263-265, 267-272, 275, 277-280, 291-292, 294, 296, 300, 301
Delgado, Richard, 86, 261
Derrida, Jacques, 13-17, 19, 21, 36-38, 56, 64-67, 71-73, 79-81, 86, 89-92, 94, 96, 99, 101-102, 107-109, 111, 113, 115-123, 129, 133, 135, 138-139, 146, 159, 162, 168-169, 176, 182, 185, 187-188, 194, 196, 201, 204-208, 212, 218-219, 221-223, 225-226, 228, 241, 243-244, 246-251, 257, 260, 262-263, 265-268, 270-271, 277, 279, 281, 292, 295, 300-301
Descartes, René, 19, 101, 195, 247
Descombes, Vincent, 27, 122, 249, 294
Dewey, John, 48, 86, 95, 193-194
Dhillon, Pradeep, 98

Diawara, Manta, 135
Dick, Kirby, 244
Dickinson, Emily, 83
Djebar, Assia, 137
Donato, Eugenio, 36
Donoghue, Denis, 116
Dosse, François, 35, 133
Doubrovsky, Serge, 37
Douglas, Ian, 90
Droit, Roger-Pol, 14
Drury, Shadia, 173
Dryden, John, 53
Ducornet, Guy, 32
Duhamel, Georges, 284
Duke, James, 47, 66, 88, 146
Duncker, Patricia, 234
Dupuy, Jean-Pierre, 248
During, Élie, 252
During, Simon, 82
Dworkin, Andrea, 141
Dyer, Robert, 207
Dylan, Bob, 59, 70

Eagleton, Terry, 147-148, 159
Eakin, Emily, 201
Einstein, Albert, 17
Eisenman, Peter, 222
Eliot, Charles, 48
Eliot, T. S., 52, 55
Eribon, Didier, 15, 240, 284
Ernst, Max, 30
Everett, Percival, 234
Ewald, François, 281-282

Fanon, Franz, 135, 169, 191, 232
Fassin, Éric, 166
Fauroux, Roger, 277
Faust, Wolfgang Max, 215
Febvre, Lucien, 33
Feher, Michel, 67
Felman, Soshana, 113
Ferlinghetti, Lawrence, 70
Ferry, Luc, 18, 21, 279-280
Feyerabend, Paul, 288
Finkielkraut, Alain, 169, 279

Fish, Stanley, 17, 44, 66, 86, 100, 149, 173, 182, 188-190, 271
Fiske, John, 133
Flaubert, Gustave, 69, 191, 198
Foda, Hashem, 38
Ford, Henry, 36, 245
Foreman, Richard, 69
Foster, Hal, 219
Foucault, Michel, 13-14, 19, 21, 29, 34-35, 37, 50, 57, 99, 63-72, 74, 79-81, 85, 88-94, 98, 101-102, 120-122, 129, 133-135, 138-139, 142, 144-147, 159, 169, 176, 182-183, 185, 190, 192, 194, 196, 201, 203-204, 207-209, 212, 214, 218, 220, 223, 225, 229, 231, 234, 241-242, 244-250, 257, 259-260, 264-272, 275, 277, 279-283, 292, 294-295, 300-301
Franco, 268
Frank, Manfred, 271
Franklin, Aretha, 241
Fraser, Andrea, 219
Fraser, Nancy, 121, 271, 300
Freud, Sigmund, 19, 37, 66, 109, 115, 130, 143, 160, 183, 198, 270
Friedan, Betty, 140
Fromm-Reichmann, Frieda, 34
Frye, Northrop, 53
Fukuyama, Francis, 172
Furet, François, 277

Gadamer, Hans-Georg, 271
Gaillard, Françoise, 217-218
Galileu, 142
Gallagher, Catherine, 153
Gallo, Max, 278
Galloway, Alex, 204
Gallup, Jane, 80, 247
Ganahl, Rainer, 219
Gandhi, 137
Garaudy, Roger, 284
Gass, William, 69
Gates, Bill, 181
Gates, Henry Louis, 44, 129, 135-136, 161, 190, 261
Gauchet, Marcel, 246, 279
Gauthier, Xavière, 32

Gay, Peter, 94
Geertz, Clifford, 94
Gehry, Frank, 221, 223
Genet, Jean, 138, 141, 296
Genette, Gérard, 36, 38, 73, 115, 203
Genovese, Eugene, 173
Gerson, Mark, 173
Gibson, William, 230, 233
Gilroy, Paul, 137, 299
Ginsberg, Allen, 63, 68-70, 83
Giorno, John, 70
Girard, René, 36, 248
Gitlin, Todd, 129, 147, 175-176
Giuliani, Rudolph, 174
Glass, Philip, 70, 179, 232
Glenn, Joshua, 204
Glissant, Édouard, 137, 262
Glucksmann, André, 276-277, 279
Godzich, Wlad, 56, 73, 100, 113, 115, 172, 262
Goffman, Erving, 247
Goldberger, Paul, 221
Goldin, Nan, 218
Goldmann, Lucien, 36-38
Goldstein, Richard, 69, 163
Goodman, Nelson, 96
Goodman, Paul, 60
Gorbatchev, Mikhail, 171
Gore, Al, 178
Gorki, Arshile, 30
Gouldner, Alvin, 259
Graff, Gerald, 43, 54, 97, 178, 201
Gramsci, Antonio, 45, 131, 191-192
Graves, Michael, 220
Greenberg, Clement, 28, 30, 212-213
Greenblatt, Stephen, 153-155, 182
Griffin, Tim, 208
Groethuysen, Bernard, 21
Gropius, Walter, 28, 220
Grossberg, Lawrence, 132
Grossvogel, David, 65
Grosz, Elizabeth, 144
Grudin, Robert, 235
Gruzinski, Serge, 265
Guattari, Félix, 13-14, 34, 65, 70, 73-74, 82,

88, 98, 144, 152, 176, 187, 191, 194, 196, 204, 212, 215, 226-230, 232, 243, 251-252, 263, 266-267, 269, 275
Guha, Ranajit, 139, 261
Guilbaut, Serge, 28
Guillèn, Rafael, 266
Gursky, Andreas, 215
Gurvitch, Georges, 29
Gysin, Brian, 69

Habermas, Jürgen, 271-272
Hacking, Ian, 287
Hadid, Zaha, 221
Halley, Peter, 216-218
Halperin, David, 147, 268, 299
Hanna, Kathleen, 234
Haraway, Donna, 182, 230-231, 300
Harding, Sandra, 143, 264
Hardt, Michael, 260
Hartman, Geoffrey, 112-113, 115, 168, 262, 265
Hassan, Ihab, 198, 261
Hayden, Casey, 141
Hayden, Tom, 60
Hayek, Friedrich, 277
Hazuma, Hiroki, 269
Hebdige, Dick, 132, 147
Hegel, G.W.F., 21, 37, 66, 73, 95-96, 109, 117, 211, 219, 268, 270, 276, 297
Heidegger, Martin, 19, 37, 82, 100-101, 107, 109, 162, 168, 194, 226, 261, 270, 279, 283
Hendrix, Jimmy, 71, 232, 241
Herman, Jacques, 36
Hérodote, 136
Hertz, Neil, 113
Hicks, Christopher, 241
Hirsch, E. D., 100, 169
Hocqenghem, Guy, 21
Hoggart, Richard, 131
Hölderlin, Friedrich, 114
Hollier, Denis, 67, 73
Honneth, Axel, 272
Hook, Sidney, 97, 173
Hopenhayn, Martin, 266
Hopkins, Johns, 27, 36, 38, 47, 66, 108-109, 113, 188, 205

Hopper, Edward, 30
Horkheimer, Max, 28
Horn, Janet, 63
Horowitz, Helen, 42
Hughes, Robert, 242
Hulbert, C. B., 48
Hunt, Lynn, 93
Huntington, Samuel, 176
Husserl, Edmund, 21, 97, 108, 110, 222
Hutchins, Robert, 43, 160
Huxtable, Ada Louise, 221
Hyppolite, Jean, 36-37, 183

Iannone, Carol, 171
Iggers, Georg, 33
Indiana, Robert, 213
Irigaray, Luce, 14, 67, 143

Jackson, Jessie, 161
Jacoby, Russel, 170
Jakobson, Roman, 36, 203
James, William, 33, 95, 247
Jameson, Fredric, 38, 66, 81, 123, 169, 173, 190, 195-197, 251, 260, 267, 300
Jan-Mohamed, Abdul, 82
Jaruzelski, general, 277
Jauss, Hans Robert, 189
Jay, Martin, 66, 271
Jeffries, Leonard, 44, 162
Jencks, Charles, 220, 222
Jobbs, Steve, 181
Johnson, Barbara, 113
Johnson, Philip, 222
Jospin, Lionel, 284
Joyce, James, 137, 198
Judd, Donald, 213-214
Judt, Tony, 242
Julliard, Jacques, 281

Kafka, Franz, 121, 162
Kahn, Jean-François, 14
Kam, Ashok, 123
Kamuf, Peggy, 80
Kant, Emmanuel, 80, 95-96, 268, 279
Kaplan, Ann, 132
Kaplan, Steven, 33, 93

Katz, Elihu, 133
Kaufmann, David, 99, 202
Kazin, Alfred, 53
Kelling, George, 174
Kelsey, John, 208
Kennedy, Randall, 44
Kennedy, Robert, 61
Kenner, Dougals, 252
Kerr, Clark, 43
Kessler, Denis, 281-282
Kiefer, Anselm, 215
Kimball, Roger, 165, 169, 279
King, Clement, 135
King, Martin Luther, 61
Kipnis, Jeffrey, 222
Kitagawa, Fram, 268
Knapp, Steven, 99
Koestler, Arthur, 173
Kofman, Amy Ziering, 244
Kofman, Sarah, 143
Kojève, Alexandre, 21, 183
Kôjin, Karatani, 269
Koolhas, Rem, 221, 223
Kooning, Wilhelm de, 30
Koons, Jeff, 216, 218
Kouchner, Bernard, 276
Koyré, Alexandre, 29
Kramer, Hilton, 107, 170, 279
Kraus, Chris, 74, 262
Kraus, Rosalind, 67, 219
Kriegel, Blandine, 246, 277, 280
Kristeva, Julia, 13-14, 16, 29, 66, 70, 82, 88, 143, 162, 186, 203, 212, 245, 252
Kristol, Irving, 172-173
Kristol, William, 173
Kroker, Arthur e Marilouise, 229
Kruger, Barbara, 214, 218
Kuhn, Thomas, 93, 284, 286, 288
Kunen, James Simon, 61-62
Kuspit, Donald, 215-216
Kwinter, Sanford, 222

Lacan, Jacques, 13-14, 35-36, 65, 73, 79, 81, 85, 90, 102, 120, 143, 183, 185, 205, 223, 241, 252, 260-261, 266, 269, 275, 279, 300

LaCapra, Dominick, 65, 93
Lacoue-Labarthe, Philippe, 122
Ladmiral, Jean-René, 91
Laing, Ronald, 34, 69
Lamont, Michèle, 79, 94
Lanier, Jaron, 228
Lanson, Gustave, 52, 203, 205
Lasch, Christopher, 170
Lasswell, Harold, 28
Latour, Bruno, 14-15, 17, 71, 93, 286-287
Lauretis, Teresa de, 146
Lawrence, T. E., 296
Lazarsfeld, Paul, 28
Leary, Timothy, 70
Leavis, F. R., 52
Lebel, Jean-Jacques, 70, 213
Lefebvre, Henri, 19, 221, 252
Léger, Fernand, 28
Lentricchia, Frank, 190
Leroi-Gourhan, André, 226
Lévinas, Emmanuel, 21, 86, 117
Levine, Sherrie, 216
Lévi-Strauss, Claude, 28-29, 36-37, 66, 93, 263, 266
Lévy, Bernard-Henri, 21, 276-277, 279-280
Levy, Julian, 31
Lewis, Wyndham, 195
Lewitt, Sol, 213
Libeskind, Daniel, 220
Lichtenstein, Roy, 213
Liddle, Ann, 286
Lilla, Mark, 246
Lindner, Richard, 212
Lionnet, Françoise, 263
Lipovetsky, Gilles, 246, 277
Lloyd, David, 82
Lodge, David, 188, 235
London, Jack, 44
Longo, Robert, 216
Lotringer, Sylvère, 69-70, 72-75, 88, 208, 214-215, 226, 262
Löwy, Michael, 276
Lucas, Christopher, 43
Lynch, David, 70, 197, 261

Lyotard, Jean-François, 13-14, 19, 21, 64-65, 67, 70-74, 79, 82, 86, 91, 96, 98, 122, 133, 138, 152, 176, 182, 196, 198, 205, 207, 212, 215, 219, 245, 248-249, 252, 257, 267-268, 271, 275, 279, 281, 292

Macherey, Pierre, 123
Macksey, Richard, 36
Maeterlinck, Maurice, 28
Maggiori, Robert, 14
Magnus, Bernd, 122
Magritte, René, 30, 222
Mailer, Norman, 31, 68, 141
Malcolm, X., 61
Mallarmé, Stéphane, 73, 119, 162, 198
Mallon, Florencia, 140
Malraux, André, 27
Man, Paul de, 36, 55-56, 65-67, 92, 111-116, 151, 168, 177, 185, 188, 196, 219, 241, 242, 250, 259, 262, 265, 268
Mandela, Nelson, 249
Manent, Pierre, 174, 246
Mann, Heinrich e Thomas, 29
Mapplethorpe, Robert, 170
Marcuse, Herbert, 19, 26, 71, 134
Marin, Louis, 71
Maritain, Jacques, 29
Markus, Greil, 72
Marlowe, 113
Martin-Barbero, Jesus, 265
Marx, Harpo, 31
Marx, Karl, 44, 66, 121-123, 183, 192, 196, 252, 260, 263, 268, 270, 280, 291-292, 294
Masson, André, 29
Massumi, Brian, 251
Matisse, Henri, 29
Matsuda, Mari, 261
Matta, Roberto, 30
Mattelart, Armand, 281
Matthews, J. H., 32
Matthews, Robert, 62
Matthiessen, F. O., 53
Mau, Bruce, 67
Mauriac, Claude, 277
McCabe, Colin, 187

McCarthy, Mary, 31
Mc Donald, Dwight, 31
McKinnon, Catherine, 44, 141
Megill, Allan, 82
Mehlman, Jeffrey, 81
Meinhof, Ulrike, 73
Melville, Hermann, 66, 162
Mendès France, Pierre, 242
Meredith, James, 135
Merleau-Ponty, Maurice, 36
Merquior, José-Guilherme, 267
Merton, Robert, 286
Metz, Christian, 85
Michaels, Walter Benn, 99, 153
Michel, Paul, 234
Michelangelo, 146
Michelson, Annette, 67
Middendorf, 215
Miller, D. A., 81
Miller, Henry, 141
Millett, Kate, 141
Milton, John, 115, 160, 165, 188
Minc, Alain, 277
Mitterrand, François, 277
Mitry, Jean, 85
Mondrian, Piet, 29
Morand, Paul, 245
Morazé, Charles, 36
Morley, David, 133
Morris, Robert, 219
Motherwell, Robert, 30
Mudimbe, V. Y, 135, 261
Mugerauer, Robert, 117
Muller Herbert, 31

Nabokov, Vladimir, 194
Nader, Ralph, 172
Naipaul, V. S., 138
Nakamura, Yujiro, 268
Nancy, Jean-Luc, 122, 136
Nanda, Meera, 264
Nandy, Ashis, 264
Nearing, Scott, 47
Negri, Antonio, 74, 123, 260
Neruda, Pablo, 137

Newman, John Henry, 52
Newton, Isaac, 142
Nietzsche, Friedrich, 19, 37, 41, 66, 72-73, 82, 88, 95, 109-110, 115, 120, 146, 194, 198, 215, 232, 268, 270, 291
Nishida, Kitaro, 268
Nixon, Richard, 35, 61, 63
Nora, Pierre, 21, 276-277, 280, 300
Notat Nicole, 281
Novick, Peter, 93

Oglesby, Carl, 60
Oida, Yoshi, 269
Oldenburg, Claes, 213
Oliva, Achille Bonito, 215
Ollivier, Emile, 262
Orfila, Arnaldo, 266
Orwell, George, 165, 168, 173, 194
Ozouf, Mona, 277

Paglia, Camille, 44, 102, 167, 241-242
Peirce, Charles Sanders, 95, 194
Pelbart, Peter Pàl, 267
Péraldi, François, 73
Perec, Georges, 247
Péret, Benjamin, 29, 32
Perse, Saint-John, 29
Pickerton, Archie, 216
Pierssens, Michel, 16, 81
Platão, 283, 296
Podhoretz, Norman, 171-172
Poe, Edgar, 82
Pollock, Jackson, 30, 212
Poster, Mark, 81, 252
Poulet, Georges, 36-37, 115
Pound, Ezra, 55
Prince, Richard, 216
Proust, Marcel, 54, 110, 146
Putnam, Hilary, 95, 194
Pynchon, Thomas, 70

Raaberg, Gwen, 32
Rajchman, John, 63, 73, 96, 249
Rancière, Jacques, 211, 248, 276
Ransom, John Crowe, 53
Rapaport, Herman, 240

Rapkine, Louis, 29
Rawls, John, 96, 247, 277, 284
Ray, Man, 30
Readings, Bill, 49, 50, 82, 130
Reagan, Ronald, 32, 60, 129, 135, 151, 159, 161, 169, 171, 173
Reclus, Onésime, 137
Reed, Lou, 213
Reeves, Keanu, 233
Reich, Steve, 69
Reich, Wilhelm, 142
Renaut, Alain, 18, 21, 246, 277, 279-280
Renza, Louis, 82
Revel, Jean-François, 15
Rich, Adrienne, 140
Richard, Jean-Pierre, 81
Richards, Keith, 70
Ricœur, Paul, 18, 36, 208-209, 265
Riesman, David, 97
Riffatterre, Michel, 73, 115, 203
Rinaldi, Angelo, 15
Robbe-Grillet, 72, 247
Robertson, Pat, 172
Roger, Philippe, 32, 284
Rogin, Michael, 153
Rollins, Tim, 216
Rolnik, Suely, 267
Romain, Jules, 29
Roosevelt, Franklin D., 47
Rorty, Richard, 96, 192-194, 271, 299
Rosanvallon, Pierre, 277, 280
Rosenberg, Harold, 28
Rosiers, Joël des, 262
Ross, Andrew, 17, 131
Rossi, Aldo, 220
Roth, Philip, 235
Rothko, Mark, 212
Rouart, Jean-Marie, 15
Rougemont, Denis de, 29
Rousseau, Jean-Jacques, 36, 113-114, 169, 196
Roussel, Raymond, 162
Roy, Arundhati, 138
Rubin, Gayle, 44, 141-142, 144, 299
Ruscha, Edward, 218

Rushdie, Salman, 138
Ryan, Michael, 148, 247

Sagan, Carl, 44
Said, Edward, 20, 29, 44, 66, 79, 137-138, 162, 190-192, 203, 246, 257, 261, 263, 285
Sainte-Beuve, 52
Saint-Exupéry, Antoine de, 29
Salomon, Jean-Jacques, 15
Sanchez, George, 136
Sandell, Margarett, 208
Sartre, Jean-Paul, 29, 31-33, 114, 183, 195, 266, 277
Saussure, Ferdinand de, 66, 73, 203
Savio, Mario, 60
Sayre, Robert, 276
Schapiro, Meyer, 30
Schiffrin, André, 177
Schlesinger, Arthur, 44, 170
Schmitt, Carl, 173
Schönberg, Arnold, 29
Schor, Naomi, 143
Schubert, Frantz, 146
Schurman, Jacob, 181
Scott, Joan, 144, 149, 171, 272
Scully, Vincent, 221
Sedgwick, Eve, 146, 150, 182, 190
Seed, Patricia, 140
Seem, Mark, 63, 89
Sellars, Terence, 70
Serra, Richard, 67, 214
Serres, Michel, 14, 248
Shakespeare, William, 52, 56, 113, 116, 138, 153 155, 160 162, 203
Shattuck, Roger, 32, 241
Shatz, Adam, 69
Shaw, George Bernard, 137
Sheeler, Charles, 30
Shelley, 113, 116
Sherman, Cindy, 197, 216
Shirley, John, 230
Shusterman, Richard, 194
Siegfried, André, 225
Silva, Luiz Lula da, 267
Silverman, Kaja, 145

Simmel Georg, 94
Sloterdijk, Peter, 244, 261
Smith, Patti, 70, 72
Sokal, Alan, 14-17, 66, 285, 280
Soljenitsyne, Alexandre, 276
Sollers, Philippe, 73, 223, 245, 275
Sonnabend, Ileana, 213
Soros, George, 266
Soyinka, Wole, 138
Spengler, Oswald, 296
Spielberg, Steven, 234
Spivak, Gayatri, 86, 88, 108-109, 121, 123, 137, 139, 143, 153, 185-187, 192, 247, 258, 261, 263, 268, 271, 300
Standish, Paul, 98
Stanford, Leland, 47, 80, 161
Starobinski, Jean, 115
Starr, Peter, 285
Steinbach, Hyme, 216
Steiner, George, 65
Stella, Frank, 218
Stengers, Isabelle, 286
Sterling, Bruce, 226, 230
Stimpson, Catharine, 84, 162
Stivale, Charles, 251
Stone, Allucquere Rosanne, 231
Stone, Oliver, 233
Storr, Robert, 212
Strauss, Leo, 173
Styron, William, 31
Suleiman, Susan, 32
Sundquist, Eric, 153
Sussman, Henry, 66
Szepanski, Achim, 231

Tansey, Mark, 219
Tarde Gabriel, 94
Tashjian, Dickran, 31
Taylor, Alan, 204
Taylor, Mark, 86
Teilhard de Chardin, Pierre, 36
Thomas, Calvin, 90
Thomas, Clarence, 173
Thompson, E. P., 33, 131
Tucídide, 136

Tocqueville, Alexis de, 205, 239, 245, 277
Todorov, Tzvetan, 36, 38, 136, 167, 188
Tonka, Hubert, 221
Touraine, Alain, 51, 62-63
Trilling, Lionel, 31, 53
Tschumi, Bernard, 222-223
Turkle, Sherry, 225, 231
Twombly, Cy, 212

Ungar, Roberto, 86
Updike, John, 263

Van Der Rohe, Mies, 29, 220
Van Gogh, Vincent, 196
Van Renterghem, Mario, 14
Varela, Francisco, 227
Veblen, Thorstein, 47
Vendler, Helen, 83
Venturi, Robert, 220
Vernant, Jean-Pierre, 36
Vicious, Sid, 70
Vidler, Anthony, 222
Virgílio, 115
Virilio, Paul, 14, 20, 74, 90, 218, 220-221, 227, 229, 248
Volpi, Jorge, 266

Wachowski, Andy e Larry, 233
Wachtel, Julie, 216
Wacquant, Löic, 165
Wagner, Richard, 117
Wahl, Jean, 21
Walcott, Derek, 138
Walzer, Michael, 176-177
Warhol, Andy, 196, 212-213, 218, 232
Warren, Austin, 53
Warren, Robert Penn, 53
Watanabe, Moriaki, 268
Waters, John, 68
Waters, Lindsay, 176

Weber, Max, 160, 206, 240
Weber, Samuel, 66
Weil, Simone, 266
Weiner, Eileen, 216
Weir, Peter, 234
Wellek, René, 53, 55
Wellmer, Albert, 272
West, Cornel, 66, 135, 171, 182, 14, 261, 299
White, Hayden, 93
White, Morton, 95
Wigley, Mark, 222
Williams, Patricia, 136
Williams, Raymond, 131
Wilson, Edmund, 31, 44
Wilson, Robert, 70
Wilson, William Julius, 165
Wimsatt, W. K., 53
Wines, James, 222
Winkin, Yves, 248
Witten, Marsha, 94
Wittgenstein, Ludwig, 244
Wolff, Janet, 94
Wolfowitz, Paul, 174
Wolfson, Louis, 73
Wood, David, 117
Woolf, Virginia, 54, 81
Woolgar, Steve, 286
Wordsworth, 110
Wright, Frank Lloyd, 220
Wright, Richard, 68, 135
Wright, Mills, 60, 94

Yamasaki, Minoru, 220
Yeats, William Butler, 137
Young, Robert, 111
Young, R. V., 116

Zapp, Morris, 188
Zappa, Frank, 70
Zizek, Slavoj, 123, 260-261, 269, 299